非遗数字传播研究

全球非物质文化遗产数字传播研究报告

郭斌 薛可 ● 主编

复旦大学出版社

序

习近平总书记指出:"文明因交流而多彩,文明因互鉴而丰富。文明交流互鉴,是推动人类文明进步和世界和平发展的重要动力。"[①]世界文明史漫长而灿烂,不同国家、不同民族在悠久的发展历程中形成了独特而又丰富的非物质文化遗产(以下简称"非遗")。这些非遗以其独特的魅力,承载着各个民族、地域的文化记忆与智慧,是人类文明宝贵而不可或缺的一部分。然而,随着时代的变迁和科技的发展,许多珍贵的非遗文化面临着消失与被遗忘的危机。在这个背景下,数字非遗应运而生,它是对传统非遗文化的数字化保存,更是一种创新性的传承方式,为非遗文化的保护与发展开辟了新的道路。

数字非遗,简而言之,就是借助数字技术手段,对非遗进行采集、记录、存储、传播和再创造的过程。这一概念的提出,标志着非遗文化保护进入了一个全新的时代。通过高清摄像、三维扫描、虚拟现实、增强现实等先进技术,人们能够更加真实、全面地记录非遗文化的原貌,将其转化为数字形态,从而打破时间与空间的限制,让更多人有机会接触和了解这些珍贵的非遗。然而,数字非遗并非仅仅是技术的堆砌,它更是一种文化创新的过程。在数字化的基础上,可以运用人工智能内容生成技术、智能设计、艺术创意、人机交互、群智协同等手段,对非遗文化进行再创作,赋予其新的时代意义和价值。这种创新不仅能够激发年轻人对非遗文化的兴趣,还能够为非遗文化注入新的活力,推动其与现代生活的有机融合。

各美其美,美美与共。如今,非遗的数字化传承与保护早已摆脱了国别的限制,在联合国教科文组织的大力推动下,世界各国正在大力推进非遗数字化保护工程。然而,非遗的数字化进程仍然受到国家之间经济水平、综合国力等不同因素的影响,国别、区域之间发展不平衡现象仍然十分突出。因此,研究和探讨国际上不同国家以及区域的数字非遗现状具有重要的现实意义和深远的历史价值。它不仅能够帮助我们更好地保护和传承非遗文化,还能够推动文化创新和文化产业的发展。同时,数字非遗也为其他学科领域的研究提供了新的视角和方法,有助于我们更全面地认识和理解人类文化的多样性和复杂性。

作为计算机科学领域的研究人员,笔者过去主要研究计算科学与人工智能技术的创新,同时,也特别关注计算科学与社会科学的交叉与融合,提出并拓展人机物融合群智计算方向,出版了《计算社会学》两册。此外,也深刻认识到技术的进步应该更好地服务传统

---

① 习近平:文明交流互鉴是推动人类文明进步和世界和平发展的重要动力[EB/OL]. www.gov.cn/xinwen/2019-05/01/content_5388073.htm.cn/GB/n1/2019/0515/c1003-31084953.html.[访问时间:2024-05-10]

文化的保护和传承,因此主持编撰这本《全球非物质文化遗产数字传播研究报告》,希望从国际化角度进一步探讨非遗数字化的可能。我们的出发点主要有以下两个方面。

其一,非遗的数字化保护与传承并不仅仅是我国的现实需求,更是一个需要世界各个国家重视、行动起来的国际课题。然而,目前的文献资料仍然缺乏一个系统、全面且专门针对全球数字非遗保护的总结,给计算机研究人员的数字非遗技术创新带来了很大的挑战。

其次,随着"一带一路"建设的推进,中国传统文化中的非遗与海外国家传统非遗技能之间的交流变得愈发重要。因此,非遗数字化,尤其是国际非遗数字化的研究变得刻不容缓,一部有针对性的著作能够极大提升相关领域研究人员的视野,帮助我国更好地与其他国家开展非遗数字保护与传承的交流。

正因如此,笔者与上海交通大学的薛可教授建立了长期的合作关系,体现了数智与文化的深度交叉。在2023年出版《中国非物质文化遗产数字传播研究报告(2018—2022年)》之后,今年继续开展数字非遗国际保护传承的研究工作,希望借助双方的力量,完成这项光荣而又艰巨的工作。

薛可教授系上海交通大学二级教授、博士生导师,上海交大-南加州大学文化创意产业学院副院长,国务院特殊津贴专家,学科背景一直是文化、传播、管理三大学科及其交叉研究,作为首席专家主持非遗数字传播研究的第一个国家社科基金重大项目。薛老师对非遗文化的关注和研究使得本书能够更加全面、深入地探讨非遗的数字传播,为读者提供了权威的学术视角和研究成果。

本书具备全球视野,文理兼备,技术前沿,既是数字非遗国家社科基金重大课题的总结,也是能够满足市场迫切需求和读者期待的一本综合性著作。

本书共分为八章,包括对全球非遗产数字传播的不同方面和不同区域的情况的研究。第一章全球非物质文化遗产数字传播概述提供了对数字传播背景和概念的阐述,同时探讨了数字传播对非遗保护和传播的重要性和挑战。第二章全球非物质文化遗产数字传播技术应用重点介绍了数字技术在非遗传播中的应用,包括数字媒体、虚拟现实、增强现实等新兴技术,并深入探讨了技术应用对非遗保护和传播的影响和未来发展趋势。第三章全球非物质文化遗产数字传播融合拓展探讨了非遗数字传播与其他领域的融合,如旅游、教育和经济等,以及融合传播在非遗保护、传承和创新方面的重要性。第四章全球非物质文化遗产数字传播未来展望讨论了非遗数字传播的未来发展趋势,通过对数字技术、社会需求和文化环境的分析,预测了非遗数字传播的创新方向和可能面临的挑战。这四章总结了全球非遗数字传播的基本概况和关键要点。

第五章至第八章着重研究了全球五大洲中十四个代表性国家数字传播的技术、实践和案例。第五章亚洲非物质文化遗产数字传播研究,对亚洲地区的非遗数字传播进行深入研究和分析,探讨亚洲地区非遗数字传播的特点、成果和挑战。第六章欧洲非物质文化遗传数字传播研究,重点关注欧洲地区的非遗数字传播,总结欧洲地区非遗数字传播的特点和模式。第七章美洲非物质文化遗产数字传播研究,着眼于美洲地区的非遗数字传播,通过对案例和相关实践的分析，总结美洲地区非遗数字传播的特点和经验。第八章非洲及大洋洲非物质文化遗产数字传播研究，聚焦非洲和大洋洲地区的非遗数字传播研究，探讨该地区的特点、问题和发展前景。最后，两个附录梳理了非遗数字传播领域的重要事件和活动，概述了联合国及世界各国在非遗数字传播方面的政策和法律支持。

本书由西北工业大学和上海交通大学数字非遗联合课题组共同完成。在笔者和薛可教授协商提出全书体系、撰写体例、行文要求后，由课题组同仁分头执笔。具体分工如下：第一章龙靖宜、李亦飞；第二章丁亚三、尹懋龙；第三章陈晞、赵明达；第四章张馨元；第五章方禹杨；第六章刘佳晨；第七章赵凯星；第八章王娜；附录王伯源。龙靖宜、王娜协助我和薛可教授参与了全书的统稿工作。

衷心感谢复旦大学出版社经管分社编辑方毅超和责任编辑李荃为本书付出的辛勤劳动，感谢数字非遗国家社科重大项目课题组的全体同仁和本书全体编撰人员，在完成本书的过程中，大家共同努力、相互协作，我们相信，通过这本书的出版，可以为非遗的传承和发展做出一定的贡献。同时，我们也希望借助数字非遗国家社科重大项目的支持，进一步深化对非遗传播的研究，在数字时代探索更加有效和创新的传播方式。希望这本书能够为读者提供有价值的内容，促进非遗的传承和发展，让更多人了解、尊重和欣赏非遗的重要性和魅力。谢谢大家的努力和支持！

本课题属于交叉学科，内容新、原创性高，尽管我们尽心竭力，但由于知识和经验有限，难免会出现错误和不足之处。因此，我们真诚地邀请广大读者朋友和业界人士对本书提出批评和指正，以帮助我们改进和提升。非常感谢您的宝贵意见和建议！

2024 年 4 月 10 日

目　　录

第一章　全球非物质文化遗产数字传播概述 ⋯⋯⋯⋯⋯⋯⋯⋯⋯⋯⋯⋯⋯⋯⋯ 1
　　第一节　全球非遗数字传播的界定与特征 ⋯⋯⋯⋯⋯⋯⋯⋯⋯⋯⋯⋯⋯ 1
　　第二节　全球非遗数字传播的演变与价值 ⋯⋯⋯⋯⋯⋯⋯⋯⋯⋯⋯⋯⋯ 9
　　第三节　全球非遗数字传播的机制与态势 ⋯⋯⋯⋯⋯⋯⋯⋯⋯⋯⋯⋯⋯ 20

第二章　全球非物质文化遗产数字传播技术应用 ⋯⋯⋯⋯⋯⋯⋯⋯⋯⋯⋯⋯ 32
　　第一节　全球非遗数字传播保护技术 ⋯⋯⋯⋯⋯⋯⋯⋯⋯⋯⋯⋯⋯⋯⋯ 32
　　第二节　全球非遗数字传播传承技术 ⋯⋯⋯⋯⋯⋯⋯⋯⋯⋯⋯⋯⋯⋯⋯ 46
　　第三节　全球非遗数字传播交互技术 ⋯⋯⋯⋯⋯⋯⋯⋯⋯⋯⋯⋯⋯⋯⋯ 57

第三章　全球非物质文化遗产数字传播融合拓展 ⋯⋯⋯⋯⋯⋯⋯⋯⋯⋯⋯⋯ 68
　　第一节　全球非遗数字传播的文创开发 ⋯⋯⋯⋯⋯⋯⋯⋯⋯⋯⋯⋯⋯ 68
　　第二节　全球非遗数字传播的文旅融合 ⋯⋯⋯⋯⋯⋯⋯⋯⋯⋯⋯⋯⋯ 79
　　第三节　全球非遗数字传播的会展应用 ⋯⋯⋯⋯⋯⋯⋯⋯⋯⋯⋯⋯⋯ 89

第四章　全球非物质文化遗产数字传播未来展望 ⋯⋯⋯⋯⋯⋯⋯⋯⋯⋯⋯ 101
　　第一节　全球非遗数字传播的机遇 ⋯⋯⋯⋯⋯⋯⋯⋯⋯⋯⋯⋯⋯⋯⋯ 101
　　第二节　全球非遗数字传播的挑战 ⋯⋯⋯⋯⋯⋯⋯⋯⋯⋯⋯⋯⋯⋯⋯ 117
　　第三节　全球非遗数字传播的趋势 ⋯⋯⋯⋯⋯⋯⋯⋯⋯⋯⋯⋯⋯⋯⋯ 124

第五章　亚洲非物质文化遗产数字传播研究 ⋯⋯⋯⋯⋯⋯⋯⋯⋯⋯⋯⋯⋯ 133
　　第一节　亚洲非遗数字传播 ⋯⋯⋯⋯⋯⋯⋯⋯⋯⋯⋯⋯⋯⋯⋯⋯⋯⋯ 133
　　第二节　中国非遗数字传播 ⋯⋯⋯⋯⋯⋯⋯⋯⋯⋯⋯⋯⋯⋯⋯⋯⋯⋯ 141
　　第三节　日本非遗数字传播 ⋯⋯⋯⋯⋯⋯⋯⋯⋯⋯⋯⋯⋯⋯⋯⋯⋯⋯ 157
　　第四节　韩国非遗数字传播 ⋯⋯⋯⋯⋯⋯⋯⋯⋯⋯⋯⋯⋯⋯⋯⋯⋯⋯ 167

第六章　欧洲非物质文化遗产数字传播研究 ⋯⋯⋯⋯⋯⋯⋯⋯⋯⋯⋯⋯⋯ 176
　　第一节　欧洲非遗数字传播 ⋯⋯⋯⋯⋯⋯⋯⋯⋯⋯⋯⋯⋯⋯⋯⋯⋯⋯ 176
　　第二节　法国非遗数字传播 ⋯⋯⋯⋯⋯⋯⋯⋯⋯⋯⋯⋯⋯⋯⋯⋯⋯⋯ 190

第三节　意大利非遗数字传播 …………………………………………………… 201
第四节　希腊非遗数字传播 ……………………………………………………… 213

第七章　美洲非物质文化遗产数字传播研究 ………………………………………… 226
第一节　美洲非遗数字传播 ……………………………………………………… 226
第二节　秘鲁非遗数字传播 ……………………………………………………… 234
第三节　巴西非遗数字传播 ……………………………………………………… 246
第四节　加拿大非遗数字传播 …………………………………………………… 257

第八章　非洲及大洋洲非物质文化遗产数字传播研究 ……………………………… 270
第一节　非洲及大洋洲非遗数字传播 …………………………………………… 270
第二节　埃及非遗数字传播 ……………………………………………………… 299
第三节　澳大利亚非遗数字传播 ………………………………………………… 320

附录一　联合国非遗数字传播大事年表 ……………………………………………… 337

附录二　联合国非遗数字传播相关政策、法律规范汇总 …………………………… 358

第一章

全球非物质文化遗产数字传播概述

第一节 全球非遗数字传播的界定与特征

了解非物质文化遗产(以下简称"非遗")数字传播的界定与特征是进一步探索非遗数字传播发展历程、价值意义、传播机制与发展形式的重要前提与基础。因此,本节将探讨全球不同国家、地区对非遗数字传播的不同定义,以及全球非遗在数字时代呈现的特征。

一、全球非遗数字传播的界定

要界定非遗数字传播,首先要分别了解非遗和数字传播的定义与内涵。目前,无论在学界还是业界,国内外对于非遗数字传播的界定都没有统一标准。其主要原因在于技术革新、社会进步、媒介演变、消费升级等多种因素共同作用,让非遗数字传播的概念随之动态更新。下面我们将对非遗、数字传播以及非遗数字传播的定义进行梳理,深入探讨其概念的内涵与外延。

(一)非遗的界定

"非遗"是"非物质文化遗产"的简称,译自英语"intangible cultural heritage"(ICH),也译为"无形文化遗产",是目前国际普遍使用的称谓。由于历史文化、非遗文化特色、非遗保护与传承方式等方面的不同,各个国家对非遗的称谓和概念的界定存在些许差别。

在日本,采用"无形文化财"的称谓指代非遗。1950年颁布的《文化财保护法》(日本)将历史上或是艺术上有很高的价值的无形文化列入保护对象,其后不断修订,明确指出无形文化财包含戏剧、音乐、工艺技术等[①]。韩国也同样使用"无形文化财"的称谓,并于1962年颁布了《文化财保护法》(韩国),将民俗等无形文化遗产纳入国家法定保护范畴,并明确无形文化财包含话剧、音乐、舞蹈、工艺技术、游戏、仪式、武术、饮食等形式[②]。

---

① 国家文物局第一次全国可移动文物普查工作办公室.日本文化财保护制度简编[M].北京:文物出版社,2016:6-12.
② 许庚寅.韩国《文化财保护法》的架构探讨[J].文化遗产,2011(4):56-59.

20世纪80年代末,法国曾在社会公共事务管理中使用"民俗遗产"(patrimoine ethnologique)的称谓泛指非遗,主要指社会群体的物质存在方式与社会组织,知识、世界观,以及每个社会群体与其他社会群体相区别的基本元素①。2009年,泰国的文化部文化促进司首次采用"intellectual cultural heritage"(知识性文化遗产)指代非遗,指的是被各社区、团体或者个人视为文化遗产的各种实践、表演形式、知识和技能,及其相关的工具、对象、发明和其他与之相关的"文化空间"②。在中国,2011年正式实施的《中华人民共和国非物质文化遗产法》对非物质文化遗产进行了明确界定,非物质文化遗产是指"各族人民世代相传并视为其文化遗产组成部分的各种传统文化表现形式,以及与传统文化表现形式相关的实物和场所"③。这则定义更突出强调民族文化、传统文化在非遗中的地位。越南的非遗法案中明确定义非遗是"一种具备历史性、文化性,以及科学意义的精神产物,并由人类的记忆、书本以及口口相传的方式保存下来,如大家所知道的传统的手工艺、表演以及别的保存和传承形式,包括语言、书本、艺术品、科学、口头文学、民间表演艺术、生活习俗、节日、传统手工艺、美食、传统服装和别的民俗知识"④。西班牙于1985年颁布的《西班牙历史遗产法》就已经提到非遗的概念与形式,其中规定"西班牙历史遗产包括:动产和不动产,以及在物质、社会和精神层面,目前或曾经是西班牙人民传统文化中重要的知识和活动"⑤,将文化知识和活动作为非遗的基本界定。阿尔及利亚政府在1998年颁布的《文化遗产保护法》中将非遗定义为在不同传统文化遗产领域,由个人或群体代表了真正含义上文化身份的归属,所形成的各类社会知识、技能、技术及其基础要求的总和,包括民族音乐学、传统民歌、流行音乐、赞美诗、戏剧、舞蹈、宗教仪式、烹饪艺术、口头文学、历史故事、寓言、传说、谚语、格言、武技和传统游戏等,并称之为"无形的文化财产"⑥。由此看出,各国对于非遗的界定具有极大的相似性,基本参照了本国的非遗现状与发展,提出了符合本国文化语境的非遗概念。

非遗在世界范围内的概念界定主要以联合国教育、科学及文化组织(United Nations Educational, Scientific and Cultural Organization,UNESCO,中文简称"联合国教科文组织")对非遗的定义为参考,可以分为三个发展阶段。第一阶段提出"文化遗产"的概念。联合国教科文组织于1972年提出了《保护世界文化和自然遗产公约》⑦,指出"文化遗产"包括文物、建筑群和遗址三大类遗产,并在同时启动的世界遗产名录保护工程申报要求中提出了对部分"非物质"类文化遗产价值的评估标准。第二阶段提出了"民间创作"(或"民

---

① 鞠熙.民俗遗产在法国:学术概念与政府工作[J].文化遗产,2016(1):8.
② 李春霞.遗产:起源与规则[M].昆明:云南教育出版社,2008:136.
③ 全国人大常委会法制工作委员会行政法室.非物质文化遗产法释义及行政指南[M].北京:中国民主法制出版社,2011:1.
④ 阮志斌.越南非物质文化遗产保护:实际情况及问题[EB/OL]. https://www.ihchina.cn/Article/Index/detail?id=8550.[访问时间:2023-09-22]
⑤ 曹德明.国外非物质文化遗产保护的经验与启示:欧洲与美洲卷(上)[M].北京:社会科学文献出版社,2018:138.
⑥ 曹德明.国外非物质文化遗产保护的经验与启示:西亚与北非卷[M].北京:社会科学文献出版社,2018:813.
⑦ 文化部外联局.联合国教科文组织保护世界文化公约选编[M].北京:法律出版社,2006:35-47.

间文化")的概念。1982年,在联合国教科文组织世界遗产委员会墨西哥会议文件中出现"民间文化"一词。随后,1989年,联合国教科文组织第25届全体大会通过的《保护传统文化和民俗的建议》提出了"传统和民间文化"的概念:"来自某一文化社区的全部创作,这些创作以传统为依据、由某一群体或一些个体所表达并被认为是符合社区期望的作为其文化和社会特性的表达形式;其准则和价值通过模仿或其他方式口头相传。它的形式包括:语言、文学、音乐、舞蹈、游戏、神话、礼仪、习惯、手工艺、建筑术及其他艺术。"[1]这一建议也成为后来各国开展非遗保护的国际标准[2]。第三阶段是正式提出"非物质文化遗产"概念。1997年,联合国教科文组织召开的"保护大众文化空间"国际文化保护咨询会提出"人类口头和非物质遗产"。1998年公布的《人类口头和非物质遗产代表作条例》正式将"非物质遗产"概念化[3];之后,联合国教科文组织于2003年通过《保护非物质文化遗产公约》(Convention for the Safeguarding of the Intangible Cultural Heritage,以下简称《公约》),其中明确了非物质文化遗产是"指被各社区、群体,有时是个人,视为其文化遗产组成部分的各种社会实践、观念表述、表现形式、知识、技能以及相关的工具、实物、手工艺品和文化场所。这种非物质文化遗产世代相传,在各社区和群体适应周围环境以及与自然和历史的互动中,被不断地再创造,为这些社区和群体提供认同感和持续感,从而增强对文化多样性和人类创造力的尊重"[4]。自此,国际上将这一概念认定为非遗权威定义之一。《公约》确定了非遗的范围、保护原则等内容,也成为各国开展非遗保护的纲领性文件。

综上所述,非遗在全球范围内的界定可以理解为两个概念范畴:一是文化表达形式(forms of popular and traditional expression);二是包括与非遗相关的实体物品和文化场所等在内的文化空间(cultural space)。

(二) 数字传播的界定

电报网络可以被视为早期的数字传播网络,但由于其有限的信息载量,很快就被之后的新媒体取代。真正意义上的数字传播始于计算机的出现,特别是在互联网诞生后,以数字化为基础的数字传播开始快速发展。1996年,美国学者尼古拉斯·尼葛洛庞帝(Nicholas Negroponte)出版了《数字化生存》一书,预言数字化、网络化、信息化将给人们带来一种新的数字化生存方式,并将数字传播提升到一个新的高度,也由此宣告数字传播时代的到来[5]。

数字传播,也可以称之为数字化传播,早期被称为网络传播,即"通过计算机网络进行

---

[1] 邹启山.联合国教科文组织人类口头和非物质遗产代表作申报指南[M].北京:文化艺术出版社,2005:33-38.
[2] 宋俊华.非物质文化遗产概念的诠释与重构[J].学术研究,2006(9):5.
[3] 杨文艺,顾晓晖."后申遗时代"的反思:我国非物质文化遗产的概念论争[J].安徽理工大学学报(社会科学版),2017(3):5.
[4] 联合国教科文组织.保护非物质文化遗产公约[EB/OL]. http://www.ihchina.cn/zhengce_details/11668.[访问时间:2023-09-11]
[5] 一本杂志和一个时代的体温:新周刊十六年精选[M].北京:现代出版社,2013:86-90.

的人类信息(包括新闻、知识等信息)传播活动"①。随着数字技术与互联网技术的不断革新与发展,越来越多的新媒体不断涌现。联合国教科文组织对新媒体的定义是"以数字技术为基础,以网络为载体进行信息传播的媒介"②,包括互联网、手机、智能电视、数字报纸、数字广播等媒体形式。因此,对于网络传播的界定已经无法涵盖数字时代的各种传播变化与活动,数字传播的称谓也应运而生。各国学者对于数字传播的界定具有相似性,认为数字传播是基于数字媒体、运用数字技术的传播活动。美国学者安德鲁·弗兰纳根(Andrew Flanagin)认为数字传播是基于数字媒体构建的新传播环境,有互动性、能动性、瞬时性和集体行动这几个核心概念③。中国学者方兴东等人认为:"数字传播是基于数字技术之上的全球性传播体系,建立在计算、传输、存储、数据和算法等核心要素的新型基础设施之上,主要包括技术层、传播层和社会层等三大核心层次。"④中国学者薛可、龙靖宜也提出了关于数字传播的概括性定义:"所谓数字传播,是以电脑为主体、以多媒体为辅助,集合了语言、文字、声像等信息的多种交换功能,通过网络将各种数据、文字、图示、动画、音乐、语言、图像、电影和视频信息等进行组合互动的新的传播形式。"⑤

由此看出,与网络传播相比,数字传播不仅在外延上更贴近当下的数字化发展进程,而且在内涵上同时强调了数字技术和互联网技术对于数字传播的重要性。

(三) 非遗数字传播的界定

2003年,联合国教科文组织颁布了《数字遗产保护章程》(Charter on the Preservation of Digital Heritage),提出"数字遗产是特有的人类知识及表达方式。它包含文化、教育、科学、管理信息,以及技术、法律、医学以及其他以数字形式生成的信息,或从现有的类似的模式转换成数字形式的信息"⑥。自此,文化遗产、非遗等逐渐踏上数字化保护之路。

非遗数字传播又称非遗数字化传播,从字面意思可以简单理解为"非遗+数字技术+传播",即非遗文化与数字技术、传播方式相结合的产物,其涉及的主要内容是基于数字技术、网络技术、计算机技术等开展的非遗数字化采集、存储、复原、再现、展示、传播等⑦。就学界与业界的研究和讨论来看,狭义的非遗数字传播即非遗的数字化传播,侧重采用数

---

① 匡少波.网络传播学概论[M].北京:高等教育出版社,2004:8.
② 谭健.谭健将军:新媒体到底是妖还是仙[EB/OL]. http://www.81.cn/201311jxjjh/2016-10/28/content_7350377_8.htm.[访问时间:2023-09-07]
③ 安德鲁·弗兰纳根,孙少晶,阿迪娜·约提库尔.数字媒体研究的概念反思与创新路径——对话美国加州大学圣芭芭拉分校弗兰纳根教授[J].新闻记者,2022(6):7.
④ 方兴东,严峰,钟祥铭.大众传播的终结与数字传播的崛起——从大教堂到大集市的传播范式转变历程考察[J].现代传播(中国传媒大学学报),2020(7):15.
⑤ 薛可,龙靖宜.中国非物质文化遗产数字传播的新挑战和新对策[J].文化遗产,2020(1):140-146.
⑥ 联合国教科文组织.数字遗产保护章程[EB/OL]. https://www.saac.gov.cn/daj/lhgjk/201201/fee5d5c3cfcd4443ba7b9f538fc7062f.shtml.[访问时间:2023-09-17]
⑦ 朱千波.对非遗进行数字化传承[EB/OL]. http://edu.people.com.cn/n/2015/0519/c1053-27022565.html.[访问时间:2023-09-07]

字技术对非遗开展的内容传播与活动;广义的非遗数字传播既包括非遗的数字化留存与保护,也包括非遗的数字化传承与传播,涵盖了非遗在数字时代的新表现与新发展。此外,数字非遗经常与非遗数字传播一同被提及,两者既可以被视为包含与被包含的关系,即数字非遗包含狭义的非遗数字传播,又可以被认为是同一意思的不同表达,这是由于数字非遗与广义的非遗数字传播在内涵上近乎相同,可以替代使用。

对于非遗数字传播,鲜有欧美学者对其进行界定,他们将更多的研究与讨论投向非遗数字传播技术、现象、活动等在具体非遗项目中的实现与应用,多为具体问题具体分析。自中国2004年正式加入《公约》,成为缔约国,中国学者在非遗数字传播界定方面的研究颇多。学者王耀希在2009年提出了"文化遗产数字化"的概念,即"采用数字采集、数字存储、数字处理、数字展示、数字传播等数字化技术将文化遗产转换、再现、复原成可共享、可再生的数字形态,并以新的视角加以解读,以新的方式加以保存,以新的需求加以利用"[①]。这一界定将数字技术引入文化遗产范畴,分析了文化遗产数字化过程,成为中国诸多学者提出非遗数字传播概念的重要参考。学者黄永林和谈国新则参照王耀希对文化遗产数字化的定义,提出了对非遗数字化定义:"采用数字采集、数字储存、数字处理、数字展示、数字传播等技术,将非物质文化遗产转换、再现、复原成可共享、可再生的数字形态,并以新的视角加以解读,以新的方式加以保存,以新的需求加以利用"[②]。

随着数字技术与环境不断变化,非遗数字化的工作重心也从对濒危非遗项目的数字化抢救,逐渐拓展到对整体非遗项目的数字化保护以及对经典非遗项目的数字化传承与传播,其内涵与外延随之不断发展。因此,中国学者对非遗数字传播的界定更加多元化:有的强调对非遗进行数字化存储与保护,如学者谭必勇等人指出,非遗数字传播就是"将数字信息技术应用于民族、民间非物质文化遗产的抢救与保护,借助数字摄影、三维信息获取、虚拟现实、多媒体与宽带网络技术等技术,建立一个以计算机网络为基础的综合型数字系统"[③];有的则侧重数字技术在非遗中的价值作用与实践应用,如学者宋俊华认为,在非遗数字化的过程中,"数字化技术作为一种信息处理技术,是计算机技术、多媒体技术、智能技术和信息传播技术的基础",既是一种可以帮助非遗建档、传播、研究、存储、传承、开发等的非遗保护措施,又是一种将非遗生命力在实践中不断延伸的内在元素[④];有的凸显非遗数字化传承,如学者胡惠林等认为非遗数字传播就是以数字采集存储和数字展示传播方式,将非遗资源转换为数字形态复现再生,主要侧重产业融合和文化遗产保护[⑤];有的强调数字传播是非遗的新表达形式,如谈国新等学者认为非遗数字传播就是依托数字媒介的交互性、沉浸感、便利、简洁等特点,丰富非遗文化的表达形式,让非遗传播

[①] 王耀希.民族文化遗产数字化[M].北京:人民出版社,2009:18.
[②] 黄永林,谈国新.中国非物质文化遗产数字化保护与开发研究[J].华中师范大学学报(人文社会科学版),2012(2):7.
[③] 谭必勇,徐拥军,张莹.技术·文化·制度:非物质文化遗产数字化研究述评[J].浙江档案,2011(6):30-33.
[④] 宋俊华.关于非物质文化遗产数字化保护的几点思考[J].文化遗产,2015(2):25-26.
[⑤] 胡惠林,单世联.新型城镇化与文化产业转型发展[M].上海:上海人民出版社,2014:325.

内容更具吸引力①;有的突出内容与形式的融合性,如薛可、龙靖宜认为非遗数字传播是将传统非遗内容与数字技术进行融合、再造,而不是内容、传播与技术的简单叠加;有的从内涵与外延角度进行阐释,如学者范周指出非遗的数字化保护不仅是要对其进行抢救性记录,更重要的是为其在互联网时代进行有效传播打下坚实基础,只有在数字化后,非遗相关内容才可能打破时间和空间的限制,从而实现网络传播②,也有的凸显中国非遗特色,如张吕等学者提出中国非遗数字传播是一个"以数字技术为前提、媒介融合为趋势"的系统性工程,是"由多元行动主体组成的非遗信息传播'数字共同体'"③。

综上所述,非遗数字传播就是利用数字技术开展的非遗传播活动,既包括通过数字技术实现非遗资源的有效存储和长期获取,又包含依托数字媒介进行的非遗文化的当代传承与数字传播。伴随数字技术与互联网技术的发展,以及数字媒介的不断变革与更新,非遗数字传播的手段与方式也日益创新多样,非遗数字传播的范畴将不断延展。

二、数字时代的全球非遗特征

截至2023年12月31日,全球共有182个国家加入《公约》,成为缔约国,共认定730个世界非遗项目,分别记录于三类名录名册——人类非物质文化遗产代表作名录、急需保护的非物质文化遗产名录,以及保护非物质文化遗产的计划、项目和活动(优秀实践名册)④。各国的历史文化、民族特色和风土人情成就了不同国家丰富多彩的非遗文化。在数字时代,信息技术、数字技术、互联网技术等不断深刻地影响着世界各地人们的工作与生活,全球非遗在数字时代也发生着新变化。因此,结合各国非遗的共性与中国非遗的数字传播新特征⑤,可以总结出数字时代全球非遗的新特征。

(一) 保留本真的可塑性

与物质文化遗产不同,人类非遗具备非物质性和极强的可塑性,因此也被称为发展着的活的文化。口传心授的传统非遗传承方式让早期的非遗传播具有局限性。也正因此,非遗的传承才需要在保留本真内涵的基础上进行调整与改进,给非遗在数字时代的广泛传播提供更多的可能。联合国教科文组织保护非物质文化遗产政府间委员会在2015年年底通过的《保护非物质文化遗产的伦理原则》中强调:"非物质文化遗产的动态性和活态性应始终受到尊重。本真性和排外性不应构成保护非物质文化遗产的问题和障碍。"随着

---

① 谈国新,何琪敏.中国非物质文化遗产数字化传播的研究现状、现实困境及发展路径[J].理论月刊,2021(9):87-94.
② 范周.数字化传播,让非遗更"潮"[EB/OL]. https://www.ihchina.cn/Article/Index/detail?id=7340.[访问时间:2023-09-11]
③ 张吕,雷雨晴.数字化生存语境下非遗的传播与传承[J].中国电视,2021(10):72-76.
④ 联合国教科文组织非物质文化遗产名录(名册)[EB/OL]. https://www.ihchina.cn/minglu_search/sel_way/0/sel_year/0/sel_country/990369/keyword/0/sel_type/51#target.[访问时间:2022-07-11]
⑤ 薛可,龙靖宜.消弭数字鸿沟:中国非物质文化遗产数字传播新思考[J].中国非物质文化遗产,2021(2):8.

数字时代的到来,数字传播不仅让非遗文化保留了内涵与本真,挽救了全球濒危的传统艺术,而且能为非遗传承方式注入时代活力,创新传统非遗的当代表达,活化多元的全球非遗文化。因此,数字技术不断激发非遗自身潜能,保持活化状态,让数字非遗的可塑性不断凸显。

(二) 与时俱进的流变性

非遗的流变是指随着外部环境的变化,根据不同工具、实物、文化场所等,因地制宜、与时俱进,使非遗的艺术形式也发生改变和流动,从而开展保留本真与内涵的传承和传播。非遗本身的存在方式具有无形性、复杂性和多样性,主要以无形的实践、表演、知识或技能等形式呈现。当非遗外部环境和传播语境发生变化时,其传播形态也会随之改变,以适应当前的传播生态。如今,在数字技术和数字媒介构成的新的数字传播生态中,各国的非遗实现了跨区域、跨国度交流学习和传播推广,在国家、民族和地区之间的非遗交流与学习中不断获取和融入新的文化元素,这为全球非遗在内容与形态上不断创新发展,也为全球非遗的当代流变提供了更大的发展空间。

(三) 全球传播的无界性

截至2023年7月,全球互联网普及率为70.0%,其中移动互联网普及率为63.5%[①]。互联网在全球的普及率已超过2/3,基本可以做到在绝大多数地区和国家连接互联网、与世界沟通,国家、地区和民族之间的非遗交流壁垒逐渐消失。数字技术和数字媒介让当代非遗突破了诸多限制,如地域性传播、难以复制重现、不可实现移动等,为其在数字时代的传承与传播提供了新的入口与接点。截至2022年,全球5G网络人口覆盖率为30.6%[②],这一比例仍在不断上升。随着5G技术在更多国家和地区的落地与广泛应用,日益便捷的网络环境也为各种移动终端提供便利,随时随地获取各国数字非遗信息成为可能。与此同时,数字技术与互联网也帮助世界各国的非遗文化跨越地理国界,面向全球传播。以中国为例,中国非遗内容在海外社交媒体TikTok上的视频播放总量已逾308亿次[③],让世界各国更多的人看到中国非遗文化。

(四) 文化多元的共享性

长久以来,受传播、交通等时空条件的限制,各国珍贵的艺术表演、传统手工艺、文学语言等非遗文化的传播局限于局部地区。同时,非遗文化的生存与发展具有地域性和非孤立性,与其周围的自然环境和人文环境紧密相关,随之形成了特定族群文化同理心下的

---

① 2023年世界各国网速及上网价格对比,中国已进入发达水平[EB/OL]. https://www.showcity.cn/2023nianshijiegeguowangsujisha/.[访问时间:2023-09-27]
② 中国信息通信研究院. 全球数字经济白皮书[EB/OL]. https://www.xdyanbao.com/doc/bmfwl7s8ny?bd_vid=9156874931933550425.[访问时间:2023-09-27]
③ 中国非物质文化遗产海外短视频平台影响力研究报告[EB/OL]. https://www.163.com/dy/article/H9DUFULM0553B8GZ.html.[访问时间:2023-09-17]

区域性文化艺术,这也是非遗文化难以广泛传播、形成区隔化发展的重要原因。"非物质文化有别于物质文化的鲜明特点之一在于它的可共享性"①,这为非遗突破区隔限制进行广域的传播提供了条件。进入数字时代,互联网赋能非遗文化、凸显其共享性,使其不再囿于某些国家、地区或地域,而是将受众范围扩展到全世界,使非遗的传播影响力可以到达世界各地,成为各国人民共享的世界文化财富。数字传播则改变了原本区隔化的传播局限,让传统的非遗文化焕然一新,多样化的文化讯息迅速拓展了非遗的受众群体,也提升了受众对非遗文化、地域文化的认知程度,快速推动非遗实现跨区域共享的数字传播。

(五)智能数字的交互性

传统非遗通常是通过口传心授、"点对点"、"点对面"的方式进行传承与传播,即传承人对个人或大众进行展示,受众往往被动接收非遗信息,极少参与互动。数字技术和媒体的多重融合也逐渐突破非遗在传统媒介上的单向传播局限,不仅可以模拟非遗场景、还原情感体验,打造延续非遗文化的新空间,而且可以通过虚拟现实(virtual reality,VR)、增强现实(augmented reality,AR)、全息投影传感器互动等技术参与非遗的数字化输入输出,虚实结合,让受众实现与非遗传承人在网络平台上的多向度沟通交流。此外,咨询机构 Kepios 的季度报告显示,截至 2023 年上半年,60.6%的全球人口活跃在社交网络上,有近 50 亿人,这一数量正在接近全球网民数量,也意味着大多数网民都是社交网络用户②。社交媒体时代,移动网络与社交圈层让受众逐渐呈现圈层化特征,这也促使全球非遗文化的受众在网络形成集聚,就非遗文化进行多向的信息交换、技艺切磋、情感共鸣,构成多维度交互的非遗数字传播生态。

(六)地域分布的不均衡性

截至 2024 年 3 月 31 日,世界非遗项目集中分布在 145 个国家和 5 个地区,拥有世界非遗项目最多的 5 个国家分别是中国、法国、土耳其、西班牙和韩国③。实现非遗数字传播的重要基础就是网络的接入与数字化技术的呈现。然而,在全球范围内网络的地域发展不平衡,以全球网络普及率、网速和上网价格为例,发达国家与发展中国家仍存在较大差距,截至 2023 年 7 月,发达国家平均网络普及率为 86.2%,而发展中国家平均网络普及率仅为 55.7%④,部分网络欠发达地区的社交网络使用率也远不及网络发达地区。截至 2021 年,全球仍有 29 亿人处于无网络状态,其中有 96%的人生活在发展中国家,形

---

① 刘魁立.非物质文化遗产名录:提倡"契约精神"、彰显"公产意识"[J].世界遗产,2014(2):1.
② 全球社交网络用户近 50 亿 2023 社交软件市场深度调研[EB/OL]. https://www.chinairn.com/news/20230724/165513477.shtml.[访问时间:2023-09-27]
③ 数据看中国 VS 世界:全球各国世界遗产盘点[EB/OL]. https://zhuanlan.zhihu.com/p/596715088?utm_id=0.[访问时间:2023-09-27]
④ 携手推动构建网络空间命运共同体迈向新阶段[EB/OL]. http://www.163.com/dy/article/IJJ21UGU0534B975.html.[访问时间:2024-04-30]

成这一局面的原因是多样的,如贫困、文盲、电力供应不足、数字能力薄弱等①。另外,世界各国进入全面数字化转型的发展时期,数字技术创新仍是全球战略重点②,美国、日本、韩国、中国和德国在数字技术方面遥遥领先③。同时,基于数字技术的数字经济呈现头部效应,地区间的"数字鸿沟"不断拉大,非遗数字传播也因此呈现出地域分布的不均衡性。

第二节 全球非遗数字传播的演变与价值

从文化遗产保护到非遗传承与保护,再到非遗数字传播,关于非遗本身的保护与传播在不到百年的时间里愈加细化。特别是在数字技术与数字媒介的推动下,非遗数字传播的演变不断提速。下面从政策推进、理论演变与实践发展三个方面对全球非遗数字传播的发展历程进行梳理,并介绍全球非遗数字传播的价值。

一、全球非遗数字传播的演变

在全球范围内,非遗保护得到各国的重视始于联合国教科文组织在2003年发布的《公约》,其不仅正式明确了非遗的界定,而且呼吁各国采取"确认""立档""保存"等一系列非遗措施。自此,各国以《公约》为纲,纷纷出台关于非遗保护与传承的政策与法律规范,也开启了世界各国的非遗数字化保护与传播之路。之后,在文化遗产数字化或非遗保护的大框架下,这些政策条例与法律规范或多或少涉及非遗数字传播的内容,但是专门的非遗数字传播政策与法律并不多见。

(一) 全球非遗数字传播的政策推进

纵观各国关于文化遗产、非遗等内容的政策、制度和法律规范可以发现:在联合国明确提出非遗概念之前的相关文件主要以"民俗""民间文学艺术"为核心保护主体,如1982年联合国教科文组织与世界知识产权组织共同通过《保护民间文学艺术的表达、禁止不正当利用和其他破坏性行为的国家法律示范条款》④,1989年联合国教科文组织

---

① ITU:全球29亿人仍处于离线状态[EB/OL]. https://baijiahao.baidu.com/s?id=1719835684387718260&wfr=spider&for=pc.[访问时间:2023-09-27]
② 李政葳,孔繁鑫.两部"互联网发展报告蓝皮书"发布——数字化为全球经济注入新动能[N].光明日报,2022-11-11(7).
③ 阿里研究院.全球数字技术发展研究报告[EB/OL]. https://www.fxbaogao.com/view?id=3735528&query=%7B%22keywords%22%3A%22%E5%85%A8%E7%90%83%E6%95%B0%E5%AD%97%E6%8A%80%E6%9C%AF%22%7D&index=0&pid=.[访问时间:2023-09-27]
④ Xue K, Li Y, Meng X. An evaluation model to assess the communication effects of intangible cultural heritage[J]. Journal of Cultural Heritage, 2019, 40(2): 124-132.

通过《保护传统文化和民俗的建议》①,等等;2003年通过的《公约》不仅标志着非遗有了国际法律保护路径,而且也成为各国制定具体非遗保护法律规范的重要依据。

具体到非遗数字传播在国际层面的政策、制度和法律规范,最早可以追溯到1992年,联合国教科文组织启动了世界记忆(Memory of the World)项目,该项目又称"世界记忆工程"或"世界档案遗产",旨在通过国际合作与现代信息技术保护、利用和传播文献遗产,在国际范围内推动文化遗产数字化,提升各国文化遗产保护意识。随后,联合国教科文组织于2001年发布《世界文化多样性宣言》(Universal Declaration on Cultural Diversity),提出利用数码知识表达和传播文化,促进文化多样性。

> **第六条 促进面向所有人的文化多样性**
> 在保障思想通过文字和图像的自由交流的同时,务必使所有的文化都能表现自己和宣传自己。言论自由、传媒的多元化、语言多元化、平等享有各种艺术表现形式、科学和技术知识——包括数码知识——以及所有文化都有利用表达和传播手段的机会等,均是文化多样性的可靠保证。
>
> ——《世界文化多样性宣言》②

2003年,联合国教科文组织制定了《数字遗产保护章程》,提出数字遗产的界定范围,明确其包括原生数字和数字转化而成两种形态,并强调数字手段可以为人类知识的传承、创造、交流和共享提供更多机遇,希冀通过数字化方式保护文化遗产③。同年,联合国教科文组织正式提出对非遗的概念界定,此后非遗的数字化保护工作被提上非遗保护的日程,相关政策条例也均提及文化数字化保护或非遗数字化保护。

> 数字遗产是特有的人类知识及表达方式。它包含文化、教育、科学、管理信息,以及技术、法律、医学以及其他以数字形式生成的信息,或从现有的类似的模式转换成数字形式的信息。暨信息是"数字生成",只有数字形式,没有其他形式。
>
> ——《数字遗产保护章程》④

2005年,联合国教科文组织的第33届会议通过《保护和促进文化表现形式多样性公约》,提倡以新技术推动文化表现的多样性;2012年,联合国教科文组织发布《数字时代的世

---

① 朱刚.联合国教科文组织保护非物质文化遗产的事件史考述——基于《建议案》和"代表作"计划的双线回溯[J].青海社会科学,2019(6):214-219,238.
② 联合国教科文组织.世界文化多样性宣言(2001)[EB/OL]. https://www.ihchina.cn/zhengce_details/15718.[访问时间:2023-09-17]
③ 韩美群,周小芹.近二十年来非物质文化遗产数字化传承研究回顾与展望[J].中南民族大学学报(人文社会科学版),2022(1):11.
④ 联合国教科文组织.数字遗产保护章程[EB/OL]. https://www.saac.gov.cn/daj/lhgjk/201201/fee5d5c3cfcd4443ba7b9f538fc7062f.shtml.[访问时间:2023-09-17]

界记忆工程：数字化与保存》(The Memory of the World in the Digital Age：Digitization and Preservation，即《温哥华宣言》)，以数字文化遗产和文献遗产保护等相关问题作为主要议题。

此外，世界各国也根据自身非遗现实情况与数字技术发展水平，不遗余力地出台相关政策条例与法律规范，为非遗数字化保护与传播保驾护航。

在亚洲，非遗保护和非遗数字化探索已成为多个国家发展的重要议题。日本和韩国是较早开始非遗保护的国家，也在相关的制度保护下不断进行非遗数字化的探索。

日本早在1950年就颁布了日本文化发展的重要法律文件和非遗保护的纲领性文件，即《文化财保护法》(日本)，并随着日本社会与文化的发展多次进行修订。其中，1954年进行的第一次修订确定了非遗记录保存制度，奥兹地区狮子舞数字化保护就是日本早期非遗数字化保护的代表性工作之一[1]。随着国家的信息化建设不断深化，日本自20世纪90年代初开始加大在文化遗产数字化方面的探索。例如，在行政机构的设置方面，设立专门从事日本非遗保护及传播等基础性研究的非遗部，归属于日本东京文化财研究所，主要进行非遗采集、建档工作，通过录音、录影等方式建立了非遗视听档案及数据库[2]。此后又根据《知识财产推进计划2015》的要求，设置文化相关省厅联络会，旨在促进省厅之间的数字化数据库合作，加大日本文化遗产的国内外宣传[3]。此外，在日本颁布的一系列文化相关法律规范中，都有涉及非遗保护、非遗数字化的内容，如2001年的《文化艺术振兴基本法》、2004年的《文化产业促进法》、2016年的《文化白皮书》等。

韩国在制度保护方面与日本类似。韩国早在1962年就制定并公布了《文化财保护法》(韩国)，这一立法不仅标志着韩国文化遗产保护体系的建立，也提出了早期非遗数字化保护的具体措施。例如，同法之施行规则的第2条规定：对于国家指定的重要无形文化财应制作资料存簿，备置录音物、摄像物、乐谱、剧本及保存状况相片[4]。为响应联合国教科文组织世界记忆项目的号召，由韩国国立文化财研究所负责的韩国非遗记录工程始于1995年，完成于2010年。2003年，韩国国立文化财研究所开始实施"文化财研究情报化战略计划"，其主要目的是管理韩国文化遗产资料与建设研究文化遗产的信息网络，对已有资料进行数字转化，形成可供网站检索的数字信息。2013年，韩国国立无形遗产院的建立进一步加强了韩国在非遗调查、研究和记录方面的存档工作。随后，韩国又在2015年制定了《关于非物质文化遗产的保存和振兴法》，进一步明确了韩国非遗在新时期的保护与发展[5]。

---

[1] 韩美群,周小芹.近二十年来非物质文化遗产数字化传承研究回顾与展望[J].中南民族大学学报(人文社会科学版),2022(1):11.
[2] 徐红,郭姣姣.数字化技术在日本民族文化传承中的运用及启迪[J].新闻大学,2014(6):8.
[3] 胡亮.日本文化遗产的数字化开发与应用[EB/OL].https://baijiahao.baidu.com/s?id=1672696077535318238&wfr=spider&for=pchttp://www.cssn.cn/skyskl/skyskl_jczx/202007/t20200720_5157570.shtml.[访问时间：2023-09-17]
[4] 朴原模.韩国非物质文化遗产的记录工程与数码档案的构建[J].河南社会科学,2009(4):4.
[5] 冯萌萌,余晓宏.中韩两国非物质文化遗产传承人保护措施比较研究[J].商情,2017(22):221-222,227.

中国在非遗数字化保护方面的工作开始得晚于日本和韩国。2004年,中国正式加入《公约》,成为缔约国;2005年,《国务院办公厅关于加强我国非物质文化遗产保护工作的意见》发布,我国正式开展非遗数字化保护及建立档案和数据库的工作,并明确要初步建立涵括国家级、省级非遗网站和专题数据库的数字化网络服务体系①。中国于2010年正式将"非物质文化遗产数字化保护工程"纳入"十二五"规划,主要开展制定非遗数字化保护标准规范、建设国家非遗数据库、研发非遗数字化管理系统软件、建设非遗数字化保护试点等工作②。2011年,中国非遗保护的专门法《中华人民共和国非物质文化遗产法》颁布实施,将建立非遗数据库设定为文化管理部门的法定义务③。在之后公布的《关于实施中华优秀传统文化传承发展工程的意见》《文化部关于推动数字文化产业创新发展的指导意见》《曲艺传承发展计划》《关于进一步加强非物质文化遗产保护工作的意见》《"十四五"文化发展规划》等文件中,都有关于非遗数字化、非遗数字化保护、非遗数字创新、非遗数字传播等的内容。

其他亚洲国家,如泰国、阿联酋、蒙古国等也纷纷建立相关制度保障本国的非遗数字传播。泰国文化部分别于1942年、1979年、1992年和2010年制定了国家文化法,将保护与传承非遗作为国家核心任务。在联合国教科文组织支持下,泰国于2009年开展非遗资料库采集工作,逐步建立泰国非遗数据库④。2016年,泰国正式颁布了保护非遗法案,并于同年加入《公约》,成为缔约国。阿联酋政府于2018年启动《阿联酋文化部门发展战略框架(2018—2031)》,提出要提升对非遗的社会认知。阿联酋的酋长国也纷纷制定相关法律,强调非遗保护的重要性并制定相关措施:阿布扎比于2017年制定了《保护非物质文化遗产法》,沙迦于2020年颁布了《沙迦2020年第4号有关沙迦酋长国文化遗产法律》⑤。1999—2002年,蒙古国完成"蒙古口头遗产视听文献工程"的影像记录⑥。

在欧洲,法国是第一个制定历史文化遗产保护法的国家⑦。1980年,法国文化部成立了民族遗产委员会,负责保护农村地区濒危的传统生活方式。法国成为《公约》缔约国后,也将《公约》纳入国家的法律范畴并予以实施。同时,法国从中央到地方建立了专门的机构,并且联合咨询机构、社团保护组织和科研管理机构等共同开展非遗保护工作⑧。法国非物质文化遗产中心即世界文化之家、法国文化部遗产和建筑总局下设的"监察、研究与

---

① 国务院办公厅关于加强我国非物质文化遗产保护工作的意见[EB/OL]. http://www.gov.cn/gongbao/content/2005/content_63227.htm. [访问时间:2023-09-18]
② 丁岩.吹响非遗数字化保护工作的时代号角[EB/OL]. https://www.ihchina.cn/luntan_details/7926.html. [访问时间:2023-09-18]
③ 中华人民共和国非物质文化遗产法[EB/OL]. http://www.gov.cn/flfg/2011-02/25/content_1857449.htm. [访问时间:2023-09-18]
④ 泰国构建非遗保护传承立体格局[EB/OL]. http://culture.people.com.cn/n/2015/0706/c172318-27257549.html. [访问时间:2023-09-18]
⑤ 申十蕾,法正,曹姚瑶.阿联酋非物质文化遗产保护举措及启示[J].自然与文化遗产研究,2021(6):8.
⑥ 钟红清.略论国外民间美术类非物质文化遗产保护概况——以亚欧多国为例[J].非物质文化遗产研究集刊,2012(1):13.
⑦ 飞龙.国外保护非物质文化遗产的现状[J].文艺理论与批评,2005(6):59-66.
⑧ 王慧欣.法国非物质文化遗产保护与利用的模式分析[J].传播与版权,2017(4):2.

创新评议会"以及民族和非物质遗产委员会都是负责法国非遗记录建档、数字化传播的专业部门与机构①。2010年,法国文化部启动了"文化、科学和教育内容数字化"计划,主要目的是依托数字化手段保存法国历史文化记忆②。意大利制定了《文学艺术版权法》等,有较为完备的文化遗产保护制度,也是世界上第一个利用知识产权法对民间文化进行保护的国家③。德国于1934年颁布第一部国家层面上的文物保护法,即《保护艺术、文化和自然文物法》,其中也提出对包括艺术在内的非遗文化进行保护。德国的文化活动属各联邦州自主管辖范畴,因此有国家层面保障后,各联邦州也纷纷颁布了《文化遗产保护法》《文化遗产归还法》等,为非遗保护提供制度保障。西班牙早在1985年颁布的《西班牙历史遗产法》中就提出了非遗的界定、形式以及相关保护政策,之后地方政府也相继推出《巴斯克文化遗产法》《加利西亚文化保护法》《拉里奥哈文化、历史和艺术遗产保护法》等,西班牙于2011年推出保护非遗的纲领性文件《国家非物质文化遗产保护计划》。此外,欧盟国家也致力于齐力协作、共同保护欧洲非遗:欧盟国家于1999年启动了一项名为"内容创作启动计划"的多国框架性合作项目,并规定文化遗产数字化是该项目的基础性内容④。2005年,欧盟委员会推出欧盟数字图书馆Europeana,目的是在欧洲范围内开展文化遗产数字化开发等工作,随后Europeana成为涵盖机构最多、存储数据量最大的欧洲文化遗产资源在线整合平台⑤。

其他地区的《公约》缔约国也为非遗保护和非遗数字传播提供了更多的制度保障。例如,在拉丁美洲,古巴于2004年正式成立了非物质文化遗产保护委员会,对古巴的非遗进行保护,也先后出台了传统手工艺的保护和振兴措施⑥,秘鲁于2007年颁布《手工艺人与手工艺发展法》,等等;在非洲,莫桑比克于1988年颁布了《物质和非物质文化遗产保护法》,南非于1999年出台了《国家遗产资源法案》,阿尔及利亚于1998年全面实施《文化遗产保护法》,等等⑦。

另外,需要特别说明,美国、英国、澳大利亚等国家虽然并不认同"非遗"的概念,也没有加入《公约》,但是也在非遗保护、非遗数字化以及非遗数字传播方面开展了诸多工作,并为个别项目制定了专门的制度保障措施。例如,美国国会在1976年通过了《民俗保护法案》,主要涉及印第安原住民文化、口述历史等民俗资料的采集,同年创建了美国民间生

---

① 胡小宇.法国非物质文化遗产保护的历史、现状与经验[J].徐州工程学院学报(社会科学版),2021(5):1-9.
② 朱晓云.法国文化数字化工程启动[EB/OL]. http://www.chinawriter.cn/bk/2010-10-22/48042.html. [访问时间:2023-09-17]
③ 韩美群,周小芹.近二十年来非物质文化遗产数字化传承研究回顾与展望[J].中南民族大学学报(人文社会科学版),2022(1):11.
④ 林毅红.基于数字化技术视角下的非物质文化遗产保护研究——以黎族传统纺染织绣工艺为例[J].民族艺术研究,2011(5):6.
⑤ 闫晓创.欧洲文化遗产资源的在线整合实践研究[J].中国档案,2017(4):2.
⑥ 蒋鸣.古巴:实现传统手工艺的当代价值[EB/OL]. https://www.chinesefolklore.org.cn/web/index.php?NewsID=14767.[访问时间:2023-09-27]
⑦ 玛纽埃尔·博瓦西里.南部非洲岩画及其相关非物质文化遗产的管理[EB/OL].杨青林,译. https://www.chinesefolklore.org.cn/web/index.php?NewsID=11335.[访问时间:2023-09-27]

活中心(American Folklife Center，AFC)，专门从事美国民间文化和口头历史资料的数字化存储与保护工作①。美国颁布了《印第安艺术和手工艺品法》，主要用于维护非遗传承人的知识产权和文化权利②。英国在国家层面专门设立数字文化传媒体育部(Department for Digital, Culture, Media & Sport)，负责管理全国文化遗产保护的相关工作，包括非遗文化。同时，英国在非遗保护立法方面也不遗余力，相继推出了《2005年苏格兰盖尔语法》《2008年苏格兰格子注册法》《2009年苏格兰威士忌条例》《2011威尔士语措施》《2012年现场音乐会法》等，促进非遗文化传播以及相关数字创意产业的发展③。

(二) 全球非遗数字传播的理论演变

非遗数字传播是随着非遗保护在数字时代的发展而出现的新研究分支和方向，隶属于文化遗产学科。随着数字技术与数字媒介在非遗传播中的重要作用日益凸显，非遗数字传播研究的多学科性、综合性、交叉性等特点也更加突出。下面将对非遗数字传播的学科基础与全球非遗数字传播研究视角作进一步阐述。

1. 非遗数字传播的学科基础

从非遗数字传播的字面意思可知，其主要理论基础来自非遗学、传播学和计算机科学(数字技术)三个主要学科，其研究则可以分为基础研究、技术研究和应用研究三个维度。其中，基础研究主要着眼于非遗数字传播的基础理论和原则方针问题，为非遗数字化实践提供理论支撑；技术研究主要着眼于非遗数字传播所涉技术，提供技术支撑；应用研究主要着眼于非遗数字化应用的成果形态(如数据库、App系统)④。下面我们简单梳理非遗数字传播在学理上的发展脉络。

非遗学是文化遗产学的分支学科，而文化遗产学又是文化学的重要分支，由此可以看出，非遗学是以文化学为基础发展而来的。在早期关于非遗的研究中，尤其在非遗的基础研究方面，民俗学、社会学、人类学、历史学、美学等学科提供了多样的视角，也为非遗学成为独立学科提供了诸多理论基础与研究方法。随着非遗保护工作在全球逐渐开展，博物馆学、艺术学、语言学、民族学、工艺学、建筑学、地理学、传播学、法学、计算机科学等学科慢慢渗入，非遗学逐渐成为一门相对独立的交叉学科，主要着眼于与非遗数字化相关的基础研究，也涉及部分技术研究与应用研究。进入数字时代后，传播语境在数字技术与互联网技术发展下发生了变化，关于非遗数字传播的研究也因此兴起，逐渐向技术研究和应用研究方面倾斜，并成为非遗学在新时代的重要问题与研究领域。

从其学科背景的多样性与研究视角的变迁可以看出，非遗数字传播研究早期属于以文化学、民俗学为基础的文化学研究领域，后融入社会学、心理学等人文社会学科领域进行"文文交融"研究，随后又与建筑学、地理学等学科开展"文理交叉"研究，如今融入计算

---

① 李娜，刘同彪. 美国民间生活中心(AFC)的民俗档案实践与经验探讨[J]. 文化遗产，2016(6)：96-102.
② 戴旸. 非物质文化遗产建档标准的建设：国外经验与中国对策[J]. 档案学通讯，2016(6)：5.
③ 郭玉军，司文. 英国非物质文化遗产保护特色及其启示[J]. 文化遗产，2015(4)：12.
④ 周亚，许鑫. 非物质文化遗产数字化研究述评[J]. 图书情报工作，2017,61(2)：6-15.

机科学、网络工程、传播学等更多元的学科,已逐渐发展成与人文科学、社会科学以及自然科学混融交叉的非遗学研究分支。

2. 非遗数字传播的研究视角

从全球范围来看,非遗数字传播的研究视角存在国别差异,其原因众多,如非遗界定的不同、非遗保护职责归属的差异、非遗研究机构背景的多元、非遗数字化程度的区别、数字技术发展的快慢等。

国际关于非遗的研究自2002年开始逐渐增多,与联合国教科文组织颁布一系列非遗保护文件的时间同步。较早从事非遗研究的国家是日本、韩国及法国,而中国、意大利、印度等国近十几年才开始有较多的相关研究,这与各个国家颁布的非遗保护政策与法律法规息息相关[1]。早期的非遗研究围绕联合国相关文件,对非遗界定、体系建立、实施对策与保护意见等内容进行阐释与研究[2]。随着各国对非遗保护的重视程度不断加强,非遗的研究多涉及社会学、计算机科学、环境科学、法律、教育学、建筑学、经济学、管理学、艺术、电子电气、区域规划、文化研究等学科,并以环境科学、计算机科学居多,其中计算机科学的理论方法、信息系统、人工智能、软件工程等成为非遗研究的前沿,也是非遗数字传播的重要研究方向[3]。全球进入数字时代后,关于非遗数字传播的研究越来越深入,兼顾理论与实践,更加注重研究成果的现实性与时效性。比较突出的研究方向有非遗数字化采集、整理与记录,非遗数字化保护与管理机制,非遗数字化展示与传播,非遗数字化开发与应用,以及非遗数字资源集成的技术实现等,侧重不同的数字技术在非遗保护中的作用与应用,并在非遗数据库建设研究方面成果较为突出[4]。也有部分学者开始进行具有前瞻性的研究,例如,有美国学者尝试创作基于本土文化传统的新技术,反思数字化浪潮对区域性非遗保护与生存的影响[5]。

(三) 全球非遗数字传播的实践发展

相关政策与法律规范为非遗数字传播提供了制度性的保障,同时也推动世界各国积极参与非遗数字传播的实践。早期的非遗数字化保护工作主要集中于数字化采集、存储与转化,以及建立开放共享的数字资源库。随着技术发展与进步,非遗数字化实践不断融入更加多元的先进技术,逐渐向着多维的数字化存储、立体化展示与智能化传播方向发展。

1992年世界记忆项目启动以来,联合国教科文组织不断推动世界各国开展文化遗产数字化工程。2003年《公约》颁布后,联合国教科文组织更是不遗余力地在全球范围内推

---

[1] 赵跃,周耀林.国际非物质文化遗产数字化保护研究综述[J].图书馆,2017(8):10.
[2] 谢菲.国外非物质文化遗产相关研究述评[J].贵州民族研究,2011(3):6.
[3] 张琪,王东波.国外非物质文化遗产研究领域的知识结构与前沿演变[J].江苏科技信息,2019(32):12-16.
[4] 谭必勇,徐拥军,张莹.技术·文化·制度:非物质文化遗产数字化研究述评[J].浙江档案,2011(6):30-33.
[5] Robbins C. Beyond preservation: New directions for technological innovation through intangible cultural heritage [J]. International Journal of Education and Development using Information and Communication Technology, 2010, 6(2): 115-118.

广和实践非遗数字化保护工作:2004年,联合国教科文组织在阿塞拜疆国家地毯博物馆启动了"数字化保护丝绸之路文化遗产工程"项目;2007年,联合国教科文组织亚太地区文化中心建立"亚太地区非物质文化遗产数据库",方便公众自由检索亚太十余个国家及地区的非遗项目[1];2015年,联合国教科文组织与中国腾讯公司合作开发具有世界性、多样性和包容性的"开放的传统游戏数字图书馆",旨在收集、保存和传播世界各地有关传统游戏的信息,对游戏类非遗进行数字化保护与传播[2];2017年11月,联合国教科文组织国际非遗大数据平台发布,旨在保护、传承、交流国际非遗信息[3];2021年,亚太地区非物质文化遗产国际信息和网络中心(International Information and Networking Centre for Intangible Cultural Heritage in the Asia-Pacific Region,ICHCAP)与越南国家艺术文化研究院联合推出的亚太地区非遗信息分享平台(IchLinks)构建项目正式上线,为亚太地区非遗工作者提供便利[4]。

在亚洲,诸多国家都在非遗数字传播方面进行了多样化的实践与应用。日本文化厅和国立情报学研究所于2010年共建了"文化遗产数据库",为公众免费提供日本文化遗产相关数据检索等服务,普及日本文化遗产保护与发展现状。东京文化遗产研究所非遗部于2015年和2016年分别对关于"竹富岛取种祭祀"的纪录片《雪祭》第一部和第二部中的音频和视频进行数字化提取,实现非遗数字化长期保存。此外,日本也在非遗数字化保护方面进行了创新性尝试:利用动画传播日本传统非遗文化,如展现日本传统牌类游戏"歌留多"的《花牌情缘》,包含祭祀活动、花道、书道、茶道等众多非遗元素的《源氏物语千年纪》等[5];引入多元数字技术,实现非遗智能传播,如日本奥兹大学开展的虚拟保护"精神链"工程,运用运动捕捉技术对"狮子舞"舞蹈动作与音频进行提取,实现非遗的三维数字化保护[6]。韩国在早期也尝试探索非遗的数字化存储工作,如韩国国立文化财研究所于1994—1997年对韩国传统音乐资料的音源进行了数字化整理、分类[7]。依托韩国三星公司的优势资源和网络,联合国教科文组织于2004年协同韩国对世界非遗进行数字化保护[8]。中国在非遗数字传播方面的实践更加多元:2006年,上线"中国非物质文化遗产网·中国非物质文化遗产数字博物馆"(http://www.ihchina.cn),成为中国展示非遗保护进程与成果、进行非遗信息交流、知识分享、学术讨论、对外传播的重要平台;同年,中国首家非遗网上博物馆"蜀风雅韵"(成都非物质文化遗产数字博物馆)正式开放,向公众展示众多成都地区非遗项目;2011年,中国国家图书馆启动中国记忆项目(China Memory

---

[1] ACCU. Asia-Pacific Database on Intangible Cultural Heritage[EB/OL]. http://www.accu.or.jp/ich/en/.[访问时间:2022-08-18]
[2] 孟祥龙,赵国炳.联合国教科文组织保护传统体育与游戏的全球实践及启示[J].体育文化导刊,2020(2):8.
[3] 史一棋.国际非遗大数据平台在北京正式发布[EB/OL]. https://baijiahao.baidu.com/s?id=1585532573486372444&wfr=spider&for=pc.[访问时间:2023-09-28]
[4] Ich@Links[EB/OL]. https://www.ichlinks.com.[访问时间:2023-09-23]
[5] 赵婷,陶信伟.日本文化遗产数字化保护经验与启示[J].文化艺术研究,2018(4):9.
[6] 彭冬梅.面向剪纸艺术的非物质文化遗产数字化保护技术研究[D].杭州:浙江大学,2008.
[7] 朴原模.韩国非物质文化遗产的记录工程与数码档案的构建[J].河南社会科学,2009(4):4.
[8] 张瑞民.国外非物质文化遗产数字化保护及其启示——兼论武强年画数字化保护策略[J].文教资料,2015(25):2.

Project),运用新媒体等手段初步再现与传播了蚕丝织绣、传统年画等非遗文化;2015年,中国首个非遗App"广东省非物质文化遗产电子地图(手机版)"正式上线。此外,中国利用"非遗+"的形式创新应用、拓展跨界融合:上线中国首个世界非遗昆曲的首部VR纪录片《昆曲涅槃》;开办"文化进万家——视频直播家乡年"的网络活动;推出凭借采用5G+AR技术呈现的传统文化系列节目,如《唐宫夜宴》《端午奇妙游》等;打造中国首个文博虚拟宣推官"文夭夭"①;开放中国首条线上线下同步开放的非遗街区,即广州非遗街区(北京路)与广州非遗街区(元宇宙)②;首发国家级数字藏品——唐明敏的绒绣《浦东陆家嘴》和曹爱勤的瓷刻《富春山居图》;等等。越南国家文化信息部在1997—2002年采集、存储了越南63个省市和54个少数民族的文化资源,建立了越南非遗数据库③。印度尼西亚于2006年制作了有声音、图像等资料辅助展示的印度尼西亚文化地图④。阿联酋的沙迦和阿布扎比在2020年落地了多项非遗数字化保护活动,如沙迦遗产研究院推出线上非遗杂志、创建线上虚拟椰枣存放工作坊等⑤。

在欧洲,"欧洲文化遗产在线"(European Cultural Heritage Online,ECHO)收藏了包括巴尔干民俗文化、楔形文字等在内的非遗文化,不仅是欧洲地区文化资源的典藏库,而且是面向世界的欧洲文化资源共享平台。由瑞士洛桑联邦理工学院和意大利威尼斯大学共同开发的时光机项目(Time Machine Project)于2013年启动,利用数字化和人工智能技术对欧洲文化遗产进行深入挖掘,对海量的历史文献、画作和历史古迹进行了数字化存储,免费向社会提供欧洲"历史大数据",这项数字人文项目被视为世界文化遗产数字化保护的主要成果之一⑥。法国最具代表性的数字化项目就是法国国家图书馆于1997年实施的加利卡(Gallica)数字图书馆工程,在法国历史文化数字化进程与非遗数字化保护工作中起到重要作用。意大利图书遗产与文化机构专业委员会发起的因特网文化遗产项目不仅集合了各类公共文化机构的数字文化资源,实现了非遗信息资源共享,而且也为公众提供了开放的资源获取平台⑦。英国公共文化组织与协会积极参与非遗数字化保护,如展示英国传统、现代及地方音乐的在线数据库英国泰特在线网(www.tate.org.uk/),为普通公众提供了了解、欣赏、研究和学习英国音乐的重要途径。

在美洲及其他地区,各国也在不懈地推动非遗数字传播的进程。美国国会早在

---

① 虚拟文物解说员文夭夭上岗,高颜值高智商,可同时服务上百家博物馆[EB/OL]. https://export.shobserver.com/baijiahao/html/487906.html.[访问时间:2023-09-23]
② 全国首创元宇宙非遗街区,广州非遗街区(北京路)开街[EB/OL]. https://baijiahao.baidu.com/s?id=1735511217784927411&wfr=spider&for=pc.[访问时间:2023-09-23]
③ 阮志斌.越南非物质文化遗产保护:实际情况及问题[EB/OL]. https://www.ihchina.cn/Article/Index/detail?id=8550.[访问时间:2023-09-18]
④ 高拉·曼卡卡利达迪普.保护印度尼西亚非物质文化遗产:保护系统、保护计划、相关活动及其所出现的问题[J].自羲,译.民间文化论坛,2012(4):95-96.
⑤ 申十蕾,法正,曹姚瑶.阿联酋非物质文化遗产保护举措及启示[J].自然与文化遗产研究,2021(6):8.
⑥ "时光机项目"(Time Machine Project)简介[EB/OL]. http://dh.cooo.com.cn/digital-humanities/bdbed67783/.[访问时间:2023-09-18]
⑦ 谭必勇,张莹.中外非物质文化遗产数字化保护研究[J].图书与情报,2011(4):5.

1995年就启动了全国性虚拟图书馆美国记忆(American Memory)工程,对以语音、文字、图片以及影像资料为主的美国历史记忆与文化档案进行数字化记录与保护,截至2000年,项目已完成500万份文件和文献的数字化,并建立了相应的专题数据库,向社会提供免费、公开的美国历史文化数字资源①。与此类似,美国民间生活中心是一个免费向公众开放的民族志资料库,代包含的资料丰富而多样,有音频和视频,以及照片、手稿、文档和出版物等各种形式的资料,涉及民间音乐、口头叙事、民间舞蹈、物质民俗、社区生活与仪式庆典等②。基于加拿大伊丽莎白图书馆的数字档案倡议计划(Digital Archives Initiative,DAI),纽芬兰纪念大学发布了《非物质文化遗产建档数字化执行指南》,提供了一套包括信息提供者的名称、收集者的名字、项目描述、数据收集、收集地点等内容在内的非遗数字档案内容描述方案③。阿尔及利亚国家图书馆在2009—2013年对部分民族文化遗产完成了数字化转存④。

二、全球非遗数字传播的价值

纵观非遗保护工作在全球的发展历程,世界各国给予非遗和非遗数字传播越来越多的关注,对非遗保护与文化发展具有重要意义。

(一)延续非遗文化活态性

进入数字时代,非遗的数字传播不仅是留存传统非遗文化的重要手段,也是在当代延续、传承非遗文化的重要途径。"由于非遗形态多样、综合繁杂,又是活态的,因此对信息技术、数字技术的需求迫切程度更高,数字化、信息化对非遗的传承、创新、发展的帮助也是最大、最突出的。"⑤从全球范围来看,仍有部分国家的非遗处于"抢救性保护""整体性保护"时期,非遗保护起步早的国家已经逐渐进入"生产性保护""生活性保护"的过渡关键期,数字技术为非遗留存与延续、传承提供了更多的可能。

在非遗数字传播过程中,数字技术、数字媒介与网络技术的介入让非遗逐步适应数字生态环境、符合数字传播语境。首先,数字技术让传统的非遗资源变为可以长期存储、长期可得的非遗数字资源,既抢救和保留了诸多濒临消失的非遗文化,也让非遗在当代的保护得到全球的广泛关注与重视,有效实现了全球非遗的"抢救性保护"和"整体性保护"。其次,数字化、信息化、网络化突破时间和空间的限制,让当代全球非遗的展示方式和传播途径更加多元,也让非遗更加符合数字时代的变化与发展,完成在数字生态中的传播与传

---

① 韩东升.美国的文化遗产数字化建设[J].中外文化交流,2014(11):2.
② 李娜,刘同彪.美国民间生活中心(AFC)的民俗档案实践与经验探讨[J].文化遗产,2016(6):96-102.
③ 加拿大:纽芬兰纪念大学持续推行数字档案计划[EB/OL].http://m.chinaarchives.cn/mobile/category/detail/id/4538.html.[访问时间:2023-09-18]
④ 赵军.阿尔及利亚非物质文化遗产保护政策及其实践[J].遗产与保护研究,2017(6):7.
⑤ 文旅中国.数字化何以激活非遗艺术[EB/OL].https://baijiahao.baidu.com/s?id=1736662117004104198&wfr=spider&for=pc.[访问时间:2023-09-15]

承。最后,依托数字技术与数字媒介,日益形态多样的全球非遗文化加速向着"生产性保护"方向创新发展,不断激发非遗潜能、释放非遗活力,让非遗真正融入民众生活,实现非遗的"生活性保护",让非遗在社会生活实践中持久传承、永葆活力[①]。因此,从全球范围来看,非遗数字传播不仅能推动各国非遗的创造性转化和创新性发展,而且旨在实现全球非遗"生产性保护"与"生活性保护"的目的,延续全球非遗的活态性,进而延长非遗"生命"、丰富非遗内涵。

(二)促进世界文化多样性

联合国教科文组织于2001年和2002年先后通过了《世界文化多样性宣言》和《伊斯坦布尔宣言》,都强调了尊重反映文化多样性的文化遗产及非遗的重要性,鼓励各国加强协作,开展非遗传承和传播[②]。此后,联合国教科文组织又在2005年公布的《保护和促进文化表现形式多样性公约》中明确指出,文化多样性是人类的一项基本特性,文化多样性是人类的共同遗产,应当为了全人类的利益对其加以珍爱和维护[③]。非遗本身具有地域性,与人们的生活环境与文化发展密不可分,由此可见,非遗是促进世界文化多样性的重要动力之一。

数字时代,对非遗进行数字化保护和数字化传播,不仅能创造传统非遗文化表达的新形式,而且将推动世界各国、各地区和各民族的文化繁荣,维护和推动世界文化多样性。其一,内容上,非遗数字传播可以丰富当代世界文化的内涵。依托数字媒介和数字技术,突破地理与时间的现实局限,非遗数字传播可以让各国人民看到不同地域、不同年代的全球非遗文化,并且可以留存原有非遗文化的个性和特性,保持世界文化的差异性和多样性。其二,文化形态上,非遗数字传播可以丰富当代世界文化的表现形式。利用数字虚拟的图文声像再现全球非遗艺术,让更多不为人知的非遗文化被盘活,同时数字技术的融合与支撑让受众能够调动全身多感去体验沉浸式非遗文化,创新了传统非遗的表达方式与文化形态。其三,非遗数字传播也带来了多元化的非遗产品与相关服务,数字技术的加持成为催生更多创新文化的新动力,为全球非遗文化消费者提供更加多样的文化消费选择。

(三)保持人类文化可持续性

《公约》指出:"非物质文化遗产世代相传,在各社区和群体适应周围环境以及与自然和历史的互动中,被不断地再创造,为这些社区和群体提供认同感和持续感,从而增强对文化多样性和人类创造力的尊重。"无论物质文化遗产还是非遗,都不仅仅代表人类多年积累的文化财富,更体现人类所肩负的代际责任,时时刻刻提醒人们要保护已有文化并不

---

① 李亦奕. 激活传统手艺,融入现代生活[EB/OL]. https://www.ihchina.cn/Article/Index/detail?id=10006. [访问时间:2023-09-15]
② 联合国教科文组织《保护非物质文化遗产公约》要点解读[EB/OL]. http://www.scio.gov.cn/ztk/xwfb/09/6/Document/657063/657063.htm. [访问时间:2023-09-15]
③ 联合国教科文组织. 保护和促进文化表现形式多样性公约(2005)[EB/OL]. http://www.ihchina.cn/Article/Index/detail?id=15716. [访问时间:2023-09-15]

断创造新的文化。

非遗因其自身的可塑性与流变性,成为人类文化可持续发展的重要保证。联合国教科文组织国际哲学与人文科学理事会主席朝戈金指出:"基于可持续发展的诉求及其间凸显出来的代际责任原则,引导了保护非物质文化遗产的伦理考量,同时也是实现代际传承的动力所在。不同社区、群体和个人的文化表达具有独特价值和意义,有助于丰富人类文化的多样化景观,也因此有助于人类的和平和可持续发展。"① 由此可见,数字时代的非遗传播一方面肩负着代际传承人类文化的重任,让全球非遗文化得以长存与展示,另一方面又承载着推动人类文化可持续性发展的重托,让人类文化延绵不断地长久发展。

第三节 全球非遗数字传播的机制与态势

随着数字时代的到来,传统非遗艺术不仅通过数字技术开辟了再现新生的新路径,也通过数字媒介打破了区域传播的局限,全球非遗的传播生态环境被彻底改变。因此,本节将探讨在数字传播语境下,全球非遗数字传播的机制变化与发展态势。

一、全球非遗数字传播的机制

基于哈罗德·拉斯韦尔(Harold Lasswell)的经典传播学理论"5W"模式(who、says what、in which channel、to whom、with what effect)及非遗数字传播的特点,下面将从传播的主体、内容、渠道、受众和模式五个方面对全球非遗数字传播的机制进行阐述。

(一)全球非遗数字传播主体

作为代际传承的一种文化实践,非遗在早期的传播者主要是传承人及其学徒。进入数字时代,世界各国的非遗传承都面临代际失衡、传承人老龄化等严峻问题。以中国为例,截至2022年年底,共有1 882名中国国家级非遗代表性传承人公布了其年龄(包括已去世的74人),其中70岁以上的传承人有1 345位,占比高达71.5%②。仅仅依靠传承人与学徒的传承与传播,已难以长久保存、有效保护非遗文化。然而,随着数字技术与数字媒介逐渐介入非遗传承与保护的工作,非遗的传播主体扩大,非遗数字内容创造者、非遗文化爱好者、非遗数字传播参与者等都成为非遗的传播主体,壮大了非遗传承与传播的力量③。传统的非遗传承人因数字能力不足而难以独立完成非遗数字化转化、数字化呈现、数

---

① 朝戈金.联合国教科文组织《保护非物质文化遗产伦理原则》:绎读与评骘[J].内蒙古社会科学(汉文版),2016(5):1-12.
② 付聪.数读中国非遗的"喜"与"忧" 国家级项目增长3.7倍但传承人七成已超70岁[EB/OL]. https://baijiahao.baidu.com/s?id=1751516238747833301&wfr=spider&for=pc.[访问时间:2023-09-25]
③ 解梦伟,侯小锋.非物质文化遗产数字化传播的反思[J].民族艺术研究,2021,34(6):7.

字化传播等重要工作。但如今,以青年群体为主的"数字原住民"已逐渐成为数字传播的中坚力量,依托网络和数字技术的数字媒体已成为各国年轻人获取信息的主要方式。因此,非遗数字传播的主体日益多元化,非遗传播的辐射力也得到提高,青年群体既是非遗创作者、参与者、传播者,同时也充当非遗数字内容接收者的角色①。

(二) 全球非遗数字传播内容

进入数字时代,非遗表现形式与传播方式也日益新颖化。联合国教科文组织通过的《公约》将非遗分为五类:口头传统和表现形式,包括作为非遗媒介的语言;表演艺术;社会实践、仪式、节庆活动;有关自然界和宇宙的知识和实践;传统手工艺。但根据五类非遗内容自身的特性,数字技术与数字媒介在介入其中的程度和方式上有所区别,这也就使得不同类型的非遗在数字化转化形式、数字展示方式、数字传播内容等方面不尽相同。以中国非遗的短视频传播为例,2022年在抖音和TikTok上最受欢迎的中国国家级非遗项目短视频主要集中于表演艺术,传统手工艺,以及社会实践、仪式、节庆活动。例如,相声、黄梅戏、柳州螺蛳粉制作技艺等在抖音上最受欢迎②,武术、春节庆祝活动、京剧等在TikTok上较为受欢迎③。其主要原因在于这三类非遗可以直接依托数字媒介进行非遗展示与传播,很大程度上减少了数字化转化的步骤和与数字技术融合的过程。由此可知,非遗数字传播内容与数字媒介息息相关,根据不同类型非遗自身的特点,辅以恰当的数字展示技术并在合适的数字媒介上进行传播,才能实现最大化的数字传播效果。

(三) 全球非遗数字传播渠道

数字时代给传播生态带来的最大变化之一就是传播渠道多元化。非遗数字传播渠道的多元化也为非遗在数字时代的延续、传承提供了更多选择性与可能性。具体而言,数字技术与数字媒介不仅突破了传统非遗以口传心授为主要传承方式的限制,而且打破了非遗传承与传播在时间和空间上的壁垒,拓展了非遗在数字时代的传播途径。除了传统面对面的人际传播外,数字时代的非遗可以借助多元的数字技术,在报纸、杂志、书籍、广播、电视等传统媒体传播渠道基础上,进行数字化创新性改造,使之更具吸引力。如中国的电视节目《唐宫夜宴》,在传统的舞蹈表演基础上,辅以5G、AR技术,融合虚拟场景和现实舞台,增强视觉效果。此外,基于网络和数字技术的交互传播渠道逐渐成为非遗数字传播的重要渠道,如线上的非遗数据平台和非遗数字博物馆,线下基于人工智能(artificial intelligence, AI)、VR、AR构建的非遗交互场景,以及虚实结合的沉浸式非遗社区等。社交媒体因其社群性、圈层化、互动性、开放性等特征,也将成为非遗数字传播的另一主要阵

---

① 张福银,周晴,牛佳芮.移动互联网语境下非物质文化遗产数字化传播路径[J].哈尔滨师范大学社会科学学报,2021,12(6):161-168.
② 2022非遗数据报告[EB/OL]. https://news.cnr.cn/local/dfrd/jj/20220612/t20220612_525861440.shtml.[访问时间:2023-09-25]
③ 乘风破浪的传统文化短视频[EB/OL]. https://new.qq.com/rain/a/20230911A09SIV00.[访问时间:2023-09-25];文旅产业指数实验室.2022年非物质文化遗产海外短视频平台影响力报告[R].中国旅游报社,2022.

地,吸引更多社交用户成为非遗数字传播的内容创作者、活动参与者及文化传播者。

(四)全球非遗数字传播受众

得益于数字技术与数字媒介,世界各国的非遗可以实现广域的传播,让更多人群了解非遗、认识非遗,非遗传播受众人群在全世界不断扩大。具体而言,非遗数字传播的受众可以分为内部受众和外部受众。内部受众是指非遗传承人,他们在非遗数字传播过程中可以直接参与指导和推进非遗数字化进程,对非遗的认知度、忠诚度水平较高。外部受众是指非遗文化爱好者及相关群体,对非遗项目认知的时间可能较短,他们通过各种媒体、人际传播、政府宣传等多种渠道了解非遗文化。由此看出,内部受众与外部受众因了解非遗的渠道与目的不同,对于不同的非遗项目也有着各自的态度和偏好。对于非遗数字传播而言,外部受众与之关系更加密切,外部受众的需求喜好、媒体偏好等将成为非遗数字传播内容的重要参考。在外部受众中,年轻群体则是数字时代非遗传播格外关注的受众对象,因为年轻群体将是非遗文化得以持续发展和传承的有生力量。

(五)全球非遗数字传播模式

由于非遗是一种非物质、活的文化,根据其自身特点与传播内容的形态,可以将全球非遗数字传播分为静态数字传播、动态数字传播和立体化数字传播三种模式①。静态数字传播区别于纯静止、非数字的图文传播方式,是基于数字媒介对非遗文化进行的单向、线性传播模式,主要以数字化的文字、图片、声音、视频等形式进行展示,如非遗数据库、博物馆的非遗数字屏显、非遗纪录片、非遗网站等;动态数字传播主要指数字技术介入非遗现场表演、传承人授艺、开班授课、技艺比赛等,在有传承人或非遗专业人士参与的非遗传播过程中,依托数字技术让传播更具生动性、直观性,凸显非遗活态性,如直播非遗现场表演、短视频展示非遗技艺、传承人通过网络平台授课等;立体化数字传播是综合运用各类数字技术与数字媒介,强调非遗数字传播中的互动性、场景化、虚拟化,让受众参与其中、形成交互,如通过移动端与 AR 技术在现实世界中叠加虚拟维度,增强受众的沉浸感和参与感,凭借可穿戴设备,强化多种感知能力,创造非遗数字传播的临场感。

二、全球非遗数字传播的态势

全球非遗数字传播的态势可以从国际学术研究中略知一二。因此,将 Web of Science(WOS)平台作为数据库来源,以非遗数字传播相关词条为主题检索,利用"引文空间"(CiteSpace)软件对其进行转码处理,形成 2003 年以来的全球非遗数字传播英文研究样本数据库(数据截至 2023 年 6 月 30 日),由此对全球非遗数字传播的研究情况进行说明分析。

---

① 刘婧.国外图书馆参与非物质文化遗产信息传播的路径及启示[J].图书馆学刊,2020,42(7):5.

(一)全球非遗数字传播研究现状

下面将从论文发表年度变化、国别分布、研究团队和作者、期刊被引量以及研究热点与前沿等方面对全球非遗数字传播态势进行阐述。

1. 全球非遗数字传播论文发表年度变化

在国际学术研究中,第一篇非遗数字传播相关的论文发表于2003年,正是伴随联合国《公约》的发布而出现的。自此,全球非遗数字传播的论文成果总量持续增长,可以简单分为三个阶段:全球非遗数字传播的萌芽阶段,即2003—2012年,全球发文总量较少,累计发文53篇,呈现平缓增长的趋势;全球非遗数字传播的缓慢发展阶段,即2013—2019年,该阶段发文量较萌芽阶段有所增加,其原因在于数字技术更新迭代,推动全球非遗数字传播研究得到持续关注,但总发文量仍然较少;全球非遗数字传播的快速发展阶段,即2019年至今,全球发文量在2019—2022年陡增,并于2022年达到峰值(见图1-3-1)①。通过全球非遗数字传播的论文年度发表量可以看出非遗数字化保护与传播在国际研究领域的基本情况,这一议题不仅成为过去20年国际学术界有关非遗研究的重要方向,也将在未来的一段时间持续受到国际学者的关注。

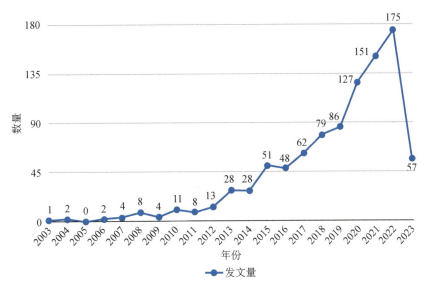

图1-3-1 全球非遗数字传播论文发表量年度走势图

2. 全球非遗数字传播研究国别分布

通过CiteSpace找出非遗数字传播研究的发文量排名前十的国家(见表1-3-1),反映了不同国家对非遗数字化传播研究的贡献及其在国家合作网络中的重要性:韩国是最早发表关于非遗数字传播的论文的国家,于2003年发表了关于数字技术在博物馆展览中的

---

① 由于数据采集截至2023年6月,因此2023年数据仅作参考。

应用的论文[①];中国是总发文数量最多的国家,成为非遗数字传播重要的文献来源国;中介中心性值超过0.10、成为关键节点的国家有四个,即中国、美国、英国和意大利,表明这些国家开展的国际合作较多,与其他国家联系较紧密。在世界范围内,关于非遗数字传播的学术研究始于21世纪后,并呈现出以发达国家为主的现状,全球非遗数字传播发展具有不均衡性。

表 1-3-1 非遗数字传播研究文献高产国家排序

排名	总发文量	中介中心性	国家	最早发文年份
1	325	0.25	中国	2006
2	83	0.04	韩国	2003
3	71	0.13	意大利	2009
4	59	0.06	希腊	2012
5	36	0.06	西班牙	2008
6	34	0.18	美国	2008
7	24	0.16	英国	2014
8	21	0.03	澳大利亚	2007
9	16	0.05	法国	2014
10	16	0.05	葡萄牙	2015

3. 全球非遗数字传播研究团队与作者

运行CiteSpace获得机构合作网络图谱,可知全球非遗数字传播领域的研究机构分布较为密集,存在比较显著的区域连线,已形成相对成熟、较为固定的研究团队与合作机构,意味着关于全球非遗数字传播的国际交流与合作正逐渐展开。但是,仍有大量机构处于零散分布状态,并未与其他机构连线或合作,这也预示着全球非遗数字传播存在广阔的国际合作研究空间。

与研究机构相比,全球非遗数字传播领域的研究个体较为分散,缺乏学者之间的科研合作。其中,被引量排名第一的是联合国教科文组织(UNESCO),主要原因是其颁布的有关非遗保护、非遗数字传播等的文件已成为各国实施非遗保护、研究非遗数字传播等的理论基础与重要依据。例如,被引用最多的文献即2003年发布的《公约》,对世界范围内的非遗数字传播研究具有重要指导意义;2013年,联合国教科文组织召开了数字遗产国际大会(Digital Heritage International Congress),学者们探讨了从数字技术视角保护非遗的新策略、数字技术应用的真实性与伦理问题等,同年的国际论文发布量较之前有大幅提升,成为非遗数字传播研究的关键性节点。此外,中介中心性超过0.1的仅有四位学者

---

① Ho H Y. A study on the cyber museum organization system for intangible cultural properties[J]. Korean Institute of Interior Design Journal,2003,38:266-273.

（见表1-3-2），可见在非遗数字传播领域具有较大学术影响力的学者并不多。联合国教科文组织作为全球非遗保护的倡导与发起组织，在引领与指导非遗数字传播研究方面仍占主导地位，具有重要意义。

表1-3-2　全球非遗数字传播研究作者被引排序

排名	被引量	中介中心性	作者	被引量最大年份
1	85	0.27	UNESCO	2013
2	19	0.13	Lenzerini F	2020
3	17	0.04	Bekele M K	2020
4	15	0.21	Smith L	2013
5	14	0.11	Vecco M	2019
6	12	0.07	Alivizatou-Barakou M	2020
7	12	0.05	Wang Y	2018
8	12	0.03	Li X	2022
9	11	0.12	Kurin R	2016
10	11	0.06	Simonyan K	2022

4. 全球非遗数字传播期刊被引量

通过 CiteSpace 得出在全球非遗数字传播领域被引频率最高的五本刊物，分别是《文化遗产杂志》《计算机讲义》《ACM 计算机与文化遗产杂志》《国际遗产研究》和《可持续发展》。被引用率排名前十的期刊中，中介中心性最高的期刊为《国际摄影测量、遥感和空间信息科学档案》，值为0.24。被引期刊学科主题涵盖社会科学及交叉科学、工程技术、艺术与人文科学领域，可见非遗数字化研究多学科交叉的鲜明特点（见表1-3-3）。

表1-3-3　全球非遗数字传播研究期刊被引量排序

	被引量	中介中心性	来源
1	83	0.12	《文化遗产杂志》(Journal of Cultural Heritage)
2	79	0.2	《计算机讲义》(Lecture Notes in Computer Science)
3	69	0.16	《ACM 计算机与文化遗产杂志》(ACM Journal on Computing and Cultural Heritage)
4	64	0.1	《国际遗产研究》(International Journal of Heritage Studies)
5	53	0.13	《可持续发展》(Sustainability-Basel)
6	37	0.24	《国际摄影测量、遥感和空间信息科学档案》(The International Archives of the Photogrammetry, Remote Sensing and Spatial Information Sciences)
7	35	0.1	《论点》(Thesis)

(续表)

	被引量	中介中心性	来源
8	29	0.11	《国际博物馆》(Museum International)
9	25	0.04	《旅游管理》(Tourism Management)
10	24	0.08	《保护非物质文化遗产公约》(the Convention for the Safeguarding of the Intangible Cultural Heritage)

注:《保护非物质文化遗产公约》属非期刊,但在相关文献中被引量较大,因此也被纳入引用文献,与其他期刊一同比较。

5. 全球非遗数字传播研究热点与前沿

对全球非遗数字传播论文的关键词进行分析,可以得出其在世界范围内的研究热点与研究方向。通过 CiteSpace 得到关键词网络图谱,可知"intangible culture heritage""cultural heritage""practical/art"是非遗数字传播在国际研究领域中最显著的关键词,其他也具有一定热度的关键词有"augmented reality""virtual reality""digital heritage"等。在全球非遗数字传播高频关键词排序中,位列前五的关键词分别是"intangible cultural heritage""cultural heritage""practical/art""intangible heritage""augmented reality",说明这些关键词在该领域热度较高。其中,"intangible cultural heritage""cultural heritage""intangible heritage""augmented reality""digital heritage""practical/cultural aspects"的中介中心性超过0.1,表明其与其他关键词之间的关联度较大,并成为关键节点。综上可知,在国际学界对非遗数字传播20年的研究中,更关注人文、数字技术和交互等内容。例如,人文方面的关键词有"intangible cultural heritage""cultural heritage""practical/art""intangible heritage""cultural aspects""practical/history""design";数字技术方面的关键词有"augmented reality""virtual reality""digital heritage""digital humanities""digital technology""computer aided instruction""mobile computing""digital protection";交互方面的关键词有"human computer interaction""user experience""interactive systems"。其中,与数字技术相关的关键词占比最高,并且"practical"一词伴随"art""history""computer aided instruction""cultural aspects"作为高频关键词出现,由此可见数字技术与数字技术应用是全球非遗传播中的重点关注内容。各关键词的排序和中文含义如表1-3-4所示。

表1-3-4 全球非遗数字传播关键词词频排序

排名	词频	中介中心性	关键词	中文含义
1	237	0.67	intangible cultural heritage	非物质文化遗产
2	113	0.53	cultural heritage	文化遗产
3	42	0.06	practical/art	实践/艺术
4	29	0.17	intangible heritage	非物质遗产

（续表）

排名	词频	中介中心性	关键词	中文含义
5	29	0.14	augmented reality	增强现实
6	26	0.09	virtual reality	虚拟现实
7	21	0.11	digital heritage	数字遗产
8	21	0.06	human computer interaction	人机交互
9	19	0.01	cultural aspects	文化层面
10	17	0.09	digital humanities	数字人文
11	16	0.07	digital technology	数字技术
12	16	0.04	practical/history	实践/历史
13	14	0.07	practical/computer aided instruction	实践/计算机辅助指令
14	14	0.06	computer aided instruction	计算机辅助指令
15	13	0.08	user experience	用户体验
16	13	0.02	mobile computing	移动计算
17	11	0.11	practical/cultural aspects	实践/文化层面
18	10	0.06	digital protection	数字保护
19	9	0.02	interactive systems	交互系统
20	9	0.01	design	设计

通过 CiteSpace 得出关键词时间线图，可以展现不同时间段出现频次最高的关键词，直观地了解全球国际非遗数字传播研究热点的变化。由于相关文献数据不足，在 2005 年前未能生成高频关键词；2006—2010 年的高频关键词主要集中在人文艺术领域，如"cultural heritage""history""art"等；有关数字技术的高频关键词从 2011 年开始出现，如"computer aided instruction""digital technology""virtual reality""augmented reality"等，表明世界各国学者开始日益关注非遗数字传播，对其的研究逐步深入。此外，通过 CiteSpace 的突现节点（Burstness）功能可知，"VR"、"AI"、"big data"（大数据）、"data visualization"（数据可视化）等词仍是当下非遗数字传播研究的突现词。由此可知，虚拟现实、人工智能、大数据、数据可视化、计算机辅助指令都将是未来一段时间非遗数字传播领域的研究热点，会获得持续的、更多的关注。

（二）全球非遗数字传播研究分析

通过上述 CiteSpace 数据分析，可以清晰了解全球非遗数字传播的研究现状与趋势，总结如下三点。

1. 联合国纲领性文件引导全球非遗数字传播研究方向

从全部文献及高频被引作者的数据分析中可知,联合国教科文组织及其颁布的相关文件具有引领性和指导性作用,为全球非遗数字传播的研究奠定理论基础。特别是在2003年《公约》发布后,缔约国开始逐步落实非遗保护相关办法与措施,不断开展关于非遗数字传播的研究与实践。同时,联合国教科文组织主导的世界遗产大会(World Heritage Committee)、数字遗产国际大会、世界记忆项目会议等国际会议也为各国学者开展非遗数字传播研究提供了广阔的交流平台[1],会议的讨论及形成的文字成果也为各国加强非遗管理与保护、深入非遗数字传播研究、探究非遗传承保护新路径、探讨前沿数字技术等具体研究提供了重要参考依据。由此可见,联合国教科文组织在推动全球非遗数字传播研究方面占据主导地位,引导各国学者确定对该领域的研究方向。

2. 全球非遗数字传播研究呈现分散性,国际合作欠缺

通过对国别、研究团体与作者的分析可知,非遗数字传播在世界范围内的合作沟通并不密切,仅有个别机构与学者开展该领域的国际合作。究其原因,主要有三:其一,非遗具有极强的地域性,加之非遗内容各不相同、非遗数量种类繁多、各国非遗保护与研究的基础差距较大等,造成研究人员很难通过国际合作完成具体非遗数字传播的研究;其二,非遗数字保护与传播的具体工作具有分散性,实践工作需要依托特定的部门或机构去完成,如政府文化部门以及图书馆、档案馆、博物馆等机构,放到国际层面来看,机构或者部门就更加分散,难以达成较为统一的研究主体;其三,美国、英国、澳大利亚、加拿大等国家均为科研、技术强国,但并未加入《公约》,对于非遗数字传播的研究较为具体和分散,缺少体系化的综合研究,这成为这些国家与《公约》缔约国在学术研究上的壁垒,在非遗数字传播方面难以通力协作、开展深入的学术交流。因此,诸多原因导致全球非遗数字传播的国际合作研究较少,多为分散、相对独立的研究。

3. 多学科研究凸显非遗数字传播交叉学科特点

通过高频被引期刊与高频关键词均可看出,全球非遗数字传播研究横跨多个学科,结合了文化学、民俗学、艺术学、博物馆学、工程科学、计算机科学等不同学科,同时也受到世界各国政府部门、文化机构、高校、研究所等机构的关注[2],让其交叉学科的特点更为突出。根据全球非遗数字传播研究的热点与前沿可知,非遗作为一种活态长存、可流变的文化,其本身特性也便于结合不同学科进行多学科视角的研究与实践。因此,来自不同学科的学者们都从各自研究视角开展对全球非遗数字传播的深入探索。与此同时,学科杂糅与技术应用也同样引发新思考,许多学者就使用新技术转化传统形式带来的原始艺术形式灭绝问题进行了探讨[3],学界与业界也开始共同探讨数字传播生态下非遗原真性的保

---

[1] Heo Y. UNESCO regime and intangible cultural heritage of Korea[J]. Asian Comparative Folklore,2022,75:153-186.
[2] 赵跃,周耀林.国际非物质文化遗产数字化保护研究综述[J].图书馆,2017(8):59-68.
[3] Kolay S. Cultural heritage preservation of traditional Indian art through virtual new-media[J]. Conservation of Architectural Heritage,2016,225:309-320.

留问题。

本章参考文献

[1] 国家文物局第一次全国可移动文物普查工作办公室.日本文化财保护制度简编[M].北京:文物出版社,2016:6-12.

[2] 全国人大常委会法制工作委员会行政法室.非物质文化遗产法释义及行政指南[M].北京:中国民主法制出版社,2011:1.

[3] 李春霞.遗产:起源与规则[M].昆明:云南教育出版社,2008:136.

[4] 文化部外联局.联合国教科文组织保护世界文化公约选编[M].北京:法律出版社,2006:35-47.

[5] 邹启山.联合国教科文组织人类口头和非物质遗产代表作申报指南[M].北京:文化艺术出版社,2005:33-38.

[6] 王耀希.民族文化遗产数字化[M].北京:人民出版社,2009:18.

[7] 胡惠林,单世联.新型城镇化与文化产业转型发展[M].上海:上海人民出版社,2014.

[8] 尼葛洛庞帝.数字化生存[M] 胡泳,范海燕,译.海口:海南出版社,1996:158-226.

[9] 曹德明.国外非物质文化遗产保护的经验与启示:欧洲与美洲卷(上)[M].北京:社会科学文献出版社,2018:1-175.

[10] 曹德明.国外非物质文化遗产保护的经验与启示:欧洲与美洲卷(下)[M].北京:社会科学文献出版社,2018:649-691.

[11] 曹德明.国外非物质文化遗产保护的经验与启示:西亚与北非卷[M].北京:社会科学文献出版社,2018:804-824.

[12] 曹德明.国外非物质文化遗产保护的经验与启示:亚洲其他地区与大洋洲卷[M].北京:社会科学文献出版社,2018:929-1036,1163-1199.

[13] 许庚寅.韩国《文化财保护法》的架构探讨[J].文化遗产,2011(4):56-59.

[14] 鞠熙.民俗遗产在法国:学术概念与政府工作[J].文化遗产,2016(1):8.

[15] 宋俊华.非物质文化遗产概念的诠释与重构[J].学术研究,2006(9):5.

[16] 方兴东,严峰,钟祥铭.大众传播的终结与数字传播的崛起——从大教堂到大集市的传播范式转变历程考察[J].现代传播(中国传媒大学学报),2020(7):15.

[17] 薛可,龙靖宜.中国非物质文化遗产数字传播的新挑战和新对策[J].文化遗产,2020(1):140-146.

[18] 黄永林,谈国新.中国非物质文化遗产数字化保护与开发研究[J].华中师范大学学报(人文社会科学版),2012(2):7.

[19] 谭必勇,徐拥军,张莹.技术·文化·制度:非物质文化遗产数字化研究述评[J].浙江档案,2011(6):30-33.

[20] 宋俊华.关于非物质文化遗产数字化保护的几点思考[J].文化遗产,2015(2):25-26.

[21] 谈国新,何琪敏.中国非物质文化遗产数字化传播的研究现状、现实困境及发展路径[J].理论月刊,2021(9):87-94.

[22] 薛可,龙靖宜.消弭数字鸿沟:中国非物质文化遗产数字传播新思考[J].中国非物质文化遗产,2021(2):8.

[23] 刘魁立.非物质文化遗产名录:提倡"契约精神"、彰显"公产意识"[J].世界遗产,2014(12):1.

[24] 韩美群,周小芹.近二十年来非物质文化遗产数字化传承研究回顾与展望[J].中南民族大学学报(人文社会科学版),2022(1):11.

[25] 徐红,郭姣姣.数字化技术在日本民族文化传承中的运用及启迪[J].新闻大学,2014(6):8.

[26] 朴原模.韩国非物质文化遗产的记录工程与数码档案的构成[J].河南社会科学,2009(4):4.

[27] 飞龙.国外保护非物质文化遗产的现状[J].文艺理论与批评,2005(6):59-66.

[28] 王慧欣.法国非物质文化遗产保护与利用的模式分析[J].传播与版权,2017(4):2.

[29] 胡小宇.法国非物质文化遗产保护的历史、现状与经验[J].徐州工程学院学报(社会科学版),2021(5):1-9.

[30] 戴旸.非物质文化遗产建档标准的建设:国外经验与中国对策[J].档案学通讯,2016(6):5.

[31] 郭玉军,司文.英国非物质文化遗产保护特色及其启示[J].文化遗产,2015(4):12.

[32] 周亚,许鑫.非物质文化遗产数字化研究述评[J].图书情报工作,2017,61(2):6-15.

[33] 赵跃,周耀林.国际非物质文化遗产数字化保护研究综述[J].图书馆,2017(8):10.

[34] 谢菲.国外非物质文化遗产相关研究述评[J].贵州民族研究,2011(3):6.

[35] 张琪,王东波.国外非物质文化遗产研究领域的知识结构与前沿演变[J].江苏科技信息,2019(32):12-16.

[36] 张瑞民.国外非物质文化遗产数字化保护及其启示——兼论武强年画数字化保护策略[J].文教资料,2015(25):2.

[37] 谭必勇,张莹.中外非物质文化遗产数字化保护研究[J].图书与情报,2011(4):5.

[38] 朝戈金.联合国教科文组织《保护非物质文化遗产伦理原则》:绎读与评骘[J].内蒙古社会科学(汉文版),2016(5):1-12.

[39] 乌丙安.非物质文化遗产的界定和认定的若干理论与实践问题[J].河南教育学院学报(哲学社会科学版),2007,26(1):11.

[40] 文旅产业指数实验室.2022年非物质文化遗产海外短视频平台影响力报告[R].中国旅游报社,2022.

[41] 阮志斌.越南非物质文化遗产保护:实际情况及问题[EB/OL].https://www.ihchina.cn/Article/Index/detail?id=8550.[访问时间:2023-09-22]

[42] 范周.数字化传播,让非遗更"潮"[EB/OL].https://www.ihchina.cn/Article/Index/detail?id=7340.[访问时间:2023-09-11]

[43] 联合国教科文组织非物质文化遗产名录(名册)[EB/OL].https://www.ihchina.cn/minglu_search/sel_way/0/sel_year/0/sel_country/990369/keyword/0/sel_type/51#target.[访问时间:2022-07-11]

[44] 中国信息通信研究院.全球数字经济白皮书[EB/OL].https://www.xdyanbao.com/doc/bmfwl7s8ny?bd_vid=9156874931933550425.[访问时间:2023-09-27]

[45] 中国非物质文化遗产海外短视频平台影响力研究报告[EB/OL].https://www.163.com/dy/article/H9DUFULM0553B8GZ.html.[访问时间:2023-09-17]

[46] 数据看中国VS世界:全球各国世界遗产盘点[EB/OL].https://zhuanlan.zhihu.com/p/596715088?utm_id=0.[访问时间:2023-09-27]

[47] 联合国教科文组织《保护非物质文化遗产公约》要点解读[EB/OL]. http://www.scio.gov.cn/ztk/xwfb/09/6/Document/657063/657063.htm.[访问时间：2023-09-15]

[48] 联合国教科文组织.保护和促进文化表现形式多样性公约(2005)[EB/OL]. http://www.ihchina.cn/Article/Index/detail?id=15716.[访问时间：2023-09-15]

[49] 2022非遗数据报告[EB/OL]. https://news.cnr.cn/local/dfrd/jj/20220612/t20220612_525861440.shtml.[访问时间：2023-09-25]

[50] 王昕.数字传播技术发展动因与趋势思考[EB/OL]. https://rirt.cuc.edu.cn/2011/0918/c3801a93920/page.htm.[访问时间：2023-09-23]

[51] Xue K, Li Y, Meng X. An evaluation model to assess the communication effects of intangible cultural heritage[J]. Journal of Cultural Heritage, 2019, 40(2): 124-132.

[52] Robbins C. Beyond preservation: New directions for technological innovation through intangible cultural heritage[J]. International Journal of Education and Development using Information and Communication Technology, 2010, 6(2): 115-118.

[53] Ho H Y. A study on the cyber museum organization system for intangible cultural properties [J]. Korean Institute of Interior Design Journal, 2003, 38: 266-273.

[54] Heo Y. UNESCO regime and intangible cultural heritage of Korea[J]. Asian Comparative Folklore, 2022, 75: 153-186.

[55] Kolay S. Cultural heritage preservation of traditional Indian art through virtual new-media[J]. Conservation of Architectural Heritage, 2016, 225: 309-320.

[56] ACCU. Asia-Pacific database on intangible cultural heritage[EB/OL]. http://www.accu.or.jp/ich/en/.[访问时间：2022-08-18]

[57] Ich@Links[EB/OL]. https://www.ichlinks.com.[访问时间：2023-09-23]

第二章

全球非物质文化遗产数字传播技术应用

2003年,联合国教科文组织在《保护非物质文化遗产公约》中给出了对非物质文化遗产的定义,并提出使用"确认""立档""保存"等具体保护措施进一步传播和保护非遗。此后,数字化保护非遗引起重视,意大利、加拿大、日本等国家都开展了许多非遗数字化项目[①]。如今,保护非遗已成为世界各国共识,数字技术的发展为非遗的保护提供了新手段。许多国家都非常注重非遗的数字化保护与传播,大规模地把非遗转换成数字文化形态逐渐成为世界潮流[②]。本章主要探讨全球非遗数字传播技术与应用,包括数字传播保护技术、数字传播传承技术和数字传播交互技术,旨在突出全球非遗数字传播技术的重要性和现状,为非遗的保护和传承提供参考。

第一节 全球非遗数字传播保护技术

20世纪90年代以来,以信息技术和网络手段为代表的数字技术取得了很大的发展。数字技术不仅被广泛应用于各个工业领域,也为非遗的留存与保护提供了全新的解决方案[③]。本节主要研究非遗保护的具体技术方法,详细分析了非遗采集、保存和传播的一些主要技术。

一、非遗数字保护技术概述

非遗数字保护是指基于非遗的固态实物、活态技法与文化精髓,借助数字设备与技术对非遗资源进行智能采录、安全存储、分类管理、便捷访问与赋能提升[④]。相较于传统的留存方式,数字技术能够更加精准化、形象化、视觉化地记录非遗中的活态内容,为非遗的

---

① 翟姗姗,刘齐进,白阳.面向传承和传播的非遗数字资源描述与语义揭示研究综述[J].图书情报工作,2016,60(2):9.
② 彭冬梅,潘鲁生,孙守迁.数字化保护——非物质文化遗产保护的新手段[J].美术研究,2006(1):5.
③ Bruton D. Theorizing digital cultural heritage: A critical discourse[J]. Journal of the American Society for Information Science & Technology, 2010, 59(8): 1360-1361.
④ Aikawa N. An historical overview of the preparation of the UNESCO International Convention for the Safeguarding of the Intangible Cultural Heritage[J]. Museum International, 2004, 56(1-2): 137-149.

数字化、信息化、网络化和智能化赋能。在数字技术不断发展的今天，人们逐渐意识到数字技术在非遗的保护和发展中具有超越传统保护和发展的作用[1]，利用高效的数字技术保护和发展非遗是必然趋势[2]。以计算机为核心的信息数字化技术的发展正为非遗保护带来发展机遇。其保护的核心在于运用数字技术创新传统非遗项目的呈现方式和传承传播机制，使其能够在现代社会的新背景下持续发展，避免因脱离时代而逐渐消逝。

学界广泛接受的非遗保护原则包括本真性保护、活态性保护、生产性保护等。非遗数字化保护应该以这些原则为基础，利用科技手段更好地保留非遗的真正面貌，从而促进其创新发展和价值创造。

第一，本真性保护。本真性保护强调在保护非遗时要坚持其最本质的特征，保留其完整的历史信息，杜绝对其进行断章取义或混淆真伪的行为。这并不是要将非遗僵化至最初的形态，也不排斥它随着时代的演变而继续发展，而是要确保非遗的核心属性保持不变，无论如何充实其内涵和进行创新发展，它依然是它自身。在学术界，关于是否坚守本真性原则在非遗保护中存在一些争议。一些学者认为，本真性与原生态是同义的，若坚持本真性，可能会阻碍非遗的进一步发展。联合国教科文组织保护非物质文化遗产政府间委员会在《保护非物质文化遗产的伦理原则》中提出，应尊重非遗的动态性和活态性，避免坚持本真性原则而产生排外性。然而，大多数学者认为，本真性保护指的是保护非遗的"独特属性"，就像一个人在生命中经历各种变化，但其基本特征如血型和基因是不会改变的，而原生态指的是事物在最初创造时的形态，与本真性并不相同。因此，对于非遗保护是否坚持本真性原则在不同背景下存在不同的看法，一些人认为本真性保护可以确保文化传统的稳定性，而其他人则主张尊重非遗的动态性，以适应现代社会的需求。这个问题的答案可能因情境而异，需要权衡各种因素再做出决策。

第二，活态性保护。活态性保护强调在非遗的保护过程中与时代的变迁和人们生产生活方式的改变同步，使非遗得以适应变化，找到适当的位置和形式，继续融入人们的生活。尽管某些传统的生产技艺可能会被现代高科技所取代，某些传统表演形式可能不如现代媒体吸引人，但这并不意味着非遗将被时代淘汰，也不意味着非遗应该沦为博物馆中的陈列品，远离人们的日常生活。相反，非遗是人类生活实践和精神文明的结晶，其影响贯穿人们生活的各个方面。因此，传承并推广非遗，为人类创造更大的价值，并建立良性循环的活态传承，才是非遗保护的真正价值所在。活态性一直是学界广泛认可的非遗核心特征，也是非遗保护的重要理念。在这一理念中，"活态"不同于"动态"，它强调仅仅通过拍摄视频、制作动画等方式无法描绘和实现的非遗真正的生命力。活态性强调对非遗项目本身以及与之相关的传承人和衍生作品的尊重。此外，它还强调对非遗项目的创新和创造性发展的尊重。最重要的是，活态性保护还体现了对非遗项目在社会中存在的价

---

[1] Valdimar T R H. Intangible heritage as a list: From masterpieces to representation[M]. Abingdon: Routledge, 2019:107-125.

[2] Nas P J M. Masterpieces of oral and intangible culture: Reflections on the UNESCO World Heritage List[J]. Current Anthropology, 2002, 43(1): 139-148.

值的尊重,呼吁大众自觉维护非遗在社会中的地位。

第三,生产性保护。生产性保护强调在非遗的保护过程中与市场需求相结合,积极推动非遗衍生品的生产、流通和销售,以促进非遗资源的有效利用,推动非遗与经济和社会的协同发展。非遗反映了社会精神文明的多元性需求,同时也反映了传统与现代的融合与冲突。生产性保护被认为是将非遗融入当代社会的最佳途径之一。在这一过程中,市场需求充当总体推动力,非遗项目的内在特性和社会环境的变化是内在的推动因素,而创新性的变革和发展则成为实现非遗可持续保护的关键保障。

二、非遗数字保护方法与应用

如今已有许多国家通过数字化档案、虚拟现实、在线展示、数字化教育资源、数据分析和挖掘以及数字版权保护等方法,保护、传承和推广非遗。不同于这些成熟的技术,还有一些创新性的非遗采集、保存和传播技术,如图 2-1-1 所示。接下来我们分别介绍面部分析技术、声道感知技术、动作捕捉技术、情感计算技术、多媒体语义分析技术、三维可视化技术及数字摄像技术。

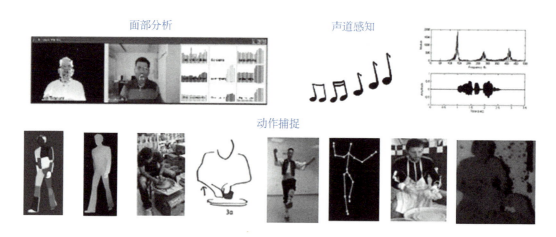

图 2-1-1 非遗采集、保存和传播的主要技术

(一)面部分析技术

面部表情是人类交流情绪和情感状态,澄清和强调所说的话,表示理解、不同意和意图,以及简单地调节与周围环境和其他人的互动的最有说服力、最自然的方式之一。表情由肌肉收缩产生,导致面部几何形状和纹理的暂时性变形。据估计,人的面部可以有一万多种不同的表情,其中许多都与情绪和情感状态直接相关,如快乐、悲伤、愤怒、恐惧、惊讶等[①]。

---

① Ekman P, Levenson R W, Friesen W V. Emotions differ in automatic nervous system activity[J]. Sciences, 1983, 221: 1208-1210.

这种自然的交流方式在歌唱、表演等艺术表达中更加重要,因为在这些艺术表达中,面部和身体是表演者用来交流他们角色情感的主要媒介。例如,歌唱表演需要反映表演者的情感参与,表演者通过声音和身体表达其感受。

面部表情分析的标注框架一般包含三个步骤,即人脸获取、表情特征获取和表情分析结果输出。按照人脸表情特征的获取方式,人脸表情识别方法可粗略分为基于特征设计的识别方法、基于特征学习的识别方法以及基于动作单元(action units,AU)推断的方法。表演者的面部表情可以根据面部动作进行分析,这既可以作为提取面部肌肉运动的一种手段,用于描述表演者的技术,也可以作为解码表演者情绪状态的一种手段。例如,歌唱表演的保存和传播不仅涉及分析声音和音乐模式以及解码声音发音,还应该包括分析和保存表演者面部所揭示的情感表达,因为表演不仅是正确的声音表达,也包括通过声音和面部揭示的情感。这对于教育来说也很重要。新歌手不仅能够学习如何使用他们的声音条件来演唱不同类型的歌曲,还可以学习如何进行完整的表演。除了情感方面,面部表情也可以用来揭示表演者技术的细节,如表演者在唱歌时张嘴的程度。

在非遗中应用这项技术可以帮助保护和传承人们的面部表情、妆容、面具等传统艺术形式。在巴西,面部分析与建模技术被应用于传统的卡纳瓦尔舞蹈和面具制作。通过分析舞蹈演员的面部表情和动作,可以捕捉他们的独特风格和舞蹈技巧,并将其数字化保存。在中国,面部分析技术可以帮助记录和研究京剧演员的面部表情和动作,以及脸谱艺术中不同脸谱的细节和特征,所整理的数字化资料可以用于培训演员、研究传统艺术形式等,并在虚拟现实或增强现实环境中进行展示。

 案例材料

江苏省张家港市文化馆创新推出"东东方方玩转非遗"微信表情包,这一举措是对于新时代文化传承的一次积极探索。在这个充满创新和创意的时代,如何让非遗文化更好地融入人们的生活,让更多人了解和喜爱非遗文化,是文化馆肩负的重要使命。"东东方方玩转非遗"微信表情包以活泼可爱、充满童趣的形象,展示了张家港市非遗的独特魅力。通过这些表情包表情的变化,人们可以更加直观地了解非遗文化的内涵和特点,感受非遗文化的价值和意义。同时,这些表情包还为人们提供了一种轻松愉快的交流方式,让人们在日常生活中更加自然地接触到非遗文化。

资料来源:蒋君卉.张家港市文化馆原创非遗类微信表情包文化价值初探[J].参花:上,2020(3):4.

(二)声道感知技术

20世纪60年代末,穆雷·谢弗(Murray Schafer)发起了世界声景项目(World Sound

Project,WSP),最终出版了《声景学:我们的声环境与世界的调音》(*Our Sonic Environment and the Tuning of the World: The Soundscape*)一书。谢弗创造的术语"soundscape"(声景)来源于单词"landscape"(风景),包含了声音环境的相关元素,如自然、机械、人类、工业、音乐和文化的声音。在2003年联合国教科文组织《公约》对非遗的定义中,声景可被视为非物质文化元素,是声音遗产和文化身份的有力象征。为了将文化特性和传统传递给下一代,声景需要保护①。

人类一直对语音产生机制感到好奇,并试图对其进行建模和开发。声道建模是指对声音传播路径中的声道进行建模和分析的过程。这包括对声音在特定环境中的传播、反射、吸收和散射等现象的数学建模和模拟。声道建模通常用于多个领域,包括音频信号处理、通信系统、语音识别、音频合成、音响设计等。第一个声道模型是物理模型,由管道、阀门和共振器构成,试图复制人类声道中通过发音器(喉/声带、舌头、嘴唇、牙齿、下巴和鼻腔)产生语言的复杂过程。随着强大的数字计算机的出现,在软件中制作具有令人惊讶的逼真度的2D和3D声道模型成为可能,当与适当的声学模拟相结合时,可以以非常类似人类实际语音生产的方式合成语音。虽然,一些研究人员认为这种所谓的发音合成系统与码本式声码合成器相比,性能较差,但发音合成仍然是一个活跃的研究领域,因为许多研究人员相信它最终将成为人与机器之间最有效的通信手段。

为有效地建立声道模型,有必要对声道的物理特性进行研究和了解。对尸体的早期研究是此类信息的第一个来源,随后是各种类型的内窥镜调查,其中许多仍在使用。20世纪,实时医学成像技术的非侵入性带来了声道传感的重大突破。使用X射线和磁共振成像(MRI)可以对整个声道进行非常高分辨率的实时成像。MRI虽然可以用于声道的实时研究,但该过程需要受试者在一个非常有限的体积范围内倾斜,其中包含一个强磁场。此外,MRI机器也非常昂贵,并且重复率最多几赫兹,不足以进行精细、实时的语音产生的生理声学研究。因此,仍然需要不同工具的结合,这可以提高研究水平。例如,在撒丁岛的多声部民歌(Canto a Tenore)中,一些歌手使用传统的喉音发音,另一些歌手使用将基频音调加倍的方法②。目前还不清楚这是通过振动声带和心室褶皱来实现的,就像在复音症中发现的那样,还是通过放大泛音来实现的,就像图瓦人的喉部歌唱一样。超声与电声门图(EGG)相结合,可以对舌部、咽前壁和声带进行记录。使用这些工具,所有你感兴趣的结构和行为都可以被记录下来,并可以对技术进行视觉和听觉记录,以便存档和将来的教学。

可考虑用于数据收集的传感器包括麦克风、外部光电声门图(ePGG)、电声门图(用于声带)、超声波(用于舌廓检测)、RGB或RGB-D相机(用于唇/嘴运动)、压电加速度计、呼

---

① Yelmi P. Protecting contemporary cultural soundscapes as intangible cultural heritage: sounds of Istanbul[J]. International Journal of Heritage Studies,2016,22(4):302-311.
② Ioannides M,Magnenat-Thalmann N,Papagiannakis G. Mixed reality and gamification for cultural heritage[M]. Cham:Springer,2017:129-158.

吸带等。来自这些传感器的数据可用于以下研究：①咽部或唇部装饰（独奏者）；②平铺的性质；③舌头和嘴唇的位置；④单独发声和装饰的音质结构；⑤单独发声/伴奏的比较；⑥肢体动作和喉部动作之间的相关性。

文化声景对于任何一个城市都具有重要意义，因为它包含传统和当代日常文化的声音价值。声音是日常非物质文化的听觉符号，还可以通过唤起人们对过去生活和历史的听觉体验，将人们与自己的文化联系起来。

案例材料

"声音银行"（SoundBank）由英国人劳伦斯（Lawrence）在病危之际研创，目的是在自己去世后让后人也可以随时听到自己的声音。目前，声音银行利用数字技术保存和传播全球各地的口述传统和口头文化。声音银行的核心是一个在线平台，允许用户上传、保存和分享音频文件，包括口头传统、民间故事、谚语、歌曲、仪式等。这些音频文件可以通过音频指纹技术进行识别和组织，以便用户可以轻松地搜索和浏览。此外，声音银行还提供了一个教育组件，可以帮助学生和教师了解口头传统和口述文化的重要性，并提供了一些工具和资源，以鼓励他们参与保护和传承这些文化遗产的活动。

资料来源：声音银行[OB/OL]. https://baike.baidu.com/item/声音银行/7663100?fr=ge_ala. [访问时间：2023-10-25]

（三）动作捕捉技术

非遗通常包括舞蹈、传统戏剧、民间艺术表演等具有丰富动作元素的项目。利用动作捕捉技术可以记录、保护和传承这类非遗，帮助研究人员深入了解传统舞蹈、戏剧等表演形式的动作特点、风格和技巧，使得这些珍贵的文化传统得到有效的保存和传承。动作捕捉技术是一种通过使用传感器、摄像头或其他设备来捕捉和记录人体运动的技术，它可以用于捕捉人体的姿势、动作和运动轨迹。动作捕捉系统可以分为基于标记技术的系统和基于无标记技术的系统。

基于标记技术的系统包括光学动作捕捉系统和惯性系统（加速度计、陀螺仪等）。光学动作捕捉系统是基于一组摄像机捕捉周围场景和标记的技术，这些标记反射或发射光，并放置在表演者的身体上。各种类型的传感器①（如网络操纵杆、运动吊舱或物理惯性动作捕捉系统的IGS-190惯性运动捕捉套装）可以轻松地提供对运动信息的实时访问。相反，无标记技术不需要受试者佩戴特定的跟踪设备，而通常基于计算机视觉方法。虽然跟踪结果的准确性和灵敏度还不能满足行业对动画中通常使用的动作捕捉的需求，但无标

---

① Coduys T, Henry C, Cont A. TOASTER and KROONDE：High-resolution and high-speed real-time sensor interfaces[C]. In Proceedings of the Conference on New Interfaces for Musical Expression，2004：205-206.

记技术是该领域的未来。目前,无标记技术仍然存在精度不足的问题,无法与实时精度达到亚毫米的标记技术竞争。但是,基于标记技术的系统通常非常昂贵,需要更复杂的设置。

随着微软感应器品牌 Kinect 及其配套的骨骼追踪软件(Kinect for Windows)和其他价格实惠的深度相机(华硕 Xtion,PMD nano)的发布,基于实时深度传感系统的无标记动作捕捉技术向前迈出了一大步。这些传感器相对便宜,与光学动作捕捉和惯性系统相比,在可用性和成本方面取得了平衡。Kinect 以每秒 30 帧的速度产生深度图流,随后进行实时人体骨骼跟踪。软件(Microsoft Kinect SDK,OpenNI)[①]连同骨骼的旋转数据一起提供了对构成人体骨骼的 20 个预定义关节位置的估计。随后的算法处理可以用来检测被跟踪人的动作。当存在遮挡时,估计的三维关节位置存在噪声,并且可能存在较大的误差,这给动作检测问题带来了额外的挑战。多 Kinect 设置和随后的骨骼融合技术已被用于对抗遮挡问题。

针对非遗中的舞蹈传承,已有人使用光学动作捕捉 Vicon 8 系统探索手势和音乐之间可能的关系[②]。像《舞蹈中心》(Dance Central)系列电子游戏,玩家可以重复动画角色的动作,这种体验正变得越来越普遍。目前已有研究尝试在三维虚拟环境或虚拟舞蹈学习课堂中,根据专业人员的表演对舞蹈表演进行自动评估[③]。如今,许多研究已经解决了合成新的舞蹈动作序列的问题,其合成模型通常基于现有的舞蹈动作捕捉数据库。虽然这些研究的目的不是保存舞蹈内容的文化遗产,但它们开发了有趣的方法和工具,可用于分析舞蹈动作和同步音乐轨道。例如,拉班动作分析(Laban Movement Analysis,LMA)是由鲁道夫·拉班(Rudolf Laban)最初开发的一种方法,旨在建立一种能够准确描述和记录所有人类动作的语言。拉班动作分析通过六个主要特征来描述动作:身体、力度、形状、空间、关系和措辞。尽管这种方法有它的缺点,需要长时间的训练,但它是为数不多的被广泛采用的建立动作词汇或字典的尝试之一。有学者[④]使用拉班动作分析提取运动质量,用于自动分割任何类型的运动捕捉数据,他们使用最初为舞蹈开发的概念,并将其应用于一般动作。已有研究人员实现了一种用于舞蹈序列的自动手势分割。

[①] SDK 是微软提供的用于开发基于 Kinect 传感器的应用程序软件开发工具包。OpenNI 是一个开源的非营利性组织,致力于推动自然交互技术的发展,提供了用于构建自然用户界面的开放式中间件。

[②] Dobrian C, Bevilacqua F. Gestural control of music using the Vicon 8 motion capture system [C]. In Proceedings of the Conference on New Interfaces for Musical Expression (NIME),2003:161-163.

[③] Alexiadis D S, Kelly P, Daras P, et al. Evaluating a dancer's performance using Kinect-based skeleton tracking [C]. In Proceedings of the 19th ACM International Conference on Multimedia,2011:659-662.

[④] Bouchard D, Badler N. Semantic segmentation of motion capture using Laban Movement Analysis [C]. In Proceedings of Intelligent Virtual Agents,2007:37-44.

案例材料

韩国非遗中的舞蹈主要由国家机构管理,由民间机构执行,以进行保护、传承和发展。根据韩国1962年《文化财保护法》相关规定,非遗舞蹈通过文化财委员会的审查评价后,选定文化财的(艺能)保有者,也就是中国所说的非遗项目的代表性传承人。由于舞蹈名目大多以独舞形式被指定,所以保有者也就只有1人。第12号晋州剑舞是对舞形式,它的(艺能)保有者有2人,而其他非遗舞蹈的(艺能)保有者基本都以1人为主。韩国文化财厅每月给予保有者工资。因此,保有者除了拥有名誉上的名分以外,也有义务就非遗舞蹈进行传授教育和展演推广。新冠疫情中,公演行业中的舞蹈类别受到了极大的打击。舞蹈需要肢体的接触,政府下令保持社会距离和关闭一切演出场地后,非遗舞蹈传承教育受限。疫情期间,非遗舞蹈传承教育以线上课程视频方式进行,但通过网络的视频教学难免会有不周到之处。同时,韩国国立国乐院首次采用 VR360°技术,通过云端展示演出,观众可以通过360°立体环形视觉进行舞台观赏。处容舞的传承教育过程中,也利用 VR 技术制作了三维空间的假象影像,帮助传授者通过云端链接进行课堂教育。

资料来源:韩国非遗舞蹈保存与发展传承[EB/OL]. 北京舞蹈学院,https://mp.weixin.qq.com/s?__biz=MzA4NjU2NjUwMw==&mid=2652998304&idx=2&sn=1005f6caddd869a19a2e3f7ab17c766e&chksm=841399a8b36410be0509fbb9e63be91e44b15cb3553ad230838cd3e36bc20f45c375cdc45161&scene=27.[访问时间:2023-10-11]

(四)情感计算技术

情感计算技术又称神经感知与情感计算技术,是一个涉及神经科学、计算机科学和心理学的跨学科领域,旨在让计算机和机器能够感知、理解和响应人类的情感和认知状态。这些技术的目标是模仿或模拟人类的情感感知和情感表达能力,以改善人机交互、情感分析、认知计算和社交机器人等领域的实际应用。

情感识别(emotion recognition,ER)是情感计算最重要的问题之一,在努力让计算机能够与人类进行互动,并展示与情商相关的态度线索的过程中,扮演主导角色。成功的 ER 使机器能够识别用户的情感状态,并收集情感数据进行处理,从而进入基于情感的人机界面的终端,即情感反应。为了实现有效的内质反应,已有各种各样的方法和设备,主要涉及面部内质反应、语音①,以及自主神经系统(autonomous nervous system,ANS)信号,即心率和

---

① Bourel F, Chibelushi C C, Low A A. Robust facial expression recognition using a state-based model of spatially-localised facial dynamics [C]. In Proceedings of the IEEE International Conference on Automatic Face Gesture Recognition, 2002: 113-118.

皮肤电反应（galvanic skin response，GSR）①。在情感方面存在着重要的文化差异，这些差异可以通过文化表达来预测、理解和联系。

基于脑电图（EEG）的 ER（EEG-ER）是 ER 中较新的领域，它解决了面部、语音或 ANS 相关信号中出现的一些基本可靠性问题。面部表情识别方法对于那些无法通过面部表情传达情绪或者在社交场合伪装情感的人来说并不适用。比如，人们可能在微笑时感到愤怒，面部表情识别方法失效。相比之下，来自中枢神经系统的信号，如脑电图、脑磁图、正电子发射断层扫描或功能性磁共振成像，不受这些因素的影响，因为它们直接捕捉情绪体验的表达。在情感识别方面，脑电图看起来比其他三种方法更可靠，同时也更少侵入，具有最佳的时间分辨率。因此，很多研究都在致力于利用脑电图来进行识别情感方面的工作。

情感空间反映了不同文化之间的主要差异，这些差异体现在评价、行动准备、表达和控制情绪的方式上。此外，在不同文化中，情感和情境之间的相互关系也存在差异。通过使用脑电图信号来捕捉情绪和情感的变化，可以更好地了解不同情绪反应的优先级、个体对特定情境的敏感性、情感涉及的计划以及实现这些计划的方式。这些信息对于获取非遗的主要信息非常重要。因此，通过实现情感潜力，能揭示文化方面的差异，这些差异在情感空间中是隐含的，但在情感空间中形成了可见的规范，有助于对文化和情感模型的分类和保护。

在非遗文化中，大多数民间传说和民俗都是基于情感的逻辑构建的。它们更注重让人们产生情感体验，而不仅是产生思考。在最佳情况下，民间传说和民俗文化通过让人们产生情感体验来引发他们的思考。在这种背景下，民间传说和民俗文化所产生的情感很少是个人独有的，而是要唤起广泛共鸣，才能成为传统或流行。最引人入胜的时刻通常是触及文化核心的冲突、焦虑、幻想和恐惧的时刻。从这个角度来看，民俗和文化表达试图利用各种手段最大限度地引发观众的情感反应。艺术家和表演者不仅考虑他们的技艺，还考虑如何产生情感影响。通过脑电图进行歌唱表演者及其受众的情感获取，可以在情感空间中识别这些作品中产生和消费的语境差异，从而更好地了解不同民俗文化中情感维度的运作方式和对非物质文化的尊重程度。

案例材料

要提高丝路文化中的情感体验需要深度理解传统造型中的设计理念，加以多元化表现，提高消费者的满意度、处境体验、愉悦程度等。目前大多与丝绸之路有关的物化设计以平面为主，多以在丝巾等面料上运用文化元素图案表现，缺乏文化内涵和设计价

---

① Picard R W, Vyzas E, Healey J. Toward machine emotional intelligence：Analysis of affective physiological state [J]. IEEE Transactions on Pattern Analysis and Machine Intelligence，2001，23(10)：1175-1191.

值,也因此缺少一定的精神价值。随着生产与生活节奏加快,机械的批量生产导致产品质量堪忧,无法实现民众的情感诉求。因此,更需要在物化中附加人文精神,增加民众在消费过程中的情感体验。在"一带一路"建设中,以丝路文化为主题的物化设计已经占有一席之地。近年来,由于故宫博物院文创产品的兴起,消费者对此类产品又产生了兴趣。因此,丝绸之路物化设计中的外在表现应体现其文化内核,即在物化设计中注入对历史文化的深厚情感,以此来审视丝路文化物化设计的现状以及物化设计中的情感表现。

资料来源:陈丽伶,索一婷,蒋若雪,等.探析丝路文化在物化设计中的情感表现[J].西北工业大学学报(社会科学版),2021(4):6.

(五) 多媒体语义分析技术

通过多媒体语义分析技术,可以将非遗转化为可被计算机处理和理解的格式,进而进行深入的分析和挖掘。同时,利用语义分析技术,可以对多媒体内容进行自动或半自动的处理,提取出其中的关键信息,包括文化背景、传承方式、历史渊源等,从而更好地了解和传承这些文化遗产。

多媒体语义分析技术是一种涉及多媒体数据(如图像、音频、视频等)的人工智能技术,旨在理解和提取多媒体内容的语义和含义。这些技术结合了计算机视觉、自然语言处理和音频处理等领域的方法,使计算机能够识别、理解和处理多媒体数据的语义信息。

这本质上是将低级特征映射到高级概念的过程,这个问题的解决方案是弥合"语义鸿沟"并提取一组元数据,这些元数据可用于以与人类感知一致的方式索引多媒体内容。这个过程的挑战之处在于,绝大多数语义概念都有大量不同的实例,而使用有限数量的模式很难捕获这些实例。如果我们认为概念检测是一个连续过程的结果,在学习过程中,学生通过与一组示例和老师互动来逐步培养自己的视觉感知能力,我们可以确定以下相互关系:概念的基础主要是通过指示性的例子来实现的,然后是老师的解释。基于这些样本,学习者使用其感官来建立模型,这些模型可以基于概念的注释,或者依赖对接收到的刺激做出判断(判别模型),或者构建一个可能产生这些刺激的模型(生成模型)。然而,这些模型在泛化方面通常很弱,至少在开发的早期阶段是这样。这一事实阻止了它们成功地识别新的、未见过的建模概念的实例,这些实例可能在形式和外观上有所不同(即语义差距)。这是老师再次发挥作用的地方,为学习者提供一套基于逻辑的规则或概率依赖的指导,这将为学习者提供通过推理获得视觉感知的额外途径。这些规则和依赖关系本质上是过滤器,可以用来减少基于刺激的模型的不确定性,或者通过推理产生更高形式的知识。最后,随着时间的推移,这些知识以经验的形式积累起来,这是一种有时可以直接从教师传递给学习者的信息,并帮助学习者对所需的模型做出粗略的近似。

在文化遗产领域,多媒体分析作为一种对多媒体文化内容进行自动索引的方法在过去几十年中得到了广泛的应用。随着文化内容数字化保护以捕捉、提示各种有形和无形资源文化遗产的流行,对这种方法的需求变得迫切。

当涉及非遗时,语义分析的任务变得更具挑战性,因为遗产文物的意义隐含在它们的背景中,保护这些文物不仅意味着保护它们本身,还需要保护它们的背景知识。例如,这些无形资产可能来自表演艺术(如唱歌、跳舞等),语义多媒体分析是将来自传感器信号(如声音、图像、脑电图)的基本特征与艺术形式(如歌唱或舞蹈风格的关键特征)进行对应的重要方法。在典型情况下,语义多媒体分析由模式识别、知识辅助语义分析与模式对齐等步骤组成。

为了模拟人类的学习技术,研究人员开发了算法来教机器如何识别模式,因此,通过使用与模式相关的注释示例(积极示例)和与之无关的示例(消极示例)来帮助模式识别。此过程的目的是创建一个通用模型,该模型将输入信号/特征映射到所需的注释,同时并行地从当前数据推广到未来的未知数据。模式识别技术已被用于文化领域的各种文化遗产类别。有研究者利用多媒体数据对印度传统舞蹈动作进行了基于支持向量机(support vector machine)的分类①。还有研究者采用计算机视觉技术对考古陶器碎片进行自动分类②。

通常,把专家知识应用于一个领域时可以提高语义分析任务的效率。特别是,当使用有关对象的知识对数据进行适当的结构化时,检索文化对象的准确性会提高③。有学者提出了一种在博物馆叙事中描述展品结构的方法,这种方法可以以连贯的方式自动向公众展示展品,并介绍展品的创作和使用背景。

案例材料

大量的欧洲文化遗产被来自图书馆、博物馆、档案馆和视听部门的各种数据提供者数字化,它们都使用不同的元数据标准。这种异构数据需要出现在公共上下文中④。因此,考虑到现有数据模式的多样性,确保跨文化数据的互操作性受到研究人员的广泛关注。例如,Europeana数据模型(Europeana Data Model, EDM)是为实现Europeana数字图书馆而开发的,其设计目的是加强各种内容提供者和图书馆之间的互操作性。EDM超越了元数据标准,而不影响标准的范围和丰富性。此外,它还促进了Europeana对语义网的参

---

① Mallik A, Chaudhury S, Ghosh H. Nirtyakosha: Preserving the intangible heritage of Indian classical dance[J]. Journal on Computing and Cultural Heritage (JOCCH),2011,4(3):1-25.
② Makridis M, Daras P. Automatic classification of archaeological pottery sherds[J]. Journal on Computing and Cultural Heritage (JOCCH),2013,5(4):1-21.
③ Koolen M, Kamps J. Searching cultural heritage data: Does structure help expert searchers? [C]. In Proceedings of RIAO Conference,2010:152-155.
④ "公共上下文"指公共领域或公共环境中的信息和资源,这些信息和资源可以被广泛的人群访问和使用,如来自各种机构的数字化欧洲文化遗产数据。

与。EDM 语义方法有望促进更丰富的资源发现和更复杂数据的改进显示。值得注意的是,有学者提出了一种将语义分析结果映射到 EDM 元数据模式的方法[1]。通过这种方式,最终用户和异构应用程序可以使用和重用元数据。此外,PREMIS 保存元数据的数据字典是元数据的国际标准,旨在支持数字对象/资产的保存并确保其长期可用性。PREMIS 元数据标准已在全球范围内广泛应用于各种数字保存相关项目。它支持许多数字保存软件工具和系统。国际文献委员会(International Committee for Documentation,CIDOC)概念参考模型(Conceptual Reference Model,CRM)是 2006 年 9 月 12 日以来的 CIDOC 标准,它提供了以形式化的方式描述文化遗产概念之间隐含和显式关系的能力。因此,CRM 旨在通过提供一个可以表示任何文化遗产信息的通用和可扩展的语义框架来促进对文化遗产信息的共同理解。它旨在成为文化领域专家之间沟通的通用语言,帮助不同文化遗产信息来源之间在语义层面实现互操作性。

(六) 三维可视化技术

在非遗文化中,包含了一系列可记录的文化元素,如技能、工艺、音乐、歌曲和戏剧等,这些元素无法通过接触或其他方式进行互动。在现实生活中,物质文化遗产可以在博物馆和相关展览等环境中进行展示。对于被完全摧毁的寺庙等文化遗产建筑,甚至可以制作复制品,让观众亲自在里面漫步。然而,由于非遗的特点,其传播受到很大限制,无法在生活中进行感受,这是防止其消失的真正挑战。这就是三维可视化和交互技术发挥作用的地方。

三维可视化技术是一种用于呈现和展示三维对象、场景或数据的技术。它旨在通过创建逼真的三维视觉效果来使用户更好地理解和与复杂的三维信息互动。三维可视化技术被广泛应用于许多领域,包括计算机图形学、科学可视化、医学成像、工程设计、游戏开发和虚拟现实等。通常包括四个步骤。首先,需要对待可视化的数据进行清洗、标准化等预处理工作,以确保数据的准确性和一致性。其次,通过几何建模创建三维模型,可以使用专业的建模软件或者通过编程实现,常见的建模软件有混合器(Blender)、玛雅(Maya)等。在模型创建完成后,通常会为模型添加纹理,以提高图像的逼真度,纹理可以是照片、图像或特定的图案。为了使模型看起来更加真实,需要添加光照和阴影效果,这可以通过设置光源、调整材质属性等方式实现。再次,可以添加动画效果和交互功能,如使用相机跟踪技术实现视角的动态调整,或者添加按钮、滑块等交互元素,使用户能够与可视化场景进行互动。最后,将处理后的数据以图像或视频的形式呈现给用户,常见的可视化工具包括统一游戏引擎(Unity)、虚幻引擎(Unreal Engine)等。这些工具提供了丰富的可视化功能和插件,可以帮助用户快速创建高质量的三维可视化作品。

---

[1] Mulholland P, Wolff A, Collins T, et al. An event-based approach to describing and understanding museum narratives [C]. In Proceedings of Detection, Representation, and Exploitation of Events in the Semantic Web Workshop in conjunction with the International Semantic Web Conference, 2011: 1-10.

如今,信息通信技术正日益成为文化遗产教育的支柱之一①。虚拟世界经常被用于文化遗产教育领域,以增加人们欣赏空间或时间上遥远的文化内容的机会。尽管它们对扩大文化内容的获取非常有帮助,但这些应用程序(如虚拟博物馆)通常没有本质上的吸引力,有时无法支持主动学习,只是提供了获取信息的机会②。数字游戏以一种更积极、更吸引人的方式支持学习,从教育学的角度来看,它们提供了高级互动,如定制学习路径、跟踪学习者的行为和成功/失败等,更能适应特定用户的学习需求。游戏类应用程序已逐渐成为传播非遗的有力工具,在技术增强学习领域,这一趋势得到了很好的巩固,它促进了数字游戏的采用,以维持各种教育领域的学习和培训,旨在增强建设性、体验式、自我调节的学习,提高用户的参与度和积极性。例如,在 i-Treasures 项目③中,为选定的一些非遗类型(扎米科舞蹈、瓦隆舞蹈、卡户什舞蹈、"人声节奏盒"歌唱、拜占庭音乐、陶器和当代音乐作曲)开发了七个教育游戏,用于感觉运动学习。这些游戏旨在从各种传感器和游戏设备(如原型超级头盔或现成的商业传感器,如 Kinect)获取输入。该系统允许用户观察专家的表现,通过尝试重现专家的表现进行练习,然后获得对他/她的表现的评估和额外的反馈。

案例材料

游戏在物质文化遗产(tangible cultural heritage,TCH)领域更为普遍。以 3D 虚拟环境游戏《席亚特罗 8》(*Thiatro 8*)为例,玩家在其中扮演博物馆馆长,或其他数字文物的馆长。《我的文化探索》(*My Culture Quest*)旨在宣传真实收藏,甚至是某个地方的历史,这是希腊国立考古博物馆体验的组成部分。许多游戏也存在于历史重建领域,例如,《瑟莫普拉伊战役》(*Thermopylaebattle*)和《玩转历史》(*Playing History*)这两款游戏主要基于 3D 技术,能够近距离地重现每个事件发生的环境。《艾库拉 15》(*Icura 15*)有一个逼真的 3D 环境,教授日本文化和礼仪,可以提高文化兴趣,并支持真正的旅行前计划。《探索巴比伦 16》(*Discover Babylon 16*)、《新罗马 17》(*Roma Nova 17*)和《纪念第七街》(*Remembering 7th street*),旨在让人们更好地了解古代美索不达米亚对现代文化、罗马和西奥克兰的影响。《非洲之路 19》和《真实生活 201020》分别模拟骑自行车穿越非洲 12 000 英里(约 19 312 km)和世界上任何国家的不同生活(如孟加拉国的农民或波兰的计算机操作员)。《帕帕夸瓦卡 21》(*Papakwaqa 21*)是一款关于中国台湾地区高山族泰雅人的严肃游戏,特别关注部落信仰、习俗和仪式等非遗资产。

资料来源:Ott M,Pozzi F. ICT and cultural heritage education:Which added value? [C]. In Proceedings of Emerging Technologies and Information Systems for the Knowledge Society,2008:131-138.

---

① Veltman K H. Challenges for ICT/UCT applications in cultural heritage[J]. Digithum,2005(7):1-20.
② Mortara M,Catalano C E,Bellotti F,et al. Learning cultural heritage by serious games[J]. Journal of Cultural Heritage,2014,15(3):318-325.
③ 一项旨在保护、传承和推广欧洲非遗的研究项目。该项目由欧盟资助,旨在利用现代技术和创新方法,提供非遗交互性体验和学习机会。

(七)数字摄像技术

目前,高精度数字摄像是最常用、最便捷的对非遗进行采集和记录的方法,在非遗的抢救保护工作中扮演着关键的角色。这一过程涉及获取目标非遗的光学图像,通过光电传感器将这些光学信号转化为数字信号,从而生成数字影像。数字摄像通常使用数码相机和摄像机等典型设备,这些设备在捕捉信息时能够直接将其储存为数字格式,从而迅速采集高质量的音频和视频数据,也有助于后续的编辑、处理和使用。相较于传统的摄像方法,数字摄像技术的非遗采集有着更高的准确性、更低的成本以及更长的数据保存时间等优势。

如今,随着互联网技术的蓬勃发展,各类新媒体、社交网络平台相继涌现,为数字影像传播提供了新的途径。以数字摄像技术为依托,可以探索更高效、更科学的非遗保护策略。

作为互联网技术发展的产物,数字摄像技术于近几年取得了长足发展,并在非遗纪录片拍摄、非遗文化档案管理等方面表现出强大优势。概括来讲,数字摄像技术在非遗保护中的应用主要具有以下特点。

一是纪实性。在保护和管理非遗方面,数字摄像技术的应用主要表现为通过拍摄纪录片的方式记录与非遗相关的场景、人物、建筑、风俗人情等,其最大的特点是强调"原汁原味",以第三方视角向人们客观全面地展示非遗,这与我国当前强调的保护非遗本真性的要求高度统一。电视台或者文化机构等可以通过制作非遗故事栏目的方式向人们更加真实地展示历史悠久且极富文化底蕴的非遗。

二是跨时空性。如今,城镇一体化进程持续推进,很多古色古香的原生态村落在现代文明浪潮的裹挟下被湮没,诸多非遗失去了存在和发展的载体,面临着消失或者失传的危险。数字摄像技术的发展为非遗提供了重要的载体,也为非遗保护和传承提供了重要支持。该技术不受时空因素的限制,可以对分布在各个区域不同类型的非遗进行记录、展示、保存和管理。

三是直观性。一直以来,各国主要通过书籍编撰、绘画创作等手段记录和传承非遗。以上记录形式皆以书籍、绘画等"固形物"为依托,但是它们无法实现永续保存,一旦书籍被损坏、古代建筑坍塌等,也就意味着非遗将失去存在和发展的载体。为避免出现以上情况,可以尝试将数字摄像技术应用于非遗保护及传承中,该技术既能够以电子载体的形式对各类非遗进行永久储存,也能够借助音频、视频、图像等多种形式对非遗进行直观的展示,为人们带来视觉、听觉上的双重感官刺激,进而使人们认识和了解非遗,让更多民众自觉肩负起保护和传承非遗的重任。

 案例材料

人类文明经过悠久漫长的发展,产生了许多优秀的文化艺术结晶,如建筑物、文物、字画等。在这些宝贵的人类文化遗产中,有一种类型没有坚实长久的实物或实体,它是一种以人为本的活态文化遗产,强调的是以人为核心的技艺、经验、精神,其特点是活态流变，突出非物质的属性，更多强调不依赖物质形态而存在的特质。这就是非遗。这些非遗项目由于其非物质的属性及传承或传播方式的不力，多数濒临失传。纳斯达克上市企业"微美全息"（WIMI.US）旗下研究机构微美全息科学院的科学家们探讨了如何使用以计算机技术为基础的虚拟现实技术，为非遗的传承和保护提供新思路。

资料来源：李雅筝，周轩. 虚拟现实技术在非物质文化遗产保护与传承中的应用[J]. 科教文汇，2022(16):3.

第二节　全球非遗数字传播传承技术

随着数字技术的发展，社会生活各个方面都悄然发生着变化。文化传播领域由过去以报纸、杂志、广播、电视等传统介质为主的信息单向传递逐渐转变为网络、新媒体与传统媒体并存的多元化、交互式传播。数字技术与传统行业相互融合的趋势越来越显著，在融合过程中，双方立足各自优势，借助彼此的力量实现资源互补，所产生的效果也越来越明显。非遗传承就是在这种环境下不断向前发展的。

一、非遗数字传承技术概述

非遗传承与非遗传播有所不同。传承注重的是非遗的传承和延续，强调的是传承人的实践经验、技艺和技能等，以及如何将这些技艺和技能传授给下一代；非遗传播则更注重对非遗的宣传、推广和普及，强调的是让更多的人了解、认识和欣赏非遗。非遗传承的目标是保持和延续非遗的独特性和原貌，防止其消失或被破坏；非遗传播则希望通过各种手段和渠道，让更多的人接触、了解和参与非遗的保护和传承工作。非遗传承主要依靠传承人的言传身教、口传心授等方式，注重实践和体验；非遗传播则更多地借助现代科技手段，如数字化技术、虚拟现实技术等，将非遗转化为数字格式，以便保存、传播和展示。

随着科学技术的日新月异，简约明快、抽象干练的现代审美观念的渗透，以及工业生产的快速发展，现在产品更新快，生活节奏快，媒体技术不断渗透，过去在日常生活中常用的非遗，如绒花、刺绣，由于其价格高昂、工期长，似乎已经失去了竞争力，再加上其传承方式没有系统记录、难以口耳相传、学习时间长、经济效益差等特点，以及从业人员普遍老龄化和受教育程度低的现象，传承队伍出现了断层，并以不同的速度逐渐消失。对于珍贵而丰富的非遗，在这种脆弱的传承模式下，迫切需要采取有效的措施和方式进行抢救性的保护和探索性的传承与创新。世界上许多国家为保护非遗出台了许多政策，并开展了项目实践。

早在1992年，教科文组织就推动了世界记忆项目，旨在将文化遗产转化为数字文化形式。在2001年通过《世界文化多样性宣言》和2003年通过《公约》的基础上，联合国教科文组织呼吁世界各国抢救和保护非遗。2004年,丝绸之路中国文化遗产数字保护项目启动,以推广非遗数字保护的理念。此外,日本于1915年颁布了《明治初期古器物和旧物件保存通知》和《越夏寺保存法》。为了保护作为非物质文化财产的传统工艺,日本于1950年制定了《文化财保护法》,并依托国会图书馆开展非遗数字化保护,形成资源库。借助第二次工业革命和1973年《传统工艺品产业振兴法》的颁布,日本传统手工业通过与日常生活密切相关的传统工艺品振兴,更好地融入现代社会,促进了日本传统手工业的全面复兴和创新发展。京都大学一直在积极开发数字技术和相关设备,以研究和探索世界各地的大型文化遗产项目。在非遗数字化研究项目的实践方面,具有代表性的有法国的Galica文化数字化项目、美国虚拟图书馆的美国记忆项目、意大利的数字化米开朗琪罗项目和埃及的数字化木乃伊项目等,都在非遗的数字化保护方面做出了显著的努力。

在非遗的传承方面,日本、法国、美国和加拿大总体走在了世界前列,四国的做法各具特色。日本的主要做法是针对非遗立法、部署数据库建设以及促进特定数字技术的应用。法国采取创新性的保护措施、明确非遗保护数字化主体并促进数据资源的开发,同时充分发挥国家图书馆的作用。美国以"故事录音"(StoryCorps)项目为代表,通过广泛采集非遗传承人的音视频促进非遗的传承和保护,并在数字技术创新应用方面取得明显成效。加拿大通过编制非遗数字化操作指南和加强非遗数字博物馆建设的方法,取得了理想的效果。

案例材料

为了更好地利用声音记录历史,同时也为了促进非遗得到更好的传承,美国的一位医学院在校生戴夫·伊赛(Dave Isay)于2003年创立了StoryCorps公益项目,其使命是记录、保存和分享来自各个背景和信仰的美国人的故事,初衷是促进彼此相互关爱,加强和建立人与人的联系,传达倾听的价值,并将每个人的故事融入文化,为子孙后代创造宝贵的时代记忆。尽管该项目最初并不是专门为非遗保护和传承所设计,但"无心插柳柳成荫",经过20年的运作,形成了大量宝贵的非遗传承成果,积累了不可多得的非遗数字资源财富。StoryCorps的基本原则包括三个方面:一是最大程度地尊重和关心讲述者,并给予最高的尊严;二是持续为广泛的参与者提供服务;三是提供不具有商业性的公共服务。StoryCorps采用移动的车辆或固定的录音屋进行谈话内容记录,一般以40分钟作为标准时长,谈话结束后,在得到参与者的许可后,谈话内容会被保存至美国国会图书馆(Library of Congress)的美国民间生活中心,作为历史记忆留存于世,为后代留下宝贵财富。2003—2014年,StoryCorps主要通过线下录音车、录音屋的方式进行内容记录,效率比较低,运作成本也比较高。2014年,项目创始人获得价值百万美元的TED(Technology,Entertainment,Design)大奖后得到了广泛的关注,于是开启了利用移动应用程序(App)实现在线录音的服务。2015年这一应用正式上线,可以让参与者根据需要随时随地记录分享的内容,并按要求生成相应的文件,存档收藏。移动端的推出使得 StoryCorps 业务快速扩展,在短短数年间服务范围就覆盖了全美的50 个州,并且语言的种类也扩展到 80 余种。这一 App 的功能较为简洁,包含项目简介及使用方法、创建访谈以及编辑共享三大模块,参与者既可以申请账户登录,也可以以游客身份访问,按要求操作后即可完成录音,并进行提交和分享(见图 2-2-1)。

图 2-2-1　StoryCorps 的移动端界面

资料来源:郭辉.手机 App 在非物质文化遗产传承人建档中的应用及思路——美国 StoryCorps 项目的启示[J].档案建设,2017(3):22-24,32.

二、非遗数字传承方法分类

(一) 基因图谱

传统手工艺是一个国家文化的重要组成部分,它承载着历史的记忆、民族的智慧和文化的传承。然而,随着现代化的发展和科技的进步,传统手工艺正面临被遗忘和淘汰的危机。为了保护和传承传统手工艺,构建文化基因图谱成为一种重要的方法。

"基因图谱"一词最早来源于生物学领域,指的是用图示的方法表示生物基因在染色体上的专属位置。在文化科学领域中,文化基因图谱是指将传统的原始文化记忆、民间艺术、宗教信仰、聚居形态等各种文化元素按照其各自的属性及内在的逻辑关系进行有序的排列组合与层层解构,最终形成有秩序性的能完整记录地域文化所有历史信息的图谱。文化基因是决定文化传承与变化的基本要素，通过建立文化基因图谱，可以将文化中的各种元素按照内在特点和自身逻辑进行有序排列，便于人们对某一文化进行整体性的认识与学习。文化基因图谱能够传递长久的文化记忆，展示基因演化序列，有着高储存性和高聚集性的特点，能够让人们了解这一文化的过去和现在，探索这一文化的未来及发展。

1. 文化基因图谱的构建原则

第一，文化基因筛选标准。文化基因受到多方面的影响，如溯源环境、生产符号、传递历史、工艺形态等。传统手工艺作为一种文化现象，其文化基因的筛选主要以表型分析作为切入点，找出内在结构和外在性表述的角度。同时，需要坚持整体与系统相结合的观点，不能忽视传统手工艺的共性与特性。在文化基因图谱构建前，对于文化基因的筛选标准可厘定为唯一性标准、主导性标准、突出性标准和可持续复制性标准。唯一性标准意指某个基因是某一地区、某一民族的某一类手工艺所独有的，是文化基因里最为重要的。主导性标准意指某个基因是组成文化的众多文化基因中必不可少的存在。突出性标准意指某个基因在这一文化中出现频率较高。可持续复制性标准意指某个基因在经历了某一文化不断的复制、变异、发展后，其本质或者功能没有发生改变，这种基因体现出该文化积淀的结果。

第二，文化基因分类方式。文化基因分类是构建文化基因图谱的关键步骤。目前学术界采用不同的标准，对文化基因的分类主要有六种方式。第一种分类方法是将元素逐级划分为九个级别，包括超类、类、亚类作为等级分类，以及项、亚项、元、亚元、素和质作为基本要素中的等级分类。第二种是根据特性和具体环境划分文化基因，即将文化基因分为共享型和特异型两个类型。第三种是以传统聚落景观将文化基因划分为主体基因、附着基因以及混合基因。第四种是以保护城区和村落作为文化基因划分的切入点，将文化基因分为物质文化基因与非物质文化基因。第五种是以文化基因的物质形态特征为划分依据，以此分出显性基因和隐性基因两个类型。第六种是根据文化基因的稳定程度将其划分为稳定基因和变异基因。稳定基因稳定性较强；变异基因虽然稳定性差，但能在最大程度上促进文化的进步发展。

第三，文化基因图谱构建特点。文化基因图谱的构建具有两个主要特点。首先，它需要通过图化和谱化两个过程来将非遗资源转化为图和谱。图化是指通过现代拍摄手段对非遗相关信息进行图像化和图表化处理，而谱化则是将非遗中独立的资源按照一定的顺序逻辑进行组合排列，形成明晰的关系。其次，文化基因图谱与其他类型的图谱不同之处在于，它不仅以图像为主、文字为辅来揭示内在的发展和传播规律，还包含内在携带的文字信息和多种基因组成的特点。因此，构建非遗传统手工艺文化基因图谱需要满足两个基本要求。一方面，需要将内容聚集起来，通过文字与图像的匹配进行说明，使研究者能够直观全面地了解文化，将复杂抽象的文化资源变得易懂，从而使基因图谱能够综合、整体地表达文化基因。另一方面，需要建立基因之间的关联，基因与基因之间存在紧密的逻辑关系，文化基因图谱是一种通过图片展示逻辑的具体化表达，需要在构建过程中避免零碎化展示,保持逻辑关联。

2. 传统手工艺基因图谱的构建流程

在研究传统手工艺文化时,需要通过调查来证实,并且需要深入参与日常生产和生活实践,通过田野调查来阐述理论和观点。因此,在构建文化基因图谱之前,需要对所研究的文化对象进行采集,并对采集到的文化素材进行整体归纳分类,包括材料、匠意、工制、器型、技术和纹样。在此基础上编制谱系,并梳理所要研究的传统手工艺文化的结构关系。文化基因谱系是一种概念,用来描述文化传承和发展中的基因式结构和关系。类比生物学中的基因,文化基因谱系认为文化传统和特征可以通过基因的方式传承和演变。通过谱系,还可以明确民间手工艺发展过程中的关键节点、关联条件和基本发展态势,得出发展规律。综合分析,传统手工艺文化图谱构建流程涉及三个步骤。首先,建立文化素材库,收集相关素材并进行归纳分类。这个库应该包含各种与传统手工艺文化相关的图像、文字和音频等素材。其次,根据素材的类别进行分层,形成文化基因谱系的结构。这样做可以更好地理解和展示传统手工艺文化的内在联系和发展脉络。最后,从素材库中选取图文资料,并基于文化基因谱系的结构构建文化基因图谱。这个图谱将以图文形式展示传统手工艺文化的重要元素、技艺和历史背景。

3. 传统手工艺文化基因图谱的构建方法

第一,文化素材采集成库。这是构建文化基因图谱的基础工作。收集文化素材时可以借助现代信息技术,将其储存为图像、视频、文本等不同形式,以真实全面地记录文化要素。文字素材和图像素材需要转化为电子文件,可以通过扫描纸质文本和图像并将其转化为电子文件的方式实现。这不仅是编制文化基因图谱的要求,也是一种永久保存文化素材的方法。

第二,文化层次理论与文化基因谱系的对应关系是构建文化基因图谱的理论基础。文化是人类在历史长河中创造的产物,具有多样、独特、社会、复杂等特性。不同的学者和学派对于文化这一概念有不同的阐释和理解。勃洛尼斯拉夫·马林诺夫斯基(Bronislaw Malinowski)的文化三结构学说将文化分为器物、组织和观念层。他认为器物层是文化中最不稳定的结构,在文化交汇过程中容易受到冲击而产生不同的表象。组织层代表某一文化的生活方式,象征着生产力、制度以及人类三者之间的关系,是一个承上启下的复合结构。观念层涵盖社会背景下的价值观和文化的选择标准,是整个结构中最稳固却又不可见的层面。庞朴先生的文化结构三层次理论通过将外国学者的研究与中国文化语境相结合,对文化结构进行了细致的划分。他将文化分为表面层、中间层和最内层。表面层是指人类可以直观感知的物质文化,如建筑、服饰等。中间层是指具有鲜明民族地域性的社会文化,它是社会行为的集中反映。最内层是指精神文化,即人类意识活动中蕴藏的价值观和思维体系。该理论可以应用于传统手工艺的文化基因谱系,通过将文化分为三个层次进行剖析,可以更好地理解文化的外部特征、生产生活和意识形态。

案例材料

走进上海大学可穿戴艺术与中国非遗刺绣创新实验工作坊,科技感扑面而来。一名女学生坐在电脑旁,头上和手腕上戴着电子传感设备,专注地在一块黑布上刺绣(见图2-2-2)。电脑屏幕上实时显示出的是她刺绣时的脑电波和肌电波。通过这些电波,可以具象化地看出她刺绣时脑中比较紧张,肌肉也不够放松。

图2-2-2 刺绣基因图谱记录

上海大学上海美术学院数码艺术系常务副系主任李谦升介绍,这是工作坊第二期的创新尝试,通过可穿戴设备,他们记录下了非遗传承人在刺绣时的脑电、肌电状态,以及其使用线的长度、刺绣时间等数据,作为非遗数字化传承的数据库。同时,他们也记录下了学员在学习刺绣技艺过程中的脑电、肌电状况。对比之下,区别一目了然:传承人在刺绣过程中情绪更加放松,肌肉运用也更熟练。

非遗技艺传承一直是非遗保护中的难点,李谦希望创新实验工作坊可以尝试解决这个问题:通过可穿戴设备,科学具象地记录传承人的技艺,让非遗技艺可以实现远程传授、学习。"未来,我们希望设立一个体验工坊,让更多人通过可穿戴设备体验非遗。"

资料来源:中国青年报.上海大学生尝试用人工智能传承非遗,用舞蹈疗愈疾病[EB/OL].https://baijiahao.baidu.com/s?id=1686230887436862084&wfr=spider&for=pc.[访问时间:2023-07-10]

(二)手势识别

手势识别技术在非遗传承中应用广泛。在手工艺类非遗中,如剪纸、泥塑、绣品制作等,通过手势识别技术,可以记录和解析这些手工艺过程中的手势技巧和要点,为传承人提供更精确的指导,也为学习者提供更直观的示范。在音乐类非遗中,手势常常用于表达音乐的情感和节奏,通过手势识别技术,可以将演奏者的手势动作转化为数字信号,与音乐表演相结合,增强表演的艺术表现力和感染力。在许多民俗仪式中,手势具有重要的象征意义和仪式作用,通过手势识别技术,可以记录和分析这些民俗仪式中的手势语言和符号,帮助传承人更好地理解仪式内涵,也为民俗学研究提供更丰富的资料。

基于视觉的手势识别方法是以局部的照片或影像作为输入内容,通过相关算法,从中提取手势特征,并将其送入分类网络进行识别。目前,已有学者提出了两种基于稀疏贝叶斯学习的新型机器学习算法,并将主成分分析法(principal components analysis, PCA)应用于手势识别任务①。还有学者提出了一种基于肤色分割的手势识别方法,利用模板匹配技术进行分类,实现实时的手势检测与识别②。该方法利用基于颜色空间的肤色分割技术对输入图像进行皮肤区域分割,并结合相关系数和曼哈顿距离作为模板进行匹配,从而实现手势识别。此外,有学者提出了一种基于形状的影响关键点的随机样本共识匹配的动作识别方法③;研究人员通过使用三维手势估计、数据融合和深度神经网络来提高动态手势的识别精度④。

一般来说,在实现手势识别的过程中主要包括数据采集、数据预处理、手势识别算法、手势跟踪、手势识别结果输出等步骤。数据采集过程中通常使用高分辨率的摄像头和麦克风来捕获手势和语音数据。收集后对手势图像进行数据预处理,包括去噪、图像分割、特征提取等操作,以将手势从背景中分离出来,并提取出手势的特征。使用计算机视觉和深度学习算法来分析和识别手势。常见的算法包括卷积神经网络、循环神经网络、支持向量机等。在识别过程中,需要使用跟踪算法来实时跟踪手势的位置和运动轨迹,以实现对手势的连续识别。

已有研究者对非遗传承者的动作准确度进行手势图像识别⑤。有研究将用户手臂的运动与专家在陶器建模过程时使用凸轮的运动进行比较,再使用投影仪向用户提供手臂运动的指导⑥;还有研究提出了一个交互式系统,用于在用刀切纸时控制压力⑦。系统通过

---

① Belgioioso G, Cenedese A, Cirillo G I, et al. A machine learning based approach for gesture recognition from inertial measurements[C]. In Proceedings of 53rd IEEE Conference on Decision and Control, 2014:4899-4904.
② Hasanuzzaman M, Ampornaramveth V, Zhang T, et al. Real-time vision-based gesture recognition for human robot interaction[C]. In Proceedings of 2004 IEEE International Conference on Robotics and Biomimetics, 2004:413-418.
③ EL-Henawy I M, Mahmoud H A, Ahmed K. Sequential-based action recognition technique based on homography of interested SIFT keypoints[C]. In Proceedings of 11th International Conference on Computer Engineering & Systems (ICCES), 2016:161-166.
④ Gao Q, Chen Y, Ju Z, et al. Dynamic hand gesture recognition based on 3D hand pose estimation for human-robot interaction[J]. IEEE Sensors Journal, 2021, 22(18):17421-17430.
⑤ Chua P T, Crivella R, Daly B, et al. Training for physical tasks in virtual environments:Tai Chi[C]. In Proceedings of IEEE Virtual Reality, 2003:87-94; Terada T, Fujimoto M, Tsukamotog M. A dance training system that maps self-images onto an instruction video[C]. In Proceedings of the 5th International Conference on Advances in Computer Human Interactions, 2012:309-314.
⑥ Kritopoulou P, Manitsaris S, Moutarde F. Towards the design of augmented feedforward and feedback for sensorimotor learning of motor skills[C]. In Proceedings of the 3rd International Symposium on Movement and Computing, 2016:4.
⑦ Higashi T, Kanai H. Stylus knife:improving cutting skill in paper-cutting by implementing pressure control[C]. In Proceedings of the 34th ACM/SIGAPP Symposium on Applied Computing, 2019:714-721.

实时测量和评估新手的切割压力来帮助他们改进技能,具体来说,即使用一把带有消融物的刀,将该刀连接到一个带有压敏传感器的触针上,传感器可以测量压力、坐标和切割时间。比较新手和艺术家的切割压力值,从而观察他们切割技能的差异,通过提供专家的切割压力值信息,可以帮助新手根据专家的经验来调整切割压力。这些研究比较用户和专家的行为,实时适当地指导用户改进行为。有研究者通过动作捕捉,建模和识别音乐手势,成功获取音乐类非遗表演者的技能[1];有研究者对制作水族马尾绣工的手工艺大师进行手势数据采集,设计可数字记录、分析和存档手工艺实践复杂动态的技术[2];还有研究者通过手势识别对舞蹈中的手势进行探索[3]。欧盟开展的 i-Treasures[4] 项目也使用了手势识别技术来保护传统工艺。

案例材料

i-Treasures 项目于 2013 年 2 月 1 日正式启动,是一个由 12 个合作伙伴组成的 FP7 项目,该项目提出使用多传感器技术来捕捉、保存和传输四种类型的非遗,被称为"用例":罕见的传统歌曲、罕见的舞蹈互动、传统工艺和当代音乐创作。使用的方法包括身体和手势识别、声道建模、语音处理和脑电图。

(三) 新媒体教学

非遗传承人利用多种不同的载体进行传播,其中,自媒体平台成为近年来非遗传承人越来越青睐的媒介。许多非遗传承人在自媒体账户上分享非遗相关知识、发布演出视频、与观众进行互动交流。自媒体,即以博客、播客、新闻聚合、论坛、即时通信等新媒体为载体的个人媒体的统称[5],是一种私人化、平民化、自主化的媒体,其核心在于普通受众的信息自主提供与分享[6]。由于自媒体具有交互性、易用性、易传播、适宜移动端使用等特性,已经受到越来越多人的青睐。

新媒体技术是指以数字技术为基础,以网络为载体进行信息传播的媒介技术。在非

---

[1] Jaumard-Hakoun A, Al Kork S K, Adda-Decker M, et al. Capturing, analyzing, and transmitting intangible cultural heritage with the i-Treasures project[C]. In Proceedings of Ultrafest VI, 2013: 1-4.

[2] Flanagan P J, Fraietta A. Tracing the intangible: The curious gestures of crafts' cultural heritage[C]. In Adjunct Proceedings of the 2019 ACM International Joint Conference on Pervasive and Ubiquitous Computing and Proceedings of the 2019 ACM International Symposium on Wearable Computers, 2019: 49-52.

[3] Rallis I, Voulodimos A, Bakalos N, et al. Machine learning for intangible cultural heritage: A review of techniques on dance analysis[M]//Liarokapis F, Voulodimos A, Doulamis N, et al. Visual Computing for Cultural Heritage. Cham: Springer, 2020: 103-119.

[4] Dimitropoulos K, Tsalakanidou F, Nikolopoulos S, et al. A multimodal approach for the safeguarding and transmission of intangible cultural heritage: The case of i-Treasures[J]. IEEE intelligent systems, 2018, 33(6): 3-16.

[5] Gillmor D. We the Media: Grassroots journalism by the people, for the people[M]. California: O'Reilly Media, 2006: 1.

[6] 相德宝.国际自媒体涉华舆情现状、传播特征及引导策略[J].新闻与传播研究,2012,19(1):11.

遗的保护和传承中,新媒体技术可以发挥多种作用。新媒体技术可以通过数字化方式记录和保存非遗,避免因时间流逝而损失这些珍贵的文化遗产。例如,可以使用数字摄影、录音和录像等技术将口头传统、表演艺术、社会实践等非遗进行数字化转化,并存储在数字档案中。可以借助网络传播非遗,扩大其影响力和受众范围。例如,可以通过社交媒体、网络视频平台和数字博物馆等新媒体渠道展示和传播非遗,让更多人了解和欣赏它们的价值。此外,新媒体技术还可以通过交互式体验的方式让受众参与非遗的保护和传承。例如,可以通过虚拟现实技术让用户身临其境地感受非遗的魅力,通过增强现实技术让用户在现实环境中看到虚拟的文物展示,等等。

针对新媒体上的非遗,已有对于语义方面的探索,学者们主要针对非遗的知识本体进行构建。例如,孙传明[1]、郝挺雷[2]、黄永等[3]分别针对民俗舞蹈文化空间、传统节日和西藏民族舞蹈这三类非遗项目进行深入的分析,并构建了相应的本体库。蔡璐等[4]从系统论的角度对非遗的构成要素和所涉及的资源对象进行详细分析,并据此构建了非遗本体概念模型。周耀林等[5]从资源组织与检索入手,构建了基于本体的非遗信息资源组织与检索研究框架。滕春娥等[6]构建了由非遗特色资源构成的知识体系,并以黑龙江地区赫哲族为例进行了实例化应用。在关联数据研究方面,翟姗姗等[7]提出了一个研究框架,用于描述和揭示非遗数字资源的内容、类型以及传承与传播三个维度。侯西龙等[8]在构建非遗知识本体的基础上,研究了非遗知识组织与关联数据集构建的过程,并架构了湖北省非遗知识服务平台。韩洪帅[9]对传统美术类非遗视频进行内容与结构分析,构建了传统美术非遗视频资源本体,并在关系型数据库中进行存储,以关联数据的形式发布。谈国新等[10]构建的非遗多媒体本体模型的核心思想参考了 CIDOC CRM 模型和万维网联盟(World Wide Web Consortium,W3C)制定的媒体资源本体论 1.0(Ontology for Media Resource 1.0)本体模型,建立了五层非遗多媒体资源语义描述层,以对众多的资源属性进行定义与分类。

---

[1] 孙传明.民俗舞蹈类非物质文化遗产数字化技术研究[M].上海:华中师范大学出版社,2018:6-11.
[2] 郝挺雷.传统节日知识本体的构建及表示方法研究[D].上海:华中师范大学,2011.
[3] 黄永,陆伟,程齐凯,等.非物质文化遗产知识本体构建系统的设计与实现——以西藏"锅庄"、"堆谐"为例[J].西藏民族大学学报(哲学社会科学版),2016,37(1):20-26.
[4] 蔡璐,熊拥军,刘灿姣.基于本体和元数据的非遗资源知识组织体系构建[J].图书馆理论与实践,2016(3):5.
[5] 周耀林,赵跃,孙晶琼.非物质文化遗产信息资源组织与检索研究路径——基于本体方法的考察与设计[J].情报杂志,2017,36(8):9.
[6] 滕春娥,王萍.非物质文化遗产资源知识组织本体构建研究[J].情报科学,2018,36(4):5.
[7] 翟姗姗,刘齐进,白阳.面向传承和传播的非遗数字资源描述与语义揭示研究综述[J].图书情报工作,2016,60(2):9.
[8] 侯西龙,谈国新,庄文杰,等.基于关联数据的非物质文化遗产知识管理研究[J].复印报刊资料·图书馆学情报学,2019(7):84-98.
[9] 韩洪帅.基于关联数据的传统美术类非遗视频资源语义化组织研究[D].上海:华中师范大学,2019.
[10] 黄永林,谈国新.中国非物质文化遗产数字化保护与开发研究[J].华中师范大学学报(人文社会科学版),2012,51(2):7.

案例材料

2019年8月,抖音联合北京师范大学艺术与传媒学院、启功书院,发起了"DOU艺计划",支持短视频艺术传播,为艺术类短视频创作者提供激励政策,并成立"抖音艺术顾问团"确保抖音艺术短视频内容的质量,以此号召艺术家和艺术爱好者在平台积极创作高质量艺术类短视频。江苏省演艺集团、江苏省昆剧院、中国戏曲学会、河南豫剧院等国家级非遗保护单位也纷纷加入该计划。特别是在新冠疫情期间,现场演出形式被迫取消,许多非遗传承人转向自媒体平台,通过抖音等短视频App发布日常工作生活动态,开通直播进行线上表演或教学以传播非遗文化。截至2020年6月,抖音App数据统计显示:艺术类创作视频数量已达2.8亿,累计播放量1.5万亿,累计点赞量达490亿,累计评论数量约为26亿。通过这些包括大量非遗文化信息的海量艺术类视频的运营情况可看出,自媒体已经成为现场演出、媒体宣传、学术研究之外的一种新兴非遗文化传播路径,并被作为对传统媒体传播渠道的补充。

资料来源:央广网.全民美育"DOU艺计划"启动 专家热议短视频艺术普及[EB/OL]. https://baijiahao.baidu.com/s?id=1642487473668747069 3&wfr=spider&for=pc. [访问时间:2023-10-27];抖音.DOU艺大数据:抖音上的艺术盛宴1.5万亿次"共赏"[EB/OL]. https://mp.weixin.qq.com/s/vVJlMCet65GFONKM0YMcOw. [访问时间:2023-10-27]

三、非遗数字文创传承

文创产品将非遗元素与现代艺术、设计和商业相结合,创新了非遗的表现形式。这种创新不仅使非遗焕发出新的魅力,还吸引了年轻人的关注,扩大了非遗的影响力和传播范围。同时,文创产品也满足了消费者的多元化需求,通过将非遗元素应用于家居用品、服装、珠宝首饰等领域,创造了新的市场需求和商业机会。此外,文创产品借助数字化平台和互联网技术,让人们更便捷地了解非遗历史、技艺和故事,与传承者进行交流,不仅扩大了非遗的影响力和传播范围,也能够使更多人参与其中,促进非遗的传承。同时,通过将非遗元素融入学校课程和初学者培训,能够使年轻一代更好地了解和体验非遗文化,为非遗传承培养更多的后备力量。文创产品为非遗传承人提供了商业支持,通过与设计师、艺术家和企业合作,将非遗技艺应用到商品开发和品牌推广中,创造了新的市场空间。非遗传承人可以将自己的非遗技艺转化为具有市场价值的产品,并通过销售和推广获得收入。这样的商业模式不仅能增加非遗传承人的收入来源,还能提升非遗作品的市场知名度和认可度。

非遗之所以被称为"遗产",是因为它们曾经被需要、喜欢、使用,但在现代社会逐渐没有了用武之地。文创产品的出现让非遗从博物馆走向办公室,让非遗从古老变为新潮,重新在人们的生活中扮演重要角色。非遗文创产品是人们在生产实践活动中创造的带有非遗文化元素的产品,兼有非遗的文化性和产品的功能性,用来满足使用者的精神需求和实践需求。文创产品类型多样,可以应用到生活的方方面面。非遗文化内涵丰富,为产品的创造开拓思路,提升产品文化价值。同时,文创产品的设计、生产过程也是非遗文化再生产的过程,非遗文化在文创产品中得到重构,具备了新的时代内涵。

从前,非遗传承人是一项技术要求高但收入较低的职业。许多手艺人为了生计而选择转行,行外人更不愿进入这一行,造成了技艺无人传承的困境。如今,非遗文创产品为非遗传承人创造了商业机会,增加其收入来源。市场上各种联名款产品颇受消费者喜爱。此外,文创宣传下的非遗传承人被誉为"匠人""艺术家",提高了传承人群体的社会地位,大大改善了非遗传承环境,让非遗传承实现良性循环发展。

案例材料

2011年,《中华人民共和国非物质文化遗产法》颁布实施,为非遗保护传承工作奠定坚实法律基础。2021年,中共中央办公厅、国务院办公厅印发《关于进一步加强非物质文化遗产保护工作的意见》,为做好新时代非遗保护工作指明目标方向。截至2023年12月,中国列入国家、省、市、县四级非遗名录体系的非遗项目有10万余项,其中国家级非遗代表性项目1557项。许多非遗文化虽然被列入国家级保护名录,却依然面临后继乏人、濒临失传的危机。反观另一边,中国数字经济发展迅速,特别是在2022年,Web3、元宇宙、数字藏品等概念火爆,这些名词逐渐被大众所熟知。

数字藏品作为区块链技术上的一种应用,对应特定的作品、艺术品生成唯一数字凭证,在保护其数字版权的基础上,实现真实可信的数字化发行、购买、收藏和使用。据不完全统计,仅2022年上半年,数字藏品平台就新增了996家,最火爆的时候,数字藏品一级市场的月销售额曾超过2亿元。在数字藏品的快速发展下,非遗迎来了转机。在2022年下半年,不少"国家队"相继入场,如央视的"央数藏"、新华网旗下的"新华数藏"、人民网旗下的"灵境人民艺术馆"等,其发行的数字藏品有潮玩、数字文创、电影、音乐、博物馆文物、非遗艺术家作品等,其中"央数藏"9月16日发售的"创世数藏"更是瞬间售罄。不难看出,数字经济对于中国文化传统的传播有着很大的作用。

其实,早在2022年5月,中共中央办公厅、国务院办公厅印发的《关于推进实施国家文化数字化战略的意见》就指出,要推动公共文化数字化建设、实施文化产业数字化战略的决策部署,积极应对互联网快速发展给文化建设带来的机遇和挑战,满足人民日益增长的精神文化需要。数字藏品也是数字化文化消费的重要落地场景。此外,数字藏品也是文化数字化的重要形态之一,有利于助推文化产业开拓具有数字化特色的发展路径。在新冠疫情中,数字经济成为许多企业的另一条出路。国内许多博物馆、知名景区创作了具有自身特色的文创数字藏品,不仅打造了文化消费新场景,还更好地拉近了公众与文化遗产的距离。

资料来源:NFT中文社区.数字藏品赋能非遗,为中国传统文化注入新活力[EB/OL]. https://mp.weixin.qq.com/s/fcdrtPRMAJr8l8BfymNBiw. [访问时间:2023-10-27]

第三节 全球非遗数字传播交互技术

非遗数字传播交互技术是一种基于数字技术和交互式叙事的方法，旨在对非遗进行数字化转换和呈现，以方便传播和保护。这种技术运用了多种形式，如虚拟现实、增强现实、三维建模、交互式叙事等，以提供沉浸式、交互式的体验，使用户可以更深入地了解和体验非遗。

一、非遗数字交互技术概述

非遗数字传播交互技术已经成为保护和传播非遗的重要手段。通过交互，可以对非遗进行永久保存并广泛传播，提高公众对非遗的认识和了解程度，促进非遗的传承和发展，还可以为其他领域提供支持，如文化旅游、创意产业、数字文化遗产保护等。实现非遗数字交互技术需要多个步骤：首先，需要对非遗进行详细的调研和记录，包括对其历史、文化、技艺、传承方式等进行深入了解；其次，需要利用数字技术对非遗进行高精度的数字化转换和呈现，如利用三维建模技术建立文化遗产的数字模型，或者利用虚拟现实技术创建沉浸式的体验场景；最后，通过交互式叙事等方式将数字转换呈现给用户，使用户可以更直观、深入地了解和体验非遗。

"交互"一词源自国外，是指通过"动作"和相应的"反馈"来实现互动的基本单元。交互系统基于电脑与网络诞生，其使命是帮助用户以最优化方法达成目的。非遗数字交互是将传统非遗与现代交互技术相结合的创新实践。这一概念源于国外，其核心在于通过互动设计，使得非遗文化以更直观、生动的方式呈现于观众面前。

随着网络信息技术的迅猛发展，交互式传播技术已成为人类分享、沟通信息的重要途径，也丰富了人们的社交生活。这意味着非遗数字交互不仅是一种呈现方式，更是一种融合了传统文化与现代科技的新型传播手段。它将信息传播者与接收者的关系从单向的传统展示转变为双向的互动参与，实现了信息的共享与传承。

交互指的是自然和社会的传递过程中，各方面情报、资料、技术与知识的交流。从信息论的角度来看，交互行为囊括了一定地域内的各方面信息资料，是文字信息的一种载体。人机交互技术指人类与计算机系统之间进行信息交流和互动的技术，涉及人类与计算机之间界面设计、交互方式、用户体验等方面的研究和应用。人机交互技术的发展为传播领域带来了全新的传播媒介，是当前数字化时代下的科研成果之一。交互技术包括但不限于声音识别、动作捕捉、眼动跟踪、人机界面、脑波交互等，交互的过程是输入与输出的过程。一般我们使用计算机的时候都是通过键盘或者鼠标输入指令，计算机通过屏幕或者音响给予输出反馈。在交互技术中，人通过计算机界面或者辅助设备向计算机输入指令,计算机经过计算与处理之后将相应的反馈通过屏幕或者其他辅助设备呈现给用户,由此完成一次完整的交互技术过程。这个过程中,不管是人输入指令给计算机,还是计算机呈现结果给人,方式都是多种多样的,因而交互的形式也是多种多样的,这也是交互技术的魅力所在。

非遗数字交互的重要性不仅在于传播方式的创新,更在于它对于非遗的保护与传承。通过数字交互,非遗文化可以以更生动、具体的形式呈现,吸引更多的人参与其中,从而保护和传承非遗文化。同时,这也为非遗文化的传承注入了新的活力,使得非遗文化在现代社会中焕发新的生命力,实现传统文化与现代科技的有机融合。

总体来说,非遗数字交互不仅是一种传播手段的革新,更是对传统文化的创新诠释与传承。通过交互设计,我们能以直观、互动的方式感受非遗文化的魅力,使得这些宝贵的文化遗产在当今社会中焕发新的活力,实现文化传承与共享的使命。

案例材料

2022年,法国推出了一个名为"永恒的巴黎圣母院"的沉浸式虚拟现实体验展,人们在虚拟现实应用程序的帮助下回到12世纪,重温这座哥特式教堂的建筑空间、雕像、绘画以及丰富的装饰品等细节。虚拟展也还原了巴黎圣母院在八百年前建造时的场景、环境、宗教仪式,甚至安装玻璃彩色大花窗的过程。让每一位参展者心甘情愿为这45分钟的虚拟展览付30欧元门票的还有一个重要原因,那就是展览的一部分收入将用于巴黎圣母院的修复工程。数字技术的应用也正在对博物馆文创用品的开发产生颠覆性影响。在迪拜世博会,意大利馆展出了一座3D打印复制版大卫雕像。这座大卫雕像以收藏在意大利佛罗伦萨美术学院的馆藏真品大卫雕像为蓝本,按原比例复制,连原件上的污渍和裂痕都没有放过。用世界上最大的3D打印机1∶1原样复制的大卫雕像,成为世博会期间意大利馆最吸引人的展品。西安博物院也曾在"文物复活计划"中,用3D扫描技术对镇馆之宝唐三彩腾空胡人骑马俑进行了赛博朋克风格的二次创作。许多年轻观众表示,这匹"炫酷机械风三彩腾空马"是历史与未来、传统与时尚的最佳结合。

资料来源:人与城市.未来的博物馆,博物馆的未来[EB/OL]. https://mp.weixin.qq.com/s/GTFAfbZciNs258nAHhVx7Q.[访问时间:2023-10-26]

二、非遗数字交互方法分类

(一)全息摄影技术

全息摄影技术(front-projected holographic display)在非遗保护中发挥了重要作用。这种技术可以捕捉并记录物体的全部信息,包括形状、颜色、纹理等,使得物体在没有任何支撑的情况下"悬浮"在空中,为观众带来全新的视觉体验。在非遗保护中,全息摄影技术可以用来记录和展示各种工艺品、乐器、舞蹈动作等,使得这些文化遗产在数字化世界里得到永久的保存和传播。此外,全息摄影技术还可以用来进行虚拟展览和互动展示,让观众更加深入地了解和体验非遗的魅力。

全息摄影技术也称虚拟成像技术,是利用干涉和衍射原理记录并再现真实物体的三维图像的技术①。全息摄影技术不仅可以产生立体的空中幻象,还可以使幻象与表演者产生互动,一起完成表演,产生令人震撼的演出效果。它能够记录物体反射光的振幅和相位,从而更加精确细致地捕捉非遗的整体特征。通过全息摄影技术,不仅可以记录物体的光强分布,还包括相位信息,这使得对信息的采集更加精确和具有立体感。此外,在各种展览会上都可以通过全息摄影技术展示非遗,借助激光器等工具,可以生动地呈现非遗。与普通摄影只能记录物体表面的光强分布相比,全息摄影能够以更为细致的方式捕捉信息,使其在保留非遗方面更具优势。另外,即使图像残缺或不完整,全息摄影技术仍能够还原出完整景物,这也是其独特的特点之一。

案例材料

珍贵的文物或者艺术品是不可复制的历史文化遗产,有些与空气接触时间久了,就会被氧化,从而对艺术品造成一定的伤害,很可惜,也很无力,无可挽救。但是,如今,有了全息投影技术,可以将艺术品拍摄成像,制作三维立体图像用于观赏,而真正的文物或者艺术品即可收藏起来,这样就可以避免艺术品的破坏,还不影响人们观赏,两全其美。传统的展示方式都是将实物摆放在商场橱窗里,以便人们观看后做交易,但是往往有些实物比较大或者因别的原因不适合摆放,有了全息投影技术,通过全息展示柜,无论展示商品是大还是小,其影像都可以立体浮动在半空中,人们不仅可以360°全方位观看,还可实时互动,不放过每一个细节。虽然没有实物,但是这种展示方式更方便、快捷,还更安全。

(二)虚拟现实技术

交互技术中的虚拟现实技术也是应用很广泛的一门技术。它融合了图形模拟、三维传感等多个技术,通过相关的辅助设备,为使用者呈现虚拟化的图像并可以进行虚拟化的操作。虚拟现实技术的主要特点如下:一是用户通过设备可以在任意场景操作;二是在实际体验中通过人的视觉系统传达虚拟环境从而形成真实视觉和心理感受;三是可以根据虚拟环境给予现实体验中的嗅觉、触觉等反馈。

在非遗的普及应用之中,利用虚拟现实设备可以全方位获得视觉以及听觉的感官体

---

① 颜阳,刘悦琛.数字技术触角"元宇宙"[J].走向世界,2022(37):4.

验,也能够让体验者最大限度地加深对文物的直观感受。拿长沙非遗湘绣举例,利用虚拟现实设备,你可以仔细地欣赏破损湘绣的全貌,依靠穿戴在身上的互动设备还可以体验"穿针引线"的过程,增加互动性与体验感。这能够更好地提取文物的历史价值,推进当地政府的非物质文化宣传。对于文献资料也可以使用虚拟现实技术进行展现。一些书籍中记录的湘绣手法和技巧,都可以通过虚拟现实进行原生态的体现。应当挑选较有特点的艺术文献,按照文献进行制作,对制作过程进行影视化展示,细分为创稿、作画、添花、勾勒等门类,由体验者使用辅助工具分别体验。把非遗与虚拟现实技术结合起来可以提升文物的保护水平,体验者只要拥有设备就可以在任一地点和时间进行观看和操作,感受非遗的内涵及感染力。

(三)界面交互技术

界面交互技术是指用于人机交互的技术和方法,旨在实现用户与计算机系统之间的信息传递和操作,包括用户界面设计、输入输出设备、交互技术和交互设计等方面的内容。界面交互的目标是提供用户友好的界面,使用户能够方便、高效地与计算机系统进行交互和操作。这些技术包括图形用户界面(graphics user interface,GUI)、触摸屏、手势识别、语音识别、虚拟现实、增强现实等。通过界面交互技术,用户可以通过直观的操作方式与计算机系统进行沟通,如点击、拖拽、滑动、语音命令等。这样可以降低用户的学习成本和操作难度,提高用户的满意度和效率。

通过界面交互技术,可以构建非遗文化传播信息界面,优化用户与界面的交互体验,从而提高非遗文化的传播效果,增强非遗的视觉效果和互动性,把非遗更加生动、形象地展示给受众,从而增强其吸引力。非遗中常用以下六种技术。

第一,图形用户界面。图形用户界面通过图形化界面提供视觉元素,如按钮、菜单、文本框等,使用户可以直观地与计算机程序进行交互。图形用户界面的具体技术细节包括窗口系统、事件处理、布局与设计等。

第二,命令行界面(command-line interface,CLI)。命令行界面是一种基于文本的界面交互技术,用户通过输入命令与计算机程序进行交互。命令行界面的具体技术细节包括命令语法、命令参数、命令输出等。

第三,自然语言处理(natural language processing,NLP)。自然语言处理是让计算机理解和处理人类语言的技术。通过自然语言处理技术,如语音识别、文本分析等,用户可以用自然语言与计算机程序进行交互。自然语言处理的具体技术细节包括语言分析、语义理解、机器学习等。

第四,虚拟现实与增强现实。虚拟现实与增强现实技术可以创建三维虚拟环境或增强现实场景,使用户沉浸其中或通过增强现实技术看到虚拟元素与真实世界的结合。虚拟现实与增强现实的具体技术细节包括三维建模、图像渲染、传感器技术等。

第五,手势识别。手势识别是通过识别用户手势动作实现人与计算机程序交互的技术。手势识别技术包括手势输入、手势识别算法、手势输出等。

第六,眼动追踪。眼动追踪是通过追踪用户眼睛的运动实现人与计算机程序交互的技术。眼动追踪的具体技术细节包括眼球定位、视线追踪等。

这些界面交互技术都有各自的特点和适用场景,在非遗中的使用十分广泛,虚拟现实技术可以创建出高度逼真的三维虚拟环境,使用户身临其境地感受非遗的魅力。例如,通过虚拟现实技术,用户可以进入一个虚拟的长屋,感受原住民的生活环境和文化传统;三维建模技术可以精确地重建文化遗产的三维形态,并可以让人在虚拟环境中进行互动,这种技术适用于对复杂形态的文化遗产进行数字化保护和展示;增强现实技术可以将虚拟信息与现实世界结合,使用户在现实环境中看到虚拟的物体或场景。在非遗的数字化保护中,增强现实技术可用于展示和解释文物、艺术品、历史场景等;交互式叙事是将故事情节与用户交互相结合的技术,使用户以更深入的方式了解和体验故事。在非遗的数字化保护中,交互式叙事可用于讲述历史事件、传承故事和艺术作品的相关背景等。通过交互式叙事,用户可以更深入地了解非遗的历史和文化内涵。

案例材料

欧洲的非遗数字化保护在欧盟组织下,体现出了较强的组织性、前瞻性与合作性,《法鲁公约》以及"21世纪欧洲文化遗产战略"都提出了使用创新技术来呈现文化遗产的目标。Europeana数字图书馆是整合欧洲不同机构作品的数字资源整合平台,于2009年正式上线,到2019年,平台已聚集了3 600多个文化遗产机构的5 800万条记录。平台采用了一种收割元数据的轻量化方法来汇集如此庞大的数据量,构建了Europeana数据模型,实现了对多源异构数字文化对象的统一访问;用户在找到目标内容时,可点击进入原始站点来获得全部信息。据彼特拉斯·维维安(Petras Vivien)介绍,平台使用了元数据自动丰富和主题集合的策略来增强网站的检索能力,并提出了除"搜索框模式"外,可提供具有更多过滤选项的搜索功能、构建基于实体的知识图谱、探索面向灵感的搜索导航机制等新的交互式信息检索方式。Europeana数字图书馆不仅提供文化大数据供浏览,还通过策划服务与构建工具来支持文化遗产专业人士与机构开展数字化转型:其服务包括帮助机构建立数字能力、指导学习实践、开展网络研讨会、提供资金与社区资源等;其工具包括开放应用程序编程接口(application programming interface,API)、帮助文化机构开发虚拟助手、开发多模态视频注释器、建设在线众包的公民研究平台等。Europeana数字图书馆通过开发服务与工具,促进文化遗产在教育、研究、创意和娱乐等多个领域的利用,使文化数据能够真正开放,从而赋能社会的文化认同与创造力。Europeana数字图书馆还充分利用互联网社交生态来提高其数字资源的可见度,发起"数字叙事节"线上竞赛,通过故事化的方式提供更具吸引力的体验,使数字化对象通过网络触及每一个人。图2-3-1展示了Europeana数字图书馆的界面。

图 2-3-1 Europeana 数字图书馆

资料来源：Europeana[EB/OL]. https://www.europeana.eu/en.[访问时间：2023-10-26]; Petras V, Hill T, Stiller J, et al. Europeana: A search engine for digitised cultural heritage material [J]. Datenbank-Spektrum, 2017, 17(1): 41-46.

（四）可穿戴交互技术

可穿戴交互技术是一项将现代科技与人体穿戴相结合的前沿技术，其在非遗传承中具有重要而突出的应用价值。通过互动式体验，观光者能够在参与的过程中深入了解非遗文化，从而激发他们的兴趣与喜好。这种技术也成为展示和宣传中国传统手工业非遗产品的重要手段，为非遗文化注入了现代活力。

可穿戴设备的引入不仅改变了非遗产品的信息传递方式，也实现了参与者与文化内涵的智能互动传递。其多重感知功能和图像识别技术使得人工智能等现代科技得以应用，实现了虚拟世界与现实世界的互动，使得观光者仿佛亲临现场，一对一地接受教育，提升了信息传递效果。智能可穿戴设备在非遗传承中也发挥着重要的作用。它不仅可以协助非专业知识人员制作更为标准化的手工艺品，还能够根据受众不同的感受制定定制化的体验方案。这样的技术应用让传统手工业文化非遗得到更广泛的传递与推广。

可穿戴设备中的体感交互技术是一项利用自然人机交互技术，通过获取受众的生理数据来指导传播内容的生产创作的先进技术。这一技术构建了内容传播和用户反馈相互促进的良性闭环机制，通过各类生物传感器实时采集受众在传播活动中的生理数据并进行量化分析，从而更准确地理解和加工用户的体验。

随着数字交互技术的不断发展,智能可穿戴设备与人们的互动方式变得更加简单而无形,人工智能的介入也让传统媒介朝着更符合人类本质的方法演化。这不仅扩大了人们的沟通功能与距离,也将信号损失减至最小,为非遗文化的传承与推广提供了强大的技术支持。

案例材料

人体-皮影交互体验装置利用体感交互技术,通过 Kinect 体感设备(内置人体骨骼点读取程序)采集人体运动关节点坐标并构建人体关节模型,由装置将关节坐标点数据转换为旋转角度并传输至 Arduino 开源电子原型平台,由 Arduino 控制安装在皮影关节上的舵机模仿人体运动,实现皮影和人体的同步运动。

三、非遗数字交互未来展望与应用

(一)虚拟仿真技术

虚拟仿真技术是一种通过计算机技术创造和体验虚拟世界的仿真系统。它通过生成尽可能接近真实环境的虚拟场景,使用户能够以真实自然的方式与虚拟世界的事物进行交互,从而产生亲临真实环境的感受和体验。随着时间的推移和现代社会的发展,许多非遗技艺面临失传的风险,虚拟仿真技术可以记录和还原非遗技艺的表演过程和工艺制作过程,为后人留下珍贵的资料,有助于非遗技艺的传承和发展。一些技艺和工艺的表演和制作过程往往需要特定的场地和工具,而且有些技艺需要演员或工艺师具备较高的技艺水平和经过长时间的练习才能展现出最佳效果。虚拟仿真技术可以通过计算机技术对非遗技艺进行模拟和再现,将表演和制作过程以更加直观、生动、立体的方式呈现给观众,增强非遗技艺的展示效果。它可以模拟非遗技艺的实践操作过程,为教学和培训提供支持。通过虚拟仿真技术,学员可以在安全的环境下反复进行实践操作,学习非遗技艺的技巧和方法,提高自己的技能水平。

此外,虚拟仿真技术可以与艺术、科技、游戏等领域相结合,创新非遗文化的表现形式。例如,通过将非遗技艺与游戏结合,可以开发出具有传统文化特色的游戏产品,让玩家在游戏中了解和体验非遗技艺的魅力。

仿真实验集成多媒体技术、网络技术、数据库技术、计算机技术等,搭建相对逼真、还原度高的虚拟化情景,借助电子显示屏等设备提供更加真实的视觉与听觉效果,通过模拟真实场景、情境和过程,让学习者在虚拟环境中进行实验操作,提升学习者的实践能力、创新思维和解决问题的能力。虚拟仿真实验可以让学习者突破空间、场地、设备的限制,足不出户进行反复的技能练习,还可以充分利用虚拟仿真交互技术和实验参数的设置,创设出不同的虚拟实验情景。虚拟仿真实验系统操作简便、稳定可靠,可以利用虚拟现实内容编辑器、实验系统等资源平台实现"教、练、考"的一体化。虚拟仿真实验技术具备安全性高、灵活性强、成本较低、互动性强、实验效率高的特点。因此,虚拟仿真实验技术在传统纺织类非遗工艺、技术等方面的传承与创新应用中具备一定的优势。

 案例材料

香云纱虚拟仿真实验为非遗传承人提供了便捷的参与方式。前期,非遗传承人参与信息提供;后期,技术人员负责构建虚拟场景,还原了香云纱染整技艺的工作场景。借助虚拟现实等设备,以香云纱染整工艺为切入点,打造了一个身临其境的虚拟空间。这不仅减轻了非遗传承人的工作压力,也让学习者得以在沉浸式体验中获得更直观的认知。例如,当传授薯莨染色时,通过虚拟仿真实验,展示了薯莨的榨汁染色过程和晾晒过程,使学习者能够清晰地理解香云纱色彩中褐色的来源。在展示"过乌"工艺时,通过模拟涂泥的工艺,真实还原了香云纱从褐色变为黑色的过程。在虚拟仿真实验中,沉浸式的第一视角让学习者身临其境,强烈的角色代入感使得学习者能够充分体验虚拟场景,结合交互设计,更能激发学习者的兴趣与热情。

(二)元宇宙技术

元宇宙是一种新型的互联网应用和社会形态,它基于区块链、云计算、数字孪生、扩展现实等技术,将虚拟世界与现实世界结合,使得人们可以身临其境地体验和参与其中。元宇宙的意义不仅在于它的娱乐和游戏属性,更在于它所蕴含的无限可能性和价值。它可以将非遗以数字形式保存下来,使得这些文化瑰宝不会因为时间流逝而消逝。通过数字孪生技术,可以实现对非遗全方位、多角度的记录和保护;除了保护非遗,还可以为其提供新的生存空间和传承方式。在元宇宙中,人们可以通过虚拟现实技术亲身体验和学习非遗,使得这些文化可以以更加生动、立体的方式传承下去。此外,元宇宙可以为非遗提供全新的创新和发展平台。在元宇宙中,人们可以利用虚拟现实技术对非遗进行再创作和再发展,从而为其注入新的生命力。此外,元宇宙可以构建一个虚拟的社区,让人们共同参与非遗的保护和传承工作。通过元宇宙中的区块链技术,每个人都可以成为非遗传承和发展的参与者,为其贡献自己的力量。

 案例材料

京绣虚拟空间是一个以区块链、三维重建等多种元宇宙技术为基础、以京绣文化为内涵打造的模拟现实环境。它为用户提供了沉浸式、交互式、开放式的学习感知体验。用户可以通过电脑、移动终端或者虚拟现实眼镜等外接设备登录。在这个虚拟空间中设有多个与京绣历史文化相关的探索场景,用户可以通过探索深入了解京绣的制作过程和文化内涵。在探索的过程中,用户可以沉浸式地体验京绣的整体制作过程,无须考虑成本等实际因素。同时,考虑到元宇宙技术的发展趋势,还设有数字藏品板块,吸引了新一代年轻受众,促进了京绣文化的传承与传播。借助元宇宙技术的加持,虚拟空间实现了人、场、物的多方互动,突破了时空的限制。用户能够在虚拟环境中沉浸式地学习京绣制作,弥补了现实情况下人、场、物难以协调的不足之处,为京绣文化的传播开辟了新的途径。

本章参考文献

[1] 薛可,龙靖宜.中国非物质文化遗产数字传播的新挑战和新对策[J].文化遗产,2020(1):7.

[2] 薛可,李柔.非物质文化遗产数字信息对受众城市认同的影响——基于新浪微博的实证研究[J].现代传播,2020,42(11):19-26.

[3] 薛可,龙靖宜.消弭数字鸿沟:中国非物质文化遗产数字传播新思考[J].中国非物质文化遗产,2021(2):8.

[4] 薛可,鲁晓天.传统戏剧类非遗短视频青少年观看意愿的影响因素——以皮影短视频为例[J].中南民族大学学报(人文社会科学版),2020,40(6):7.

[5] 郭斌,於志文.群智融合计算[J].中国计算机学会通讯,2018,14(11):41-45.

[6] 张星,於志文,梁韵基,等.基于交互相似度的细粒度社群发掘方法[J].计算机科学,2014,41(4):5.

[7] 江小浦,郭斌.未来触屏手机交互设计中的视觉元素研究[J].包装工程,2013,34(16):5.

[8] Idris M Z, Mustaffa N B, Yusoff S O S. Preservation of intangible cultural heritage using advance digital technology: Issues and Challenges[J]. Journal of Arts Research and Education, 2016, 16(1): 1-13.

[9] Alivizatou-Barakou M, Kitsikidis A, Tsalakanidou F, et al. Intangible cultural heritage and new technologies: Challenges and opportunities for cultural preservation and development[M]// Ioannides M, Magnenat-Thalmann N, Papagiannakis G. Mixed reality and gamification for cultural heritage. Cham: Springer, 2017: 129-158.

[10] Shuai H, Yu W. Discussion on the application of computer digital technology in the protection of intangible cultural heritage[J]. Journal of Physics: Conference Series, 2021, 1915(3): 032048.

[11] Bruton D. Theorizing digital cultural heritage: A critical discourse[J]. Journal of the American Society for Information Science & Technology, 2010, 59(8): 1360-1361.

[12] Aikawa N. An historical overview of the preparation of the UNESCO International Convention for the Safeguarding of the Intangible Cultural Heritage[J]. Museum International, 2004, 56(1-2): 137-149.

[13] Valdimar T R H. Intangible heritage as a list: From masterpieces to representation[M]. Abingdon: Routledge, 2019: 107-125.

[14] Nas P J M. Masterpieces of oral and intangible culture: Reflections on the UNESCO World Heritage List[J]. Current Anthropology, 2002, 43(1): 139-148.

[15] Zafeiriou S, Yin L. 3D facial behaviour analysis and understanding[J]. Image and Vision Computing, 2012, 30(10): 681-682.

[16] Ekman P, Levenson R W, Friesen W V. Emotions differ in automatic nervous system activity[J]. Sciences, 1983, 221: 1208-1210.

[17] Ioannides M, Magnenat-Thalmann N, Papagiannakis G. Mixed reality and gamification for cultural heritage[M]. Cham: Springer, 2017.

[18] Coduys T, Henry C, Cont A. TOASTER and KROONDE: High-resolution and high-speed real-time sensor interfaces[C]. In Proceedings of the Conference on New Interfaces for Musical Expression, 2004: 205-206.

[19] Aylward R, Paradiso J A. Sensemble: a wireless, compact, multi-user sensor system for interactive dance[C]. In Proceedings of the Conference on New Interfaces for Musical Expression, 2006: 134-139.

[20] Drobny D, Weiss M, Borchers J. Saltate! A sensor-based system to support dance beginners[C]. In Proceedings of the 27th International Conference on Human Factors in Computing Systems, 2009: 3943-3948.

[21] Dobrian C, Bevilacqua F. Gestural control of music using the Vicon 8 motion capture system[C]. In Proceedings of the Conference on New Interfaces for Musical Expression (NIME), 2003: 161-163.

[22] Alexiadis D S, Kelly P, Daras P, et al. Evaluating a dancer's performance using Kinect-based skeleton tracking[C]. In Proceedings of the 19th ACM International Conference on Multimedia, 2011: 659-662.

[23] Bouchard D, Badler N. Semantic segmentation of motion capture using Laban Movement Analysis[C]. In Proceedings of Intelligent Virtual Agents, 2007: 37-44.

[24] Kahol K, Tripathi P, Panchanathan S. Automated gesture segmentation from dance sequences[C]. In Proceedings of IEEE International Conference on Automatic Face and Gesture Recognition, 2004: 883-888.

[25] Burns A M, Wanderley M M. Visual methods for the retrieval of guitarist fingering[C]. In Proceedings of the Conference on New Interfaces for Musical Expression, 2006: 196-199.

[26] Takegawa Y, Terada T, Nishio S. Design and implementation of a real-time fingering detection system for piano performance[C]. In Proceedings of the International Computer Music Conference, 2006: 67-74.

[27] Calvert T, Wilke W, Ryman R, et al. Applications of computers to dance[J]. IEEE Computer Graphics and Applications, 2005, 25(2): 6-12.

[28] Shen Y, Wu X, Lua H. National dances protection based on motion capture technology[C]. In Proceedings of International Conference on Computer Science and Information Technology (ICCSIT), 2011, 51: 78-81.

[29] Brown W M, Cronk L, Grochow K, et al. Dance reveals symmetry especially in young men[J]. Nature, 2005, 438(7071): 1148-1150.

[30] Tardieu D, Siebert X, Mazzarino B, et al. Browsing a dance video collection: Dance analysis and interface design[J]. Journal on Multimodal User Interfaces, 2010(4): 37-46.

[31] Chan J C P, Leung H, Tang J K T, et al. A virtual reality dance training system using motion capture technology[J]. IEEE Transactions on Learning Technologies, 2010, 4(2): 187-195.

[32] Bourel F, Chibelushi C C, Low A A. Robust facial expression recognition using a state-based model of spatially-localised facial dynamics [C]. In Proceedings of the IEEE International Conference on Automatic Face Gesture Recognition, 2002: 113-118.

[33] Busso C, Deng Z, Yildirim S, et al. Analysis of emotion recognition using facial expressions, speech and multimodal information [C]. In Proceedings of the International Conference on Multimodal Interfaces, 2004: 205-211.

[34] Picard R W, Vyzas E, Healey J. Toward machine emotional intelligence: Analysis of affective physiological state[J]. IEEE Transactions on Pattern Analysis and Machine Intelligence, 2001, 23(10): 1175-1191.

[35] Mallik A, Chaudhury S, Ghosh H. Nirtyakosha: Preserving the intangible heritage of Indian classical dance[J]. Journal on Computing and Cultural Heritage, 2011, 4(3): 1-25.

[36] Makridis M, Daras P. Automatic classification of archaeological pottery sherds[J]. Journal on Computing and Cultural Heritage, 2013, 5(4): 1-21.

[37] Karasik A. A complete, automatic procedure for pottery documentation and analysis [C]. In Proceedings of IEEE Computer Society Conference on Computer Vision and Pattern Recognition-Workshops, 2010: 29-34.

[38] Koolen M, Kamps J. Searching cultural heritage data: Does structure help expert searchers? [C]. In Proceedings of RIAO Conference, 2010: 152-155.

[39] Mulholland P, Wolff A, Collins J, et al. An event-based approach to describing and understanding museum narratives [C]. In Proceedings of Detection, Representation, and Exploitation of Events in the Semantic Web Workshop in conjunction with the International Semantic Web Conference, 2011: 1-10.

[40] Veltman K H. Challenges for ICT/UCT applications in cultural heritage [J]. Digithum, 2005(7): 1-20.

[41] Mortara M, Catalano C E, Bellotti F, et al. Learning cultural heritage by serious games[J]. Journal of Cultural Heritage, 2014, 15(3): 318-325.

[42] Ott M, Pozzi F. ICT and cultural heritage education: Which added value? [C]. In Proceedings of Emerging Technologies and Information Systems for the Knowledge Society, 2008: 131-138.

第三章

全球非物质文化遗产数字传播融合拓展

第一节 全球非遗数字传播的文创开发

当前,非物质文化遗产和文化创意产业结合发展在全球范围内都已经成为一种不容忽视的新兴态势。非遗文创化既为非遗保护和传承提供动力,也为文化创意产业(cultural and creative industries,CCIs)提供了丰厚的文化资源。同时,人类正迎来一系列新兴数字技术的浪潮,以物联网、云计算、大数据、人工智能、可穿戴设备、5G、VR 和 AR 等技术为代表的新兴数字技术已经渗透到了非遗文创从内容生产到创意开发以及产品设计的方方面面,并涌现出了大量具有创新价值的应用案例。

一、非遗的数字文创开发概述

非遗传统艺术作为重要的物质文化遗产,其保存与传播已成为世界各国政府部门与文化界共同关心的重大任务。尤其在以美国为中心的北美地区,以英国等为中心的欧盟各国,和以中国、日本、朝鲜为中心的亚洲地区,非遗文创化与非遗文创数字化已成为令人瞩目的趋势。在中国文创产业新兴业态的大背景下,现代化信息技术与数字化技术手段给国家非遗的数字文创产品带来了全新的生命力。另外,相关国家也纷纷制定相关的政策和举措,为非遗的数字文创开发、存档、保护等创造良好的政策环境。

(一)非遗文创化和非遗文创数字化

文化创意产业是在经济全球化的背景下崛起的一种新兴产业,其核心在于文化创意。在全球化的条件下,它以人们在消费时代的精神、文化、娱乐需求为基础,借助高科技手段的支持,以新的传播方式如网络为主导,构建了一种新的产业发展模式[①]。

随着文创产业的持续发展,在全球范围内出现了非遗文创化的热潮[②]。在 2003 年

---

① 金元浦.我国文化创意产业发展的三个阶梯与三种模式[J].中国地质大学学报(社会科学版),2010(1):26-30.
② 高悦.扬州非遗文化在文创产品设计中的应用研究[D].上海:华东理工大学,2016.

《公约》中,联合国教科文组织曾经强调,某些形式的非遗可能引发商业性质的活动,与非遗相关的文化产品和服务贸易有助于提升人们对非遗重要性的认知。同时,商业和贸易活动也能够为非遗从业者带来收益,并且有利于推动地方经济的发展、增强社会的凝聚力。这一观点凸显了在合理范围内开展商业和贸易活动对于非遗的积极作用,能促使非遗更好地融入当代社会并取得持续发展。非遗在文创化的进程中,能够直接或间接地创造多种实际效益。这种效益通过经济、教育以及文化建设等多方面的途径,全方位地对非遗项目的保护和传承产生着积极的影响。同时,非遗文创化也可以反过来带动文创产业的发展,提高一国或地区的经济和社会发展水平。

随着信息科技的进步,数字技术与文创开发的结合愈加紧密,非遗文创的数字化发展也成为不容忽视的趋势。相较于传统文创,数字文创具有传播载体多样、传播速度快以及受众覆盖面广等诸多优点。非物质文化以人的精神、记忆作为载体,通过口口相传、言传身教进行传播,缺乏有形的传播载体。通过打造非遗文创IP,以文创产品为基础,以数字化技术为媒介,将非遗文化与人们的教育、娱乐结合,可以利用数字媒体的即时性、广泛性、高互动性等传播特点,赋予非遗新的生机与活力①。世界各国、各地区政府和文创企业都在积极推进数字文创产品开发和设计工作,数字非遗文创案例层出不穷。但是非遗文创的数字化相对而言仍然处于发展阶段,还普遍存在定位不清晰、创意同质化、产业链不完善、人才储备不足等问题。对此,从业者们需要不断创新思维、融合理念,引领产业实现跃升,各国和各地区政府也需要重视产业发展,出台有利政策汇聚资金和人才,促进非遗文创产业的数字化转型和升级。

(二) 全球非遗数字文创发展现状

全球文创产业的地域分布存在显著的不均衡现象,主要呈现为在北美地区以美国为中心,在欧洲地区以英国等经济发达国家为核心,在亚洲地区则以中国、日本、韩国为主要中心。

美国是全球文创产业强国。2020年,美国是全球最大的创意服务出口国以及全球第二大的创意产品出口国②。尽管美国尚未签署《公约》,但并不意味着美国不重视对非遗的保护和开发。相反,美国的非遗保护不仅法律制度完善,而且保护和开发实践也同样走在世界前列。例如,美国华盛顿州的印第安人以木材为原料的传统手工艺种类丰富多样(见图3-1-1)。早在1995年,华

图 3-1-1 印第安人的木制图腾柱

资料来源:印第安图腾柱[EB/OL]. https://www.52112.com/pic/150251.html. [访问时间:2023-09-08]

---

① 王蕊,齐小玥,何军,等. 数字经济下非物质文化产品的数字化建设研究[J]. 商展经济,2022(15):4-7.
② 联合国贸易发展会议. 2022年创意经济展望[R]. 2022.

盛顿州立艺术委员会民间艺术项目负责人威廉·斯迈斯（William Smyth）就曾结合公路旅游开发华盛顿文化遗产CD。人们在自驾旅游经某路线时播放该CD，即可了解当地的人文风光、地理环境、民间故事、民歌等。例如，一张CD记载了惠德贝岛（Whidbey Island）的遗产之旅，由24名当地市民用多种形式和体裁描述了他们和当地社会之间的密切关联。这些故事中包含了他们个人的手艺（如木雕、造船、编织、风笛演奏等），以及其与家庭或氏族文化之间的渊源。同时，也讨论了社区的由来，包括他们自身或家族中曾发生的大事，以及印第安人保留地的生活方式情况等①。现在，随着新兴技术的出现，搭载在谷歌（Google）地图等数字在线地图（digital online mapping）平台上的音频、录像和图像等内容也被不断地开发出来、投入应用，而一些社交媒体机构如"油管"（YouTube）、"脸书"（Facebook）、"聚友"（Myspace）等也正在成为这些数字内容的发布和传播平台②。

英国是全球最早提出创意产业的国家，创意经济在英国蓬勃发展，并为英国经济重新焕发活力做出了重要的贡献。与美国一样，英国也未签署《公约》，但在实践中，英国同样强调对本国的重大节日、传统手工艺、文化艺术等进行保护。与美国相比，英国更加注重将保护非遗与发展创意产业有机结合。英国拥有丰富的非遗资源，其中，苏格兰格子被认为是最具有活态传承意义的非遗之一。苏格兰格子，英文称作"tartan"，迄今发现最早的苏格兰格子产于公元3世纪，距今已有1 700多年历史。在时尚设计等相关文创产业的带动下，苏格兰格子被广泛用于时装、首饰、化妆品等中作为配饰。在数字化浪潮的推动下，某国际知名奢侈品牌采取了一系列数字化创新举措，大胆试水数字藏品等形式，不仅为品牌用户创造了新奇体验，而且也推动了苏格兰格子这一古老非遗文化的数字化创新和传播。

以中国、日本、韩国为核心的亚洲地区在全球文创产业中占据一定份额。中国、日本、韩国地缘相近，文化传统相似，均在《公约》的缔约国名单之中。以日本为例，截至2023年12月31日，日本共有22项被列入联合国教科文组织非遗名录的非遗项目。

 案例材料

　　古代中国造纸术传入日本后，逐渐演化出具有日本文化特色的纸张，也就是和纸。在政府和政策的约束下，日本保留了非遗和纸的原始生产方式，工艺技术也得以保持不变。此外，特别强调了对"榛原和纸店""铃木松风堂和纸杂货店"等和纸百年老店的宣传。同时，日本还对和纸进行了成功的文创开发。纸类生产商于2008年与设计师合作，开发出和纸胶带文创产品，并建立了名为"mt"（masking tape）的和纸文创品牌（见图3-1-2）。mt的销售门店遍布日本，仅mt五周年推出的一款胶带在中国就创下了

---

① 宋俊华.广州市非物质文化遗产保护发展报告（2016）[M].社会科学文献出版社，2016：219-220.
② 威廉·斯迈斯，王均霞.遗产旅游：民俗学的视角与实践——华盛顿州的文化旅游和非物质文化遗产[J].民俗研究，2014（1）：9.

10万卷以上的销售量①。同时,和纸也以动画、纪录片、游戏等数字文创的形式在民间活跃,如以源于京都的千代纸为主题创作的动画《假发公主》以及日本NHK电视台拍摄的纪录片《千年唐纸艺术》等。

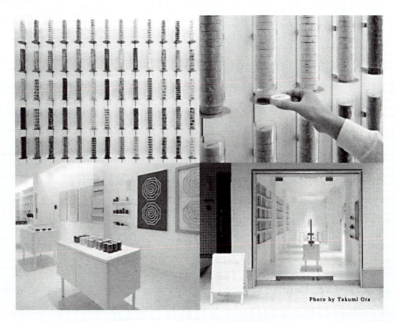

图3-1-2 日本和纸胶带品牌mt

资料来源:mt lab[EB/OL]. https://www.masking-tape.jp/cn/event/mt-lab/store.html.[访问时间:2023-09-08]

总体来说,全球文化产业发展不均衡,除上述发达地区外,其他地区如非洲、南美洲等相对来说仍有较大的发展空间。例如,联合国贸易和发展会议发布报告称,非洲国家创意产业发展受限于有限的电子商务技术和能力,其中包括南非、加纳、坦桑尼亚等国②。这些地区因为无法与持续扩大的数字经济结合,无法进军全球性的创新产业领域。

(三) 全球非遗数字文创政策环境

自从联合国教科文组织正式明确非物质文化遗产的概念并提出一系列保护措施,对于非遗的保护和开发在全球范围内得到了充分的重视。这为非遗的传承和发展提供了有力的支持,使得相关工作在国际上取得显著的进展。除联合国教科文组织颁布的全球性非遗保护、数字遗产等相关纲领性文件外,世界各国的政府和民间力量也纷纷在法律与制

---

① 罗辉.非物质文化遗产政策中的原貌保护与发展思考——以日本、韩国为例[J].湖北第二师范学院学报,2021,38(3):12-15.
② 赵琪.非洲国家创意产业潜力巨大[N].中国社会科学报,2020-04-08(2).

度方面为非遗数字化与文创发展的政策环境保驾护航。详细内容可参照本书第一章第二节。

1976年1月2日,美国第94届国会通过了《民俗保护法案》。该法案强调了美国民俗所蕴含的多样性对于丰富国家文化的重要性,并认为这种多样性培养了美国人的个性和特色。法案明确指出,保存、支持、复兴并传播美国民俗的传统和艺术是全体美国民众的共同利益所在。美国的法律制度十分完善,针对各类非遗都出台了相关法律,如《美国土著语言法》《印第安艺术和手工艺品法》等。美国十分重视对非遗文创的知识产权保护,如《印第安艺术和手工艺品法》中规定,制售假冒印第安艺术作品的个人将面临最高不超过25万美元的罚款或5年以下的有期徒刑,或者两者兼而有之①。随着数字技术的发展,非遗文创产业中也出现了数字化、虚拟化的潮流,美国监管机关和司法实践都在不断推进对于非同质化代币(non-fungible token,NFT)数字藏品法律定性与监管的探索。2022年6月,美国两党议员联合向国会提出了拟为加密货币行业发展提供全面监管框架的《负责任的金融创新法案》(Responsible Financial Innovation Act,RFIA)。该法案对加密数字资产的重要概念进行了标准化定义,如"可以赋予经济、专有或访问权"与"应用加密安全的分布式账本技术"等。

英国的非遗保护体系较为全面。首先体现在健全的法律法规制度上。英国的非遗法律保护主要依赖三个体系:知识产权制度、欧盟区际条约义务以及创意产业促进机制。在这三个体系中,知识产权制度和创意产业促进机制主要关注商业行为的规范,然而,它们都为非遗提供了间接但具体的保护措施②。其次是大量的政策支持。例如,2013年2月27日,英国文化、传媒与体育部发布了关于"保持世界领先博物馆和画廊,支持博物馆部门"的政策,这一政策的目的在于提供大量资金支持国有博物馆和画廊,并资助艺术委员会,为一些非国有的博物馆提供支持。同时,政策还涉及资助改善基础设施、更新展品等方面。最后是广泛的民间参与。这也成为推动非遗保护的重要手段。苏格兰博物馆画廊(Museums Galleries Scotland)曾于2008年7月与龙比亚大学文化创意产业研究中心(Edinburgh Napier University Centre for Cultural Creative Industries)共同撰写《界定和划定苏格兰非物质文化遗产的最终报告》(Scoping and Mapping Intangible Cultural Heritage in Scotland Final Report),旨在对当地非遗进行整理和保护③。

作为全球最早提出非遗保护理念的国家之一,日本在非遗保护方面扮演着重要角色。该国是首个制定和实施非遗保护政策的国家,并于1950年颁布了第一部有关非遗保护的法律《文化财保护法》(日本)④。日本规定了负责无形文化财保护的常设机构和附属机

---

① 宋俊华.广州市非物质文化遗产保护发展报告(2016)[M].社会科学文献出版社,2016:218.
② 周方.英国非物质文化遗产立法研究及其启示[J].西安交通大学学报(社会科学版),2013(33):96-102.
③ DMCS. Maintaining world-leading national museums and galleries, and supporting the museum sector[EB/OL]. https://www.gov.uk/government/policies/maintaining-world-leading-national-museums-and-galleries-and-supporting-the-museum-sector.[访问时间:2015-01-20]
④ 孙健美.日本非物质文化遗产保护的经验与启示[M]//曹德明.国外非物质文化遗产保护的经验与启示:亚洲其他地区与大洋洲卷.北京:社会科学文献出版社,2018:930.

构,对无形文化财的保存者(即非遗传承人)的认定也有清晰的认证制度。为了培养传承人,日本政府定期免费举办培训班,内容涉及理论和技术的讲授以及专业指导,以确保市场上的人才供需平衡。国家和地方财政还对相关产业采取倾斜政策,如对设备投资贷款提供利息补助和补贴等①。此外,日本从政府机构到民间组织都有鲜明的非遗数字化保护意识,而其丰富的数字资料也为非遗数字文创的发展提供了基础保障。早在1995年,日本民族学博物馆、日本IBM东京研究所就推出了"全球数字博物馆计划",为公众提供浏览网络、在线咨询等服务。2010年,日本文化厅和国立情报研究所共同建设了"文化遗产数据库",免费提供日本非遗相关数据检索等业务。日本冲绳县八重山郡地区"竹富岛取种祭祀"等非遗项目还以纪录片音视频数字化提取等形式得到了存档和保护②。

  韩国在非遗保护方面处于国际前沿。早在1993年,韩国就向联合国教科文组织提交了"普及无形文化遗产制度"提案,并获得了认可。韩国还分别于2008年、2014年和2020年三次当选为联合国教科文组织保护非物质文化遗产政府间委员会委员国。截至2021年年底,韩国已有21个非遗项目被列为联合国非遗代表作,表明其在非遗保护方面取得了显著成就。韩国在1962年颁布了《文化财保护法》(韩国)。该法律框架中包含"无形文化财""有形文化财""民俗资料""纪念物"四个名录分类。基于这一法律体系,韩国建立了首批七项"重要无形文化财名录",并为传承人设立了相应的保护机制。这一法律框架为韩国的非遗保护奠定了坚实基础。截至2021年年底,《文化财保护法》(韩国)已经进行了62次修订,反映出韩国文化遗产保护理念的变迁,即不断拓展无形文化财的范畴并将"维持典型"视为无形文化财传承和发展的基本原则③。随着相关政策法规以及管理机构的完善,韩国对非遗存量进行了多次全国性调查,并成立文化财产基金会,开展了大规模的数字化记录工作。同时,韩国也与时俱进地在《文化财保护法》中专门增加了智能信息化的相关内容。该部分法律对数据管理系统的互联互通以及促进智能信息服务平台的运行管理作出了规定,同时还对数字技术的开发和传播提出了要求,许多非遗数字化项目纷纷涌现,为该国非遗的数字化保护与传承提供了强力支撑④。

  我国作为历史悠久、文化丰厚的文明古国,同样格外重视非遗的保护和传承工作。2004年,中国正式成为《公约》的缔约国,使得我国非遗保护工作走上了国际化道路。紧接着,2005年,《国务院办公厅关于加强我国非物质文化遗产保护工作的意见》首次将"非物质文化遗产"引入政策表述体系,标志着国内非遗表述与国际接轨,并确立了首个统一的政策规定。2011年,《中华人民共和国非物质文化遗产法》颁布和实施,对现有的规章

---

① 不断发展的日本传统产业——"和纸"[EB/OL]. http://zqb.cyol.com/content/2003-11/12/content_768074.htm.[访问时间:2023-09-06].
② 赵婷,陶信伟.日本文化遗产数字化保护经验与启示[J].文化艺术研究,2018,11(4):19-27.
③ 郝达,夏元勇.韩国"无形文化财"的名录制度建设与启示[J].文化遗产,2022(4):18-26.
④ 徐彤阳,赵昶.韩国图书馆文化遗产数字化保护项目探析及启示[J].图书馆,2023(8):47-56.

制度进行了修改和完善,为非遗保护法定地位的确立奠定了基础。

2017年,党的十九大报告将"加强文物保护利用和文化遗产保护传承"列为坚定文化自信的重要组成部分,使非遗保护成为坚定文化自信的重要内容。这一系列法规和政策的制定和实施进一步推动了中国非遗保护工作的持续发展。同年,《中国传统工艺振兴计划》等政策内容涵盖了传统工艺振兴、文化生态保护区、数字化文化产业等方面,非遗保护政策内容覆盖面更加广泛,体现了政府对于非遗保护重视程度的进一步提升[1]。《中华人民共和国非物质文化遗产法》规定:"文化主管部门应当全面了解非物质文化遗产有关情况,建立非物质文化遗产档案及相关数据库。"多年来,各级政府部门、学界、机构、行业协会及社会人士都在积极为非遗"建档",通过组织开展大量信息采集、老照片翻拍、音视频转录、文档扫描等非遗数字化记录工作,积累了较多的素材和资源。但从全国范围来看,由于尚未出台整体的规划,各级政府对非遗建档格式和体例、记录手段和方式的标准要求等也不统一,加上缺乏信息沟通和资源共享机制,对非遗关键信息记录和储备的管理,非遗和旅游资源的梳理、筛选、定位和匹配度调试等造成了一定的阻碍[2]。

二、非遗数字内容的文创衍生

根据中国信息通信研究院发布的《全球数字经济白皮书(2022年)》,2021年,测算的47个国家中数字经济占国内生产总值比重高达45.0%,其中发达国家的这一比重为55.7%,远超发展中国家的29.8%。数字内容产业也叫"内容产业""信息内容产业"等,就是以信息技术为基础,对文化产业进行数字化革新,打造具有影响力的新型数字内容服务业态,实现文化产业与信息技术的同频共振。1995年的西方七国集团(G7)信息会议首次提出了"内容产业"的概念,随后在1996年,欧盟发布了《信息社会2000计划》,进一步详细说明了这一概念的内涵。近年来,数字内容产业凭借新颖的传播形态与独特的内容体验,已然成为数字化进程中的关键环节,为文化产业的数字化转型提供有力支持[3]。在数字内容产业中,IP衍生是一个重要的方向。IP衍生指利用某一原有的知识产权内容,通过创新和扩展,衍生出更多形式的产品或服务,进而增加其商业价值。在非遗数字传播融合拓展方向中,IP衍生可以为非遗数字内容的文创开发提供产业支持和技术保障。数字内容产业的发展根据内容特征,可分为数字传媒、数字娱乐、数字出版、数字学习和专业的应用导向五大类,其中与非遗保护和开发联系较为密切的主要是数字娱乐、数字出版和数字学习,具体包括数字游戏、互动娱乐、数字典藏、立体影像、影视动漫、数字表演等。其中,数字游戏依托数字化技术,为非遗的数字化转化提供了强有力的支持,可视

---

[1] 谈国新,王亚辉,吴晓琳,等.中国非物质文化遗产保护政策演进与内在逻辑[J].湖北理工学院学报(人文社会科学版),2023,40(5):61-73.
[2] 林琰,李惠芬.非物质文化遗产的保护机制与活化路径[J].南京社会科学,2023(3):151-160.
[3] 李卓婠.数字内容产业变革的内涵价值、现实掣肘及发展策略[J].中国有线电视,2023(7):73-76.

为非遗数字内容文创衍生的典型代表。可以将非遗元素融入数字游戏,创建具有非遗文化特色的游戏 IP,使玩家能够更直观地了解和体验非遗文化,从而进一步促进非遗文化的传承和传播。

游戏被称为除绘画、建筑、雕刻、音乐、舞蹈、诗歌(文学)、戏剧和电影这传统八大艺术以外的第九艺术。数字游戏也叫电子游戏,数字游戏产业就是一种以数字化技术为基础的文创产业,近年来在全球范围内迅猛发展。根据移动市场评估服务提供商 data.ai 提供的数据,2022 年全球的游戏产业规模或达 2 220 亿美元[①]。全球市场需求的不断增长以及全球化发行模式的兴起都是数字游戏产业发展的重要驱动力。为了给玩家带来与众不同的游戏体验和更为强烈的感官刺激,游戏公司往往也十分重视对传统文化的挖掘。作为注意力聚集和影响力巨大的平台,数字游戏如今已经成为文化传播与发展的重要桥梁。

从市场分布格局来看,泛太平洋与欧洲是全球主要的数字游戏市场,2021 年营收排名靠前的国家依次为中国、美国、日本、韩国、德国、英国等[②]。进入 21 世纪以来,游戏产业在中国文化产业体系中的地位日益重要,并且在利用数字游戏作为非遗数字内容文创开发的载体方面积累了丰富的实践经验。

 案例材料

《海境传说》是上海星咏数码科技发展有限公司开发的一款国内平行实境游戏,借助 AI、AR 和基于位置服务(location-based service,LBS)等技术将虚拟的游戏场景和真实的城市地图融合,把商圈、景区甚至整个城市变成一个沉浸式互动剧的舞台。《海境传说》的创作团队致力于在游戏的创作中"品中华千年文化,探索非遗传承精髓",以中国非遗"拟人化"的形式开发《海境传说》游戏中"108 星将"的角色并推出系列数字文创典藏——108 星将国风收藏卡牌(见图 3-1-3)。该游戏将"星将"定位为一群非遗传承人的统称,在星将们的手中,无论笔墨纸砚,还是吹弹之器,皆为上古时期流传之信物,这些信物能够在各位星将的手中焕发出强大的力量,保佑四方的安宁。例如,108 星将之一杨楚楚的角色(见图 3-1-4)基于赤水河流域一种独特的黔北民间绝技非遗"独竹漂"而创作,其角色手拿一根小竹竿做桨,在水上滑行,或表演"乘风破浪"、转身、换竿、绕弯等绝技。《海境传说》将中国传统非遗元素融入游戏场景及角色,展示了"游戏+文化"和"流行+传统"创新模式的魅力,向全球玩家展示了中国非遗的魅力所在。

---

① Data.ai 报告:预计 2022 年全球游戏产业规模或达 2 220 亿美元[EB/OL]. https://baijiahao.baidu.com/s?id=1734023915466357858&wfr=spider&for=pc.[访问时间:2023-09-06]
② 2021 年全球游戏行业市场规模及区域分布 中美为全球最大两个游戏市场[EB/OL]. https://baijiahao.baidu.com/s?id=1704877587951441568&wfr=spider&for=pc.[访问时间:2023-09-06]

图 3-1-3 《海镜传说》108 星将国风收藏卡牌

资料来源：非遗 108 星将国风收藏卡牌-摩点-发现新奇好物[EB/OL]. https://zhongchou.modian.com/item/124104.html.[访问时间：2023-09-08]

图 3-1-4　108 星将-杨楚楚 收藏卡牌

资料来源：更新详情-第 44 次杨楚楚 非遗 108 星将-摩点-发现新奇好物[EB/OL]. https://zhongchou.modian.com/p/update_detail/124104/122885.[访问时间：2023-09-08]

三、非遗数字技术的文创应用

如今，以云计算、大数据、物联网、可穿戴设备、人工智能、5G、VR 和 AR 等技术为代表的新兴数字技术已经渗透到非遗保护和传播的方方面面,也正在深刻地影响着非遗文创的数字开发。尤其是突如其来的新冠疫情虽然给国际文旅等相关产业造成了不小的打击,但是在客观上也促进了数字技术和非遗文创的进一步融合。根据《公约》的分类标准,非遗大致可以分为口头传统和表现形式,表演艺术,社会实践、仪式、节庆活动,有关自然界和宇宙的知识和实践,以及传统手工艺共五大类。其中,以 VR 和 AR 等沉浸式技术以及 AI 技术等为代表的数字技术对非遗表演艺术以及社会实践、仪式、节庆活动等的文创开发的渗入程度最高,表现形式也最为丰富。

案例材料

《只此青绿》是 2022 年央视虎年春晚展示的一段群舞(见图 3-1-5),该舞蹈将《千里江山图》中的青绿色山川抽离出来改编为拟人化女性人物形象,这一段舞蹈很好地展示了群山层峦叠嶂的概念(见图 3-1-5)。完整版以"展卷""问篆""唱丝""寻石""习笔""淬墨""入画"等篇章为纲目。在春晚的筹备过程中,央视数码 AR 制作团队对《只此青绿》的舞美进行了 AR 创作和实施工作,使得优美的舞蹈本身成为 AR 内容,并且 AR 内容被融入节目,呈现出整体画面简洁干净、天人合一的效果。2022 年 8 月,中国东方演艺集团在《只此青绿》的基础上创作了《只此青绿——心声》一系列数字藏品。通过角色设定,更好地为观众解读剧中角色的内心独白,将人物的心声与东方之美的形态叠加,从表面到内心展现了《只此青绿》剧中各个角色对舞蹈诗剧整体剧情和艺术魅力的推动,帮助观众理解舞蹈诗剧背后的故事。这种将传统歌舞形式与先进的数字技术相结合的方式无疑会给观众带来全新的歌舞视觉体验,同时也拓展了传统歌舞表演舞台艺术实践的边界,为数字技术在非遗文创开发方面的应用树立了典型示范。

图 3-1-5 《只此青绿》舞台表演

资料来源:桂玲玲.《只此青绿》的宋代美学神韵[J].收藏与投资,2022,13(8):144-146;在春晚《只此青绿》中,走进宋代名迹《千里江山图》[EB/OL]. https://www.thepaper.cn/newsDetail_forward_16553356.[访问时间:2023-09-08]

四、非遗数字文创产品的设计

产品层面的非遗文创数字化主要可以体现在两个方面：一是基于数字技术生成的虚拟非遗文创产品，即非遗数字藏品；二是数字技术助力设计和开发的实体非遗文创产品。

数字藏品是指利用区块链技术，对应特定的作品、艺术品生成的唯一数字凭证，在保护其数字版权的基础上，实现真实可信的数字化发行、购买、收藏和使用[①]。数字藏品通常是那些独一无二或限量复制的虚拟物品，包括数字艺术品、视频片段等视觉元素，理论上可以涵盖数字唱片等由数字代码1和0表示的各种物品。为实现数字藏品的异质化，借助区块链技术创造了通证，使所有权的分发和转移成为可能。简言之，虽然数字藏品无法被复制，但所有者可轻松将所有权转让给他人，从而确保其稀缺性，并方便为转让所有权和使用数字藏品制定条件和价格。数字藏品是数字出版物发展的新形态，具体来说，又可分为区块链数字出版产品和区块链作品版权两种类型。目前，全球数字藏品市场发展迅速，吸引了众多市场参与者，其中一些数字藏品的设计以非遗或传统文化为主题。

案例材料

图3-1-6 娇兰的数字藏品"加密蜜蜂"

法国老牌香水品牌娇兰（Guerlain）曾在营销活动中开发数字藏品。从13世纪左右开始，法国人就有使用香精香料和化妆品的习惯，到了现代，法国香水工业更是领先全球，并拥有诸多全球知名的香水品牌。2018年，香水之都、法国南部城市格拉斯（Grasse）的香水制造技术被列入联合国教科文组织非遗名录。2022年，香水品牌娇兰与摄影师、电影制作人和环保活动家雅安·阿瑟斯-伯特兰（Yann Arthus-Bertrand）合作推出了一个名为"真实元宇宙"（REAVERSE）的项目，旨在将前沿的NFT技术和保护生物多样性联系起来。他们出售了1 828只"加密蜜蜂"（Cryptobees）数字藏品（见图3-1-6），以支持米利埃山谷（Vallée de la Millière）的野化项目。

资料来源：娇兰出售1 828只"加密蜜蜂"以支持自然保护区的野化项目[EB/OL]. https://www.sohu.com/a/541530070_121119316.［访问时间：2023-09-08］

---

① 数字藏品中的区块链技术[EB/OL]. https://www.sohu.com/a/576604442_121124362.［访问时间：2023-09-06］

在利用数字技术助力设计和开发的实体非遗文创产品方面,包括数字软件、AI、自动化设备、社交媒体等在内的数字技术更是全面参与到设计、制作、推广、交易等非遗文创产品开发的各个环节中,目前在各国和各地区都有诸多应用案例。以英国刺绣手工艺为例,汉德·洛克(Hand & Lock)刺绣公司拥有250年的丰富经验,专为皇室、军队和迪奥等时尚公司提供装饰和刺绣衣物。该品牌的主要服务领域涵盖字母提花刺绣、婚礼刺绣、刺绣快闪活动、金饰设计、机器刺绣等多个方面。汉德·洛克刺绣公司提供将传统手工艺和现代数字刺绣相结合的服务,展示了其在刺绣领域的卓越技艺。公司在研究"生产-销售"流程中的关键数字化技术接触点时发现,数字化技术及软件可以辅助品牌方案的展示,并有助于提高生产效率、降低错误率等,而数字化社交媒体不仅可以帮助提高产品销量,还能使品牌吸引更广泛的客户群体,助力品牌知名度的提升[1]。

第二节 全球非遗数字传播的文旅融合

文化和旅游产业之间具有天然的互补性、互益性,文旅融合也是当前全球旅游业发展的基本趋势之一。资源、产品和产业是文旅融合的基本要素,在文旅融合的发展中,数字化的非遗不仅为文化旅游提供了文化资源,是具有可参观性的文化产品的生产原料,也是文旅产业链全面发展的重要补充。本节将从数字采集、存储、展示等非遗数字技术应用在人文旅游、乡村文旅和民俗文旅这几个在全球范围内风头正盛的文旅领域中的表现,对全球非遗数字传播的文旅融合现状加以介绍。

一、全球非遗数字传播的文旅融合概述

全球范围内,非遗数字传播的文旅融合凭借数字技术和旅游产业为人们创造了全新的文化旅游体验,同时也为非遗的传承和发展注入了新的动力。随着时代的发展,文化旅游的概念不断演变,文化和旅游产业之间的关系也逐渐演变出多层级的内涵。在文化和旅游的演进关系中,资源、产品和产业成为核心要素。非遗数字传播的文旅融合主要涵盖数字采集、数字存储、数字展示等方面的技术应用,数字化的形式使得非遗项目的细节能够被细细观察,为游客提供了更丰富、更多样化的非遗体验。同时,借助场景和技术展示传统文化所承载的集体记忆,使游客能够深入感受传统技艺中的精髓和文化沉淀。

(一)文旅融合及其发展现状

文旅是文化旅游的简称。从16世纪的壮游(Grand Tour)时期开始,西方就把文化体

---

[1] 数字化平台助力手工艺非遗传承的中英案例研究[EB/OL]. http://ycfytsk.jx.chaoxing.com/info/8288.[访问时间:2023-09-06]

验视为旅游的一种主要目的①。早在1966年,《信使》(Courier)杂志就为联合国首个以旅游为主题的"世界国际旅游年"活动发表了专刊,头条文章《文化旅游:尚未开发的经济发展宝藏》(Cultural Tourism: The Unexplored Treasure of Economic Development)更是首次探讨了文化旅游发展的经济意义,引起了对这一领域的广泛关注②。1977年,美国学者罗伯特·麦金托什(Robert McIntosh)和夏希肯特·格波特(Shashikant Gupta)在《旅游学:要素·实践·基本原理》一书中首次明确阐述了"旅游文化"的概念③。1985年,世界旅游组织对文化旅游的定义是"出于文化动机而进行的移动",如研究性旅行、表演艺术、文化旅行、参观历史遗迹、研究自然、民俗和艺术、宗教朝圣的旅行、节日和其他文化事件的旅行等④。随着2003年联合国教科文组织首次将遗产概念从物质遗产扩展到非物质遗产,文化旅游的概念也发生了变化⑤。2017年9月,联合国世界旅游组织将文化旅游定义调整为"一种游客出于学习、寻求、体验和消费物质或非物质文化吸引物/文化产品的本质动机的旅游活动"⑥,这些产品包括反映一个特定社会鲜明的物质、智慧、精神和情感特征的建筑、艺术与历史文化遗产、文学、音乐创意产业,以及生活方式的活态遗产、信仰、价值与传统⑦。

自20世纪80年代起,不少国家和地区就已经认识到文化和旅游产业之间天然的互补性、互益性,并采取措施来确保二者的协同、合作和整合关系⑧。1993年,英国旅游协会和英国旅游局通过举办研讨会促进与文化艺术管理者之间的交流⑨;柬埔寨尝试沟通旅游、活态文化和创意产业三个部门,构建文化和旅游新型合作模式⑩;2013年,加纳政府将文化和创意艺术并入旅游部,强调各利益相关者的合作,成功地促进了文化旅游的发展⑪;泰国文化艺术部联合旅游部共同整顿文创产业,规范旅游纪念品的生产和销售;墨西哥也采取了旅游部和文化艺术国家局两机构合作的模式等⑫。

(二)数字非遗在文旅融合中的应用

文化是旅游业发展的灵魂,要探讨数字非遗在文旅融合中的应用价值要从理解文化和旅游之间关系的动态演化过程入手。

---

① Richards G. The development of cultural tourism in Europe[M]. Córdoba: Estudios Turísticos, 2001: 4-92.
② 范周. 文旅融合的理论与实践[J]. 人民论坛·学术前沿, 2019(11): 43-49.
③ 罗伯特·麦金托什, 夏希肯特·格波特. 旅游学: 要素、实践、基本原理[M]. 蒲红, 方宏, 张华岩, 等译. 上海: 上海文化出版社, 1985: 23.
④ 徐菊凤. 旅游文化与文化旅游: 理论与实践的若干问题[J]. 旅游学刊, 2005, 20(4): 67-72.
⑤ 张朝枝, 朱敏敏. 文化和旅游融合: 多层次关系内涵、挑战与践行路径[J]. 旅游学刊, 2020, 35(3): 62-71.
⑥ UNWTO. UNWTO tourism definitions[M]. Chengdu: UNWTO, 2019: 1-55.
⑦ Rodiguezv V. Tourism as a recruiting post for retirement migration[J]. Tourism Geographies, 2001, 3(1): 52-63.
⑧ 张朝枝, 朱敏敏. 文化和旅游融合: 多层次关系内涵、挑战与践行路径[J]. 旅游学刊, 2020, 35(3): 62-71.
⑨ Richards G. The development of cultural tourism in Europe[M]. Córdoba: Estudios Turísticos, 2001: 4-92.
⑩ UNWTO, UNESCO. Siem Reap declaration on tourism and culture: Building a new partnership model[M]. Cambodia: UNESCO, 2015: 1-5.
⑪ Richards G. Cultural tourism: A review of recent research and trend[J]. Journal of Hospitality and Tourism Management, 2018, 36: 12-21.
⑫ UNWTO. Tourism and culture synergies[M]. Madrid: UNWTO, 2018: 1-160.

首先，数字非遗是文旅融合中重要的旅游吸引物。文化与旅游的关系起源于文化的旅游吸引物属性，这是文化与旅游关系的第一层内涵。文化，不管是传统文化积累还是当代文化创造，都具有身份识别的意义，而旅游是旅游者全面认识世界从而发现自我的过程①，旅游体验是游客自我构建、寻找个人和社会群体的联系与区别的身份(identity)的基础②。对于那些具有怀旧和文化身份认同需求的旅游者来说，以数字非遗为代表的文化元素是旅游目的地形成吸引力的关键组成部分③。

其次，数字非遗是文旅融合过程中的主要文化产品。文化和旅游关系的发展在于面向游客的文化可参观性生产，这是文化和旅游关系的第二层内涵。文化的可参观性生产是游客体验文化的基础④，这种可参观性生产主要包括四种形式：以博物馆为载体的物质文化遗产展示；以传统节庆或艺术表演为载体的非物质文化遗产展示；以历史街区和城镇为载体的综合展示；以技术手段和主题空间为载体的创造性展示⑤。在文旅融合的发展中，具有可参观性的文化资源进一步被塑造成文化产品。例如，以非遗展示为核心的展示模式起源于传统节庆活动，发展于街头杂耍与民间表演，逐渐发展成面向游客的专门演出，再后来在技术手段的支持下成为集现代科学技术与传统表演于一体的文化展示模式⑥。20世纪70年代，英美等西方国家的城市在再生策略的影响下，通过举办艺术活动来吸引游客、刺激经济，在这些活动中，传统节日和仪式等文化资源被进一步包装成可供参观的文化产品⑦。在旅游者追寻现场体验、追寻体验真实性的需求的刺激下，文旅融合也在不断朝着借助场景和技术展示文化的集体记忆的方向发展。从物质文化到非物质文化，到非物质文化与物质环境的整合，再到当代创造性的文化展示，都是这一发展方向的体现，也是沉浸式数字技术等相关技术水平不断提高的产物⑧。

最后，数字非遗也是在文旅融合过程中不断形成和完善的附加产业链。文化和旅游关系的提升体现在面向游客的文化展示产业链的不断延伸。随着文化逐渐转化为文化旅游产品，商业利益推动了产品的产业化发展。例如，旅游者对文化可参观性展示的付费体验刺激了文化可参观性生产的市场化供给。博物馆、历史街区与城镇、演艺产品、主题公园等都逐渐形成相应的产业链，从而促进了文化和旅游关系的提升。这一发展趋势使得文化展示不仅是一种传统的表达方式，更成为吸引游客并推动文化产业发展的有效手段。文旅产业的本质是面向游客消费的文化展示产业，这也是文化和旅游关系的第三层内涵⑨。至

---

① 麦坎内尔.旅游者：休闲阶层新论[M].张晓萍,等译.桂林：广西师范大学出版社,2008：14.
② Santa-Cruzf G, López-Guzmán T. Culture, tourism and World Heritage Sites[J]. Tourism Management Perspectives, 2017(24): 111-116.
③ Richards G. Cultural tourism: A review of recent research and trend[J]. Journal of Hospitality and Tourism Management, 2018, 36: 12-21.
④ 贝拉·迪克斯.被展示的文化[M].北京：北京大学出版社,2012：2-157.
⑤ 张朝枝,朱敏敏.文化和旅游融合：多层次关系内涵、挑战与践行路径[J].旅游学刊,2020,35(3):62-71.
⑥ 张朝枝,朱敏敏.文化和旅游融合：多层次关系内涵、挑战与践行路径[J].旅游学刊,2020,35(3):62-71.
⑦ Urry J. The tourist gaze: Leisure and travel in contemporary societies[M]. London: Societies, 1990: 4.
⑧ 张朝枝,朱敏敏.文化和旅游融合：多层次关系内涵、挑战与践行路径[J].旅游学刊,2020,35(3):62-71.
⑨ 张朝枝,朱敏敏.文化和旅游融合：多层次关系内涵、挑战与践行路径[J].旅游学刊,2020,35(3):62-71.

此,文化产品进一步被拓展成具有可参观性的文化产业,旅游者在文化体验之外也进一步寻求相关的消费和配套服务,由此推动展示场景的产业化生产和周边产品的产业化生产,如与非物质文化数字展示相关的文创衍生品产业的出现等。

(三) 非遗数字文旅融合的技术趋势

从非遗数字文旅融合的主要技术发展趋势来看,新的技术应用主要在于数字采集、数字存储以及数字展示三个方面。

其中,数字采集主要是利用数字摄影、全息摄影、图文识别、三维扫描、动作捕捉、群智建档等数字技术记录非遗实践的动态过程。自1992年世界记忆项目启动以来,联合国教科文组织就不遗余力地开展文化遗产的数字化工程,在《公约》颁布后,更是大力推广和实施非遗数字化采集和保护工作。

案例材料

2004年,联合国教科文组织与阿塞拜疆国家地毯博物馆合作,启动了数字化采集和保护丝绸之路文化遗产工程项目。地毯编织是阿塞拜疆的一种流行传统非遗技艺。地毯在当地被广泛用于家居装饰和家具,地毯制作也是一种家庭经营的商业传统模式,这种技艺通过口头和实践传承。阿塞拜疆地毯的图案体现了该国各地区的特征,地毯编织与所涉社群的日常生活和习俗密切相关,其价值体现在设计的意义和使用上(见图3-2-1)。除了日常使用外,也有专门的地毯编织,特别用于医疗、婚礼仪式、孩子的出生、哀悼仪式和祈祷。随着数字三维立体扫描和动作捕捉等新的数字采集技术的出现和普及,将有更多非遗进入数字领域,为各类文旅融合项目增添新鲜内容。

图 3-2-1 阿塞拜疆手工地毯

资料来源:阿塞拜疆[EB/OL]. https://zh.unesco.org/silkroad/countries-alongside-silk-road-routes/asaibaijiang.[访问时间:2023-09-07];阿塞拜疆手工地毯[EB/OL]. https://699pic.com/tupian-504881542.html.[访问时间:2023-09-08]

数字化存储不仅能够全方位地保存非遗的固态实物与活态技法,还能提供分类管理、便捷访问等便利条件。非遗数字存储的载体丰富多样,包括数字影像、数据库、数字藏品等,在文旅融合中都有广泛的应用。其中,数字影像是当前非遗存储最主要的形式,具体可以进一步细分为数字图像、数字音频和数字视频。数字藏品则是近年来文旅融合虚拟化发展趋势下的产物。虚拟旅游主要是通过虚拟现实技术,让用户可以身临其境般实现远程参观,并且从中获得丰富的文化体验①。2023年7月,元宇宙平台沙盒(The Sandbox)宣布与大英博物馆达成合作,将为其馆藏物品创建数字藏品。这将成为大英博物馆迈入虚拟世界的第一步。此次合作的重点是开发展示博物馆历史的数字收藏品和体验,通过合作,将为观众提供全新的身临其境的体验,让世界上任何地方的任何人都能观赏大英博物馆的馆藏物品②。

在数字展示方面,全息投影、VR、AR等沉浸式数字技术能够创造出高拟真的虚拟世界,形象生动地展示非遗全貌,带领观众深入体验非遗技艺和表演等的精髓和魅力。随着青年群体文化自信的增强和文旅融合的兴起,当前中国将非遗数字展示融入文旅的实践十分多样,也已经走在世界前列,形形色色的非遗数字化情境再现在国内已不再鲜见。作为山东皮影戏的一个分支,济南皮影戏不仅是富含地方文化特色的传统戏剧,更是山东入选联合国教科文组织非遗名录的项目之一。起源于清代末期的济南皮影戏传承历史悠久,不仅在表演上颇具特色,在皮影制作方面也堪称一绝。如今,通过3D建模的方式,演出时在幕布后面翻飞的皮影被生动地还原,泥塑兔子王可以通过数字化形式精致呈现,侯氏社火脸谱细节、纹案样式一一呈现,莱芜木版年画连同其美好寓意可以随身携带,等等。

二、人文旅游中的数字非遗

人文是人类文化中先进的价值观及其规范的集合体。广义的人文涵盖文学、艺术、美学、教育、哲学、历史、法律等人类文化生活的方方面面,其中又以文学、艺术、历史蕴含的旅游资源最为丰富。文学旅游就是以文学作品及其衍生物作为旅游资源和吸引物的文化旅游形式。文学是一种运用具有文采的语言表达思想和情感的语言性艺术式样。文学旅游的发展正是以这种语言艺术为基础的,因此,文学旅游常常与作家和他们创作的皇皇巨著有关。自从文学独立为一种艺术门类之后就与舞台相生相伴。文学作品具有较强的表演性,尤其是戏剧和小说③,而随着影视艺术的发展,文学作品的边界和形态也在不断发生拓展和创新,有大量优秀的文学作品被搬到了屏幕上,成为更具体验性和吸引力的影视艺术作品。

---

① 清研智谈|虚拟旅游带你"足不出户"去旅行[EB/OL]. https://baijiahao.baidu.com/s?id=17693046018248522217&wfr=spider&for=pc.[访问时间:2023-09-07]
② 大英博物馆要把文物做成数字藏品 宣布合作元宇宙平台[EB/OL]. https://baijiahao.baidu.com/s?id=17729148030376391244&wfr=spider&for=pc.[访问时间:2023-09-07]
③ 陶少华.体验经济视角下的文学旅游发展策略——以文学作品的旅游开发为例[J].桂林旅游高等专科学校学报,2006(3):351-354.

作为文学、旅游产业与影视产业深度融合的产物,基于文学和影视的文化旅游直到20世纪90年代中期才引起较多关注①。有美国学者提出,文学和影视旅游即通过文学作品、电影、电视、唱片、录像、杂志等文化产品加强游客的感知,给游客留下深刻印象和心灵震撼,从而诱发游客到影视拍摄地旅游的活动②。随着现代技术的飞速发展和人们审美水平的提高,文学和影视作品在取材、内容、形式以及传播途径上都取得了持续的突破,在文化传递方面发挥了重要作用。文学和影视文化旅游通过文学和影视作品的创造和传播,以目的地原有形象为基础,依托文学影视作品赋予的新文化内涵,成为吸引游客的重要力量。这种形式创造了新的旅游地标,或者对原有旅游目的地形象进行了强调和深化。通过满足游客的艺术追求和猎奇心理,文学和影视文化旅游不仅为旅游业带来巨大的经济效益,同时也创造了显著的社会效益。这一发展趋势展示了文学和影视作品在推动旅游业发展和文化传递中的重要角色③。

经典文学及其影视改编既是重要的旅游资源,又是非遗和数字非遗的重要载体,这使得文学影视文化旅游与数字非遗之间产生紧密的联系。

案例材料

位于埃文河(Avon River)畔的英国斯特拉福德(Stratford)作为莎士比亚的出生地,既拥有美丽而充满田园风光的景物,又因莎士比亚在文学和戏剧史上产生的巨大影响力而形成了以文化旅游为主导产业的经济模式。斯特拉福德小镇以五栋莎士比亚故居和一家剧院(由皇家莎士比亚剧团管理)为架构,打造了小镇文化旅游产业链的核心环节。当地政府通过整体设计、完善基础设施、深挖莎士比亚文化、呈现莎士比亚的生平,加速文旅产业的融合。小镇的配套设施紧紧围绕莎士比亚作品中的人物、场景,包括皇家莎士比亚剧院、天鹅剧院、主题餐厅、纪念品商店、旅馆、酒店等。皇家莎士比亚剧团是英国最有影响力的剧团之一,也是目前世界上规模最大、组织最全、水准最高、经费最足的职业剧团之一。该剧团每周都会上演莎士比亚的经典作品,容纳1 500人的剧场全年座无虚席。皇家莎士比亚剧团正积极拥抱现代科技,探索数字技术在戏剧表演艺术中的融合应用。2016年,莎士比亚名剧《暴风雨》(the Tempest)在英特尔、知名影视特效工作室益美智(Imaginarium)和皇家莎士比亚剧团三方的共同打造下,初次使用渲染的3D视频投影等高科技(见图3-2-2),使实时戏剧舞台表演呈现出堪比电影《阿凡达》中的数字特效的现场效果。新冠疫情的到来进一步刺激了演艺行业对数字技

---

① Karpovich A I. Theoretical approaches to film-motivated tourism[J]. Tourism and Hospitality Planning & Development,2010,7(1):7-20.
② Riley R,Baker D,Van Doren C S. Movie induced tourism[J]. Annals of Tourism Research,1998,25(4):919-935.
③ 邵明华,张兆友.国外文旅融合发展模式与借鉴价值研究[J].福建论坛(人文社会科学版),2020(8):37-46.

术的吸纳和利用。2020年,由皇家莎士比亚剧团联合曼彻斯特国际艺术节、棉花糖激光盛宴和爱乐乐团打造的戏剧《梦》(Dream)创新应用了动作捕捉这一最前沿研究成果。《梦》的灵感来自莎士比亚的《仲夏夜之梦》,表演设置在虚拟的仲夏森林中,观众由剧中人物带领,从现实世界进入数字世界(见图3-2-3)。演出采用最新的游戏和戏剧技术以及互动交响乐,观众有机会从世界任何地方通过触摸屏、触控板或鼠标的移动在演出的关键点引导剧中人物穿越森林,演员表演并响应观众的互动。《梦》于2020年春季进行线上和线下的互动表演,并在疫情导致剧院无法开放期间,为观众进行了在线重制。

图3-2-2　皇家莎士比亚剧团演出《暴风雨》　　图3-2-3　皇家莎士比亚剧团互动线上演出《梦》

资料来源:英国莎翁小镇——历史文化小镇的开发、保护以及IP的打造[EB/OL]. https://baijiahao.baidu.com/s?id=1758774865558948210&wfr=spider&for=pc.[访问时间:2023-9-7];莎士比亚也惊呆了 经典喜剧被融合现实演绎 堪比现场版阿凡达[EB/OL]. https://www.zhidx.com/p/65305.html.[访问时间:2023-9-7];皇家莎士比亚剧团首次使用虚幻+动作捕捉进行线上互动式戏剧表演[EB/OL]. https://baijiahao.baidu.com/s?id=1694368626999236855&wfr=spider&for=pc.[访问时间:2023-9-7];当科技遇到莎士比亚,会带来怎样的惊艳?[EB/OL]. https://www.sohu.com/a/119781273_162522.[访问时间:2023-9-8];互动式线上戏剧表演[EB/OL]. https://www.d-arts.cn/project/project_info/key/MTE5ODQ1Nzk1MDAEuYljr3Ogcw.html.[访问时间:2023-9-8]

三、乡村文旅中的数字非遗

随着城市化和工业化进程的加快,乡村旅游也进入了全新的发展阶段。乡村旅游是以农村地区为特色、以农民为经营主体、以丰富的旅游资源为依托、以多样的旅游活动为内容、以促进农村发展为目标的社会活动。这包括乡村的自然风光、农村生活体验以及具有特色的乡村民俗风情①。乡村文化旅游建立在乡村文化的原汁原味和独特性基础上,

---

① 单新萍,魏小安.乡村旅游发展的公共属性、政府责任与财政支持研究[J].经济与管理研究,2008(2):64-68.

以欣赏乡村文化景观和亲身体验乡村文化活动为主要内容。其表现形式主要包括传统村落、特色小镇及集群、乡村遗迹以及农业活动等。乡村文化旅游不仅以满足游客需求为目标，同时致力于通过旅游发展推动乡村振兴。相较于传统的乡村旅游，乡村文化旅游更加强调文化属性，提升了乡村游的层次和品位。通过相关的旅游活动和产品，乡村文化旅游呈现给游客丰富的乡村记忆和历史积淀，有助于维护乡村文化遗产，保持乡村文化的活力，实现文化价值的传播和传承①。

欧洲被公认为是乡村文化旅游发展最早也最成熟的地区。早在1999年，欧盟第五个框架协议中就提出了欧洲综合乡村旅游管理方针，通过在资金、政策、教育培训等多方面对乡村旅游提供大力支持，为该领域的发展奠定了基础。这一举措展示了欧洲对乡村文化旅游的重视，并为其他地区提供了可借鉴的经验②。法国非常注重对乡村文化本真性的保护，数据显示，50%以上的法国人参加各种乡村旅游度假活动③。在亚洲，日本也形成了集休闲观光、农业教育、农业体验为一体的多功能和复合型模式，开发了多样的乡村文化旅游产品④。特色小镇作为乡村文化旅游的代表，逐渐成为区域经济和文化发展的新亮点，超越了传统旅游形式。英国的巴斯小镇以特色建筑和温泉资源为核心吸引力，法国的依云小镇以轻生活和依云水为地方名片，法国格拉斯小镇以"世界香水之都"而闻名，而西班牙的胡斯卡小镇则以动画片《蓝精灵》为宣传点。这些小镇通过各自独特的地域特征和产业布局，逐渐演变成以产业制造和主题文化旅游为核心的经济结构。这些小镇吸引众多国内外游客前来观光体验，为当地经济注入新的活力。它们的成功经验不仅为其他地区提供了可借鉴的模式，也体现了特色小镇在促进地方文化、经济和旅游的协同发展方面的重要作用⑤。随着信息技术的发展，也有越来越多国家和地区借助数字化手段将非遗文化融入游客的乡村旅游体验。

案例材料

位于西班牙南部的科尔多瓦是一个拥有大量珍贵的文化遗产和古迹的城市，其中被列入联合国教科文组织非遗名录的庭院节更是闻名全球，可以说体验庭院节就是体验西班牙文化的绝佳选择。每年五月，科尔多瓦都会举办一年一度的庭院节（La Fiesta de los Patios），这个传统活动自1921年开始，至今已有100多年的历史。2012年，科尔多瓦庭院节成功申遗，成为西班牙的第11个世界非物质文化遗产。庭院节期间，老

---

① 邵明华，张兆友.国外文旅融合发展模式与借鉴价值研究[J].福建论坛（人文社会科学版），2020(8):37-46.
② Saxena G, Clark G, Oliver T, et al. Conceptualizing integrated rural tourism[J]. Tourism Geographies, 2007, 9(4):347-370.
③ 吴必虎，伍佳.中国乡村旅游发展产业升级问题[J].旅游科学，2007(3):11-13.
④ 陈雪钧.国外乡村旅游创新发展的成功经验与借鉴[J].重庆交通大学学报（社会科学版），2012,12(5):56-59.
⑤ 邵明华，张兆友.国外文旅融合发展模式与借鉴价值研究[J].福建论坛（人文社会科学版），2020(8):37-46.

城街道上点缀着迎春绽放的花朵,呈现出一步一景、一庭一画的美丽画卷(见图3-2-4)。当地居民、游客以及专业庭院设计人员聚集在此,各具特色的院落、喷泉、鲜花以及充满阿拉伯特色的美食共同构成了庭院节的独特景观。每年,数万游客慕名而来,共同享受这个充满历史与文化底蕴的盛大节日。但是2020年,由于新冠疫情,庭院节未能如期举办,科尔多瓦当地政府干脆把庭院节搬到了网上。他们推出了由27个私家花园组成的四条路线,可供游客通过VR技术360°参观。此外,在联合国教科文组织世界遗产中心和几个欧洲世界遗产协会的支持下,2020年"世界遗产城市之夜"(La Noche del Patrimonio)在9月12日举办。这个世界级文化艺术活动同时在包括科尔多瓦在内的15座西班牙世界遗产城市举行,而且开放线上直播模式,让无法身临其境的游客也可以通过屏幕感受遗产城市的独特魅力。

图3-2-4 科尔多瓦庭院节

资料来源:看非遗怎样"活"在实体空间里[EB/OL]. https://baijiahao.baidu.com/s?id=1731250231836669408&wfr=spider&for=pc.[访问时间:2023-09-07];倒计时8天!世界遗产将点燃西班牙之夜![EB/OL]. https://www.sohu.com/a/417251442_248115.[访问时间:2023-09-07];科尔多瓦,疫情下的百年庭院节[EB/OL]. https://zhuanlan.zhihu.com/p/373093817.[访问时间:2023-09-08]

四、民俗文旅中的数字非遗

民俗,也叫民间文化,是那些在民族或社会群体长期的生产实践和社会生活当中逐渐形成、代代沿袭且相对稳定的文化元素。民俗也可简单地理解为在民间广泛传播的风尚和习俗。作为民间文化的重要组成部分,民俗是各族人民社会生活的真实反映,是更接近自然状态的文化表达。民俗内容广泛,可以包括传统节日、宗教仪式、建筑风格、风情民俗、婚丧嫁娶、民间歌舞等。对于民俗的范围和分类,不同的民俗学家有不同的看法,一般来说有两种主要的分类法:一种是纲目式的,也就是按照逻辑用大纲统属细目;还有一种是平列式的,即按照材料的分量定类,不管类与类之间是否具有逻辑上的关联关系。英国的夏洛特·索菲亚·博尔尼(Charlotte Sophia Burne)在《民俗学手册》中把民俗按精神领域、语言领域和行为领域划分为三类;法国的皮埃尔·山狄夫(Pierre Santyves)在《民俗学概论》中提出了另一个三分法,把民俗分为物质生活、精神生活和社会生活。这两个分类都是纲目式的。瑞士的爱德华德·霍夫曼-克莱耶(Eduard Hoffmann-Krayer)在《民俗学文献录》中把民俗分为建筑物、乡村、象征物等18类,则属于平列式的分法①。

自20世纪80年代中期以来,对于民俗文化的看法发生了改变,不再简单地将其贬低为"落后""原始""蒙昧"的,而是将其重新定义为弘扬民族传统、向外来游客展示本土形象的旅游资源。许多已经消失的民俗活动得到重新挖掘、重新创造,并经过策划和包装,成为具有活力和参与性的展示民族传统生活的旅游产品。现在,民俗旅游越来越被认为是一种高层次的文化旅游,因为它满足了游客"求新、求异、求知、求乐"的心理需求,已经成为旅游行为和旅游开发的重要内容之一②。旅游产业是一项富有文化特色的产业,不论在形式还是精神上,只有展现出独特的文化特征,才能够吸引游客。虽然游客和经营者之间达成的协议只在经济层面上发挥作用,但在服务内容方面,还要满足游客对精神文化的需求。民俗旅游活动恰好在满足人们越来越多样的文化需求中担任日益重要的角色③。民俗文化本就是非遗的组成部分之一,借助数字技术,大量非遗被吸收到民俗文化旅游中,成为满足游客精神文化需求的重要手段。

 案例材料

位于非洲东北部尼罗河中下游的古埃及是世界五大文明发源地之一和四大文明古国之一。古埃及拥有一套完整的文字系统、政治体系和制度,以及多神信仰的宗教系统。在民俗方面,古埃及的墓葬习俗尤为世人所熟知。对于古埃及人而言,死亡只是生命的中断,而非终结。他们相信人死后会进入一个比今生更美好的永恒生命。因此,古埃及人发明了木乃伊制作技术,将尸体制成木乃伊,视之为一种重要的仪式。每位有财富的古埃及人生前都会为自己准备墓葬,并用各种物品来装饰墓葬,期望在死后获得永生,这体现了古埃及人对死后生命的重视和追求。金字塔则是古埃及帝王的墓室,胡夫

---

① 杨秀丹,苏娜. 国外民俗分类发展综述[J]. 图书情报工作,2007(6):36,59-61.
② 刘晓春. 民俗旅游的意识形态[J]. 旅游学刊,2002(1):73-76.
③ 温锦英. 文化·民俗旅游开发的灵魂[J]. 广东民族学院学报(社会科学版),1997(3):94-96.

金字塔被誉为世界七大奇迹之一。在金字塔中，匠人以木制模型和坟墓壁画等描绘墓主继续从事狩猎、驾船、欢宴等活动的场景，以及仆人们应做的活计等，使墓主能在死后同生前一样生活得舒适如意。依托古埃及文明的文化遗存和优美的自然风光作为独特的旅游资源，埃及拥有较为发达的文化旅游业，并成为埃及经济的重要组成部分。但是自2011年埃及动荡爆发以来，埃及的政治形势一直不稳定，社会治安问题频发，这使得埃及旅游业遭受严重的打击。要恢复埃及的文化旅游业，需要加大投资、增强社会治安、提升游客的安全感，同时也需要推进民俗文化旅游的数字化转型，推出更多在线服务，推广虚拟旅游。由于新冠疫情的暴发，为了满足人们在疫情时对精神文化的需求，埃及旅游文物部与科学考古研究所合作推出了"在家体验埃及"系列文化项目。埃及数十家博物馆和考古遗址通过数字化虚拟旅游云空间呈现，景点画质高清、图像逼真，并配有图文、音视频介绍。"在家体验埃及"文化项目不仅包含了吉萨高地的三座金字塔、埃及国家博物馆、科普特博物馆等著名景点，还覆盖了一些相对冷门，甚至因维护而关闭的景点。进入数字化虚拟旅游云空间后，三维游览的界面能够360°旋转，使人仿佛穿越时空，回到数千年前的埃及历史深处。壁画的花纹、质地和裂纹等细节清晰可见，这是实际旅游中难以获得的观察体验（见图3-2-5）。这一举措为人们提供了在家舒适体验古埃及神秘而独特的文化遗产的新途径。

图3-2-5 "在家体验埃及"文化项目

资料来源：古埃及（五大文明发源地之一，四大文明古国之一）[EB/OL]. https://baike.baidu.com/item/%E5%8F%A4%E5%9F%83%E5%8F%8A/226771?fr=ge_ala#25. [访问时间：2023-09-07]；埃及为何有这么多旅游资源，对埃及的经济发展有何影响？[EB/OL]. https://gov.sohu.com/a/653082822_121657557. [访问时间：2023-09-07]；国外数字化旅游加快发展[EB/OL]. http://www.ce.cn/culture/gd/202204/11/t20220411_37477007shtml. [访问时间：2023-09-07]

第三节 全球非遗数字传播的会展应用

广义会展业包含会议、展览、活动、奖励旅游等。以数字化、网络化为主要特征的数字会展是全球会展业发展的趋势之一。会展业也是非遗数字传播的重要载体，其中尤以文化会展与数字非遗关系最为密切。在文化会展中，博物馆作为展览的常设机构和场所，是非遗数字传播的主要阵地之一；以世界博览会为典型代表的全球性展会则是数字非遗面向全球受众广泛传播的高效途径。此外，节事活动也与非遗文化息息相关，而数字技术和应用的深入也为节事活动、文化旅游和非遗传播之间的融合创造了条件。

一、全球非遗数字传播的会展应用概述

随着全球会展业的不断发展,会展业的范畴逐渐扩大,国际会展业的运作模式也逐渐趋近完善。数字化转型为会展业带来了创新的展览和体验方式,会展业的不同门类与数字技术的结合程度不一,应用方向也有一定差异。同时,与文化旅游业一样,会展业也是全球非遗数字传播的重要平台。数字会展不受地域限制,为非遗文化的传播提供了全球性的机会。全球性的会展活动作为衔接非遗文化传承者和接收者的传播媒介,在非遗文化国际传播的过程中发挥着重要作用。

(一) 会展业概述及全球会展业的发展现状

会展理论家桑德拉·莫罗(Sandra Morrow)曾指出,会展在专门修建的场所里面进行,一般由政府部门组织或者由企业团体在政府帮助下组织,其目的是商贸促销;制造商应邀而来展示商品,而展示对象则是来自当地、外地乃至国际市场的贸易商、零售商和批发商[1]。这一定义主要围绕展览展开,因而是对会展的狭义定义,而广义的会展则包括会议(meeting)、奖励旅游(incentive travel program)、协会和团体组织会议(convention)和展览(exhibition),通常被称为"MICE"。随着会展业的发展,节事活动(event)也被纳入会展的范畴,所以会展通常也称"MICEE"。

会议是指有目的、有领导、有组织的议事活动,它是在限定的时间和地点,按照一定的程序进行的[2]。在全球化迅猛发展的年代,每天都在举行各种规模的国际会议,全世界每年召开的有一定规模和影响力的会议就达数十万个[3]。奖励旅游的目的在于协助企业实现特定目标,并向成功达到这些目标的参与者提供一次愉悦而难以忘怀的旅游假期作为奖励。这类奖励旅游包括商务会议旅游、海外教育培训,以及给予对公司运营和业绩增长做出贡献的员工的奖励[4]。协会和团体组织会议也是一种会议,通常指由具有特定职业或有相似兴趣的人组成的大型正式集会,如协会会议(association meetings),或政党的大型会议[5]。展览是一种具有一定规模和相对固定日期,以展示组织形象和产品为主要形式,以促成参展商和观众之间交流洽谈的一种活动[6]。展览包括展览会、展销会、博览会等。展览会侧重展览的展览、展示功能,广义的展览会包括博物馆、美术馆等的非商业

---

[1] 马骐.会展策划与管理[M].北京:清华大学出版社,2011:1.
[2] 张俊竹,苏镜科,尹铂.会展设计[M].北京:化学工业出版社,2019:5.
[3] 2022年会展服务研究报告[EB/OL]. https://baijiahao.baidu.com/s?id=17433962931373313226&wfr=spider&for=pc.[访问时间:2023-02-07]
[4] 梁晓莹.奖励旅游向你走来[J].企业导报,2003(9):2.
[5] Daniela F, Patricia D S, Patrichi I. Meetings, incentives, conventions and exhibitions (MICE) industry in the global context[J]. Ovidius University Annals, Economic Sciences Series, 2011, 6(2):437-442.
[6] 龚维刚,陈建国.会展实务[M].上海:华东师范大学出版社,2007:1-10.

展览;展销会侧重展品的市场交换功能,具有直接进行商品交换的特性;博览会则是弥合展销会和展览会之间差异的纽带,博览会一般规模较大,由政府部门或企业团体在政府的帮助下组织,其目的是展示商品和实力[1]。节事活动是节庆活动和特殊事件活动的总称,它包括各种传统节日和新时期的创新节日,以及具有纪念性的事件[2]。活动通常都有特定的主题,如风情特产、民俗、体育、宗教、政治、文化以及自然景观等。

会展经济的早期形式主要是工业产品展销。最早的现代博览会是1851年在英国伦敦举办的首届世界博览会,即"万国工业博览会"。此后,随着世界工业制造业的不断繁荣,国际会展业逐渐壮大。到现在,国际会展业已经过170多年的发展,运作模式已趋近完善。在国际上,美国、德国、意大利、法国、西班牙、俄罗斯、新加坡等发达国家和地区凭借着在科技、交通、通信、服务业水平等各个方面的综合优势,成为会展业发展中的佼佼者。数十年来,国际会展业一直呈现相对平稳的发展趋势,但依然表现出明显的不均衡状态。欧洲作为世界会展的发源地,拥有悠久的历史和丰富的办展经验,展馆面积一直稳居全球首位。从办展的直接支出来看,北美国家经过多年的发展,早已成为全球展览活动支出最高的地区,市场规模仅居于欧洲之后。相比之下,亚洲地区虽然在会展经济方面起步较晚,但近年来增速迅猛。亚洲制造业进程的加快和对外开放程度的不断提升为亚洲会展业的蓬勃发展奠定了基础[3]。

(二)全球会展业的数字化发展趋势

数字会展是指利用数字技术和互联网技术,将传统的线下会展活动转变为数字化、网络化的展示和交流方式。数字会展不是单一的在线会展,而是会展业数字化转型的过程,因而也可分为不同层次。有学者提出会展活动4.0(E4.0)概念,作为会展数字化的最高级形式,E4.0要满足以下基本要求:实现数字化管理;经常升级其数字技术;充分整合其沟通系统;在项目交付、活动营销和客户体验打造过程中,不断优化数字化运营[4]。会展业的数字化需要四个方面的协同,即实时的数据看板提供信息、基于云架构开放的互联网平台、企业内部的办公网络平台和智能辅助决策系统,这四个层面的协同将促进会展业的数字化转型[5]。随着市场的发展和信息的开放,会展业的智能化水平将进一步提高。为了充分发挥会展业的特殊优势与性质,应采取标准化管理,并整合新兴科技进行发展,最终目标是打造实体与线上相结合的会展业新模式[6]。

会展业的几大门类与数字技术的结合程度不一,应用方向也有一定差异。以在会展业中占主体地位的展览和会议(合称"展会")为例,随着大数据、物联网、5G等前沿技术的

---

[1] 胡平.会展管理概论[M].上海:华东师范大学出版社,2007:1-8.
[2] 胡平.会展管理概论[M].上海:华东师范大学出版社,2007:1-8.
[3] 张俊竹,苏镜科,尹铂.会展设计[M].北京:化学工业出版社2019:5-7.
[4] Ryan W G, Fenton A, Ahmed W, et al. Recognizing events 4.0: The digital maturity of events[J]. International Journal of Event and Festival Management,2020,11(1):47-68.
[5] 周景龙.会展企业数字化的四个表象[J].中国会展,2020(21):22.
[6] 蒋晓阳,张钿,胡书凝,等.新经济视角下会展业数字化发展驱动力及策略研究[J].商展经济,2020(13):10-12.

涌现,虚拟展会和线上展会的优势得以更好地体现。和线下展会相比,线上展会筹备时间短,成本低,无安全之忧,还可以打破时空的限制,实现"永不落幕"的展示。尤其是在新冠疫情时期,线上展会不受国家和地区防疫政策的限制,体现了高度的灵活性。这些优势无一不在吸引着展会主承办方、设计搭建商、参展商和服务供应商等多方的积极参与和实践。不过,线下展会也有着独特、不可替代的优势。一方面,基于长期以来形成的习惯,很多参展商和专业观众还是更倾向于参加线下展会。在传统的线下展会尤其是工业类展会中,客户可以实际接触真实产品,从而获得更直接、更完整的产品体验。线下展会通常还会为企业提供商品陈列和观摩体验的场景,也为供求双方的信息沟通和商务洽谈提供便利,因而获客率也远远高于线上。另一方面,线下实体展会可以带动当地经济发展、宣传城市形象,这也是会展业经济效益和社会效益的重要体现。可以预见,未来线上展会也不会完全取代线下展会,线上线下的双线融合将是会展业的发展潮流和主要趋势。

(三)数字会展业与非遗全球传播

与文化旅游业一样,会展也是全球非遗数字传播的重要载体,其中尤以文化会展与数字非遗的关系最为密切。文化会展是指在政府或企业组织的展示展览活动中,以文化为核心的展示活动,也可特指由政府文化部门、协会等民间组织主办的专门文化展览、交流活动。文化会展为非遗保护提供了有效的展示平台。通过会展的区位展示,加速了非遗文化传播的速度和影响力。随着会展频次和地域的变化,其影响范围逐渐扩大,使区域文化向广域文化发展。这为非遗的保护与传承提供了有力保障[1]。

文化会展作为以文化为主的展示和交流活动,也涉及非遗。采用会展形式展示非遗文化,可以使公众深入了解非遗的活态保护和传承的意义。举办大型会展通常为主办地引入新产品、新信息、新技术和新观念,通过现代科技手段、各类论坛以及其他形式的文化娱乐活动进行呈现。2010年,国际展览局专家卡门·塞雯(Carmen Sylvain)女士在参加上海世博会时曾说:"世博会本质上是一个媒体,以文化为内容的国际博览会。它在不同国家之间搭建了某种联系,充当了异质文明之间的沟通桥梁。作为各国经济和科技成就的集中展示平台,世博会不仅是一个展示台,更是全球最具影响力的跨文化传播平台。"[2]全球性的会展活动作为衔接非遗文化传承者和接收者的传播媒介,在非遗文化国际传播的过程中发挥了重要作用。特别是当会展业与数字化技术进行了有机融合,原本在岁月深处闪耀的非遗文化瞬间可以被转化为"有形""可体验"和"可参与"的活态艺术,让国际受众在新的文化体验中领略非遗文化的工艺之美、匠心之美、精神之美等,极大地增强了非遗文化的全球传播效能[3]。

---

[1] 雷焕贵,何云峰.文化会展对非物质文化遗产活态保护影响力研究[J].戏剧之家,2020(34):173-175,180.
[2] 李红波,潘就合.会展的文化影响力探析[J].广西大学学报(哲学社会科学版),2015,37(6):85-89.
[3] 以数字化国际会展赋能非遗国际传播[EB/OL].https://www.sklib.cn/c/2023-07-06/670199.shtml.[访问时间:2023-09-07]

二、博物馆非遗数字传播

根据国际博物馆协会2022年对"博物馆"下的最新定义,博物馆一般是为社会服务的非营利性常设机构,主要负责研究、收藏、保护、阐释和展示物质与非物质遗产,博物馆面向社会公众开放,因此具有可及性和包容性,以促进文化的多样性和可持续性①。从这个定义可知,博物馆是非遗传播的主要阵地之一。根据联合国教科文组织颁布的报告《新冠肺炎疫情下的全球博物馆》,全球博物馆数量近10.4万个,不过分布并不均匀:61%的博物馆位于西欧和北美,18%位于亚太地区,11%位于东欧,8%位于拉丁美洲和加勒比地区,仅有0.8%位于非洲,0.7%位于阿拉伯国家。从总量规模看,全球拥有超过5 000家博物馆的国家也仅有五个,分别是中国、俄罗斯、德国、日本和美国。

西方发达国家在通过博物馆开展非遗数字传承和传播方面具有更悠久的历史和更丰富的经验。例如,"生态博物馆"(eco-museum)的概念起源于1971年的法国,其宗旨是更好地保护文化遗产的本真性、完整性和可持续性。生态博物馆一般以村寨社区为单位,由政府牵头建设和维护,是一种人和自然高度融合的活态博物馆模式。原生态的建筑、服饰、语言、人际礼仪、生产方式和各类艺术形态都能在此活生生地呈现,具有浓郁的历史性、独特的地域性和鲜明的本土性。当前,法国有近两万个文化协会积极参与历史文化遗产的保护和展示工作,在全国范围内划定了91个历史文化遗产保护区,涵盖了四万多处历史文化遗产。这些保护区内居住着80万名居民,使得他们的生活场景真切地成为历史的一部分,如同历史在流淌。这庞大的网络体现了法国社会对历史文化遗产保护的深切关注和积极参与。通过文化协会的努力以及保护区的划定,法国在保护和传承历史文化遗产方面取得了显著的成就,使得这些遗产得到有效管理和展示,也为居民提供了一种身临其境的历史体验。阿尔萨斯生态博物馆(Écomusée d'Alsace)是法国最大的露天生活博物馆,这一博物馆将乡村的文化遗产带入生活,将历史建筑和收藏品、工匠生产、居民日常活动、美食、农业与自然景观融合在一起,汇聚为韵味独特的文化交响曲(见图3-3-1)。2010年,法国政府启动了名为"投资未来"的发展计划,其中在文化方面的重要举措是提供7.5亿欧元的资金,对各类有助于文化遗产数字化的技术项目予以资助,包括非遗的数据压缩技术、数字化转换技术、图文识别技术、索引检索技术、数据存储技术以及数字版权保护等。这一计划的实施为法国非遗的数字化保护提供了强有力的支撑,使法国的非遗数字化总体发展水平居于全球领先的位置②。

加拿大的博物馆在非遗数字传播方面也同样走在世界前列。为了更好地帮助博物馆、档案馆和独立研究人员开展非遗数字化的工作,加拿大政府委托纽芬兰和拉布拉多省博物馆协会编制了《非物质文化遗产数字化操作指南》(Digitizing Intangible Cultural

---

① 博物馆最新定义诞生:重视社区参与和可持续性[EB/OL]. https://baijiahao.baidu.com/s?id=1742098905187042700&wfr=spider&for=pc.[访问时间:2023-09-07]
② 姚国章,刘增燕.国外非物质文化遗产数字化保护与传承实践借鉴[J].东南文化,2022(6):179-185.

图 3-3-1 法国著名的阿尔萨斯生态博物馆

资料来源:这个小镇就是一个博物馆,诞生 30 多年仍在启发全世界乡镇[EB/OL]. https://travel.sohu.com/a/706081143_121124796.[访问时间:2023-09-08]

Heritage:A How-To Guide)。该指南除了提供详细的数字传输说明外,还提供与非遗相关的术语以及大量术语的定义,作为全国性的操作标准,为促进加拿大非遗数字化的保护和传承发挥了十分重要的作用①。指南中指出,加拿大历史上的非遗多依靠书面纸质方式保存,缺少音视频相关资源的支撑。推进非遗的数字化进程,一方面可以帮助博物馆为实现非遗的数字化存储和电子化展览做好准备,夯实非遗数字化的发展基础,另一方面可以大大促进非遗的数字化传播,让公众有机会更好地了解和参与非遗的保护与传承。同时也可通过补充音视频素材,使非遗数据资源变得更为丰富和完善。指南中还详细说明了如何将以照片和底片方式存在的图片文件、以盒式磁带和 CD 等载体存储的音频文件以及以 VHS 磁带和 DV 磁带等方式存储的视频文件转换成统一的数字化标准格式媒体文件,介绍了具体方法及标准化的步骤,为实际视频格式转换作业提供了规范化的流程和方法,有效避免了过去各行其是所带来的操作混乱②。

三、展会非遗数字传播

如前所述,文化会展是非遗的集中展示平台和传播机会。与一般的博物馆展览相比,

---

① The Museum Association of Newfoundland and Labrador. Digitizing intangible cultural heritage:A how-to guide[EB/OL]. https://www.can-ada.ca/en/heritage-information-network/services/digitiza-tion/guide-digitizing-intangible-cultural-heritage. html.[访问时间:2023-09-07]
② 姚国章,刘增燕.国外非物质文化遗产数字化保护与传承实践借鉴[J].东南文化,2022(6):179-185.

世界博览会等大型的国际文化会展往往具有全球性、临时性、间隔长、展品来源多等特点，因而对于非遗的国际传播来说具有更重大的意义。世界博览会是由主办国政府组织或政府委托有关部门举办的具有较大影响和悠久历史的国际性博览活动。参展者利用此平台向世界各国展示当代文化、科技和产业方面的成果，这些成果对各种生活范畴产生积极影响。世界博览会主要分为两种形式，即综合性世博会和专业性世博会。现代博览会最早可追溯到1851年，当时英国在水晶宫举办了万国工业博览会，这一事件被认为是现代博览会的开端。

由于新冠疫情的影响，2020年迪拜世界博览会（Expo Dubai 2020）被推迟到了2021年10月1日—2022年3月31日举行。迪拜世博会以"沟通思想，创造未来"为主题，在展览中，来自各国家和地区的各类包含非遗技艺等的实体展品和数字展示成为世博会上一抹亮色。2022年2月，迪拜世博会哈萨克斯坦国家馆迎来了第一百万名游客，从2月23日开始，哈萨克斯坦国家馆举办了"伟大的丝绸之路"沿线重要历史文化名城的旅游推介活动，活动为期一周，向世博会游客们介绍图尔克斯坦、奥特拉等古城的魅力。哈萨克斯坦传统毡房是与游牧民族生活方式紧密相关的建筑，虽然已经退出了现代人的生活，但作为民族传统符号，毡房是家国的象征。毡房具有坚固、便携的优点，搭建整个毡房不用一枚钉子。2014年，哈萨克斯坦毡房的搭建方法被列入人类非遗代表作名录[1]（见图3-3-2）。2021年10月1日，迪拜世博会中华文化馆正式开馆，中华文化馆居于迪拜世博会正中心的阿尔瓦斯尔广场，位于迪拜世博会主入口，中华文化馆的参展主题为"文化，民心相通的桥梁"。这次迪拜世博会中华非遗传统艺术展共组织了国内顶级的300件代表中国14大类非遗、传统工艺的艺术品亮相迪拜世博会中华文化馆，是集中展示名人名品的舞台，其中就包含一件数字化创作的《清明上河图》黄花梨木雕作品。该作品通过新兴的扩展现实（extended reality，XR）技术将黄花梨木雕艺术作品活化成动态的艺术画面，既蕴含了传统文化的艺术价值，又是一件极富科技感的数字化动态艺术作品[2]。

四、节事活动非遗数字传播

节事活动是节庆活动与特殊事件活动的总称。节事活动涉及的类型十分广泛，至少可以被分为以下几种：文化节庆活动，包括节日、狂欢节、历史纪念活动和宗教事件等；文艺娱乐活动，如文艺展览、授奖仪式、音乐会等；体育赛事，如体育运动会、职业比赛、业余比赛等；政治/政府事件，如就职典礼、授职仪式等；教育科学活动，如研学活动等；休闲活动，如化装舞会、烟火表演活动等；私人活动，如周年纪念、家庭活动、社交活动等。与非遗

---

[1] 迪拜世博会｜哈萨克斯坦：见证古丝路历史 展现"一带一路"丰硕成果［EB/OL］．https://baijiahao.baidu.com/s?id=1718222169793567660&wfr=spider&for=pc.［访问时间：2023-09-07］

[2] 迪拜世博会中华文化馆选送《清明上河图》黄花梨木雕数字版作品［EB/OL］．https://baijiahao.baidu.com/s?id=1723373632722705875&wfr=spider&for=pc.［访问时间：2023-09-07］

数字传播联系较为紧密的有文化节庆活动、文艺娱乐活动、教育科学活动、休闲活动等。根据《公约》的分类标准，非遗中的表演艺术，以及社会实践、仪式、节庆活动等也都与节事活动息息相关。

 案例材料

  墨西哥亡灵节（Day of the Dead）是印第安原住民文化和西班牙文化结合的产物，传承自前西班牙时期的习俗。墨西哥文明将死亡视为生命周期的完成，人们祭奠亡灵却绝无悲哀，甚至载歌载舞，通宵达旦。亡灵节庆典是墨西哥最根深蒂固的传统节庆活动之一。每年的亡灵节，墨西哥各地都会举行多种多样的庆祝活动来迎接生者与死者的团聚（见图3-3-2），因庆祝之隆重，已被联合国教科文组织列入人类非遗代表作名录。将亡灵节与节事文化旅游结合发挥到极致的则是坐落于墨西哥中部的城市瓜纳华托。1554年，瓜纳华托作为墨西哥的一个白银开采基地被建立。1988年，瓜纳华托历史名城及周围矿藏被列入世界文化遗产名录。瓜纳华托具有厚重的历史底蕴，古老的博物馆、雕塑、纪念碑、教堂等如今已转化为富有韵味、层次多样的旅游景点。作为一个旅游城市，瓜纳华托的旅游项目做到了繁而不庸，在加快商业化步伐的同时强调用户体验，保持物价，增加特色旅游项目，不断吸引海内外游客前来。瓜纳华托通过戏剧、电影节等形式打开国际化通道，吸引了全球游客。真正帮助墨西哥亡灵节和瓜纳华托打开国际旅游市场的大门的则是一部杰出的数字影像艺术作品——2017年上映的动画电影《寻梦环游记》。电影不仅以墨西哥亡灵节为主题，而且取景地也正是在瓜纳华托。这部电影不仅叫好又叫座，而且在第90届奥斯卡颁奖礼上获得了"最佳动画长片"的荣誉。影片出色的叙事和优良的制作为观众提供了难忘的数字视听体验，并将观众沉浸式地带入五彩斑斓的墨西哥亡灵世界。因此，电影一经上映，立即点燃了世人对于亡灵节和瓜纳华托的旅游热情。

  根据墨西哥旅游部的数据，墨西哥于2018年接待了4 140万人次的外国游客，位居全球第七。2023年，墨西哥接待海外游客超过4 000万人次，与新冠疫情大暴发之前的2019年相比增长了25.7%，游客人均消费超过1 155美元（20 700比索）。到访墨西哥最多的外国游客主要来自美国、加拿大、哥伦比亚、英国、西班牙等①。

---

① 超过疫情前！去年墨西哥接待海外游客超4千万[EB/OL]. https://zhuanlan.zhihu.com/p1679453823. [访问时间：2024-04-02]

图3-3-2 墨西哥亡灵节大游行

资料来源：[乡村"镇"兴]第17期："亡灵节"文化主题小镇——墨西哥瓜纳华托（Guanajuato）[EB/OL]. https://www.sohu.com/a/535394812_121123688. [2023-09-07]；墨西哥亡灵节大游行[EB/OL]. https://baijiahao.baidu.com/s?id=1615530145883315574&wfr=spider&for=pc.[访问时间：2023-09-09]

 本章参考文献

[1] 贝拉·迪克斯. 被展示的文化[M]. 北京：北京大学出版社，2012：2-157.

[2] 龚维刚，陈建国. 会展实务[M]. 上海：华东师范大学出版社，2007：1-10.

[3] 胡平. 会展管理概论[M]. 上海：华东师范大学出版社，2007：1-8.

[4] 罗伯特·麦金托什，夏希肯特·格波特. 旅游学：要素、实践、基本原理[M]. 上海：上海文化出版社，1985：23.

[5] 马骐. 会展策划与管理[M]. 北京：清华大学出版社，2011：1.

[6] 麦坎内尔. 旅游者：休闲阶层新论[M]. 张晓萍，等译. 桂林：广西师范大学出版社，2008：14.

[7] 张俊竹，苏镜科，尹铂. 会展设计[M]. 北京：化学工业出版社，2019：5.

[8] 单新萍，魏小安. 乡村旅游发展的公共属性、政府责任与财政支持研究[J]. 经济与管理研究，2008(2)：64-68.

[9] 范周. 文旅融合的理论与实践[J]. 人民论坛·学术前沿，2019(11)：43-49.

[10] 蒋晓阳，张钊，胡书凝，等. 新经济视角下会展业数字化发展驱动力及策略研究[J]. 商展经济，2020(13)：10-12.

[11] 金元浦.我国文化创意产业发展的三个阶梯与三种模式[J].中国地质大学学报(社会科学版),2010(1):26-30.

[12] 雷焕贵,何云峰.文化会展对非物质文化遗产活态保护影响力研究[J].戏剧之家,2020(34):173-175,180.

[13] 李红波,潘就合.会展的文化影响力探析[J].广西大学学报(哲学社会科学版),2015,37(6):85-89.

[14] 李卓恰.数字内容产业变革的内涵价值、现实掣肘及发展策略[J].中国有线电视,2023(7):73-76.

[15] 梁晓莹.奖励旅游向你走来[J].企业导报,2003(9):2.

[16] 刘晓春.民俗旅游的意识形态[J].旅游学刊,2002(1):73-76.

[17] 罗辉.非物质文化遗产政策中的原貌保护与发展思考——以日本、韩国为例[J].湖北第二师范学院学报,2021,38(3):12-15.

[18] 邵明华,张兆友.国外文旅融合发展模式与借鉴价值研究[J].福建论坛(人文社会科学版),2020(8):37-46.

[19] 陶少华.体验经济视角下的文学旅游发展策略——以文学作品的旅游开发为例[J].桂林旅游高等专科学校学报,2006(3):351-354.

[20] 王蕊,齐小玥,何军,等.数字经济下非物质文化产品的数字化建设研究[J].商展经济,2022(15):4-7.

[21] 温锦英.文化,民俗旅游开发的灵魂[J].广东民族学院学报(社会科学版),1997(3):94-96.

[22] 徐菊凤.旅游文化与文化旅游:理论与实践的若干问题[J].旅游学刊,2005,20(4):67-72.

[23] 杨秀丹,苏娜.国外民俗分类发展综述[J].图书情报工作,2007(6):36,59-61.

[24] 姚国章,刘增燕.国外非物质文化遗产数字化保护与传承实践借鉴[J].东南文化,2022(6):179-185.

[25] 赵婷,陶信伟.日本文化遗产数字化保护经验与启示[J].文化艺术研究,2018,11(4):19-27.

[26] 赵琪.非洲国家创意产业潜力巨大[N].中国社会科学报,2020-04-08(2).

[27] 郝达,夏元勇.韩国"无形文化财"的名录制度建设与启示[J].文化遗产,2022(4):18-26.

[28] 徐彤阳,赵昶.韩国图书馆文化遗产数字化保护项目探析及启示[J].图书馆,2023(8):47-56.

[29] 谈国新,王亚辉,吴晓琳,等.中国非物质文化遗产保护政策演进与内在逻辑[J].湖北理工学院学报(人文社会科学版),2023,40(5):61-73.

[30] 林琰,李惠芬.非物质文化遗产的保护机制与活化路径[J].南京社会科学,2023(3):151-160.

[31] 张朝枝,朱敏敏.文化和旅游融合:多层次关系内涵、挑战与践行路径[J].旅游学刊,2020,35(3):62-71.

[32] 周方.英国非物质文化遗产立法研究及其启示[J].西安交通大学学报(社会科学版),2013(33):96-102.

[33] 周景龙.会展企业数字化的四个表象[J].中国会展,2020(21):22.

[34] 2016拉斯维加斯日本歌舞伎节:松下尖端技术融入歌舞伎表演[EB/OL].https://tech.china.com/news/aci/11157258/20160520/22698274_all.html.[访问时间:20232-09-06]

[35] 2021年全球游戏行业市场规模及区域分布 中美为全球最大两个游戏市场[EB/OL].https://baijiahao.baidu.com/s?id=1704877587951441568&wfr=spider&for=pc.[访问时间:2023-09-06]

[36] 2022中国手游出海年度盘点：39款手游收入超过1亿美元，《原神》蝉联出海收入冠军[EB/OL]. https://sensortower.com/zh-CN/blog/most-successful-CN-games-overseas-for-2022. [访问时间：2023-09-06]

[37] 2022年会展服务研究报告[EB/OL]. https://baijiahao.baidu.com/s?id=1743396293137331322&wfr=spider&for=pc. [访问时间：2023-02-07]

[38] Data.ai报告：预计2022年全球游戏产业规模或达2 220亿美元[EB/OL]. https://baijiahao.baidu.com/s?id=1734023915466357858&wfr=spider&for=pc. [访问时间：2023-09-06]

[39] 桂玲玲.《只此青绿》的宋代美学神韵[J]. 收藏与投资，2022(8)：144-146.

[40] 阿塞拜疆[EB/OL]. https://zh.unesco.org/silkroad/countries-alongside-silk-road-routes/asaibaijiang. [访问时间：2023-09-07]

[41] 埃及为何有这么多旅游资源，对埃及的经济发展有何影响？[EB/OL]. https://gov.sohu.com/a/653082822_121657557. [访问时间：2023-09-07]

[42] 博物馆最新定义诞生：重视社区参与和可持续性[EB/OL]. https://baijiahao.baidu.com/s?id=1742098905187042700&wfr=spider&for=pc. [访问时间：2023-09-07]

[43] 不断发展的日本传统产业——"和纸"[EB/OL]. http://zqb.cyol.com/content/2003-11/12/content_768074.htm. [访问时间：2023-09-06]

[44] 大英博物馆要把文物做成数字藏品 宣布合作元宇宙平台[EB/OL]. https://baijiahao.baidu.com/s?id=1772914803037639124&wfr=spider&for=pc. [访问时间：2023-09-07]

[45] 倒计时8天！世界遗产将点燃西班牙之夜![EB/OL]. https://www.sohu.com/a/417251442_248115. [访问时间：2023-09-07]

[46] 迪拜世博会|哈萨克斯坦馆：见证古丝路历史 展现"一带一路"丰硕成果[EB/OL]. https://baijiahao.baidu.com/s?id=1718222169793567660&wfr=spider&for=pc. [访问时间：2023-09-07]

[47] 迪拜世博会中华文化馆选送《清明上河图》黄花梨木雕数字版作品[EB/OL]. https://baijiahao.baidu.com/s?id=1723373632722705875&wfr=spider&for=pc. [访问时间：2023-09-07]

[48] 古埃及（五大文明发源地之一、四大文明古国之一）[EB/OL]. https://baike.baidu.com/item/%E5%8F%A4%E5%9F%83%E5%8F%8A/226771?fr=ge_ala#25. [访问时间：2023-09-07]

[49] 国外数字化旅游加快发展[EB/OL]. http://www.ce.cn/culture/gd/202204/11/t20220411_37477007shtml. [访问时间：2023-09-07]

[50] 皇家莎士比亚剧团首次使用虚幻+动作捕捉进行线上互动式戏剧表演[EB/OL]. https://baijiahao.baidu.com/s?id=1694368626999236855&wfr=spider&for=pc. [访问时间：2023-09-07]

[51] 墨西哥预计2023年将接待多达4 000万名游客[EB/OL]. https://cn.dailyeconomic.com/2023/03/13/43072.html. [访问时间：2023-09-07]

[52] 清研智谈|虚拟旅游带你"足不出户"去旅行[EB/OL]. https://baijiahao.baidu.com/s?id=1769304601824852217&wfr=spider&for=pc. [访问时间：2023-09-07]

[53] 莎士比亚也惊呆了 经典喜剧被融合现实演绎 堪比现场版阿凡达[EB/OL]. https://www.zhidx.com/p/65305.html. [访问时间：2023-09-07]

[54] 数字化赋能文化传承 让非遗"活"下去，"潮"起来[EB/OL]. https://baijiahao.baidu.com/s?id=1768029337967892741&wfr=spider&for=pc. [访问时间：2023-09-07]

[55] 数字化平台助力手工艺非遗传承的中英案例研究[EB/OL]. http://ycfytsk.jx.chaoxing.com/

[56] 数字藏品中的区块链技术[EB/OL]. https://www.sohu.com/a/576604442_121124362.[访问时间:2023-09-06]

[57] 乡村"镇"兴 第17期:"亡灵节"文化主题小镇——墨西哥瓜纳华托(Guanajuato)[EB/OL]. https://www.sohu.com/a/535394812_121123000.[访问时间:2023-09-07]

[58] 英国莎翁小镇——历史文化小镇的开发、保护以及IP的打造[EB/OL]. https://baijiahao.baidu.com/s?id=1758774865558948210&wfr=spider&for=pc.[访问时间:2023-09-07]

[59] 以数字化国际会展赋能非遗国际传播[EB/OL]. https://www.sklib.cn/c/2023-07-06/670199.shtml.[访问时间:2023-09-07]

[60] 联合国教科文组织.新冠肺炎疫情下的全球博物馆[R].2022.

[61] 联合国贸易发展会议.2022年创意经济展望[R].2022.

[62] 宋俊华.广州市非物质文化遗产保护发展报告[R].2016.

[63] 高悦.扬州非遗文化在文创产品设计中的应用研究[D].上海:华东理工大学,2016.

[64] 孙健美.日本非物质文化遗产保护的经验与启示[M].曹德明.国外非物质文化遗产保护的经验与启示(亚洲其他地区与大洋洲卷).北京:社会科学文献出版社,2018:930.

[65] Richards G. The development of cultural tourism in europe[M]. Córdoba: Estudios Turísticos, 2001: 4-92.

[66] UNWTO. Tourism and culture synergies[M]. Madrid: UNWTO, 2018: 1-160.

[67] UNWTO, UNESCO. Siem Reap declaration on tourism and culture: Building a new partnership model[M]. Cambodia: UNESCO, 2015: 1-5.

[68] Urry J. The tourist gaze: Leisure and travel in contemporary[M]. London: Societies, 1990: 4.

[69] Karpovich A I. Theoretical approaches to film-motivated tourism[J]. Tourism and Hospitality Planning & Development, 2010, 7(1): 7-20.

[70] Richards G. Cultural tourism: A review of recent research and trend[J]. Journal of Hospitality and Tourism Management, 2018, 36: 12-21.

[71] Riley R, Baker D, Van Doren C S. Movie induced tourism[J]. Annals of Tourism Research, 1998, 25(4): 919-935.

[72] Rodiguezv V. Tourism as a recruiting post for retirement migration[J]. Tourism Geographies, 2001, 3(1): 52-63.

[73] Ryan W G, Fenton A, Ahmed W, et al. Recognizing events 4.0: The digital maturity of events[J]. International Journal of Event and Festival Management, 2020, 11(1): 47-68.

[74] Santa-Cruzf G, López-Guzmán T. Culture, tourism and World Heritage Sites[J]. Tourism Management Perspectives, 2017, 24: 111-116.

[75] DMCS, Maintaining world-leading national museums and galleries, and supporting the museum sector[EB/OL]. https://www.gov.uk/government/policies/maintaining-world-leading-national-museums-and-galleries-and-supporting-the-museum-sector.[访问时间:2015-01-20]

[76] The Museum Association of Newfoundland and Labrador. Digitizing intangible cultural heritage: A how-to guide[EB/OL]. https://www.canada.ca/en/heritage-information-network/services/digitization/guide-digitizing-intangible-cultural-heritage.html.[访问时间:2023-09-07]

第四章

全球非物质文化遗产数字传播未来展望

第一节 全球非遗数字传播的机遇

联合国教科文组织在《实施〈保护非物质文化遗产公约〉的业务指南》（以下简称"《公约》业务指南"）中为了使各类实体提高对非遗的认识的职能，鼓励"在适当情况下利用信息和传播技术，传播非物质文化遗产的意义和价值"[①]。在全球化的浪潮中，非遗作为各国文化的基石在数字传播助力下得以焕发新的生机。数字生态为传统文化不断延续和扩散提供了可能；数字文创为非遗提供了跨文化和跨艺术形式合作的机会，增添了新的品牌价值；数字矩阵的多方位传播可以实现文化体系的全面联动，提升其在全球范围内的影响力和认知度。因此，本节将从数字生态、数字文创与矩阵传播三个方面对全球非遗数字传播的机遇进行详细探讨。

一、数字生态助推文化基因延续

全球文化领域的数字化发展以智能技术的强势占领实现了传播场域在眼、耳、口、鼻等多方位的感知突破，技术的强化推动了数字能级从原有的迭代式成长向数字生态的全局战略进发。

（一）数字生态保障文化可持续发展

数字生态也称信息生态，强调"数据、信息、知识、科学、思想"之间的相互连接、互动互助，是一种类似"精神产品生产食物链"的生态关系[②]。在这个生态中，技术和策略不断适应市场并与市场需求相互作用，形成一种动态平衡，旨在为用户提供最佳的体验和价值。

1. 非遗的"人体文化"特征与"人-机"互动

在这样的背景下，非遗不再仅仅是一种传统的文化，而是一个活跃在数字生态中的文

---

① 2003年《保护非物质文化遗产公约》基本文件（2022年版）[EB/OL]. https://ich.unesco.org/doc/src/2003 Convention Basic Texts-2022 version-ZH.pdf. [访问时间：2023-06-30]
② 邵培仁. 媒介生态学新论[M]. 杭州：浙江大学出版社，2022：93.

化体系。借助现代技术,非遗得以在数字空间与更广泛的受众互动,展现其深厚的文化价值和意义。传统的非遗传承方式往往依赖"言传身授"的形式,即通过口头和实践进行传承,这使得非遗展现出高度典型的"人体文化"特征。在这种情境下,知识和技能由一代人直接传递给下一代人,没有经过任何中介或技术手段的加工。然而,随着数字技术的飞速发展,在多元智能传播技术所成的数字生态环境中,可以通过"人-机"互动来提取非遗内容的形象化特征,进行数字化记录与保护。这不仅使非遗内容得到了更好的保护,而且为其在现代社会中的传播提供了新的可能性。特别是,人工智能内容生成技术(artificial intelligence generated content, AIGC)的发展为非遗内容提供了全新的传播和再创作方式。它能够基于非遗符号的提取,生成具有相应文化特色的新内容,如音乐、图像或故事,这无疑为传统文化打造了一个与现代技术相结合的新空间。

案例材料

深度艺术(DeepArt.io)是一个基于人工智能的在线 AI 绘画平台(见图 4-1-1),它可以用几步将照片转化成不同风格的艺术作品。DeepArt.io 在线服务允许用户上传照片并将其转化为类似著名画家(如凡·高、毕加索等)的风格。通过使用深度学习模型(SqueezeNet)进行图像分析、抽象化、表现化处理,它"学习"了这些艺术家的风格并将其应用到用户上传的图片上,可以实现整合,提取非遗特色,创新生成独特的传统建筑、人物形象、服饰、文化产品 IP 等,打造非遗衍生品和独特的数字藏品,充分展现非遗的可创造性和生命力。同样,美国谷歌的品红(Magenta)项目是一个在线 AI 音乐创作系统①,该系统可以与人类音乐家一起进行即兴创作,完成对非遗乐曲的特征采集与智能生产,实现非遗与数字生态的良性循环发展。

图 4-1-1 DeepArt.io 在线服务

资料来源:DeepArt.io[EB/OL]. https://images.app.goo.gl/VgED6dva3oLcQG7c6.[访问时间]:2023-10-07]

---

① Google Magenta[EB/OL]. https://magenta.tensorflow.org/.[访问时间:2023-10-07]

2. 数字生态拯救全球非遗的不可再生文化

《公约》业务指南中明确提出了鼓励促进文化多样性的一系列举措①。实践过程中发现，诸多非遗具有不可再生性，随着时间的流逝，自然或人为的破坏将使这些非遗永远无法被挽回，而数字生态为这一问题提供了解决工具与平台。首先，在基于数字技术与数字媒体构建起的数字生态中，非遗内容可以得到数字化记录和保存，如音乐、舞蹈、手工艺品、传统技艺、口头传承等，这些宝贵的文化遗产不会再因时间的流逝而失传，可以得到永久保存。其次，依托互联网和社交媒体，各国非遗文化得以在全球范围内传播，引起全球受众对各国非遗文化及其保护的关注。同时，人们在对不同非遗文化的了解、学习和互动中加强了跨文化理解与尊重。再次，数字生态也为不同年龄段的受众提供了非遗文化互动和教育的机会，既可以通过身临其境的体验增强与非遗文化的互动性，又可以依托在线教育平台为年轻一代提供学习非遗的机会。最后，数字生态也促进了文化创新和产业化发展。创作者可以利用数字技术将非遗内容转化为创意产品和服务，一方面为非遗传承人增加新的收入来源，另一方面也为非遗与现代艺术、文化娱乐等领域的融合创造了新的可能性。

案例材料

日本东寺的无界美术馆(teamLab)数字化项目正是数字生态的产物。东寺被联合国教科文组织列为世界文化遗产，这座五层宝塔是日本国宝和最高的木塔，是平安京建成1200年后仅存的遗迹。作为不可再生的历史遗迹，东寺与teamLab数字化城市艺术项目合作，利用数字技术将建筑物或场所变成艺术，而无须对其进行物理改变(见图4-1-2)。通过数字化技术，时间再久远的建筑都可以尽现眼前，作品的空间在自然现象以及在场人行为的影响下交互转化，使人成为艺术作品的一部分，也是大自然的一部分，更是漫长岁月的一部分。

图 4-1-2　日本东寺的 teamLab 数字化项目

资料来源：Proliferating immense life in Toji Kodo[EB/OL]. https://youtu.be/wD4ll30Giqs.[访问时间：2023-10-07]

---

① 2003 年《保护非物质文化遗产公约》基本文件（2022 年版）[EB/OL]. https://ich.unesco.org/doc/src/2003 Convention Basic Texts-2022 version-ZH.pdf.[访问时间：2023-06-30]

(二）数字技术助力加深受众认知程度

随着数字化技术的飞速发展,非遗的传播及体验已迈入新纪元。数字生态所依托的智能技术不仅为非遗的可持续发展提供了保障,更进一步强化了非遗在数字平台的保存与共享,强化了传播效果,加深了非遗受众的文化认同。

1. 智能技术推动了非遗数字化保存与共享

《公约》业务指南鼓励缔约国"在适当情况下充分利用信息和传播技术",以"确保非物质文化遗产得到确认、尊重和弘扬"[①]。面对诸多非遗濒临遗忘和消逝的危机,数字生态提供了一个重要机遇与新的保障,以智能技术助力这些宝贵的文化资产得到保护和传承。不同的智能技术可以在非遗的数字化保存与共享进程中发挥不同作用,为传统文化的传承、保护和推广提供全新的机遇。数字存档和备份技术可以帮助组织和个人更有效地存档和备份非遗资源,确保长期的保存和传承;博物馆和文化组织可以通过使用3D扫描技术为非遗产品创建高分辨率的数字化复制品,方便进行科学研究,丰富非遗在线资源;AI技术可以自动识别、分类、标记和描述大量的图像、声音等各类所需数据,提高搜索和访问的效率,为非遗文化的保存和索引提供支持;利用VR和AR等虚拟和增强现实技术可以为非遗观众打造逼真的非遗场景,提供身临其境的体验;基于社交媒体和内容推荐技术对受众行为的分析,可以为其推荐精准的非遗内容,满足个性化需求;人机交互技术使用AI助手或机器人可以为博物馆和非遗场所提供个性化的导游服务。

案例材料

梵蒂冈秘密档案馆(Vatican Secret Archives,VSA)领导的 In Codice Ratio(编码系统)项目,不仅具有丰富的档案馆馆藏资源,而且采用先进的人工智能技术、创新的字符分割方式、系统化的软件平台设计与良好的字符识别效果,成为人工智能助力手写档案数字化的典型案例。这些档案包括古老的手稿、信件和其他记录,提供了对历史、艺术和文化的深入了解。通过使用AI,研究人员可以更快速、更精确地访问和分析这些档案,为文化遗产保护和研究提供了新的方法。同样,欧洲的Europeana数字图书馆也是一个集合了欧洲各地的图书馆、博物馆和档案馆资源的大型数字化文化遗产库,使用AI来帮助分类、描述和搜索这些资源,使得数字资源更加容易获得和分享。

2. 沉浸式体验增加了文化互动与文化体验

数字生态背景下的数字技术不仅为非遗的数字化保存与共享创造了新机会,更基于数据联动共享,为受众带来更加深入、直观的体验,使那些遥远或逐渐失传的传统文化能

[①] 2003年《保护非物质文化遗产公约》基本文件(2022年版)[EB/OL]. https://ich.unesco.org/doc/src/2003 Convention Basic Texts-2022 version-ZH.pdf.[访问时间:2023-06-30]

够活灵活现地展现在受众眼前。2022年中国第17个"文化和自然遗产日",各地共举办了6 200多项非遗宣传展示活动,其中线上活动就多达2 400多项。高度的互动性和沉浸式体验使受众对非遗有了更深入的认知,也进一步培养了他们对文化的尊重与热爱。数字技术通过交互式人机传播,以易被大众理解和接受的方式重构了非遗所需的场域,弥补了人们"走马观花式"文化体验的不足,通过沉浸感、互动感,使得文化思想、理念、技艺、习俗等能够通过艺术加工以图像展示或人物表演等形式清晰呈现,借助场景、道具、人物肢体、语言表达等细节具体展现抽象的非遗精神内涵,让受众能够身临其境般地融入,体验地域性文化内涵。例如,VR、AR、混合现实(mixed reality,MR)等虚拟现实技术支持受众通过"角色转换"从现实身份中抽离出来,并代入非遗角色,以"亲历者"的视角对非遗进行体验,通过视觉、听觉甚至触觉的反馈,获得更为深层次的文化认知与对文化内涵的感悟。

案例材料

谷歌艺术与文化(Google Arts & Culture)与非营利组织斯雅克(CyArk)合作的"开放遗产"(Open Heritage)项目是一个很好的例子。这个项目使用先进的3D激光扫描技术来捕捉和记录世界各地古迹的详细数据。通过该项目,人们可以在虚拟现实中访问这些遗址,了解其背后的历史和文化。这样的数字化技术不仅帮助保护这些古迹免受自然和人为破坏的影响,还使得全世界的人都可以更容易地访问和了解这些文化遗产。再如,日本福井县照恩寺法会(见图4-1-3)利用电脑合成器合成高科技舞曲,与《正信念佛偈》和《佛说阿弥陀经》结合做出一些特殊音效,通过电音和多媒体灯光营造极乐世界。寺院住持大人身穿法袍,头上戴着一副大耳机,低头一边弄出一首一首科技舞曲(techno)音乐,一边念着佛经,深深感染了所有亲历者。各类沉浸式体验在传统文化展示中相继运用,借助高新科技,使受众达到在观看传统展示时无法企及的认知深度。

图4-1-3 日本福井县照恩寺法会

资料来源:Open heritage[EB/OL]. https://artsandculture.google.com/project/openheritage. [访问时间:2023-10-07];日本现代佛教的全面进化[EB/OL]. https://www.trueart.com/news/263858.html.[访问时间:2023-10-07]

（三）以人为本促进全球文化的共融

在全球化的浪潮中，数字生态是关乎全球文化共融与传承的重要纽带。构建以人为本的非遗数字传播生态体系，意味着我们要更加尊重每一个文化参与者的差异性和共性，通过数字化手段桥接这些差异，让全球的文化在交流中实现真正的共融。

1. 构建以人为本的非遗数字传播生态体系

人作为文化的创造者和传播者，始终处于传播过程的核心。以人为本不仅要求我们在技术和内容层面进行创新，更要求我们在文化交流中注重人的价值和情感需求。数字生态正是在数字技术与信息环境的融合中强调以人为本的可持续发展，而不仅是技术的迭代。数字生态所提供的现代信息存储技术、展示传播技术、数据库联动等将公众还原于主导地位，能够根据不同非遗的特征并针对不同的受众特点开发各异的互动形式与内容①。可见，在数字生态体系中，非遗的传播不再仅仅是简单的信息推送，而需要更注重情感与文化连接的人性化策略，使受众能够深入感受非遗的魅力和价值。以人为本要求非遗传播数字生态体系满足多种语言、文化和背景受众的特定需求，如利用人工智能技术进行内容翻译、提供个性化推荐，以及为有特殊需求的受众如视障人士提供无障碍体验等。不仅如此，以人为本还意味着这些知识不仅要流传，还要能够被理解、被接受。比如，促进非遗知识的开放共享和传承，通过在线教育平台、互动式数据库、社交媒体等工具，人们可以更为方便地获取非遗知识，同时也有机会与非遗传承人直接交流，加深对文化的理解与尊重。

2. 非遗数字传播生态推进全球文化共融

联合国教科文组织发布的《保护非物质文化遗产的伦理原则》提出"非物质文化遗产保护对人类具有普遍意义，因此应通过双边、次区域、区域和国际各方合作进行"。非遗属于全人类，其数字化传播的任务也不应仅仅由单一的组织或国家承担。以人为本的非遗数字传播生态鼓励了全球的合作与参与，无论技术提供方、内容创作者，还是普通受众，每个人都可以为非遗的数字化传播贡献自己的力量，并且每种文化都可以得到平等的展示和传播机会，从而共同促进全球文化的融合与共享。首先，数字传播生态消除了时间和空间上的限制，依靠全球政治、经济、教育等环境，打通传播壁垒，使非遗能够跨越国界、文化和时空，直接接触更多的全球受众。其次，数字传播生态推动跨文化的交流和合作。通过数字平台，各国和地区的非遗传承人、研究者、爱好者等可以共同探讨非遗的保护、传承和创新方法，促进各种文化之间的互补和融合。最后，数字传播生态提供了多元化的传播内容和形式，使非遗内容能够以更多样化、更具创意的形式展示。例如，非遗以短视频、动画、互动游戏等形式，通过在线工作坊、虚拟旅行、数字博物馆等跨文化平台呈现，不仅吸引了更多的年轻观众，也为全球不同文化背景的受众提供了跨越语言障碍

---

① Wang P. Connecting the parts with the whole: Toward an information ecology theory of digital innovation ecosystems[J]. MIS Quarterly, 2021, 45(1): 397-422.

的丰富选择。

二、数字文创助力品牌实现共赢

在全球化和数字化的背景下,文化与技术的交织开辟了新的创作领域,为非遗传播注入新的活力。其中,文化创意显得尤为关键。数字化为非遗的传播提供广阔的平台,而文创则为受众带来深度和广度的拓展。

(一)数字文创增强Z世代文化认同

《公约》业务指南提出"让青年人参与自己所在社区的非物质文化遗产信息收集和传播工作",并"通过向青年人宣传非物质文化遗产对个人和职业发展的重要性,为他们提供职业指导"[①],可见扩大非遗在Z世代群体中的影响力至关重要。

1. 强化青少年的地方和国家认同感

Z世代,又被称为"千禧一代之后",主要指的是出生在1995—2010年的一代人[②],他们成长在信息技术飞速发展的环境中,对数字化的接受程度和敏感度远高于前几代。正是基于这一特性,非遗的数字化传播逐渐成为强化他们地方和国家认同感的有效途径。首先,由于传统的非遗传播方式(如书籍、实地考察等)缺乏互动和即时性,数字化非遗(如VR技术的博物馆漫游、AR技术的非遗元素互动体验)使得青少年可以身临其境地感受非遗的魅力。例如,当他们通过VR眼镜参观古老的村落、体验传统手工艺制作过程时,这种身临其境的体验使他们更容易产生对自己家乡和国家文化的自豪感和归属感。其次,在社交媒体平台上,青少年可以轻松分享自己的非遗体验,与朋友和家人交流感受,甚至与全球的同龄人交流对非遗的理解和看法。这种交流不仅加深了他们对非遗的认识,而且使他们更加珍视自己的文化传统,更加珍视与之相关的地方和国家身份。最后,通过数字化手段,非遗不再仅仅是传统的文化和艺术,还融入了现代的娱乐和技术元素,满足了青少年对学习和娱乐的双重需求。例如,将非遗元素融入流行的视频游戏或音乐MV中,不仅能够吸引青少年的关注,而且能够在娱乐中传递文化价值和意义,加深他们对地方和国家文化的认同感。

2. 给Z世代提供与全球文化接轨的机会

与此同时,Z世代正处于人生发展的特殊时期,他们的认知方式、情感态度和心智状态都尚未完全成熟,使得他们对待不同国家的非遗有一种天然的开放与包容态度。这促使非遗数字传播通过创新的方式来加强Z世代对不同文化的接受和吸纳。数字文创产业正在塑造一种全新的文化体验,为Z世代搭建一个与全球文化接轨的平台。数字文创产

---

① 2003年《保护非物质文化遗产公约》基本文件(2022年版)[EB/OL]. https://ich.unesco.org/doc/src/2003 Convention Basic Texts-2022 version-ZH.pdf[访问时间:2023-06-30]

② Z世代[EB/OL]. https://baike.baidu.com/item/Z%E4%B8%96%E4%BB%A3/20808405?fr=ge_ala.[访问时间:2023-10-07]

业正在推动非遗跨文化的合作和创新。众多国际品牌和机构与非遗传承人合作,共同开发数字游戏、动画或互动应用,这些作品往往融合了多种文化元素,为Z世代提供了一个全新的视角来理解和欣赏文化多样性。此外,数字生态为Z世代提供了表达和创作的机会。他们可以使用各种工具和平台自由地创作、分享和推广自己的作品,从而成为全球文化对话的一部分。TikTok、照片墙(Instagram)等平台上涌现出的各种创意短视频、摄影作品和艺术创意,都在为全球文化景观注入新的活力。世界范围内,英国的音乐产业、美国的电影业和传媒业、日本的动漫产业、韩国的网络游戏业等都成为深受年轻人喜爱的潮流文化,并成为塑造青少年群体非遗认同的有效途径,可以产生跨文化、跨民族、跨种族的重要影响。

案例材料

以韩国为例,韩国政府在1998年提出"文化立国"战略,在法律和机构设置方面积极做出调整,大力发展文化创意产业,包括影视、游戏、动漫、卡通形象、文物美术等。21世纪初,韩国文创产业已呈现爆发式生长态势,韩国文化风靡全球,青少年为主要消费群体。2018年,韩国文化内容产业出口额为95.5亿美元,同比增长8.4%。文创产业近年来的迅速发展为Z世代群体的文化认同提供了全新的机遇,也为进一步扩大文化的内容载体创新了市场的认同。

资料来源:郑雄伟.全球文化产业发展报告[R].2012;政邦智库.韩流,不仅是现象级的传播,更在现象级的"捞钱"[EB/OL].http://baijiahao.baidu.com/s?id=1714824835581766868&wfr=spider&for=pc.[访问时间:2024-03-31].

(二) 多元数字共享加速文化内容创新

非遗数字传播正在经历一场内容创新的变革。数字平台为非遗提供了一个更加开放的舞台,使其能够迅速流通、交互并与其他文化元素碰撞融合。这种流通和碰撞为非遗带来了全新的创意和灵感,促使传统文化与现代元素结合,生成了一系列创新的文化内容。

1. 数字传播实现文化内容共享与流通

数字传播为非遗的多元共享提供了强大的助力,使得各种文化在全球范围内得到广泛的传播和融合。过去,由于区域隔阂和技术滞后,全球非遗项目往往仅在其发源地区进行传播,难以接触到新兴诞生的媒介和外来文化元素。但在数字时代,即使是极具地域性的山歌、舞蹈或民间故事,也可以轻松地以跨地域的传播方式通过视频、音频、图文等形式在网上进行分享。非遗内容的存储、传播和分享变得更加便捷,不仅使得文化内容能够在更广泛的地区和人群中流传,而且也为文化的多元共享创造了条件。例如,日本的和服文化可以通过数字渠道在欧洲和美洲得到推广,同时,日本本土的设计师也可以通过数字渠道了解国外的设计理念和风格,从而进行创新。此外,非遗数字化的内容不仅为消费者提供了丰富的文化体验,同时也为教育和研究提供了宝贵的资源。许多非遗项目通过在线教程、互动教学、国际会议等方式,为全球的学习者提供了深入接触的机会。例如,全球的舞蹈爱好者都可以通过数字渠道学习印度的古典舞蹈奥迪西、卡塔克等。正因如此,在数字时代,非遗内容不再是封闭的和固定的,而是在与其他文化的交流和碰撞中不断地发展和演变。例如,法国的布列塔尼舞与街头嘻哈舞结合,创造出全新的舞蹈风格,深受年轻人喜爱。

2. 多元数字文化元素推动非遗内容创新

《公约》业务指南强调"利用参与式教育方法以及游戏、家庭辅导和学徒制等实用方法,让人们对非物质文化遗产进行充分体验"①。数字时代背景下,非遗内容在实现共享与流通的基础上,进一步激发了文化的融合力与创新力。受众对于内容的需求也不再局限于传统和经典,而更加注重创新和多元。为了顺应受众在数字传媒时代的三大阅读特点,即数字化、多元化和个性化,非遗内容借助媒体的多元呈现,不仅要满足受众个性化需求、迎合受众的喜好,还要顺应文化融合共享的趋势,通过对内容的创新,实现可持续发展。非遗内容的创新需要在保留其核心价值和特色的基础上,积极融入现代元素和技术,使得非遗不仅能够被更广泛地传播和欣赏,还能够激发更多人对传统文化新的理解与尊重。因此,在内容创新上,结合传统和现代、东方和西方以及不同领域的文化元素至关重要。这不仅有助于保护和传承非遗,还能增强其市场吸引力和公众认可度,进一步发展非遗的未来空间。例如,将传统非遗故事或艺术形式与现代数字艺术、电影制作技术或现代音乐风格结合,可以创造出全新的非遗作品,既展现非遗的深厚底蕴,又符合现代审美和消费习惯。

案例材料

史密森尼民俗唱片(Smithsonian Folkways Recordings)是美国史密森尼(Smithsonian)国家博物馆的一个音乐出版部门,它的使命是通过音乐来记录和分享人类的声音和文化遗产。它利用网站(见图4-1-4)和音乐流媒体服务将各种世界音乐带到全球听众的耳边,从而使不同文化背景的人对外来音乐风格和传统感到好奇。借助数字平台,Smithsonian Folkways Recordings 可以轻松地结合非洲鼓和西洋古典乐或者使用拉丁节奏重塑传统的美国蓝草曲目;还可以通过与当代艺术家和音乐制作人合作,在其平台上提供许多经过重新混音和重组的传统曲目,包括结合现代电子音乐的元素,使传统曲目变得更加吸引现代听众;用户也可以通过互动式工具自定义他们的音乐体验,自主选择和混合来自不同文化的乐器和声音,创造出一种全新的音乐体验。

---

① 2003年《保护非物质文化遗产公约》基本文件(2022年版)[EB/OL]. https://ich.unesco.org/doc/src/2003 Convention Basic Texts-2022 version-ZH.pdf[访问时间:2023-06-30]

图 4-1-4 Smithsonian Folkways Recordings 网站

资料来源：Smithsonian Folkways Recordings[EB/OL]. https://folkways.si.edu/.[访问时间：2023-10-07]

（三）文创数字生态推动非遗经济发展

非遗,结合数字技术,展现出了巨大的市场潜力。文创数字生态不仅为非遗提供了展示平台,还促进了跨界融合,赋予传统文化新的经济价值。

1. 文创数字生态实现社会各要素跨界融合发展

文创数字生态强调在数字技术支持下,文化创意产业进行创作、传播、交易和消费的完整体系和环境。文创数字生态在各国非遗的内容传承的基础上,吸收了不同的社会、技术等元素(尤其是文化市场的经典元素)进行融合发展,进一步丰富了文化数字内容的时代内涵。此外,文创数字生态中包括内容创作者、平台提供者、消费者、技术支持者等各种角色,他们在这个生态中互相协作、互动和发展,通过 IP 孵化、游戏开发、文旅结合、衍生品开发等方式,积极推进非遗、数字资源及其要素与其他行业的跨界融合发展,构建了数字文化产业的良性生态圈。例如,传统的希腊陶瓷技艺与现代的 3D 打印技术结合,允许设计师在原始设计基础上加入现代元素,这为希腊陶瓷制品开辟了新的市场;非洲鼓已经通过数字工作坊融入现代音乐制作,使其更加普及;墨西哥的民间舞蹈文化已被引入某些流行的视频游戏,这不仅使得更多的年轻玩家接触到墨西哥民间舞蹈,同时也为舞蹈带来了新的发展机会。

案例材料

中国的古风模拟经营类手游《江南百景图》①，以明朝万历四十四年的江南为背景，融入以沈周、唐寅等人为代表的吴门画派的作品，场景取自《清明上河图》《独乐园图卷》《货郎图》《南都繁会图》等古画，成为传统文化与游戏跨界融合的经典之作（见图4-1-5）。玩家在游戏中通过任务指引逐步复原大报恩寺琉璃塔、苏州留园等中国文化遗产，通过双手"重建"古代精华建筑，成就感和满足感充盈心中，激发出对传统文化的赞叹与热爱。

图 4-1-5　中国的古风模拟经营类手游《江南百景图》

资料来源：江南百景图[EB/OL]. https://baike.baidu.com/item/%E6%B1%9F%E5%8D%97%E7%99%BE%E6%99%AF%E5%9B%BE/24284487?fr=ge_ala.[访问时间：2023-10-07]

2. 非遗数字文创的跨界融合促进经济创新

在当前的数字经济时代，非遗的数字文创与跨界融合不仅为其自身的融合发展开辟了新路径，还给其带来了前所未有的生命力和市场潜力，显著推动了经济创新。首先，非遗与现代设计结合，可以通过 AIGC 技术，设计出既时尚又实用，还蕴含深厚文化内涵的产品。这些产品如家居饰品、服装、手机壳、电脑包等，不仅在市场上独树一帜，还传递了丰富的文化信息。其次，非遗与旅游结合，可以利用 VR/AR 技术，为游客提供身临其境般的旅游体验。这种技术运用能够让游客在虚拟环境中深度体验旅游景点的独特文化和历史背景，从而增强旅游产品的吸引力和价值。再次，非遗与休闲娱乐融合，尤其是应用于电子游戏、动画、电影等数字娱乐产品，不仅可以拓展非遗的传播渠道，还能创造独特的

---

① 椰岛匠心自研古镇模拟经营类手游《江南百景图》7月2日正式上线！[EB/OL]. https://shouyou.3dmgame.com/news/50452.html.[访问时间：2023-10-07]

消费体验,满足现代消费者对传统文化和现代娱乐的双重需求。此外,非遗元素与现代品牌结合,可以为品牌增添独特的文化底蕴。这种结合不仅增强了非遗的知名度和市场影响力,还提升了品牌的文化价值和市场竞争力。最后,非遗与现代艺术结合,不仅可以提升传统艺术的时尚感,还为现代艺术增加了历史的厚重感。这种结合使得传统艺术在现代社会中焕发新的光彩,同时也让现代艺术作品的内涵更加丰富,更易获得消费者的青睐。

三、矩阵传播加快文化体系提升

《公约》业务指南中强调"运用各种传媒形式传播非物质文化遗产"[①]。媒体矩阵传播强调不同传播主体之间的联动和合作,以提升文化体系的综合能力。随着各种新媒体和数字平台的崛起,非遗的传播呈现出涟漪式的传播效应,这种新的传播方式不仅增强了非遗的国际影响力,也为其带来前所未有的发展机会。

(一)多元传播主体打破受众认知区隔

在数字时代,不同于传统的单一传播模式,矩阵传播采用多元的传播主体,有效地打破了文化与受众之间的区隔,为全球观众展示世界各地的多元文化价值。

1. 各国政府均重视非遗数字传播

联合国教科文组织通过《公约》业务指南鼓励各国政府重视非遗的保护与传承工作,要求各国在国家层面上保护非遗和可持续发展[②]。如今,全球各国政府对非遗的数字传播越发重视,这反映出政府在保护和传承优秀传统文化方面所承担的重要责任。一方面,政府通过改善数字技术基础设施打造矩阵传播格局,包括扩大网络覆盖和普及数字化技术,确保更多的人能够不再受地理和经济限制访问数字化的非遗内容。另一方面,政府为文化传承者、机构和个人提供明确的政策支持。这包括资金投入、税收优惠、培训项目、研究资助等多种形式的支持,旨在激励更多多元化的传播主体参与非遗的数字化工作。此外,政府作为最重要的传播主体,还采取了一系列举措来提高受众对非遗的认识和兴趣。这些措施包括:在教育体系中加入非遗相关内容;举办公共讲座和展览;利用公共媒体和社交平台推广非遗知识;推动国际合作与交流,通过参与国际组织、签订文化交流协议等方式,提高非遗的国际知名度和影响力,促进文化多样性的全球对话和理解。

---

① 2003年《保护非物质文化遗产公约》基本文件(2022年版)[EB/OL]. https://ich.unesco.org/doc/src/2003 Convention Basic Texts-2022 version-ZH.pdf.[访问时间:2023-06-30]
② 2003年《保护非物质文化遗产公约》基本文件(2022年版)[EB/OL]. https://ich.unesco.org/doc/src/2003 Convention Basic Texts-2022 version-ZH.pdf.[访问时间:2023-06-30]

案例材料

2022年,摩洛哥国王穆罕默德六世宣布建立国家非遗中心,强调:"为了确保我们的孩子对祖先留下的文化遗产产生兴趣,我们必须跟上数字化转型的步伐,同保护纸质材料一样,以珍贵的数字内容来呈现我们的文化遗产,因为两者都很重要。"此前,摩洛哥政府已专门设立了文化遗产国家委员会,负责传播包括自然遗产、文化遗产以及文化与自然双重遗产在内的各类遗产保护的理念,为文化遗产的保护和分类提供可行性建议,并负责这些遗产的认定、记录、建档、保护、修缮等工作,在对一切遗产进行清查后,出具一份清单名录,并在全国范围内广而告之。在政府的支持下,摩洛哥的非遗保护与传承工作一直走在世界前列。

资料来源:Morocco's king announces setting up of national center for intangible cultural heritage [EB/OL]. https://northafricapost.com/63045-moroccos-king-announces-setting-up-of-national-center-for-intangible-cultural-heritage.html. [访问时间:2023-10-07]

2. 善用网络的年轻人成为传播主力军

在网络直播、短视频红极一时的当下,熟练运用新媒体的年轻人成为传播的新主力。非遗的数字传播能够更好地借助年轻人的网络话语体系,以多元传播力量形成合力。过去,非遗传承主体往往只有同一区域的非遗传承人及学徒等,且平均年龄较大,整体文化水平不高,对于数字技术更是少有接触,而现在年轻一代的积极参与为全球非遗数字传播带来了新的活力和希望。一方面,年轻人较年长人群更愿意尝试新的传播方式和媒体,如短视频、社交媒体、网络直播等,这也使他们更容易跨越文化和语言的认知区隔,接触、了解非遗。另一方面,年轻人在数字技术方面通常更加熟练,熟悉社交媒体、在线视频平台、数字应用技术等,可以更有效地将非遗传播给全球观众。另外,年轻人作为传播主力军,还能够将传统的非遗与当代的流行文化结合,创造出更具吸引力的内容,推动非遗的传承和发展。我们不难发现一个场景:年轻的日本优客(YouTuber)分享和解释他们的茶道、能剧和其他传统艺术;西方的年轻创作者可能分享他们学习国外的传统工艺或艺术的经历;许多年轻艺术家和摄影师在Instagram上分享他们的非遗视觉艺术,如传统织物、刺绣和陶瓷等;年轻的音乐家和制作人在音乐平台上传他们的非遗音乐,如凯尔特音乐、非洲鼓、土耳其传统乐器的表演;在美国和欧洲,一些年轻的游戏开发者甚至在设计游戏时融入了本地的非遗元素,如中世纪的欧洲城堡、北欧的神话传说等。

(二)媒体矩阵弘扬世界多元文化价值

在数字时代,非遗通过媒体矩阵形式实现了更广阔的展示。媒体矩阵更强调全球范围的文化价值共享,允许观众跨越地域和文化界限,深入体验世界多元文化,促进文化交流和共融。

1. 媒体矩阵加强非遗数字传播效果

《公约》业务指南指出"鼓励媒体在提高大众对非物质文化遗产表现和表达形式多样性的认识方面做出贡献,特别是通过制作针对不同目标群体的专门节目和产品"①。媒体矩阵作为一个整合各种媒体渠道的策略性工具,使得非遗在数字空间中得到更广泛和深入的传播和展现。一方面,媒体矩阵整合了不同类型的媒体渠道,如社交媒体、视频平台、新闻网站等,不仅扩大了非遗的传播范围,还为其提供了多种呈现方式。例如,一个非遗项目可以通过视频平台进行直播,同时在社交媒体上分享背后的故事和历史,而新闻网站则可以提供更深入的文化解读和背景分析。这种叠加和互补的效应确保非遗在数字空间中得到全面和立体的展示。另一方面,媒体矩阵策略让非遗传播变得更为精准、具有针对性。通过对受众行为和喜好的分析,可以将相关的非遗内容推送给对其感兴趣的受众,从而达到精细化的传播效果。不仅如此,媒体矩阵中的某些平台具有极强的互动性,为非遗传播提供了更为直接和紧密的连接方式。特别是社交媒体平台,受众可以直接在平台上与非遗传承人交流,进行提问和分享,这种互动不仅加深了受众对非遗的理解和感知,还有助于文化的进一步传承和发扬。

 案例材料

以西班牙的传统舞蹈弗拉门戈歌舞(flamenco)为例,作为联合国教科文组织在录的非遗,弗拉门戈得到了有效的数字传播和保护,数字化媒体矩阵在其推广中发挥了巨大作用。网络视频平台如 YouTube 上充斥着弗拉门戈的表演和教学视频,为全球观众展示其独特魅力;先进的 VR 和 AR 技术使用户得以深度体验弗拉门戈的情感和技艺,仿佛身临其境;在线教育平台为想要学习这门艺术的人提供方便,而社交媒体成为艺术家与爱好者分享和互动的空间;此外,为确保弗拉门戈历史的延续,数字图书馆开始存储与之相关的所有资料。这一系列的数字化过程确保了弗拉门戈文化在全球范围内的持续传承和发扬。

2. 媒体矩阵推动非遗传播多元价值共享

在现代社会中,媒体矩阵不仅是一个传播工具,更是一个文化交流和价值传递的平台。媒体矩阵为非遗提供了一个独特的机会来强调其多元价值和意义。多元价值在这里不仅指的是非遗的内容丰富性,更指的是它与现代生活、技术、经济和社会的连接。通过媒体矩阵,非遗可以被赋予新的解读和价值,与现代社会的其他元素形成互动,从而为受众提供更加多元、综合的文化体验机会。由此可见,非遗不仅是历史发展的产物,更是与现代生活紧密相连的宝贵文化资产。此外,媒体矩阵还为非遗提供了与不同文化背景的

---

① 2003年《保护非物质文化遗产公约》基本文件(2022年版)[EB/OL]. https://ich.unesco.org/doc/src/2003 Convention Basic Texts-2022 version-ZH.pdf.[访问时间:2023-06-30]

受众进行交流的平台,让交流超越地域和民族界限,实现跨文化的价值共享。当不同的文化在媒体矩阵中碰撞和交流时,非遗的多元价值得到更好的凸显和传递,从而实现了真正意义上的全球文化共享。目前,各类非遗品牌均借助互联网的力量强化非遗影响力,通过构建更加完善的媒体传播矩阵,将各层面的创新理念融入发展大潮,打破片面结合的思维壁垒,不断搭建新的交流平台、拓展新的互动模式、构建新的传播渠道,从而创新非遗舆论引导的方式方法,突破了以往单刀直入的宣贯方式,以多方位、多角度的视角渗透非遗的文化价值与内涵,得到了良好的传播效果。

(三) 涟漪式传播扩大国际影响力

涟漪式传播如同抛石入湖,由小到大,影响逐渐扩散。在全球非遗数字传播的背景下,这种模式的传播效果尤为明显。舆论领袖作为推手,借助其影响力,将非遗快速传递至各个受众,进而形成一个广泛的讨论与分享网络。随着这种传播方式的扩散,非遗的文化价值得到国际上广泛的认知和尊重,从而实现了非遗影响力的真正国际化。

1. 舆论领袖成为数字传播影响力强推手

在互联网中,网络舆论领袖因拥有更为丰富的信息、更出色的媒介使用能力和较强的话语思想性而往往对社会公共事件的传播与发展具有显著的影响。在网络平台上进行非遗传播,也同样难以离开网络舆论领袖的助力。由于他们的广泛影响力,一旦网络领袖提及或推广某非遗项目,可以迅速提高项目的认知度。他们有能力将非遗的深度文化含义以易于理解的方式呈现,帮助公众深化对其的了解。同时,他们的关注能够引发更广泛的社交媒体讨论,形成热门话题。舆论领袖也可以是非遗的创新者,将其与现代艺术、时尚或技术结合,赋予非遗新的生命力。更进一步,舆论领袖还可以促进非遗的跨文化传播,拓宽其国际影响。研究显示,目前网络舆论领袖多集中于各领域专业学者、企业家、媒体人和明星[①],而非遗传承人等文化实践者无疑是各自文化领域最具权威的专家。非遗传承人、实践者都在数字化媒介驱动下逐步转型并成为文化舆论领袖,如此的发展机遇让非遗以潮流文化和多元角色视角带动了文化认同的新格局。

案例材料

中国浙江省非遗"富阳纸伞"制作技艺传承人闻士善开展了自己的"直播事业"(见图4-1-6),在短视频平台中,以"闻叔"之名已经发布了300多条短视频,吸引了87万名粉丝、1 085万点赞和超过2 000万的播放,让文化符号纸伞再一次"火"了起来。受众喜欢"闻叔"通过视频讲述文化故事,而闻士善也喜欢这样的互动。粉丝们会有很多

---

① Bamakan S M H, Nurgaliev I, Qu Q. Opinion leader detection: A methodological review[J]. Expert Systems with Applications, 2019, 115: 200-222.

新奇的想法,要求把自己写的书法或喜欢的卡通形象画到伞面上,闻士善都一一照办,既适应了粉丝的需求,又对制伞工艺实现了不断的改进。可以看到,非遗所蕴含的历史人文价值通过舆论领袖的传播形成了文化认同内核。

图 4-1-6　富阳纸伞传承人的直播事业

资料来源:一把油纸伞收获百万粉丝,富阳大叔"直播带货"成网红[EB/OL].https://news.dahebao.cn/dahe/appcommunity/1538039.[访问时间:2023-10-07]

2. 涟漪式传播助力非遗数字传播国际影响力

《公约》业务指南明确强调了"媒体可以有效提高人们对非物质文化遗产重要性的认识"[①]。目前,新媒体使得内容能够直接触达用户,并带来用户互动。这种互动会带来连锁反应,产生二次舆情,形成涟漪式的传播效应[②]。在全球非遗数字传播中,这种传播方式有助于将非遗的故事、技艺和价值观传播给国际受众。每个涟漪都代表一个新的文化接触点,促进跨文化的交流和理解。数字平台的不断微型化和普及化,使得非遗舆论领袖在自媒体上发布任何文化相关的视频或文章,都可能成为媒体的热搜资源,为其他媒介平台所转载。不同媒介平台下不同的受众均可获得相应信息,媒体间信息的相互依赖又进一步变相地成就了信息与受众间的相互促进。非遗之魂魄通过当下流行的表现内容和表达方式,以大众媒介平台传递给更多受众,吸引大众的关注,以迭代效应增加了非遗影响力,促使受众形成对非遗的价值认同,为实现非遗的国际化传播带来强效果。

---

① 2003年《保护非物质文化遗产公约》基本文件(2022年版)[EB/OL].https://ich.unesco.org/doc/src/2003 Convention Basic Texts-2022 version-ZH.pdf[访问时间:2023-06-30]
② 李艳微,包磊.基于融媒体技术的中国话语舆情传播引导机制研究[J].情报科学,2022,40(11):40-48,109.

案例材料

奈飞(Netflix)的纪录片系列《主厨的餐桌》(*Chef's Table*,见图 4-1-7)向全球观众展示了来自不同国家和文化背景的顶级厨师及其独特的烹饪技巧、哲学和个人故事。在这个系列中,有一集专门介绍了韩国尼姑、厨师静观师太(Jeong Kwan),她在韩国的一个尼姑庵中制作素食。节目详细介绍了她如何使用传统的韩国发酵技术制作食物,并传达了一种与自然和谐共处的哲学。当这一集在 Netflix 上播出后,静观师太的烹饪方法和哲学迅速引起了全球关注。她的故事在社交媒体上被广泛分享,吸引了数百万名观众。随后,韩国的传统发酵技术、素食文化和与自然和谐共处的哲学开始在全球范围内传播。由于《主厨的餐桌》的影响,许多国际厨师开始学习和尝试静观师太的烹饪技巧,并将其融入自己的料理。此外,也有越来越多的人对韩国传统文化、食品和寺庙生活产生浓厚的兴趣。在此过程中,每一位转发者、每一个媒体平台都成为非遗的传播节点,形成了涟漪式的传播。

图 4-1-7　Netflix 的纪录片系列《主厨的餐桌》

资料来源:韩国比丘尼名厨"正宽法师"的传奇生平:17 岁离家入寺、艾美奖纪录片亮相、被封哲学家厨师……你不可不知的 6 件事[EB/OL]. https://www.tatlerasia.com/dining/tastemakers/chef-jeong-kwan.[访问时间:2023-10-07]

第二节　全球非遗数字传播的挑战

数字传播为非遗文化提供了广阔的空间,但同时也带来了新的挑战。由于不同文化的多样性和独特性,如何在全球范围内实现文化价值观的和谐共存成为一个亟待解决的问题。与此同时,尽管数字技术为非遗传播提供了便利,但也存在由技术主导导致的反向困境,使非遗失去活态性和真实性,并面临被时代进程裹挟、失去其本真特质的风险。因此,本节将从多元差异、数字霸权与文化消融三个方面对全球非遗数字传播的挑战进行详细探讨。

一、多元差异凸显文化价值观的共存瓶颈

在全球化的大背景下,非遗的交流日益频繁,各国非遗也相互影响,碰撞出新的火花。

但这种交流并不总是和谐的,多元差异中隐含的文化价值观的共存瓶颈逐渐显现。由于人们对于集体记忆的深刻印象,对外来文化的接受度不一,甚至会产生排斥。同时,多元文化的并存也容易引发地域文化的冲突。更为复杂的是,随着文化内容的固化,人们对某一文化的刻板印象也逐渐凸显。

(一) 集体记忆导致群体排斥外来文化

一般来说,个体或群体的地域认同根源于特定主体在特定区域内(如出生地、生活区域)的集体记忆[①],这里的集体记忆包括个体和群体长时段内的共同记忆,记忆内容往往比较复杂,包括共同的历史叙事、语言文字、生活习俗、政治活动、文化符号等非遗项目。在这样的文化基础上形成的群体,往往兼有地缘共同体(如出生地、生活地区)和情感共同体(如家族、种族、社会组织、宗教团体等)的综合特征。集体记忆作为一种文化现象,对群体的认同感、文化传承以及对外部世界的态度产生深远影响。在许多情况下,当集体记忆下的非遗与外来非遗发生碰撞时,可能会出现排斥和对立。集体记忆基于长时间的历史积累和传承,具有很强的稳固性。当外来非遗挑战或与这些根深蒂固的记忆相冲突时,群体往往会持保守态度,宁愿维护自己的传统和价值观,而非接受新的观念。外来非遗的涌入可能会被视为对本土文化的威胁,尤其是当外来非遗在经济、技术或政治上占有优势时,为了保护本土非遗不被稀释或消失,群体可能会采取排斥的策略。若集体记忆中包含与外部群体的不愉快经历,如战争、侵略或其他形式的冲突,可能会导致长期的疑虑和敌意,使群体对外来非遗产生深深的排斥。此外,在一个多元化的环境中,强烈的集体记忆可以帮助群体维护其独特性和差异性。为了突出这种差异,群体可能会选择抵制那些被视为与自己不同的外来非遗元素。甚至在某些情况下,社会的领导者或权威可能出于政治、经济或其他原因而故意挑起对外来非遗的敌意。这些潜在因素都为非遗的全球数字传播带来风险和挑战。

(二) 多元文化主义带来地域文化冲突

多元文化主义是1968年法国"五月风暴"以后西方一系列社会、政治和哲学思潮的产物,其从规范的意义上要求平等地对待少数群体,承认其价值,给予其地位[②]。C. W. 沃特森(C. W. Watson)认为:"多元文化主义承认文化和民族的多样性,承认文化之间的平等和相互影响。"[③]它代表了一个理想,那就是整体环境中所有的文化都可以和谐共存,每一个群体的权利和地位都得到保障。但是,过分强调文化差异性而忽略文化共性,也反向导致了弱势群体的极化,直接影响各国非遗的全球共享。文化共性为非遗数字生态提供了

---

① 黄远水,梁旷映雪,王芳.集体记忆对传统技艺类非遗传承人遗产保护行为的影响机制[J].华侨大学学报(哲学社会科学版),2023(3):55-66.
② 周穗明.西方多元文化主义理论述评——对右翼民粹主义政治思潮崛起之源的一个政治哲学解析[J].国外理论动态,2019(7):13.
③ C. W. 沃特森.多元文化主义[M].叶兴艺,译.长春:吉林人民出版社,2005:1.

一个共同的价值体系和行为准则,促进了成员之间的凝聚力和合作;而过分强调文化差异性则可能导致成员之间的隔阂和对立,削弱整个非遗数字生态的凝聚力。如果每一个国家过分重视自身的文化价值体现,在争取权利和地位的过程中,通过否认或贬低其他文化来过分突出自己的文化特点,则会导致只认同自身国家的非遗,而将其他国家的非遗都视作不相干的事物,那么全球非遗传播生态就没有了共同的价值与信念、共同的目标与追求、共同的制度与规范,从而导致各国文化之间的对立和冲突。塞缪尔·亨廷顿(Samuel Huntington)指出:"文化共性促进人们之间的合作和凝聚力,而文化的差异却加剧分裂和冲突。"①对于整体视角的全球非遗数字传播生态来说,如何在确保每一项非遗数字传播地位平等的基础上,同时保有文化共性,是一个需要认真对待的问题。

(三)文化内容题材固化引发刻板印象

文化间的价值认同需要通过媒介来实现。然而,文化具有时代性,随着大众文化的不断发展与改变,诸多非遗项目展示和表现的内容已经不再符合当今大众文化的潮流,内容的陈旧也进一步局限了非遗数字传播的效果,使得刻板印象愈加严重。目前,媒介对于非遗的宣传题材往往缺乏内涵的挖掘,仍停留在过往固定模式上。当非遗内容长时间固定不变时,人们对该非遗所代表的文化或社群可能会产生一种固定、缺乏深度的认知,从而导致刻板印象的形成。刻板印象会让接触非遗的人仅停留在表面层次,难以深入了解和感受其背后的文化内涵和价值。长期的固化和刻板印象可能会限制文化的活力和创新空间,使之变得僵化,缺乏与时俱进的能力。这一现象可能会导致文化之间的误解和隔阂,降低多元文化交流的效果,并影响地区群体的自我认同和自尊,甚至可能导致他们对自己的文化产生误解。

案例材料

中国蒙古族在塑造自身民族形象时,往往着重于强调草原文化及其生活习惯和娱乐习惯,对音乐舞蹈、服饰图案等文化艺术相关题材的运用相对较少,从而强调和突出游牧民族"野性与豪迈"的形象特征,而对于其文化底蕴与艺术造诣等少有强调。这些传统题材在当下传播媒介中的不断强化,难免造成"骑马上学""射箭考试"等刻板印象的形成,给形象的塑造带来困境与挑战。

"中国人都懂功夫"的刻板印象使得武术在全球数字化传播中的真实面貌被扭曲。随着武打电影和武侠剧(特别是那些以打斗为主的作品)的全球流行,中国武术常被误解为与暴力和战斗相关。在数字平台上,如YouTube和TikTok,更易传播刺激的武术打斗片段,使人忽视其背后的哲学和精神。许多短视频和教程只展现武术的表面技巧,缺乏对其文化和历史的阐述,导致外界对武术的真实含义了解有限。要真正欣赏武术,

---

① 塞缪尔·亨廷顿.文明的冲突与世界秩序的重建[M].周琪,刘绯,张立平,等译.北京:新华出版社,1998:64.

必须超越这些数字化的刻板印象,深入探究其文化和哲学根基。

资料来源:请你"别听说"内蒙古,蒙古族孩子不是骑马上学[EB/OL]. https://history.sohu.com/a/616363904_121608481.[访问时间:2023-10-07];外国网友以为所有中国人都会功夫,网友:这下解释不清了![EB/OL]. https://mil.sohu.com/a/582919531_121124632.[访问时间:2023-10-07]

二、数字霸权引发技术活态化的反向迷思

在数字霸权下,技术活态化引发了反向迷思。数据殖民使全球非遗传播受偏见影响,某些文化被过分展示,而其他被忽略。数字鸿沟导致许多区域和群体难以接触更新的文化内容,加剧文化差异。过度依赖技术来传播文化常导致忽视文化深度和底蕴,造成"新瓶装旧酒"现象,削弱了受众对文化的情感认同。

(一)数据殖民带来全球非遗传播偏见

面对大数据技术的发展,左翼学者尼克·库尔德利(Nick Couldry)和尤利西斯·A.梅西亚斯(Ulises A. Mejias)提出了"云帝国"的概念①,认为由各类大型数字公司构成的云帝国正在通过数据提取技术推行一种新的殖民方式,即数据殖民。数据殖民主义是指大型科技公司和某些国家操纵和掌控全球数据的现象,导致数据生产、存储、分析和利用的权力不均衡分布。云帝国的出现使得人们的日常生活开始资本化,成为可以被云帝国所殖民掠夺的原材料,在实现经济利益的同时也带来了更为严重的不平等问题。数据殖民可能导致非遗的传播受限于主流平台或资本背后的意识形态,这可能导致某些非遗内容被优先展示,而其他内容被忽略或边缘化;大型平台可能更倾向于展示符合主流观众审美或刻板印象的非遗内容,从而导致某些非遗被误读或过度简化;非遗的传播往往缺少相应的文化背景和语境,导致观众难以真正理解和欣赏非遗的真正价值;由于数据殖民的经济驱动,非遗的传播和展示可能更多地基于商业考量而非文化价值,导致某些非遗被商业化或泛娱乐化;大型技术平台可能对非遗内容施加技术和格式的标准化要求,这可能导致非遗的独特性和多样性受到损害;数据殖民可能导致非遗知识和技能被非法复制或商业化,而原创社区未能得到合适的认可和回报;数据权力的不均衡可能导致原创社区在非遗的全球传播中缺乏话语权,从而降低他们的参与度和影响力。

(二)数字鸿沟导致文化内容更新缓慢

数字鸿沟是指在数字技术访问、使用和掌握方面存在的不平等②。这种不平等可能

---

① Couldry N, Mejias U A. The costs of connection: How data is colonizing human life and appropriating it for capitalism[M]. Redwood City: Stanford University Press, 2019: 1.

② Mariscal J, Mayne G, Aneja U, et al. Bridging the gender digital gap[J]. Economics, 2019, 13(1): 20190009.

基于经济、地理、教育或其他社会因素。对于非遗来说具体表现在六个方面。第一，数字鸿沟会导致技术获取不均衡。许多非遗内容源自较为偏远或贫困的地区。由于缺乏必要的技术资源，这些地区的非遗传承人可能难以使用数字技术记录、传播或更新他们的非遗内容。第二，数字鸿沟导致技能和知识缺失。即使某些地区获得了相关技术，但当地的非遗传承人可能缺乏使用这些技术的知识和技能，导致非遗内容更新缓慢，甚至无法得到恰当的数字化处理。第三，数字鸿沟带来"信息孤岛"。由于数字鸿沟，部分非遗信息可能被困在所谓的"信息孤岛"中，与全球其他信息隔离，使得这些非遗内容难以被更多人知悉和学习。第四，数字鸿沟使得非遗失去与新一代的联系。年轻一代更为习惯使用数字技术获取信息，如果非遗内容不能及时更新和数字化，它们可能与新一代潜在的学习者和传承者隔离。第五，数字鸿沟导致内容时效性、相关性降低。数字技术为非遗内容提供了实时更新的可能性，但数字鸿沟使得一些非遗内容停留在某一历史时刻，导致其时效性和相关性降低。第六，数字鸿沟带来商业机会的丧失。随着数字技术的发展，非遗内容有可能被创新性地应用于旅游、教育、娱乐等领域。数字鸿沟可能使得某些非遗内容因数字信息滞后而失去这些商业机会。数字鸿沟使得这些地方的居民难以通过数字方式接触和学习非遗。这种不平衡的技术普及限制了文化的流动和传承，可能导致非遗在某些社区中的消失。此外，由于网络和技术设备的缺乏，这些地区的居民在文化保护和传承上处于更为被动的地位，增加了非遗在未来世代中被淡忘的风险。

（三）"新瓶装旧酒"致使情感认同薄弱

互联网推动数字技术不断更迭，数字传播在技术层面的问题得以解决，但是内容的绽放与形式的创新却被搁置。诸多非遗的数字传播被批评为采用现代技术对传统内容简单地进行数字化转换和传播，而没有为这些内容注入新的生命和创意。一些非遗数字传播的内容乏善可陈，数字渠道与展现方式也简单粗糙，游览者少，下载者更少，形同虚设。在展示效果上，仅仅依赖数字技术的外部魅力，而忽略非遗背后深厚的文化、历史和情感内涵，可能会导致非遗的数字传播变得表面化。在情感距离上，非遗的核心价值在于它与特定文化和地域的深厚情感联系。简单地进行数字转换而不进行深入的探索和表达，可能会使新一代受众感到与这些传统内容的情感距离。在传统与现代的冲突之中，简单的"新瓶装旧酒"可能会导致传统内容和现代技术之间的不和谐，从而使得受众难以在数字表达中找到真正的文化情感认同。在内容价值的稀释方面，过度依赖技术的"闪光点"可能会分散受众的注意力，导致他们忽视非遗内容本身的独特价值和意义。在创意与创新的缺失方面，单纯地复制传统内容，而不进行创新和再创作，可能会使非遗内容失去在现代社会中的相关性和吸引力。

导致这些的主要原因是：传播者还未能深入研究非遗的历史、文化和情感内涵，确保数字传播真实地反映这些内涵；没有鼓励艺术家和创作者对非遗内容进行再创作，使其更具现代感和创意；没有充分利用数字技术的互动特性，鼓励受众参与非遗内容的创作和分享，增强他们的情感参与和认同；同时还缺乏对背后故事和情感的讲述，使非遗内容更加有吸引力,增强受众的情感连接。非遗的数字传播应该是一个融合传统与现代、技术与情感、创意与文化的过程,简单的"换汤不换药"似乎无法实现预想的传播影响力。

三、文化消融致使时代裹挟下的本真遗失

文化正面临前所未有的消融挑战。随着过度重视形式而忽视内容,许多文化的真正内涵正逐渐被遗忘。尤其在Z世代中,对非遗的代际传承认知存在明显不足。更进一步,数字文创的过度开发也可能损害文化的原始内涵。

(一)重形式、轻内容导致文化内涵遗失

《公约》业务指南中明确提出了"鼓励所有各方谨慎从事,确保提高认识的行动",并"不使非物质文化遗产的相关表现或表达形式脱离其背景或背离其本质"①。然而,部分国家对当地非遗的数字展示和文化内涵的诠释存在一个普遍问题,即重形式、轻内容。第一,表演化传承。为迎合观众的喜好,某些非遗项目的数字展示逐渐变成了"表演"。例如,某些原本内涵丰富的仪式和庆典被改编成剧本表演,失去了原本的意义。第二,商品化倾向。为了经济利益,某些非遗项目忽视工艺品背后的文化和制作技巧,仅仅保留外观,非遗被制作成商品进行生产和销售。第三,形式主义教育。在非遗教育中,学生可能只是学习非遗的外在技巧和形式,而忽视了非遗背后的历史、文化和情感。第四,技术化转变。许多非遗项目为了追求数字化而数字化,但这种转变可能只是简单的拷贝和展示,没有使数字技术深入非遗的内涵。

 案例材料

飞檐翘角的檐部建筑是中国民族文化符号中建筑设计的传统元素和中华文化的代表,在故宫等中国传统建筑中均有应用。在亚洲地区其他国家的古建筑中也有类似中国飞檐翘角的檐部设计,如日本部分地区的古建筑风格、技术、格局均参照或借鉴中国唐宋时期建筑设计。然而,一项调查发现诸多他国友人错将中国与日本两国的飞檐建筑混淆,无法轻易分辨出其中的区别,对中国传统建筑飞檐翘角的文化内涵更是知之甚少。可见,当飞檐翘角的建筑图片流传于社交媒体平台时缺少文化内涵的输出,而官方的图文介绍又往往以严肃、乏味、枯燥的形式呈现,无法激发大众的关注兴趣,最终导致传统文化有效传播与文化认同的困境。传统"点对面"式的大众传播方式已无法满足数字时代受众的需求,导致受众的关注度和兴趣度无法提升和维持。

---

① 2003年《保护非物质文化遗产公约》基本文件(2022年版)[EB/OL]. https://ich.unesco.org/doc/src/2003 Convention Basic Texts-2022 version-ZH.pdf.[访问时间:2023-06-30]

(二) Z世代对非遗代际传承认知不足

非遗是一种代际传承的文化实践,其本质是"变化",这就强调了人与人、人与环境变化之间的密切关系。Z世代一出生就与网络信息时代无缝对接,受数字信息技术、即时通信设备、智能手机等产品的影响较大[1],已经逐渐成为社会传播阵营的中坚力量。但是,很多Z世代对非遗的认识仅仅停留在定义及抽象的概念上,造成了传播认知度低、接受度弱、严重代际失衡的挑战。首先,Z世代生活在一个充斥着社交媒体、视频分享平台和即时消息的时代,这种环境对他们的注意力、兴趣和认知方式产生了重要影响。快速、简洁、直观的内容更容易吸引他们,这与传统的非遗传承方式(长时间的实践、反复的训练)存在较大的差异。其次,由于城市化、全球化和数字化的影响,Z世代可能缺乏直接与传统文化和手工艺互动的机会,很多时候,他们接触传统文化的方式仅限于数字平台上的短视频或图片。再次,Z世代对于传统和非遗的价值可能存在认知上的误解或不足,部分原因是他们缺乏足够的教育和引导,或是受到了主流文化和商业文化的过度影响。此外,Z世代与前一代或者更早的几代之间在价值观、沟通方式和技术应用上存在差异,这可能导致在非遗传承过程中的沟通障碍。最后,Z世代强调创新、个性和自我表达,他们可能更倾向于探索新的文化和艺术形式,而不是深入研究和传承传统非遗,这直接导致了大量非遗在年轻受众群体中的"失宠"。但值得注意的是,Z世代同时也是极富创新精神和接受能力的一代。他们在数字技术、网络平台等方面有天然的优势。正确的引导和教育可以激发他们对非遗的兴趣,并利用他们的技能和创意为非遗传承注入新的活力。

(三) 数字文创过度开发破坏原始内涵

文创开发的本质是带动非遗的内容创新,以促进其更广泛、更具创意的传播。过度的数字文创开发有可能对非遗的原始内涵造成破坏。重开发、轻保护的错误行为不仅严重破坏了文化遗迹在空间维度上的保存,更加破坏了非遗的本真性,最终导致非遗在错误的语境、环境下传播。第一,为了迎合大众的审美和消费习惯,某些复杂的非遗元素在数字化过程中可能被简化或改编。例如,一个复杂的传统故事在被改编为动画或游戏时,可能会删减某些内容,导致故事的原始意义和深度被削弱。第二,数字文创产品需要盈利,因此可能会过度追求商业效益。这可能导致非遗被娱乐化,其教育和启示意义被淡化。第三,在某些数字文创产品中,技术效果和视觉震撼可能超过了内容的展现。例如,一个以传统艺术为背景的VR体验可能过于强调技术效果,而忽视艺术本身的价值和内涵。第四,非遗往往与特定的社会和历史背景紧密相关,但在数字文创产品中,这些背景可能被忽视或简化,导致文化内容被剥离出原始的语境。第五,为了迎合全球市场,某些数字文创产品可能过度追求国际化,导致本地特色和差异性被淡化,进一步导致全球文化的同质化。例如,在新西兰,毛利文化中的文身(ta moko)不仅是装饰,还承载着身份、地位、家族

---

[1] 王肖,赵彦明."Z世代"大学生媒介化生存的审视与应对[J].思想理论教育,2022(3):90-95.

历史和祖先的故事,但在某些视频游戏中,这些文身只被视为酷炫的设计,剥离了其深厚的文化含义,这样的应用被认为是对毛利文化的不尊重。文创市场对各种非遗的开发,需要在保持文化本真性的基础上挖掘、甄别适用于文旅市场的文化元素,只有运用好创意思维对文化基因进行提炼,才能真正实现优秀传统文化的现代表达以及厚重文化的轻松表达[1]。

第二节 全球非遗数字传播的趋势

随着数字化的深入发展,全球非遗的数字传播也呈现出一系列新的趋势。科研教育成为推动非遗传播的新引擎;技术应用创新不断,为非遗传播提供更为高效、广泛的平台;管理与协作日益成为非遗数字化的重要纽带,确保传播活动的有效与高效;在传播转化方面,如何将数字化的非遗内容更好地转化为实际的社会影响和经济价值,是新的重点和挑战。因此,本节将从科研教育、技术应用、管理协作与传播转化四个方面对全球非遗数字传播的趋势进行详细探讨。

一、全球非遗数字传播在科研教育方面的展望

在科研与教育领域,全球非遗数字传播正展现出巨大的发展潜力。基础研究作为核心,为我们提供了深入洞察与认知的途径,确保非遗传播在数字化时代的稳健前行。在这一进程中,人才的培养显得尤为关键,他们是推进非遗数字化的中坚力量。此外,高校、科研机构与企业之间的应用合作为全球非遗数字传播提供学术资源,强调在全球范围内的资源共享与合作交流。

(一)全球非遗数字传播的基础研究

全球非遗数字传播的科研教育前景非常广阔。在数字化时代,数字传播已成为保护和传承非遗的关键工具,因此,基础研究将继续为这一领域的发展提供重要支持,以促进文化多样性的保护和可持续发展。一方面,非遗数字传播的研究将进一步强调跨学科合作。社会科学、人文学科、信息技术等领域的专家将共同努力,深入探讨数字传播与非遗之间的关系。同时,在全球范围内,研究者将更多地进行国际合作,并分享数字非遗数据和研究成果,进而推动全球非遗数字传播研究的进展,促进文化交流与合作。另一方面,随着数字传播的普及,研究人员将聚焦提升非遗传播数字化效能的研究。首先,研究人员更加关注非遗的数字化保护、保存和传播,包括数字化档案、虚拟博物馆、虚拟现实等领域

---

[1] 中国经济网.保护好中华民族文化符号[EB/OL]. https://baijiahao.baidu.com/s?id=16431578672469062578&wfr=spider&for=pc.[访问时间:2023-06-30]

的研究，以推动非遗数字化的发展。其次，研究人员将进一步探索文化认知和数字传播的关系，研究数字传播对受众文化认知和理解的影响，特别是深入文化认知心理学、数字媒体与文化学、文化互动等领域的研究，以了解数字传播如何改变文化的传承和理解。最后，研究人员将深化文化可持续性研究，更加关注数字传播如何促进非遗的可持续发展，如研究数字传播对非遗保护、传承和社区参与的影响，以确保非遗的长期生存和繁荣。

（二）全球非遗数字传播的人才培养

全球非遗数字传播在人才培养方面将以学校非遗教育和社会非遗教育为两根重要支柱。这些举措有助于培养多领域、多层次的专业人才，推动非遗的数字传播和保护，确保非遗文化得以传承和发展。在学校非遗教育方面，非遗将更加深入地融入现代教育体系，以培养多方面的人才，让包括传统技艺的传承者、数字化传播专业人才、文化创意从业者等在内的学习者，有机会学习非遗知识、数字技术和文化创意；学校将引入非遗数字传播管理和运营方面的课程，培养非遗数字传播项目的管理和运营人才，从而使得非遗数字传播项目的策划、推广、管理、监督等方面可持续发展；学校将鼓励跨学科合作，将文化、技术和管理领域融为一体，通过鼓励学生参与跨学科项目，了解不同领域的知识和技能，为非遗数字传播和保护提供全面支持。在社会非遗教育方面，非遗培训将提供多样化的教育形态，如工作坊、培训班、研讨会和在线课程，这些形式将满足各类人群的学习需求，包括传统非遗从业者以及普通市民；培训将强调数字素养的提升，使学员能够更好地应对数字化传播的需求，可以学习如何使用数字工具、社交媒体和虚拟现实来传播和保护非遗；社会非遗教育将引导社会力量积极参与非遗数字传播的社会实践和研学活动，有助于加强非遗传承梯队的建设，促进年轻一代与传统传承人之间的交流与合作。

（三）全球非遗数字传播的应用合作

高校和科研机构与企业之间的合作将在全球非遗数字传播中发挥关键作用。这一趋势将提升研究成果的应用转化率，探索数字技术在非遗保护中的更多可能性。在合作对象方面，高校和科研机构将积极与相关企业（如文化传媒公司、数字化博物馆和文化遗产机构）建立合作伙伴关系，这将促进研究成果的实际应用，并提供更多的资源和市场支持。跨国合作将成为常态，高校和科研机构将积极与国际合作伙伴分享研究成果和经验，共同加速非遗数字传播的全球应用。在合作模式方面，高校和科研机构将采用产学研一体化的模式，将研究成果与企业需求结合，使研究更加实际和应用导向，有助于解决实际的非遗保护和传播问题。高校和科研机构将积极寻求与企业建立合作平台，提供资源共享、研究项目资助、创新孵化等支持，不仅推动非遗数字传播的研究和应用，而且加强合作伙伴之间的密切联系；一些高校和科研机构将建立专门的非遗数字传播应用研究中心，聚集各类专家，致力于共同探索非遗数字传播的新领域和应用场景；高校和科研机构将设立数字技术孵化器，鼓励学生和研究人员将他们的创新想法转化为非遗数字传播应用，加速研究成果的商业化和社会化；高校和研究机构将不断探索数字技术在非遗保护中的更多可能性,包括虚拟现实、增强现实、人工智能、大数据分析等领域,为非遗数字传播提供新的工具和方法。

二、全球非遗数字传播在技术应用方面的展望

人们将不断强化数字技术在非遗资源供给上的赋能作用,未来越来越多的数字技术将在非遗领域落地应用。然而,如何在数字化过程中确保非遗内容的真实性、避免失真,是未来持续攻坚的方向。

(一) 非遗资源大数据管理与共享平台进一步完善

全球非遗数字传播将增强非遗数据安全服务,依托区块链、云平台等技术发展以非遗数据驱动的新业态传承模式,助力全球范围内的非遗数据共享和传播,促进不同国家和地区之间的文化交流和合作。第一,区块链技术将广泛用于非遗数据的安全存储和传输,特别是区块链的去中心化特性和不可篡改的账本将有助于确保非遗数据的完整性和安全性。第二,智能合约将用于管理非遗数据的访问和共享,这将允许建立数据共享规则和权限,确保数据仅在合法授权的情况下被访问。第三,云平台将成为非遗数据存储和管理的主要基础设施,具有高效、灵活的数据存储和处理能力的云计算技术将支持大规模的非遗数据管理。第四,非遗数字传播将加强数据加密技术的使用,确保非遗数据在传输和存储过程中的安全,并制定和遵守行业数据安全标准。第五,以区块链技术为基础的非遗数字化交易平台将涌现,支持非遗数字化的交易和销售,鼓励创作者和传承人分享非遗成果。第六,区块链技术将用于非遗数字化的版权保护,让每个非遗数字化作品都可以被唯一标识,确保创作者的知识产权得到保护。这也将带来新的非遗传承模式,非遗传承人和爱好者可以在线共享技艺和知识,推动非遗传承更具时代性。

(二) AI 与虚拟现实技术助力非遗数字技术再升级

已有的元宇宙、AIGC、VR、AR、3D 扫描重建、互动感应、动作捕捉等技术将会被更广泛地应用于非遗展示,同时元宇宙的快速发展也让虚拟人等创新技术得以融入非遗的数字化保护实践,合力在线上和线下共同打造多元、互动、沉浸式的非遗数字传播体验场景,让非遗数字传播"飞入寻常百姓家"。第一,结合 VR 技术,用户可以沉浸式地体验非遗,不必亲临现场就可以拥有非遗传统的互动体验,感受传统技艺和文化活动。第二,3D 扫描重建技术将用于数字化非遗物品和场所的保存,有助于在虚拟世界中准确还原非遗,保存珍贵的非遗遗产。第三,VR 和 AR 技术将用于非遗博物馆和遗址的导览和教育,让游客通过头戴设备获取详细的解说和享受互动教育体验。第四,元宇宙将成为非遗爱好者和专业人士的聚集地,用户可以在元宇宙中共享非遗数字传播体验,创建非遗社群,与朋友和其他用户互动,促进非遗的社交传播和知识共享。第五,虚拟人和 AIGC 技术可以模拟传统非遗传承人的技艺,帮助教育新一代传承并扩大非遗影响力,有效解决非遗传承中

的人才短缺问题,借助人机互动助力非遗实现更好传承。

(三) 深入探索解决非遗数字化过程中的失真问题

全球非遗数字传播将逐步缩小外部数字技术手段造成的非遗内涵与意义的表达偏差,寻求非遗与技术、媒介、再生等手段之间的平衡。这将促使全球非遗数字传播各界相关人士的通力合作,让非遗传承主体在数字语境下归位,还原非遗本来面貌①。第一,非遗传承主体将积极与文化专家和传统艺术家合作,确保数字化呈现准确传达非遗的核心价值和文化内涵。第二,数字技术将更加注重用户互动体验的真实感,力求通过 VR 和 AR 技术还原非遗的本来面貌,为用户提供更多沉浸式的非遗体验。第三,非遗数字化呈现将采用多媒体手段,包括音频、视频、图像等,以更全面、多维度地表达非遗,以此弥补数字化带来的信息不足。第四,数字传播平台将鼓励用户参与,允许他们提供反馈意见和建议,不断改进数字化表达,减少失真问题。第五,新的数字技术和工具将不断涌现,有助于更准确、更全面地表达非遗内涵。例如,更高分辨率的 3D 扫描技术将提供更真实的数字重建,依托更大真实训练数据集生成的 AIGC 技术将呈现更加精准化的非遗内容生成。

三、全球非遗数字传播在管理协作方面的展望

随着数字化时代的到来,全球非遗数字传播正站在一个新的管理和协作的交叉点。未来,版权问题将更加凸显,而对其的保护变得至关重要。同时,管理的动态性与标准化也成为关键,以满足日益变化的传播需求。此外,内外协作的强化将是实现全球非遗数字传播最大效益的关键。

(一) 强化全球非遗数字传播资源的版权保护

非遗在数字化过程中将通过政策、法律、技术等手段保护知识产权,规范合法合理的存档和获取方式,为非遗数字传播提供版权保障。第一,越来越多的国家和地区正在制定或修订法律和政策框架,明确与非遗数字资源相关的权利和责任,规定数字化存档和获取的合法程序,以及对违法行为的惩罚,以确保非遗数字传播资源的知识产权得到保护。第二,数字水印和其他技术手段将用于保护非遗数字资源的版权。数字水印可以嵌入数字文件,用于标识和追踪资源的来源,防止盗版和未经授权的使用。第三,开放许可模式,如知识共享许可(Creative Commons),将鼓励合法的知识共享,允许对非遗数字资源在特定条件下进行使用和再分发,为非遗数字资源提供了一种灵活的版权保护方式。第四,国际组织和社群将合作制定标准和整理最佳实践,以规范非遗数字资源的存档和获取,有助于确保资源的合法合理使用,促进全球非遗数字传播资源的可持续发展。第五,数字平台和

---

① 韩美群,周小芹.近二十年来非物质文化遗产数字化传承研究回顾与展望[J].中南民族大学学报(人文社会科学版),2022,42(1):65-74,184.

数据库的安全性将得到加强,采用高级加密和访问控制技术,防止未经授权的访问和下载,以确保非遗数字传播资源的安全性和隐私性。第六,政府和非营利组织将建立审查和监管机制,监督非遗数字传播资源的使用情况,包括对侵权行为的调查和处罚,以维护资源的版权。

(二)逐步实施动态性、标准化的管理和建设

非遗数字资源将逐步实施动态性、标准化管理和建设,覆盖非遗项目相关数据、非遗传承人、非遗资料等内容,优化管理手段、强化过程管理。第一,实施动态性管理意味着非遗数字资源将持续更新和完善,以反映非遗传承和发展的实际情况,这将推动更多的协作者积极参与资源的更新和维护,确保资源的时效性和准确性。第二,强调标准化管理将有助于统一数据格式和元数据标准,使不同来源的数字资源可以更容易地交流和共享,改善管理协作的效率,并促进全球合作。第三,管理协作趋势将包括整合非遗项目相关数据,如传统技艺、历史信息、地理位置等,有助于创建更全面的非遗数字资源数据库,提供更多信息供研究和传播使用。第四,管理非遗传承人的信息将成为重要任务,以确保他们的传承工作得到记录和保护。这将需要建立非遗传承人档案,包括生平、技艺、传承历程等信息。第五,数字资源的标准化管理将包括非遗资料的数字化保存,如数字存档和备份策略的建立,以确保它们的长期可访问性和保存。第六,采用先进的数字化系统和工具,如数字档案管理系统、内容管理系统、数据分析工具等,不断优化管理手段,以便更有效地管理和维护非遗数字资源。第七,强化过程管理,即更加注重资源的生命周期管理,从采集、记录、存储、更新到分享和传播,将有助于更有效地协作和协调非遗数字资源管理工作流程。

(三)进一步加强全球非遗数字传播的内外协作

全球非遗数字传播的内外协作趋势将推动国际社区更加积极地合作,共同保护和传播非遗。第一,越来越多的国际合作网络将在全球范围内建立,连接各种非遗数字传播项目和组织,促进信息共享、资源合作和经验交流,加强各国的合作关系。第二,多边合作项目将成为常态,涉及多个国家和地区的合作伙伴将以共同的目标为基础,集结全球的专业知识和资源,推动非遗数字传播的发展。第三,国际会议和研讨会将成为交流和合作的平台,推动思想碰撞和优秀实践分享,吸引来自世界各地的非遗相关专业人士参与,促进国际协作。第四,跨国文化交流和展览将促进非遗数字传播的协作,加强不同文化之间的互动,推动非遗数字资源的跨界传播。第五,国际机构和国家将为跨国合作项目提供资金和资源,鼓励各国在非遗传承保护、数字传播、学术研究等方面的合作。第六,国际标准和优秀案例将被广泛采纳,以确保资源的一致性和互操作性,为各国之间的协作奠定基础,降低合作的难度。第七,社会资本和非政府组织将在非遗数字传播中发挥积极作用,为项目提供额外的支持和创新思维,推进国际协作。第八,技术公司和研究机构将跨界合作,开发数字技术工具和平台,用于非遗数字传播的创新,加速数字化传播的发展。

四、全球非遗数字传播在传播转化方面的展望

传播转化将是全球非遗数字传播接下来的重要发展领域,以逐步推进文化产业数字化战略。全媒体体系的建设将拓宽非遗的受众覆盖面,而与创意结合则为其注入新活力。更进一步,非遗传播与数字经济的融合亦预示着巨大的潜在价值。

(一)构建全球非遗数字传播的全媒体体系

全球非遗数字传播将会在传播内容、传播渠道、传播模式等方面不断拓展,构建适合全球非遗数字传播的全媒体体系,增强非遗数字传播的趣味性、互动性,提升非遗在数字空间的生存力、传播力和影响力。第一,非遗数字传播将利用各种数字平台,包括社交媒体、移动应用、数字化博物馆、虚拟现实和增强现实等,以扩大受众范围,并增强互动性。第二,建立全球性的内容联动机制,通过合作和共享,将不同国家和地区的非遗内容相互连接,促进全球非遗数字传播的一体化。第三,鼓励用户参与非遗传播,分享自己的经验和故事,以及与非遗相关的创作和表达,从而丰富内容并增加受众参与感。第四,借助大数据分析,对受众行为和反馈进行跟踪和分析,以更好地了解受众需求,优化内容策略,提高传播效果。第五,利用虚拟现实和增强现实技术,提供互动性强、沉浸式的非遗体验,使受众能够更深入地了解和体验非遗。第六,更加注重故事叙述技巧,以激发受众情感共鸣,让非遗更具吸引力和感染力。第七,不同国家和地区的媒体机构将积极合作,交流非遗内容,提高全球范围内非遗传播的多样性和广泛性。第八,提供多语言的非遗内容,满足全球范围内多样化的受众需求,促进跨文化理解。

(二)推动全球非遗数字传播的创意性转化

全球非遗数字传播将会大力推动创意性转化,依托数字技术创新传统非遗,在凸显非遗文化的历史和文化价值的同时,将非遗数字传播成果产品化,增强其社会和经济价值。这意味着非遗数字传播不仅会吸引更多年轻一代参与非遗传播,还将更广泛地影响社会和文化领域。非遗化作品的国际传播和分享将引发讨论和思考,对全球文化发展产生深远影响。第一,数字技术将不仅用于传统非遗的数字化呈现,还将用于创意性转化,包括虚拟现实、增强现实、人工智能等技术的应用,以创造全新的非遗体验和互动性。第二,非遗数字化内容将被转化为具体的产品,如数字游戏、互动应用、虚拟博物馆等,提高非遗的社会和经济价值,为非遗传统的可持续传承提供新的收益来源。第三,数字技术将有助于更生动、深入地呈现非遗的历史和文化价值。通过虚拟重建、数字化档案等手段,受众可以更好地理解和欣赏非遗的深刻内涵。第四,非遗数字传播将鼓励创意表达,包括数字艺术、短片制作、音乐创作等。显而易见,数字非遗产业将成为新兴的创意产业,吸引创意人才、企业投资,并推动非遗数字传播的可持续发展。

(三) 关注非遗数字传播与数字经济的结合

全球非遗数字传播将更加关注与数字经济的结合,加快发展云游非遗、非遗直播、非遗数字产业园等非遗数字传播新业态,推动数字非遗产业化发展,发展以"数字藏品"为代表的非遗数字化交易,鼓励非遗数字传播产品网络销售和国际化。第一,越来越多的地方将建立非遗数字化产业园区,提供场地和资源支持,以吸引非遗数字传播企业入驻,推动数字非遗产业的发展和创新。第二,云游非遗将成为热门的旅游方式,人们可以通过虚拟旅游体验非遗,这将带动非遗数字旅游市场的增长。第三,非遗直播将继续扩大,传统非遗表演和工艺制作将通过网络直播传递给观众,推动非遗数字化的传播和推广。第四,非遗数字化产品将多样化,包括虚拟博物馆、数字艺术品、VR体验设备等,这些产品将成为数字非遗产业的新兴领域。第五,建立以数字藏品为基础的交易平台,使人们能够购买、出售和交换非遗数字化作品,促进非遗数字传播的市场化和产业化。第六,非遗数字化产品和服务将更加国际化,通过多语言支持、全球市场开拓等方式,吸引国际受众,推动数字非遗的全球传播与销售。第七,数字非遗品牌将崭露头角,成为数字非遗产业的代表性企业,为传统非遗赋予现代表达方式。

本章参考文献

[1] 薛可,郭斌.中国非物质文化遗产数字传播研究报告(2018—2022年)[M].上海:上海交通大学出版社,2023:1-102.

[2] 薛可,龙靖宜.促进非物质文化遗产广泛传播——对《关于进一步加强非物质文化遗产保护工作的意见》第十四条的解读[J].中国非物质文化遗产,2021(6):13-17.

[3] 薛可,张馨元,邵培仁.媒体把关权力的让渡与回归:算法推荐用户对媒体社会责任感知影响因素研究[J].浙江大学学报(人文社会科学版),2023,53(9):29-44.

[4] 邵培仁.媒介生态学新论[M].杭州:浙江大学出版社,2022:91-138.

[5] 戴丽娜.微博舆论领袖的识别方法与管理策略研究[J].新闻记者,2012(9):26-29.

[6] 黄远水,梁旷映雪,王芳.集体记忆对传统技艺类非遗传承人遗产保护行为的影响机制[J].华侨大学学报(哲学社会科学版),2023(3):55-66.

[7] 王肖,赵彦明."Z世代"大学生媒介化生存的审视与应对[J].思想理论教育,2022(3):90-95.

[8] 韩美群,周小芹.近二十年来非物质文化遗产数字化传承研究回顾与展望[J].中南民族大学学报(人文社会科学版),2022,42(1):65-74,184.

[9] 伍亚婕.试论博物馆陈列中的互动体验展示[D].上海:复旦大学,2008.

[10] 郑雄伟.全球文化产业发展报告[R].2012.

[11] 李艳微,包磊.基于融媒体技术的中国话语舆情传播引导机制研究[J].情报科学,2022,40(11):40-48,109.

[12] C.W.沃特森.多元文化主义[M].叶兴艺,译.长春:吉林人民出版社,2005:1.

[13] 塞缪尔·亨廷顿.文明的冲突与世界秩序的重建[M].周琪,刘绯,张立平,等译.北京:新华出版社,1998:64.

[14] Couldry N, Mejias U A. The costs of connection: How data is colonizing human life and appropriating it for capitalism[M]. Redwood City: Stanford University Press, 2019.

[15] Wang P. Connecting the parts with the whole: Toward an information ecology theory of digital innovation ecosystems[J]. MIS Quarterly, 2021, 45(1): 397-422.

[16] Bamakan S M H, Nurgaliev I, Qu Q. Opinion leader detection: A methodological review[J]. Expert Systems with Applications, 2019, 115: 200-222.

[17] Mariscal J, Mayne G, Aneja U, et al. Bridging the gender digital gap[J]. Economics, 2019, 13(1): 20190009.

[18] Skublewska-Paszkowska M, Milosz M, Powroznik P, et al. 3D technologies for intangible cultural heritage preservation—Literature review for selected databases[J]. Heritage Science, 2022, 10(1): 1-24.

[19] Hou Y, Kenderdine S, Picca D, et al. Digitizing intangible cultural heritage embodied: State of the art[J]. Journal on Computing and Cultural Heritage (JOCCH), 2022, 15(3): 1-20.

[20] Kim S, Whitford M, Arcodia C. Development of intangible cultural heritage as a sustainable tourism resource: The intangible cultural heritage practitioners' perspectives[J]. Journal of Heritage Tourism, 2019, 14(5-6): 422-435.

[21] Selmanović E, Rizvic S, Harvey C, et al. Improving accessibility to intangible cultural heritage preservation using virtual reality[J]. Journal on Computing and Cultural Heritage (JOCCH), 2020, 13(2): 1-19.

[22] 周穗明.西方多元文化主义理论述评——对右翼民粹主义政治思潮崛起之源的一个政治哲学解析[J].国外理论动态,2019(7):13.

[23] 中国经济网.保护好中华民族文化符号[EB/OL]. https://baijiahao.baidu.com/s?id=1643157867246906257&wfr=spider&for=pc.[访问时间:2023-06-30]

[24] 日本现代佛教的全面进化[EB/OL]. https://www.trueart.com/news/263858.html.[访问时间:2023-10-07]

[25] Z世代[EB/OL]. https://baike.baidu.com/item/Z%E4%B8%96%E4%BB%A3/20808405?fr=ge_ala.[访问时间:2023-10-07]

[26] 椰岛匠心自研古镇模拟经营类手游《江南百景图》7月2日正式上线![EB/OL]. https://shouyou.3dmgame.com/news/50452.html.[访问时间:2023-10-07]

[27] 江南百景图[EB/OL]. https://baike.baidu.com/item/%E6%B1%9F%E5%8D%97%E7%99%BE%E6%99%AF%E5%9B%BE/24284487?fr=ge_ala.[访问时间:2023-10-07]

[28] 一把油纸伞收获百万粉丝,富阳大叔"直播带货"成网红[EB/OL]. https://news.dahebao.cn/dahe/appcommunity/1538039.[访问时间:2023-10-07]

[29] 韩国比丘尼名厨"正宽法师"的传奇生平:17岁离家入寺、艾美奖纪录片亮相、被封哲学家厨师……你不可不知的6件事[EB/OL]. https://www.tatlerasia.com/dining/tastemakers/chef-jeong-kwan.[访问时间:2023-10-07]

[30] 请你"别听说"内蒙古,蒙古族孩子不是骑马上学[EB/OL]. https://history.sohu.com/a/616363904_121608481.[访问时间:2023-10-07]

[31] 外国网友以为所有中国人都会功夫,网友:这下解释不清了![EB/OL]. https://mil.sohu.com/a/582919531_121124632.[访问时间:2023-10-07]

[32] Google Magenta[EB/OL]. https://magenta.tensorflow.org/.[访问时间:2023-10-07]

[33] Deepart.io[EB/OL]. https://images.app.goo.gl/VgED6dva3oLcQG7c6.[访问时间:2023-10-07]

[34] Proliferating immense life in Toji Kodo[EB/OL]. https://youtu.be/wD4ll30Giqs.[访问时间:2023-10-07]

[35] AI is exposing the mysteries of the Vatican Secret Archives[EB/OL]. https://www.fastcompany.com/90170833/ai-is-exposing-the-mysteries-of-the-vatican-secret-archives.[访问时间:2023-10-07]

[36] Europeana[EB/OL]. https://www.europeana.eu/en.[访问时间:2023-10-07]

[37] Open heritage[EB/OL]. https://artsandculture.google.com/project/openheritage.[访问时间:2023-10-07]

[38] Smithsonian folkways recordings[EB/OL]. https://folkways.si.edu/.[访问时间:2023-10-07]

[39] Morocco's king announces setting up of national center for intangible cultural heritage[EB/OL]. https://northafricapost.com/63045-moroccos-king-announces-setting-up-of-national-center-for-intangible-cultural-heritage.html.[访问时间:2023-10-07]

[40] 2003年《保护非物质文化遗产公约》基本文件(2022年版)[EB/OL]. https://ich.unesco.org/doc/src/2003 Convention Basic Texts-2022 version-ZH.pdf[访问时间:2023-06-30]

第五章

亚洲非物质文化遗产数字传播研究

第一节　亚洲非遗数字传播

亚洲地域辽阔、少数民族众多,是人类主要的发祥地之一。在漫漫的历史中,一代又一代亚洲先民将智慧融入日常生活和工作实践,经过不断的传承,最终形成了丰富且多样的文明。亚洲的非遗资源量位于各大洲之首,对世界意义重大。同时,亚洲非遗的数字化传播日益扩大,涵盖多媒体展示、众创平台、虚拟体验等形式。通过数字技术,非遗得以跨越时空、辐射全球,实现文化传承与创新发展的有机结合。本节将介绍亚洲非遗的资源概况及数字化传播情况。

一、亚洲非遗概述

作为世界上主要大陆之一,亚洲拥有全球约 30% 的土地空间和一半以上的居民数量,其规模之庞大、人口之多、人口密度之高都是其他六个洲所无法比拟的。同时,它还是各种文化的发源地与融合点。亚洲各国的非遗文化种类繁多,涵盖了传统音乐、舞蹈、戏剧、手工艺、节日等。例如,中国的京剧、太极拳、传统茶艺等,日本的能剧、浮世绘、茶道等,印度的古典舞、瑜伽、印度草药学等,韩国的传统音乐、韩服、韩国泡菜等。这些非遗资源承载着亚洲国家的历史、文化和智慧,对于社会认同、文化传承和旅游经济都具有重要意义。然而,一些非遗资源的保护和传承面临着挑战,包括老龄化、缺乏传承人、现代化冲击等。因此,加强非遗资源的保护、传承和传播工作至关重要,以确保这些宝贵的文化遗产得以传承和发展,为未来的世代留下宝贵的文化遗产。接下来将通过亚洲文明的起源与发展介绍亚洲非遗的形成背景,随后介绍其留存保护现状。

(一) 亚洲非遗形成背景

被称为"太阳升起的地方"的亚洲,其名称象征着光明和希望,也代表着人类智慧与文化的发源地。亚洲在地理位置上大部分地区位于北半球和东半球,是人类最早的定居地之一。在漫漫历史的长河中,亚洲的黄河与长江流域、印度河与恒河流域、幼发拉底河与底格里斯河流域以及东南亚等地区孕育了众多古老文明,这些区域共同塑造并繁荣了各种远古文化的璀璨辉煌。它们相互照耀、相得益彰,点亮人类文明之光。世界四大文明古国中的中国、古印度和古巴比伦都位于亚洲大陆。在数千年的发展中,亚洲各地形成了独特的文化体系和传统生活方式,这些传统知识、技艺和实践代代相传,形成了丰富多样的非遗资源。亚洲非遗的形成得益于人们对自然环境的认知、对社会生活的需求以及对宗教、哲学和艺术的追求。通过长期的实践和创新,亚洲的非遗传统逐渐形成,并与社会、经济、宗教等方面相互交织。这些非遗传统在亚洲社会中扮演着重要的角色,不仅满足了人们的物质和精神需求,也体现了亚洲文化的独特性和多样性。亚洲非遗是亚洲文明的瑰宝,也是人类文化多样性的重要组成部分。保护和传承亚洲非遗,不仅是对历史的尊重和珍视,也是为了将这些宝贵的文化遗产传递给后代,并在当代社会中发挥其独特的价值和意义。

在工业革命开始之前,亚洲是世界经济和文化的重心,人类大部分科学技术成果都产生于亚洲。距今一万年前,靠采集和狩猎为生的亚洲先民率先开始种植稻谷并圈养家禽,他们将石头打磨成镰刀和杵臼等,用于农作物的种植、收割和加工。从此,人类进入农耕文明时代。大约6 500年前,幼发拉底河与底格里斯河流域出现了世界上最早的系统性灌溉工程。如图5-1-1(a)所示的古巴比伦泥板记录着古代两河流域的先民得出直角三角形面积公式并计算灌溉水渠径流量的历史。由此,人类可以改变平原上河水的流向,进一步促进农业的丰收和文明的进步。陶器是人类最早的存储、烹饪工具,让人类摆脱了茹毛饮血的原始生活方式。图5-1-1(b)展示了目前世界上最古老的陶片,出土于中国江西,年代确定为两万年前。自那时起,亚洲各地区都出现了各自独特的陶器制作技巧和产品:古巴比伦人在其陶器表面涂抹了一层保护膜;位于西亚的赫梯人已经熟练地掌控了超过1 100℃的高温熔炼工艺;中国人则用高超的均匀受热烧制技术烧制出了世界第八大奇迹秦陵兵马俑,如图5-1-1(c)所示。随后,中国人又创新了原料、窑形、炉温、上釉等关键技术,从而使陶制品发展成为瓷器,图5-1-1(d)中显示的是中国的青花瓷。在约5 000年前的印度河流域,人们首次开始了对棉花的栽培,从此人类的服装由原始的动物皮革逐渐转变为更柔软且易于穿着的棉麻材质,并逐步向着更加时尚和美观的设计方向迈进。中国长江流域出现的丝绸又将人类服饰文化推向了新的高度。此外,亚洲还出现了人类年代最久远的城市,标志着人类开始大规模聚集和社会分工。距今6 000多年的乌尔遍布民房、店铺、市场,曾居住了三万多名苏美尔人。如图5-1-1(f)所示,位于巴基斯坦的摩亨佐·达罗古城遗址建造于约5 000年前,卫生系统设计完善,城市规划理念超前。世界上最早可吹奏的乐器是约9 000年前的中国贾湖骨笛。此外,亚洲文明还创造了轮子、数字、文字等,极大地推动了人类文明的发展。

亚洲非遗的形成源远流长,与亚洲作为人类文明发展的重要地区密不可分。亚洲先人将智慧融入生产生活实践,创造了手工艺、音乐、舞蹈、戏曲、民俗等多元的文化,并在代代相传中推陈出新,发扬光大。这些传统技艺和文化实践代代相传,形成了独特的非遗资源,反映了亚洲各地区的历史、社会、宗教和生活方式。

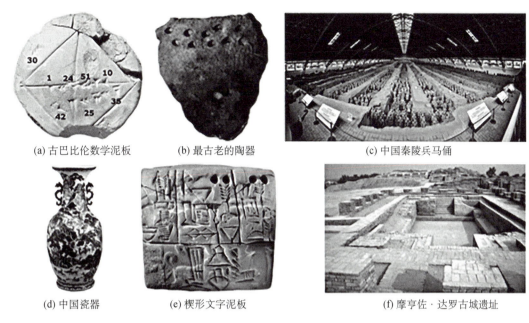

(a) 古巴比伦数学泥板　　(b) 最古老的陶器　　(c) 中国秦陵兵马俑
(d) 中国瓷器　　(e) 楔形文字泥板　　(f) 摩亨佐·达罗古城遗址

图 5-1-1　亚洲文明代表性产物

资料来源：(a)巴比伦泥板上的数字[EB/OL]. https://finance.sina.cn/2022-04-03/detail-imcwiwss9643878.d.html.[访问时间：2023-09-10]；(b)万年仙人洞出土最古老陶器入选 2012 年全球十大考古发现[EB/OL]. https://jxsr.jxnews.com.cn/system/2012/12/25/012226922.shtml.[访问时间：2023-09-10]；(c)西安第一人气景点，距今超过 2 000 年，被誉为世界第八大奇迹[EB/OL]. https://www.sohu.com/a/351163613_103422.[访问时间：2023-09-10]；(d)华侨博物院院藏中国古代陶瓷精品(4)[EB/OL]. http://www.taihainet.com/news/xmnews/whjy/2017-06-28/2028720_4.html.[访问时间：2023-09-10]；(e)苏美尔人的"楔形文字"泥板[EB/OL]. https://www.sohu.com/a/570150663_182897.[访问时间：2023-09-10]；(f)文明六奇观盘点之大浴场，来自古印度文明摩亨佐-达罗的浴池.[EB/OL]. https://zhuanlan.zhihu.com/p/463867265.[访问时间：2023-09-10]

（二）亚洲非遗保护现状

亚洲作为一个文化多样性极为丰富的大陆，拥有众多珍贵的非遗。然而，亚洲非遗的保护现状面临一些挑战，许多非遗技艺在传承和发展过程中面临失传的危险。亚洲国家和国际组织采取了一系列措施，成效显著。未来，需要进一步加强国际合作，共享经验和最佳实践，以促进亚洲非遗的保护和传承，确保这些宝贵的文化遗产得以延续。

1. 亚洲非遗发展现状

伴随着亚洲文明的繁荣，亚洲的非遗资源量也位居各大洲之首，但这些人类瑰宝并未在世代传承中全部留存下来。首先，快速的现代化进程和全球化的影响对亚洲非遗构成了威胁。传统技艺和知识的传承面临着断裂和失传的风险，年轻一代对传统文化的兴趣减少，而更倾向于现代生活方式。其次，经济发展和城市化导致了城市空间的改变，许多传统手工艺和表演形式失去了原有的场所和环境，这导致了非遗的流动性和可持续性问题。最后，非遗的商业化和商标侵权也是一个重要问题。一些商业实体未经授权就使用非遗的符号和图案，这对传统社群的利益和文化权益造成了损害。

联合国教科文组织在非遗名录（名册）中分三大类记录了世界非遗资源，分别是人类非物质文化遗产代表作名录,急需保护的非物质文化遗产名录,以及保护非物质文化遗产的计划、项目和活动(优秀实践名册)。以截至2022年年底的世界非遗为样本,总数达677项,分布在139个国家。如图5-1-2所示,排名前十的国家中,超过半数位于亚洲,分别为中国、土耳其、韩国、日本、伊朗和阿塞拜疆。中国的非遗总量排名世界第一,但同时急需保护的非遗数目也最多,其中就包括活字印刷术、中国木拱桥技艺等伟大发明。此外,欧洲国家保护非遗优秀实践数量明显多于亚洲国家①。

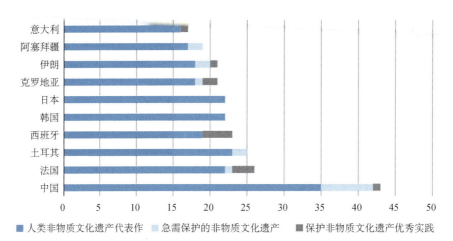

图5-1-2 世界各国非遗数量(前十)

资料来源:数据看中国 VS 世界:全球各国世界遗产盘点-2022[EB/OL]. https://zhuanlan.zhihu.com/p/596715088.[访问时间:2023-09-10]

2. 亚洲非遗保护与具体措施

2019年5月,亚洲文明对话大会在中国北京举行,中国国家主席习近平在开幕式演讲中提出"中国愿同各国开展亚洲文化遗产保护行动",各国纷纷响应②。2021年5月11日,中国国家文物局与阿富汗信息与文化部、巴基斯坦国家遗产和文化署分别签署《关于协同开展"亚洲文化遗产保护行动"的联合声明》,这是亚洲国家首次签署"亚洲文化遗产保护行动"双边合作文件,标志着"亚洲文化遗产保护行动"正式从理念转变为行动③。2021年10月27日,亚洲文化遗产保护对话会线上召开,10个国家共同发起成立亚洲文化遗产保护联盟,27个国家携手发布《关于共同开展亚洲文化遗产保护行动的倡议》,中国设立亚洲文化遗产保护基金,启动"亚洲文化遗产保护青年大使计划"④。2023年4月24日,首届亚洲文化遗产保护联盟大会在中国陕西西安举行,来自亚洲22个国家和3个

---

① 数据看中国 VS 世界:全球各国世界遗产盘点-2022[EB/OL]. https://zhuanlan.zhihu.com/p/596715088.[访问时间:2023-09-10]
② 习近平出席亚洲文明对话大会开幕式并发表主旨演讲[EB/OL]. https://www.gov.cn/xinwen/2019-05/15/content_5391897.htm.[访问时间:2023-09-12]
③ 亚洲国家首次签署《关于协同开展"亚洲文化遗产保护行动"的联合声明》[EB/OL]. https://www.gov.cn/xinwen/2021-05/11/content_5605839.htm.[访问时间:2023-09-12]
④ "增进文明对话、共塑亚洲未来"——亚洲文化遗产保护对话会在京开幕[EB/OL]. https://www.gov.cn/xinwen/2021-10/28/content_5647436.htm.[访问时间:2023-09-12]

国际组织的150位代表出席会议,亚洲文化遗产保护联盟正式成立①。

在亚洲各国联合开展文化遗产保护工作共识与相关政策的推动下,一系列文化遗产保护合作项目相继实施。一方面,各国联合举办艺术展促进文物保护与文化交流互鉴,如中国与日本联合举办《三国志》展、中国与巴基斯坦共同主办"譬若香山:犍陀罗艺术展"。另一方面,亚洲各国联合开展考古项目并修复重大文化遗产,如柬埔寨吴哥古迹、乌兹别克斯坦希瓦古城、尼泊尔加德满都杜巴广场九层神庙等②。此外,亚洲各国接连开展技术合作、防止文物走私合作、专业人员培训合作等一系列行动,以实际行动逐步推进亚洲文化遗产保护工作,大大促进了亚洲非遗的保护和传播。

案例材料

2023年3月15日,"譬若香山:犍陀罗艺术展"(见图5-1-3)开幕式在中国故宫博物院举行。犍陀罗艺术源于亚洲地区,以其精湛的雕刻技艺和独特的艺术风格而闻名。本次展览由中国和巴基斯坦共同主办,是截至2023年中国境内举办的最大规模的犍陀罗艺术展。展览选取了203件(套)文物,包括犍陀罗雕刻作品、绘画、手工艺品和装饰品等,其中巴方文物173件(套),中方文物30件(套),从古代犍陀罗文明发展的角度分为"香遍国:多元文化下犍陀罗文明的诞生""犍陀罗艺术的辉煌""犍陀罗艺术的余晖"三个单元。展览不仅呈现了犍陀罗艺术的历史渊源和传承传统,还突出了其在当代社会中的创新和发展。通过展览,观众可以深入了解犍陀罗艺术的丰富内涵和多样性,欣赏艺术家们的精湛技艺和创造力,还能参与互动,更好地体验和感受犍陀罗艺术的魅力。这样的展览不仅有助于保护和传承犍陀罗艺术这一非遗资源,也促进了文化交流和艺术的传播。

图5-1-3 譬若香山:犍陀罗艺术展

资料来源:"譬若香山:犍陀罗艺术展"在文华殿开幕[EB/OL]. https://www.dpm.org.cn/show/259164.html.[访问时间:2023-09-12]

---

① 亚洲文化遗产保护联盟大会开幕 谌贻琴宣读习近平主席贺信并致辞[EB/OL]. http//www.gov.cn/yaowen/2023-04/25/content_5753139.htm.[访问时间:2023-09-12]
② 守护亚洲文化遗产进行时[EB/OL]. http://www.ncha.gov.cn/art/2021/11/10/art_722_171737.html.[访问时间:2023-09-12]

亚洲拥有全球最丰富的非遗,随着文明进步的起伏变迁,只有亚洲文化和传统复苏,亚洲文明才能为人类的发展带来更大的价值。亚洲各国对非遗资源的保护、传承和传播已经取得了显著进展。各国采取了多种措施,包括编制非遗名录、设立非遗保护区、开展传统技艺的培训和传承、举办文化节庆活动等。自2019年亚洲各国在亚洲文明对话大会中达成共识起,亚洲文化遗产保护的联合行动相继开展,保护理念逐步深化,保护力度逐渐加大,保护水平进一步提升,保护体系逐渐健全。因此,加强国际合作、提升社会意识、培养更多的传承人才以及探索数字化技术在非遗保护中更广泛的应用是当前亟待解决的问题。在亚洲各国及全世界的共同努力下,亚洲非遗必将作为现代文明的重要组成部分,继续推动人类文明的进步。

二、亚洲非遗数字传播发展与应用

随着亚洲经济的不断崛起,亚洲文化逐步恢复往日的繁荣,文化力量也逐步显现。在非遗保护过程中有很多的困难,而数字化技术能够扩大非遗保护、传播和传承的渠道。新技术的光正越来越多地照进古老的文化遗产,科学让历史在二进制的世界中有了新的模样。许多亚洲国家利用数字化技术推动非遗资源的传播,建立了在线平台和数字档案,展示非遗技艺、传统表演和手工艺品等。通过虚拟展览、在线视频、社交媒体等渠道,非遗得以跨越时空和地域的限制,得到更广泛的传播和推广。通过这些数字化的传播方式,非遗的知名度得以提升,吸引了更多人对非遗保护和传承的关注。同时,数字化技术也为非遗传承人提供了交流和学习的平台,促进了传统知识的传递和交流。下面将介绍亚洲非遗数字传播的应用。

(一)亚洲非遗数字传播发展概况

亚洲非遗的数字传播在过去几十年取得了显著的进展。1971年4月,位于日本的亚洲文化中心正式启动运营。该机构致力于推动各成员之间在非遗领域的互动及协作,以提升非遗跨地域数字化管理和维护,并且利用录音带、文件资料、影片等方式详尽纪录了他们所举办的所有非遗活动和计划,从而创建了一个名为"亚太非物质遗产数据库"的平台,为保育和弘扬亚太地区的非遗做出了巨大贡献[①]。此外,随着互联网的普及和移动技术的发展,通过社交媒体、在线视频平台和手机应用程序,非遗文化得到广泛传播和分享。人们可以通过在线平台观看非遗表演、学习传统技艺、参与互动活动,并与其他人分享体验和见解,使非遗得以传承和传播给更广泛的受众,包括年轻一代和国际观众。有许多非遗爱好者通过新媒体平台发布自己的非遗作品,大大促进了非遗文化的创新发展。

同时,亚太地区的非遗数字传播也面临一些挑战。其中之一是技术和数字鸿沟的问

---

① Asia-Pacific Cultural Centre for UNESCO[EB/OL]. http://www.accu.or.jp/en/.[访问时间:2023-10-25]

题。一些传统非遗项目的传承者对数字技术缺乏了解或接触不足,限制了数字化传播的范围和效果。此外,版权保护、文化隐私、商业利益等问题也需要得到妥善处理,以确保数字传播的可持续性和合法性。总之,亚太地区非遗的数字传播呈现出积极的发展态势,日本、韩国最先开始非遗数字保护工作,中国、越南等国紧随其后。下面将具体介绍非遗数字传播的应用。

(二)亚洲非遗数字传播技术应用

亚洲各国通过数字技术的应用,将非遗传播推向了一个新的高度。虚拟博物馆、在线展览、虚拟现实和增强现实体验、移动应用程序、社交媒体等工具使非遗文化更加可亲可及。这些应用不仅提供了便捷的学习和体验方式,也促进了非遗文化的保护、传承和跨文化交流,为亚洲非遗的传播和发展做出了积极贡献。目前,亚洲各国仍以数字化留存与保护为主,同时探索非遗数字交互与传播、拓展与开发。

1. 亚洲非遗数字技术应用现状

(1)非遗的数字化留存与保护。2007年,联合国教科文组织亚太地区文化中心建立了"亚太地区非遗数据库"(Asia-Pacific Database on Intangible Cultural Heritage),公众可以通过亚太地区文化中心网站自由检索日本、中国、印度等十多个国家及地区的非遗项目,非遗数字资源得以突破地域的限制进入大众的眼帘[1]。亚太地区非遗数据库共分为六大板块,分别是基于社区的非遗项目、培训课程、学习材料、表演艺术、活动与会议、报告与文件,形成了地区性合作与资源共享、资源类型丰富、资源的无限制利用等特色。

亚洲各国也纷纷建立非遗数据库,开展非遗数字化留存与保护工作。2012年,印度尼西亚国家博物馆与谷歌联合推出巴迪克蜡染及其制作过程的网络资源[2]。阿联酋的沙迦和阿布扎比在2020年落地了多项非遗数字化保护的活动。沙迦遗产研究院推出线上非遗杂志、创建线上虚拟椰枣存放工作坊等[3]。

(2)非遗的数字化交互与传播。通过数字技术和互联网平台,人们可以互动式学习、分享和体验非遗。这种数字交互不仅促进了非遗的传播和推广,也为人们提供了更丰富、更多样化的参与方式,加深了人们对亚洲非遗的理解和认同。同时,数字交互也促进了不同文化之间的交流和对话,推动了文化多样性的发展和共享。2021年,亚太地区非遗国际信息和网络中心与越南国家艺术文化研究院联合推出的亚太地区非遗信息分享平台构建项目正式上线,为亚太地区非遗工作者提供便利[4]。

非遗数字展览利用多媒体和互动体验,将传统非遗项目以数字化方式呈现。观众可

---

[1] Asia-Pacific database on intangible cultural heritage[EB/OL]. http://www.accu.or.jp/ich/en/.[访问时间:2023-10-25]
[2] 禾泽,疏影.印尼、马来西亚:多种举措保护东南亚传统文化[N].中国文化报,2013-10-10.
[3] 申十蕾,法正,曹姚瑶.阿联酋非物质文化遗产保护举措及启示[J].自然与文化遗产研究,2021(6):8.
[4] Ich@Links[EB/OL]. https://www.ichlinks.com.[访问时间:2023-10-25]

以通过高清影像、音频、视频等感受非遗的魅力。数字展览互动功能让观众参与其中,了解制作过程和技艺传承,为非遗保护、传承和推广提供了新途径,促进文化交流和互动,让更多人了解、尊重和传承非遗。2020年,"物以载道——中国非遗数字展"在中国和摩洛哥的数字媒体平台上线,同名线下展于11月在摩洛哥拉巴特中国文化中心举行,展览共分为"丝路明珠——'一带一路'中的东方文化使者""乘物游心——中国古典雅致生活""匠心传承——创新赋能传统技艺"三大板块,采用"科技＋非遗"模式,打造3D数字展厅,展示瓷器、丝绸、古典家具、佛山非遗等文创非遗精品,为观者带来沉浸式的观展体验[1]。2023年,"物以载道——中国与沙特非遗数字展"走入沙特。中国与沙特非遗数字展包括"衣""食""住""医"四个独立单元,围绕"楚楚衣裳""珍馐美馔""雅逸天然""仁心仁术"的单元主题,涵盖民族服饰、非遗美食、特色建筑、医药珍宝、民俗文化等300余件展品,展示中沙两国发源于生活、繁盛于民间、效用于社会的优秀文化遗产。展览"虚实结合",除线下实体展示,还运用AR技术构筑3D数字展厅,观众在手机或电脑端即可身临其境般地参观。在互联网和数字科技的推动下,卓越的传统文化和精湛的非遗得以更有效地传递和继承,持续创造着交流与学习、民心相连的新篇章[2]。2023年,以"大美非遗,和合天下"为主题的首届北京国际非遗周开幕。首届北京国际非遗周包含开幕式、国际非遗展览、非遗对话,以及副中心非遗特色活动、各区分会场活动近百场。来自中国18个省(区、市)和亚洲、欧洲、南北美洲、非洲约40个国家的近千名代表、近500个非遗项目、3 000余件展品和作品以多种形式齐聚非遗周[3]。

(3) 非遗的数字化拓展与开发。当代的非遗保护需要与数字时代携手,创新非遗保护活化;与现代生活接轨,释放非遗文化能量;与群众需求契合,激活非遗"造血"潜能。通过数字技术和创新应用,将非遗与现代社会结合,创造新的表现形式和商业价值。一方面,创新非遗品牌运营模式,拓宽传承人创收渠道,让非遗"火起来"。另一方面,构建非遗品牌矩阵,延长"非遗＋"产业链条,实现非遗的生产性保护及产业化发展。通过"非遗体验＋场景建构",推动文化、旅游融合发展。根据不同类别非遗特点,量身定制数字化场景,让人们在生动丰富的情境中感悟非遗文化和现代生活的连接点,以高质量的虚实共生体验助推非遗数字化转型升级。推动非遗数字产品和旅游场景有机融合,线上交流互动与线下沉浸体验相结合,培育非遗沉浸式体验基地,打造非遗研学、非遗演艺等旅游产品[4]。近年来,中国十八数藏平台推出"三孔"古建筑作品、骆驼"阿飞"唐三彩作品、《海外遗珠》明清书画扇面作品、《花开富贵》马尾绣作品、《剪纸里的艺术》海派剪纸、《圆明皮影

---

[1] "物以载道——中国非遗数字展"在中国和摩洛哥上线[EB/OL]. https://www.gov.cn/xinwen/2020-11/03/content_5556922.htm.[访问时间:2023-10-25]

[2] "物以载道——中国与沙特非遗数字展"启动仪式在佛山举行[EB/OL]. https://www.sohu.com/a/649461786_196397.[访问时间:2023-10-25]

[3] 走进"国际非遗展览"|首届北京国际非遗周·影记[EB/OL]. http://cul.china.com.cn/2023-10/23/content_42562591.htm.[访问时间:2023-10-25]

[4] 拥抱数字化 推动"非遗＋"融合创新[EB/OL]. http://www.ce.cn/culture/gd/202310/24/t20231024_38776938.shtml.[访问时间:2023-10-25]

十二属》、"苏绣"国粹珍品数藏等一系列数字藏品,上承中国传统文化,下启科学前沿技术,以数字化技术清晰呈现了非遗艺术的精妙与典雅①。2019年,中国拥有7项市级非遗项目和52项区级非遗项目的重庆璧山打造国际非遗特色小镇,为当地非遗带来了新活力②。日本也在日本的三大名茶(宇治茶、狭山茶、静冈茶)之首宇治茶的故乡,打造完整产业体系,建造非遗特色小镇③。

2. 亚洲非遗数字化传播未来展望

未来,亚洲各国将进一步加强数字化技术在非遗保护中的应用,以推动非遗资源的传承和传播。数字化技术将被广泛应用于非遗资源的数字化档案建设、虚拟展览、在线教育、社交媒体传播等方面。"非遗档案＋数据库",实现非遗立体化记录、全面化共享。"非遗IP＋全媒体",创造非遗传播新模式。"非遗展示＋数字文化设施",提高非遗服务公共文化能力。"非遗正能量＋云平台",推动非遗文化与文明实践相融合。通过创新的数字化平台和工具,非遗将能够以多样化、互动性和沉浸式的方式呈现给观众,激发他们对非遗的兴趣和参与。同时,数字化技术还将促进非遗资源的跨界合作和国际交流,加强不同国家之间的合作与互动,共同保护和传承亚洲非遗的宝贵文化遗产。然而,数字化传播仍需解决技术落差、数字鸿沟等挑战,确保数字化平台的普及和可访问性。因此,加强国际合作、提升社会意识、培养传承人才,并持续探索数字化技术的创新应用,将是实现亚洲非遗资源数字化传播的关键要素。

第二节 中国非遗数字传播

中国是入选联合国教科文组织非遗名录项目最多的国家。泱泱中华,文化深厚,五千年的历史让中国人民的智慧不断积累和创新,孕育出了丰硕而璀璨的非物质文化遗产。中国的非遗保护虽然起步较晚,但发展极其迅速。本节将介绍中国的非遗资源概况及数字传播情况。

一、中国非遗数字传播概述

中国地处亚洲东部、太平洋西岸,疆域辽阔,民族众多,是世界上历史最悠久的国家之一。中国各族人民以华夏文明为源泉,以中华文化为基础,创造了绚丽多彩的中华文化。

---

① 非遗传承保护遇困境 数字藏品激活传统文化新魅力[EB/OL]. http://www.xinhuanet.com/culture/20220923/d21a6c5f15154da3b0acdd782feccbe4/c.html.[访问时间:2023-10-25]

② 非遗特色小镇:让非遗融入美好生活[EB/OL]. http://ip.people.com.cn/n1/2019/0712/c179663-31229985.html.[访问时间:2023-10-25]

③ 日本特色小镇(宇治)｜以茶为特色,打造出产业体系完整的休闲农业发展之路![EB/OL]. https://www.sohu.com/a/549882601_509371.[访问时间:2023-10-25]

中国非遗资源十分丰富,涵盖了民间艺术、传统手工艺、民间文学、传统音乐、传统戏曲、传统体育等多个领域。

(一) 中国非遗保护现状

中国的非遗保护近年来得到了积极发展。中国政府通过法律法规的制定和实施建立了一系列保护机制和组织,如国家级非遗名录和非遗保护中心。同时,加强了对非遗传承人的培养和扶持,推动了非遗的传统技艺传承。此外,中国也热衷于与全球伙伴进行合作,共享经验教训,一同维护世界非遗。然而,现代化、全球化、经济发展和商业化等因素仍然对中国非遗的保护构成挑战,需要更多的努力和措施来平衡保护与发展的关系。

1. 中国非遗发展现状

中国非遗数目庞大、种类齐全,总数世界第一。2009 年,中国完成《中国民族民间十部文艺集成志书》的编撰出版工作。该书编撰历时 30 年,字数 4.5 亿字,省卷 298 部(450 册),分十大类记录了流传于民间的"无形"文化资源,收录文化项目类别及数目如表 5-2-1 所示。①

表 5-2-1 《中国民族民间十部文艺集成志书》收录文化项目类别及数目

文化项目类别	文化项目数目	文化项目类别	文化项目数目
民间歌曲	30 万首	器乐曲曲目	20 698 首
戏剧剧种	394 个	舞蹈节目	26 995 个
戏剧唱腔	17 402 段	民间故事	30 万篇
曲艺曲种	591 项	民间歌谣	44 941 首
曲艺唱腔	11 108 段	民间谚语	576 546 条

资料来源:十部"文艺集成志书"为我国非遗保护奠定坚实基础[EB/OL]. https://www.gov.cn/jrzg/2010-04/15/content_1582224.htm.[访问时间:2023-09-13]

2005 年,中国首次进行全国非遗大普查,将非遗分为十大门类,按国家、省、市、县四级,建立非遗代表性项目名录体系。截至 2023 年,中国普查并记载的非遗项目近 87 万项,其中国家级非遗项目共计 1 557 项,子项 3 610 个。中国非遗各省(区、市)分布如图 5-2-1 所示,类别及数目如表 5-2-2 所示。

---

① 《中国民族民间十部文艺集成志书》历时 30 年完成[EB/OL]. https://www.gov.cn/gzdt/2009-10/12/content_1436842.htm.[访问时间:2023-09-13]

国家级非物质文化遗产代表性项目数字地图(3 610子项)

地区	数量	地区	数量
北京市	120	湖北省	145
天津市	47	湖南省	137
河北省	162	广东省	165
山西省	182	广西壮族自治区	70
内蒙古自治区	106	海南省	44
辽宁省	76	重庆市	53
吉林省	55	四川省	153
黑龙江省	42	贵州省	159
上海市	76	云南省	145
江苏省	161	西藏自治区	105
浙江省	257	陕西省	91
安徽省	99	甘肃省	83
福建省	145	青海省	88
江西省	88	宁夏回族自治区	28
山东省	186	新疆(含兵团)	147
河南省	125		

注：3 610子项还包括香港12个、澳门11个、中直单位47个。

图 5-2-1　中国国家级非遗代表性项目各省(区、市)分布图

资料来源：数读中国非遗[EB/OL]. https://new.qq.com/rain/a/20220607A03H7500.[访问时间：2023-09-13]

表 5-2-2　中国非遗类别及数目

非遗类别	数目	非遗类别	数目
民间文学类	167 项	曲艺类	145 项
传统音乐类	189 项	传统体育、游艺与杂技类	109 项
传统舞蹈类	144 项	传统美术类	139 项
传统戏剧类	171 项	传统技艺类	287 项
传统医药类	23 项	民俗类	183 项

资料来源：薛可 郭斌.中国非物质文化遗产数字传播研究报告(2018—2022 年)[M].上海：上海交通大学出版社，2023：1-102.

2004 年，中国加入联合国教科文组织《公约》，积极推进向联合国教科文组织申报非遗名录(名册)项目的相关工作。截至 2023 年，中国列入联合国教科文组织非遗名录(名册)项目共计 43 项，总数位居世界第一。如表 5-2-3 所示，中国入选人类非遗代表作名录 35 项、急需保护的非遗名录 7 项、保护非遗优秀实践名册 1 项。

表 5-2-3　中国列入联合国教科文组织非遗名录的非遗项目(截至 2023 年)

名录类别	入选年份	非遗项目
人类非遗代表作名录 （35 项）	2008	昆曲、古琴艺术、新疆维吾尔木卡姆艺术、蒙古族长调民歌

(续表)

名录类别	入选年份	非遗项目
人类非遗代表作名录 （35项）	2009	中国篆刻、中国雕版印刷技艺、中国书法、中国剪纸、中国传统木结构建筑营造技艺、南京云锦织造技艺、端午节、中国朝鲜族农乐舞、格萨（斯）尔、侗族大歌、花儿、玛纳斯、妈祖信俗、蒙古族呼麦歌唱艺术、南音、热贡艺术、中国桑蚕丝织技艺、藏戏、龙泉青瓷传统烧制技艺、宣纸传统制作技艺、西安鼓乐、粤剧
	2010	中医针灸、京剧
	2011	中国皮影戏
	2013	中国珠算
	2016	二十四节气
	2018	藏医药浴法
	2020	太极拳、送王船
	2022	中国传统制茶技艺及其相关习俗
急需保护的非遗名录 （7项）	2009	羌年、中国木拱桥传统营造技艺、黎族传统纺染织绣技艺
	2010	麦西热甫、中国水密隔舱福船制造技艺、中国活字印刷术
	2011	赫哲族伊玛堪
保护非遗优秀实践名册 （1项）	2012	福建木偶戏后继人才培养计划

注：2008年，在《公约》生效前宣布为"人类口头和非物质遗产代表作"的遗产自动列入"人类非物质文化遗产代表作名录"。

资料来源：我国43项世界非遗全名录[EB/OL]. https://zhuanlan.zhihu.com/p/592984384.［访问时间：2023-09-12］

2. 中国非遗保护与具体措施

中国自20世纪80年代开始非遗的抢救性保护工作，对民间文化资源进行系统性梳理和保护，成效显著。2019年起，中国的非遗保护工作从抢救性保护转变为巩固保护成果，结合国情制定中国特色非遗保护政策，构建完善的非遗保护体系。

（1）建立非遗法治体系。2000年，中国云南省率先出台《云南省民族民间传统文化保护条例》，为地方立法做出表率，也为国家立法提供借鉴。2003年，颁布《中华人民共和国民族民间传统文化保护法（草案）》，国家层面的立法稳步推进。2004年，中国加入联合国教科文组织《公约》，并将草案更名为《中华人民共和国非物质文化遗产保护法（草案）》。2011年，《中华人民共和国非物质文化遗产法》正式通过并施行。在该法的引领下，各地方积极推动立法，非遗法治体系快速建立[①]。

（2）培养非遗传承人。从2007年起，中国先后确定了五批国家级非遗传承人名单，共计3 063人，从政策、财政等方面大力支持非遗传承人的传习活动。2015年，中国实施

---

① 学术｜松雨：完善政策法规体系为非物质文化遗产保护提供有力支撑[EB/OL]. https://new.qq.com/rin/a120220331A073GNOo.［访问时间：2023-10-25］

"中国非物质文化遗产传承人群研修研习培训计划",组织非遗传承人到高校参加培训学习、交流研讨活动,共计十万人次的非遗传承人参与活动。2021年,该计划更名为"中国非物质文化遗产传承人研修培训计划",继续推动中国非遗的传承与保护①。该计划为传承人提供了更广泛的传播平台,为非遗保护和传承做出了重要的贡献②。

(3)建设生态保护区。中国各民族数量众多,特色分明,而且在地域分布上相对聚集。为了实现非遗的可持续性保护,中国在非遗项目集中的地区建立生态保护区,保证该地区内传统文化与自然环境、经济社会发展和谐统一。

(二)中国非遗数字传播现状

1. 中国非遗的数字留存与保护

数字化是传统非物质文化在当今社会"留下来""活起来"的重要途径。中国政府积极利用数字化技术对非遗项目开展保护,系统采集非遗项目,建立数字博物馆,生成文、图、音、视、三维动画等多类型的非遗数字留存载体。2006年,中国设立中国非物质文化遗产数字化保护中心,并建设开通了中国非物质文化遗产网·中国非物质文化遗产数字博物馆。如图5-2-2所示,中国非物质文化遗产网集政策宣传、资讯传播、成果展示、知识普及于一体,是中国非遗保护信息发布的重要窗口。网站设立"机构""政策""资讯""清单""资源""学术""百科"七个一级栏目,并在首页设置"中国非物质文化遗产传承人群研修研习

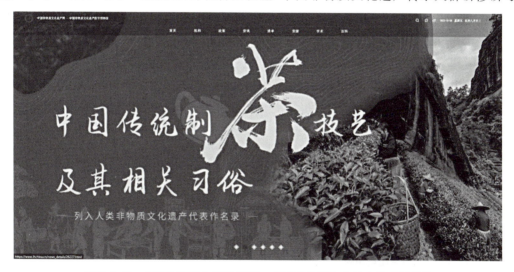

图5-2-2 中国非物质文化遗产网·中国非物质文化遗产数字博物馆

资料来源:中国非物质文化遗产网·中国非物质文化遗产数字博物馆[EB/OL]. https://www.ihchina.cn/#page1.[访问时间:2023-10-06]

---

① 中国非物质文化遗产传承人研修培训计划[EB/OL]. https://www.ihchina.cn/train.html.[访问时间:2023-10-25]

② 文化和旅游部教育部人力资源社会保障部关于印发《中国非物质文化遗产传承人研修培训计划实施方案(2021—2025)》的通知[EB/OL]. https://zwgk.mct.gov.cn/zsxxgkml/fwzwhyc/202110/120211019_928411.htm.[访问时间:2023-10-25]

培训计划""传统工艺振兴计划"等专题。网站利用中国非物质文化遗产数字化保护中心数据库资源,及时更新非遗相关法规、政策、学术机构和保护机构研究成果、工作经验,促进中国非遗保护工作的全面和健康开展。此外,各地纷纷建立地方性非遗数据库,以促进本地非遗项目的留存与保护。

数字影像是非物质文化的重要留存形式,收集和留存了大量珍贵的技术细节和传承故事,展示着非遗在人们生活中的真实实践场景。中国的电影、电视剧、纪录片等影视作品中都蕴藏着很多非遗,表5-2-4展示了影视作品中的中国代表性非遗。

表 5-2-4 中国代表性非遗影视作品

非遗影像类型	非遗影像名称	出品时间	非遗项目
电影	《江姐》	2002	京剧
	《赵氏孤儿》	2010	赵氏孤儿传说
	《新少林寺》	2011	少林功夫
	《百鸟朝凤》	2016	唢呐
电视剧	《大宅门》	2001	同仁堂中医药文化
	《知否知否应是绿肥红瘦》	2018	马球、建盏、宋代点茶
	《延禧攻略》	2018	绒花、打树花、刺绣、昆曲、缂丝、京绣、点翠等
	《长安十二时辰》	2019	西安鼓乐、竹篾灯笼编制技艺、弓箭制作技艺、澄城水盆羊肉、凤翔木版年画等
纪录片	《了不起的匠人》	2016	剪纸、国画、面塑、仿古青花瓷、篆刻、书法、植物染色等
	《非遗传承,少年敢当》	2021	花丝镶嵌、竹编、独竹漂
	《非遗里的中国》	2022	余杭纸伞制作技艺、制茶技艺、蒙古包营造技艺、佛山咏春拳、西安肉夹馍等
	《非遗有新人》	2022	昆曲、金陵刻经印刷技艺、扬州漆器髹饰技艺、泉州提线木偶戏、景德镇手工制瓷技艺等
综艺	《曲苑杂坛》	1991	相声、小品、魔术、杂技、评书、笑话、马戏、说唱等
	《梨园春》	1994	豫剧等中国戏曲
	《巧手神探》	2020	蜡像、面塑、翻糖等
	《艺览吾"遗"》	2022	古法扎染、木版水印、绛州鼓乐、皮影戏等

资料来源:《百鸟朝凤》《大鱼海棠》,国产电影中的非遗你知道多少?[EB/OL]. http://ent.cnr.cn/zx/20200628/t20200628_525146533.shtml [访问时间:2023-09-13];影视助力"非遗"出圈[EB/OL]. https://news.gmw.cn/2020-09/16/content_34189843.htm [访问时间:2023-09-13];这些关于非遗的纪录片,你看过几部?[EB/OL]. https://baijiahao.baidu.com/s?id=1602624951996827433 [访问时间:2023-09-13]

数字文创产品是依托区块链技术发行的一种文创数字化载体形态,并通过打通内容创作者和消费者之间的价值通道,实现从内容作品到产品商业化的价值闭环,进而激活文创产业的创新活力。数字文创产品有望成为纪念品、文创衍生品、艺术品等产品的重要补充,为具备优质内容和IP的发行方带来增量收入,盘活传统文化等文化内容IP商业价值。利用区块链技术的非同质化代币数字艺术品能够实现对所有者的身份认证和作品的确权,从而创建独一无二的数字化证明文件。这不仅确保了消费者在交易或收藏过程中的真实性和特殊性,同时也能有效维护文物的数字产权,让更多的文化爱好者有机会获得无法被复制、永恒保存在线并可供实时欣赏与共享的数字艺术品。数字藏品阐述宝藏背后深厚的历史性与艺术性,让每一位参与的用户成为数字时代的藏宝人,加深对中国传统文化的理解与鉴赏力,弘扬中国文化。《2022年数字文化产品专题研究》数据显示,中国数字文化产品平台数量爆发式增长,并且超过70%的数字藏品用户为90后和00后,表明数字文化产品的内容更加符合年轻一代喜好,未来将成为重要的艺术收藏形式。根据《2022非物质文化遗产消费创新报告》的数据,2021年,中国的数字化收藏品发布商达到了38个,而与非遗相关的商品的销售量大约为456万件,其总体的市场价值超过1.5亿元人民币①。截至2022年7月,中国数字藏品平台数量已达到998家。《2023年中国数字藏品行业全景图谱》显示,2022年3—9月,仅7个月时间,国内95个数字藏品平台已发行超过2600万份数字藏品,销售额超过9亿元②。iBox数字藏品平台发布的《新时代的新国潮:2023非物质文化遗产数字藏品研究报告》数据显示,2022年,数字藏品市场规模已达到23.7亿元,到2028年市场规模将超过300亿元。藏家最喜爱的非遗数字藏品形式如图5-2-3所示。

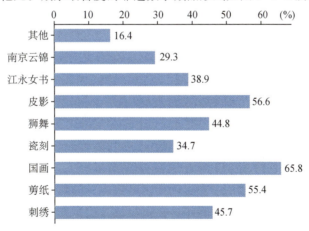

图5-2-3 2023年藏家最喜爱的非遗数藏形式

资料来源:iBox链盒发布首份非物质文化遗产数字藏品报告[EB/OL]. http://www.xinhuanet.com/culture/20230324/5520b6d8a5c3428ea6ce7d3df9a9aab7/c.html.
[访问时间:2023-10-26]

---

① 格物观察|《2022非物质文化遗产消费创新报告》发布,五大新趋势值得关注[EB/OL]. https://new.qq.com/rain/a/20221125A010BB00. [访问时间:2023-09-16]
② 预见2023:《2023年中国数字藏品行业全景图谱》(附市场现状、竞争格局和发展趋势等)[EB/OL]. https://www.qianzhan.com/analyst/detail/220/230907-611d2a28.html. [访问时间:2023-10-26]

2. 中国非遗的数字交互与传播

数字化技术与网络平台的出现使中国非遗文化的传播突破了言传身教的局限性,为非遗文化走向大众、走向世界创造了平台。在"互联网+"的时代背景下,中国鼓励"大众创业,万众创新",各行各业都出现了许多众创空间和众创平台来支持和鼓励创业者。非遗传承人也借此机会创立了许多独具特色的非遗众创平台,发挥群体智慧,鼓励大众参与,促进非遗的数字化传播与应用。

中国政府和非遗相关机构搭建非遗网站、App众创平台。非遗众创平台利用内容共建、资源共用、渠道合作、大数据分析等多种形式实现社会公共服务,推动大众的参与,增强非遗传播实效,促进中国非遗的创造性转化与创新性发展。北京炎黄文明非物质文化遗产保护中心联合有关单位共同发起成立中国非遗大数据中心,运用互联网平台,推动中国非遗的记录、传承与传播。如图5-2-4所示,该平台涵盖"要闻资讯""非遗国礼""非遗人才库""学术智库""非遗之美"等模块。用户可以根据目录查询所需信息,也可以在搜索框内输入关键词检索。该平台的建设和运营有助于推动非遗保护领域的数字化转型和创新,促进非遗的可持续发展。

图5-2-4 中国非遗大数据平台

资料来源:中国非遗大数据平台[EB/OL]. http://www.ichpc.org.cn/.[访问时间:2023-09-16]

借助短视频、游戏等热门网络资源,可推动非遗项目的跨界推广,同时也能让更多的非遗项目获得展现及宣传的机会。那些过去很少被人们所知晓的非遗项目,现在已经可以通过这些平台进入大众视线,并引起"非物质文化遗产热"的现象。这种现象还带来了电子商务交易等商业模式的发展,从而为非遗继承人提供了生存发展的途径。短视频平台如腾讯看点、微信视频号、抖音、快手等都在这方面进行探索。其中,腾讯看点内非遗内容已覆盖国家级非遗项目的77%,非遗内容的月曝光总量超过5.5亿[1],人们踊跃参与其

---

[1] 中国青年网.腾讯看点发起"非遗正青春"主题活动 让古老非遗走入年轻人的生活[EB/OL]. http://news.youth.cn/jsxw/202106/t20210616_13025700.htm.[访问时间:2023-10-26]

线上非遗征稿(见图 5-2-5)。《天涯明月刀》这款以中国传统文化为核心的游戏从 2017 年就开始尝试结合非遗元素,至今已经与 20 多种非遗技艺(如木版年画、苏绣、云锦、花丝镶嵌、曲阳石雕等)进行了深度合作①。2020 年,河南非遗数字馆微信小程序"老家河南 黄河之礼"正式上线,用户通过访问非遗数字馆小程序可在线"探索"河南非遗地图,了解最具代表性的典型文化符号,"云游"河南,并在"传习"模块中学习非遗知识,在"礼物"板块购买河南非遗文创产品②。游戏《王者荣耀》里面的角色上官婉儿就曾成功"拜师"越剧名家茅威涛,通过动作捕捉技术成为国内首位虚拟越剧演员,还借助全息影像

图 5-2-5 腾讯看点线上非遗征稿页面

资料来源:中国青年网.腾讯看点发起"非遗正青春"主题活动 让古老非遗走入年轻人的生活[EB/OL]. http://news.youth.cn/jsxw/202106/t20210616_13025700.htm.[访问时间:2023-10-26]

---

① 数字技术,正在为非遗保护创造更多可能性[EB/OL]. https://www.tisi.org/19601.[访问时间:2023-10-26]
② 上云端开启黄河宝藏"老家河南 黄河之礼"非遗数字馆小程序上线[EB/OL]. https://hct.henan.gov.cn/2020/12-24/2064605.html.[访问时间:2023-10-26]

技术在浙江小百花越剧场的舞台上演绎《梁祝》经典选段《回十八》。此外,《王者荣耀》还特别打造了上官婉儿数字互动展与用户长期互动,科普越剧文化,同时婉儿也将常驻浙江小百花越剧场B座一楼演出,这次的全息表演也会保存其中复用①。

现在,大量来自公众领域的创作者正在利用抖音、哔哩哔哩、快手、微博、微信等新兴媒体渠道来展示他们的艺术成果,他们主动传播着中国的传统文明。比如,抖音应用程序设立了名为"非遗抖起来"的账户,还有因为展现出乡村宁静生活的美好而在国内外的社交网站上广受欢迎的"李子柒""滇西小哥"等,这些都在激发更多的年轻一代对中华文化的热爱,并进一步拓宽全球理解中国文化的视角。作为中国非遗自媒体最具代表性的人物,李子柒全球粉丝量超过一亿,当选2021年"中国非遗年度人物",通过短视频创作为中国非遗的全球化传播做出突出贡献②。2019年4月,快手发布的《非遗报告》显示,2018年度超过252万名快手用户观看了关于非遗的视频短片,而其中三分之二都是年龄在30岁及以下的年轻人。同样的情况也出现在抖音"非遗伙伴计划"的相关视频创作者群体里,他们中的绝大多数都属于90后。这些热衷于传统文化的青年们正以创新的方式传播和推广他们的作品,从而吸引更多的同龄人接触并理解传统文化。2020年年初抖音发布的《2019年抖音数据报告》显示,中国1 372项国家级非遗项目中,有高达93%的项目已经在抖音开设了自己的账号,总共获得了33.3亿次点赞。平均下来,每三秒钟就有一个非遗短视频诞生③。

3. 中国非遗的数字拓展与开发

"非遗+旅游"已成为各地文旅发展的新模式。非遗与旅游的结合不仅加强了游客的文化体验,也为非遗注入了新的生命力。非遗源于生产和生活,与衣、食、住、行密切相关,而旅游则是一种生活体验。近年来,休闲农业、乡村旅游、研学旅行等新兴形式已成为典型的体验方式,不再局限于简单的农业观光和旅游;而康养旅居本身就是一种实实在在的生活方式,已超越单纯的生活体验。旅游的吃、住、行、游、购、娱六大要素与衣、食、住、行高度相关。总之,非遗与旅游天然相连。在当前文化和旅游融合的政策和市场环境下,非遗和旅游可以融合成兼具娱乐和购物的生产和生活方式,这是一种自然资源的组合,也是市场产品的完美结合。

在文化和旅游部倡导"在提高中保护""非遗走进现代生活""见人见物见生活"三大重要理念的推动下,中国进行了大量探索,推动了非遗旅游的发展,涌现出"非遗+研学""非遗+民宿""非遗+演艺""非遗+节庆"等多种模式。旅游与非遗的融合发展,不仅能激活大量的文化资源,丰富旅游供给,还能促进中华五千多年的优秀传统文化的传承和发展。

---

① 浙江小百花携手王者荣耀,"上官婉儿"拜师茅威涛[EB/OL]. https://www.thepaper.cn/newsDetail_forward_4926059.[访问时间:2023-10-26]
② 李子柒当选2021年中国非遗年度人物 让外国网友叹服"中国制造"[EB/OL]. https://www.163.com/dy/article/H9U0HNAV0552FGA1.html.[访问时间:2023-10-26]
③ 非遗短视频:有了网络流量,更要有文化含量[EB/OL]. http://media.people.com.cn/n1/2020/1104/c40606-31917776.html.[访问时间:2023-10-26]

湖南雨花非遗馆是湖南省重点打造的文旅融合示范点,汇聚了359个非遗项目,包括10个世界级非遗项目和55个国家级非遗项目。

湖南雨花非遗馆(见图5-2-6)率先创立了中国的"非遗+"活态传承发展模式,构建了非遗主题城市文化消费场馆模式,并建立了"产、学、研、销"链条体系。以非遗街区和非遗生活家为核心,该馆打造了"文化+旅游"全产业链运营模式,实现了传承人项目和非遗馆的共赢。在过去两年里,该馆已接待了来自全国各地的游客50万人次,提供了研学体验机会10万人次,举办了80多场外事文化交流活动,覆盖40多个国家。它能够满足市民和游客对"吃非遗""玩非遗""赏非遗""学非遗""购非遗"的需求,成为市民休闲会客的文化场馆。通过数字化技术的应用,湖南雨花非遗馆成功地将非遗文化与现代科技结合,为非遗的传承和发展注入了新的活力①。

图 5-2-6　湖南雨花非遗馆

资料来源:十大成功案例,带你看懂"非遗+旅游"开发模式[EB/OL]. https://new.qq.com/rain/a/20210112A0GJNQ00.[访问时间:2023-09-16]

2010年6月,实景园林昆曲《牡丹亭》在上海世博会期间首演,至今仍深受游客喜爱。课植园实景《牡丹亭》将原著55折戏浓缩成一个多小时,分为"游园""离魂""幽媾""回生"四场戏。演出过程中,所有演员都不佩戴麦克风,充分还原明清时期戏曲家班在园林演出的风貌(见图5-2-7)。新冠疫情期间,实景园林昆曲《牡丹亭》通过线上直播的方式进行演出,吸引了大量观众的关注和参与。这种数字化的演出方式不仅扩大了观众的范围,也为非遗项目的传承和发展提供了新的机遇。

---

① 十大成功案例,带你看懂"非遗+旅游"开发模式[EB/OL]. https://new.qq.com/rain/a/20210112A0GJNQ00.[访问时间:2023-09-16]

图 5-2-7　实景园林昆曲《牡丹亭》景区表演

资料来源:"不到园林,怎知春色如许",一起来朱家角梦回《牡丹亭》[EB/OL]. https://www.thepaper.cn/newsDetail_forward_23294988.[访问时间:2023-09-16]

二、中国非遗数字展览

国际会展作为衔接中华文明传承者和接收者的传播媒介,在非遗文化"走出去"的过程中发挥了重要作用。特别是当国际会展与数字化技术有机融合时,原本在岁月深处闪耀的非遗故事瞬间转化为"有形化""可体验""可参与"的活态艺术,让国际受众在新的文化体验中领略中华文明的工艺之美、匠心之美、精神之美,极大地增强了中华文明的全球传播效能。中国非遗以数字化形式走向国际会展,是一场中华文明与国际社会的双向奔赴。

中国非遗形式多样、技艺精巧,普通展陈手段很难呈现其博大精深的文化内涵。数字化的发展和应用给非遗的展示与传播提供了理想路径。借助 AI、VR、AR、自然用户界面(natural user interface,NUI)技术、3D 全息投影技术等数字化手段,非遗技艺和作品能够更为轻松地"复制"到全球的会展活动中,打破场所、个人经验、制作材料等多重限制,并且极大地丰富了国际会展的趣味性和新鲜感。全球受众既能够"浸入"由技术营造的非遗"现场",又可以穿越时空漫步在千里之外,体验非遗在原生环境中的魅力。

(一)扬州中国大运河数字博物馆

扬州中国大运河博物馆自开馆以来备受关注。其中,"河之恋"是该博物馆的数字化专题展厅,展览分为"水""运""诗""画"四个篇章,旨在展示中国大运河文化。采用"科技+艺术+文化"的裸眼技术理念,突出声、光、电、形、色等方面的流动效果,打造出充满创意和新意的沉浸式体验氛围(见图 5-2-8)。身临其境,观者可感受到垂杨的飘逸、荷叶的舞动、亭台的宁静、蜻蜓的停驻,感受大运河的壮美,领略其古往今来的魅力。"运河上的舟楫"是中国大运河舟楫主题的多媒体互动体验展,结合实体体验和数字多媒体虚拟体验,展示了大运河舟楫带来的南北文化融合和古今美好生活。其中,备受瞩目的是沙飞船的体验。沙飞船是清朝时期的一种豪华客船,船型宽敞稳固,康熙帝六次南巡视察时就曾乘坐,乾隆时期更被定为御舟之一。展厅中的这艘船按照1∶1.4的比例复原了清代康熙时期的沙飞船,既可以作为迎宾船,又可以作为婚船,还可以作为游船,完美地展现了人们美好的生活愿景①。

(a) "人在画中游"沉浸式体验　　　　　　(b) "活起来"沉浸式展览

图 5-2-8　扬州中国大运河博物数字会展

资料来源:数字化何以激活非遗艺术[EB/OL]. https://topics.gmw.cn/2022-06/27/content_35840874.htm.[访问时间:2023-09-16]

(二) 中国成都非遗数字展览

2007年起,中国成都国际非物质文化遗产节每两年在中国成都举办一届,搭建中华文明与世界各国各民族文明友好对话的国际平台。2023年的中国成都国际非物质文化遗产节上,展出了多件以非遗文化为创作主题的新媒体艺术作品。在这些作品中,观众可以通过交互体验、视觉感官等形式身临其境地感受在数字赋能的语境下新媒体艺术与设计、游戏、音乐行业的跨界与融合作品。《我们像似云气——靖海全图》利用新媒体技术,对香港海事博物馆珍藏的《靖海全图》重新诠释,通过高分辨率的数码长卷,虚拟的云气散布开来,展现出20幅动画场景,尘封的古画"活"了起来。《阮觉咸音》以"中阮"作为此次创作的主体,触发听觉和视觉,将非遗音乐演绎可视化。古老的音乐融合现代的韵律,人们的互动交织光影的跃动,共同融合为沉浸式的体验空间,含蓄的非遗文化魅力被外化,给予人们更加震撼的感受。《百鸟朝凤》融合了纸雕和中国传说"百鸟朝凤",更结合AR技术,使观众能与纸雕互动,体验不同鸟类的叫声,欣赏纸雕中的鸟"活"起来的趣味场景②。如图5-2-9所示,非遗节"云上非遗"板块分为"云游非遗""云

---

① 扬州中国大运河博物馆:数字化展厅,带你领略360度美轮美奂![EB/OL]. https://www.sohu.com/a/473862244_121123529.[访问时间:2023-09-16]
② 案例分享 | 数字赋能语境下的非遗艺术创新[EB/OL]. https://mp.weixin.qq.com/s/AYuLcuUl-hYd7dKxX9iMaQ.[访问时间:2023-09-16]

购非遗""云学非遗""云玩非遗"四部分内容。"云游非遗"方面,举行了"直播非遗节""非遗工坊探秘",面向全社会招募产品体验官,与网红博主、当地名人一起畅游"非遗之旅"。"云购非遗"方面,将联动"非遗好物星推官",组织一批非遗推广大V和非遗工作者,为非遗"打call"。

(a)《我们像似云气——靖海全图》

(b)《阮觉咸音》

(c)《百鸟朝凤》

图 5-2-9　中国成都非遗数字展览

资料来源:案例分享 | 数字赋能语境下的非遗艺术创新[EB/OL]. https://mp.weixin.qq.com/s/AYuLcuUl-hYd7dKxX9iMaQ.[访问时间:2023-09-16]

三、中国非遗数字藏品平台——十八数藏

十八数藏是中国第一个以非物质文化为核心的数字藏品平台,也是一站式数字藏品电商平台,承接中国传统文化与科学前沿技术,让非遗走进人们的生活,打造完整数字产业生态,助力中国非遗焕发新的生命力。2022年,龙在天皮影艺术剧院与十八数藏平台合作发布了一系列藏品,其中包括《园明皮影十二属》、《山海经》、《福禄寿喜》星神等。如

图 5-2-10 所示,这些融合时代特征的藏品可让非遗更易被 Z 世代的年轻人接受。这些藏品以数字化方式呈现,让皮影在元宇宙的世界中焕发新生。《园明皮影十二属》系列藏品将十二属相拟人化,用非遗剪纸工艺创造性地呈现了"圆明园拟人十二瑞兽",如运粮鼠、耕田牛、山林虎、月宫兔、云中龙、草地蛇、千里马、喜乐羊、机灵猴、报晓鸡、护院狗、发财猪。每种瑞兽既蕴含了十二生肖的象征意义,又展示了当代皮影的精湛雕刻技艺,为十二属系列产品赋予了极高的艺术价值。这些藏品的数字化呈现,让人们更好地领略到了皮影艺术的魅力①。2023 年,非遗传承人张红萍与十八数藏合作推出了三款数字藏品,分别是《宝盖观音》《大梦敦煌》《高山流水》。这些藏品通过传统文化与数字技术的巧妙结合,让沉睡的、苍古的木材焕发出时代精魂,展现了中华优秀传统文化的永恒魅力,同时也助力传统木雕技艺的传承与创新②。

(a)《福禄寿喜》星神系列　　　　　　(b)《山海经》系列

图 5-2-10　十八数藏和龙在天皮影

资料来源:当非遗遇上十八数藏 光影中感受千年艺术之美[EB/OL]. https://news.ifeng.com/c/8J5e8CUKBDo.[访问时间:2023-09-13]

此外,鲸探、iBox 等数字藏品平台也积极发布非遗主题的数字藏品。鲸探上线《寻梦敦煌》,以数字技术生动展现了敦煌的灵动辉煌。iBox 链盒以现代数字化技术与传统青铜兵器结合,推出两款以青铜兵器为原型的数字藏品《齿轮阀门剑》和《应激反射盾》。各文博院馆也在积极拥抱文物数字藏品,比如,广东省博物馆发布《在钟楼上》、甘肃省博物馆推出《魏晋壁画砖》、成都金沙遗址博物馆上线《大金面具》等。

---

① 当非遗遇上十八数藏 光影中感受千年艺术之美[EB/OL]. https://news.ifeng.com/c/8J5e8CUKBDo.[访问时间:2023-09-13]
② 非遗木雕亮相十八数藏,数字技术助力传统技艺发扬光大[EB/OL]. http://science.china.com.cn/2023-06/07/content_42400753.htm.[访问时间:2023-09-13]

四、中国非遗"平江皮影戏"数字创新设计

中国大力探索创新非遗与数字的融合应用方式,以技术创新和多方协作推动非遗文化产品的升级,应用现代创意设计理念,把非遗传统美学与当代审美追求结合起来,开发实用性强、符合市场需求的非遗产品,助力非遗文化产品"出圈"。平江皮影戏拥有浓厚的地方艺术风格,其深度文化内涵和独特艺术形式令人印象深刻。在中国进入5G时代的背景下,中国运用数字化科技手段对其进行了数字化保护及创新性的传承尝试(见图5-2-11)。第一,融合数字动画技术对平江皮影戏进行革新。深入挖掘和提取平江皮影戏的形象语言,使用电脑绘出2D或3D的人物形态,同时加入质感和绑定的动画骨架运动,配搭丰富场景,将其转化为2D或3D动画,使平江皮影戏剧目焕发新生。第二,采用VR技术为平江皮影戏带来变革。把皮影戏融入虚拟现实,让人们能亲身体验,观众可以在虚拟空间内与皮影剧作互动,从而深化对于平江皮影戏文化的理解。第三,应用AR技术推动平江皮影戏的发展。将AR技术与平江皮影故事情节融合,将皮影人物设定为游戏角色,并将它们嵌入实际环境,研发出AR游戏。另外,也可以把平江皮影的图像制作成AR绘本书籍,当读者翻开这本书时,只需要用智能手机等移动终端扫一扫特定的App,就能看到书中角色的立体影像出现在屏幕上。第四,通过新媒体平台创新平江皮影戏的宣传。把平江皮影

(b) VR皮影体验馆

(a) 白蛇传数字皮影藏品　　(c)《皮影中国》AR图书

图 5-2-11　平江皮影戏数字化创新案例

资料来源:非遗"平江皮影戏"数字化保护与可视化案例分享[EB/OL]. https://mp.weixin.qq.com/s/kI8cs4sjXsCZvKdDywQTeA.[访问时间:2023-09-16]

戏数字化或拍摄成电影在短视频平台上加以推广,从而发展皮影艺术原有的表现形式①。

第三节　日本非遗数字传播

日本在其社会发展历史上,既善于吸收和发展外来文化,又非常重视保护和传承本国的文化传统。作为世界上最早关注非遗保护的国家之一,日本对非遗保护的立法较早,在对非遗进行保护和传承方面制定了一系列行之有效的措施,如创设"人间国宝"制度。日本的这些成功经验被联合国教科文组织大力推广,并被纳入"人类口头及非物质文化遗产抢救和保护"的整体框架中,成为人类社会共有的财富。本节将介绍日本非遗资源以及数字传播情况。

一、日本非遗数字传播概述

日本是位于太平洋西岸的一个岛国,是世界第四大经济体。日本在发展过程中不断吸收外来文化,并推陈出新,形成了自身的特色。在人类非遗保护这一领域,日本不仅是世界上提出现代意义上非遗保护理念的先行者,也是制定非遗保护相关法律和推行非遗保护政策的先试者。

(一) 日本非遗保护现状

1. 日本非遗发展现状

公元 3 世纪中叶,日本境内兴起了大和国。公元 4 世纪,渡来人为日本带来东亚文化。往后日本的遣隋使和遣唐使为日本带来了汉传佛教文化,如花道、茶道和香道都是伴随着汉传佛教传到日本的,是日本传统艺术的重要一环,并称为日本的"雅道"。随后,日本又吸收了欧陆文化、美国流行文化,并发展其具有自身特色的国风文化。近年来,日本的文化迈向国际化,特别是日本动漫和电子游戏在海外拥有很大的影响力。截至 2023 年,日本列入联合国教科文组织非遗名录的非遗项目如表 5-3-1 所示。

表 5-3-1　日本列入联合国教科文组织非遗名录的非遗项目(截至 2023 年)

名录类别	入选年份	非遗项目
人类非遗代表作名录 (22 项)	2008	能乐、净琉璃文乐木偶戏、歌舞伎
	2009	雅乐、奥能登的田神祭、早池峰神乐、秋保的插秧舞、大日堂舞乐、题目立、阿伊努人的传统舞蹈、新泻县鱼沼地区苎麻布织造工艺

---

① 非遗"平江皮影戏"数字化保护与可视化案例分享[EB/OL]. https://mp.weixin.qq.com/s/kI8cs4sjXsCZvKdDywQTeA. [访问时间:2023-09-16]

(续表)

名录类别	入选年份	非遗项目
人类非遗代表作名录（22项）	2010	冲绳传统音乐舞剧组踊、结城䌷生产工艺
	2011	广岛县的壬生花田植、岛根县佐太神社的神乐
	2012	山车
	2013	和食
	2014	和纸
	2016	日本祭奠阎王（葆光和亚泰的花车庆典）
	2018	来访神
	2020	与日本木构建筑的保护和传承有关的传统技艺、技术和知识
	2022	风流舞（一说风流踊，以风流踊为主）

注：2008年，在《公约》生效前宣布为"人类口头和非物质遗产代表作"的遗产自动列入"人类非物质文化遗产代表作名录"。
资料来源：日本的联合国教科文组织非遗一览[EB/OL]. https://www.nippon.com/cn/japan-data/h00347.[访问时间：2023-09-12]

　　在传统工艺技艺方面，日本以其精湛的技艺和精美的手工艺品而闻名于世。陶瓷制作是其中之一，日本的传统陶瓷包括瓷器、茶碗、花瓶等，如瓷砖、九谷烧、伊万里烧等。日本的传统木工技艺也非常出色，如传统建筑和家具制作中使用的木材加工和雕刻技术。此外，日本的传统织物工艺也是非常重要的，如和服的制作、染色和织造技术。

　　日本的传统音乐和舞蹈也是非遗的重要组成部分。传统音乐包括雅乐、琴乐等，而传统舞蹈则有日本舞、歌舞伎舞蹈等。这些音乐和舞蹈表演不仅具有独特的艺术风格，还承载着日本历史和文化的深厚内涵。

　　在戏剧表演方面，日本的传统戏剧形式如能剧、歌舞伎等享誉世界。能剧是一种古老的戏剧形式，以唱念做打的方式表演，强调舞蹈和音乐的结合。歌舞伎则是一种富有戏剧性和视觉效果的戏剧形式，以精湛的表演和华丽的服装妆容而闻名。

　　此外，日本的传统技艺还包括茶道、花道、剪纸、泥人等。茶道是一种日本茶艺表演形式，强调礼仪和精神的修养。花道则是以花卉为素材，通过插花艺术表现自然美和心灵的宁静。剪纸和泥人则是日本传统的手工艺，以精细的剪纸和泥塑技艺而闻名。

2. 日本非遗保护与具体措施

　　在日本，文化遗产被称为"文化财"，其中物质文化遗产和非物质文化遗产分别被称为"有形文化财"和"无形文化财"。日本一直以来非常注重保护非遗，文部科学省下设文化厅有专门的无形文化遗产保护条约特别委员会，负责提出非遗保护的建议。在抢救和保护非遗方面，日本一直处于世界领先地位。例如，"文乐"是一种伴奏净琉璃木偶戏的三味线说唱曲艺，曾经面临后继无人和观众逐渐减少的困境。政府不仅出资帮助其建立剧院，还资助其到海外演出，最终使其走出困境，重新焕发生机。如今，日本已有1 000余项无形文化财成为国家级保护项目，其中歌舞伎、能乐、文乐等成功入选联合国教科文组织人类非遗代表作名录。

（1）建立非遗法治体系。日本是最早提出无形文化遗产概念的国家，并在非遗保护方面进行了早期的立法。1950年5月，日本政府颁布了《文化财保护法》（日本），首次以法律的形式规定了无形文化遗产的范畴，并将其纳入国家法律保护的范围。该法是一部综合性的文化遗产保护法，包括"有形文化财""无形文化财""民俗文化财""埋藏文化财""史迹名胜天然纪念物""重要文化景观""传统建造物群保存地区"等项目。《文化财保护法》（日本）首次以法律形式规定了"无形文化财"的范畴，即具有较高历史价值和艺术价值的传统戏剧、音乐、工艺技术以及其他无形文化载体，如歌舞伎、文乐、雅乐、琵琶、尺八等传统艺能，以及陶艺、染织、编织、漆艺等工艺技术。自1975年起，日本又规定将"民俗文化财"分为风俗习惯、民俗艺能、民俗技术三类，国家指定具有特别重要价值的风俗习惯和民俗表演艺术为"重要无形民俗文化财"，并予以保护。

（2）创立"人间国宝"制度。日本首创的"人间国宝"制度在非物质文化保护和传承中发挥了巨大作用。自1955年起，日本政府开始不定期选拔那些拥有"绝技""绝艺""绝活儿"的老艺人、工匠等大师级人物，将他们认定为"人间国宝"。为了确保他们将技艺传承给后人，国家要求非物质文化传承人通过实际操作展示其工艺技术所需的材料、工具和各个工序，并以文字、摄影等方式记录下来。如果传承人不传授自己的技艺，就无法获得政府认定的"人间国宝"或"重要无形文化财产的持有人"资格。一旦被认定为"人间国宝"，国家将每年拨出200万日元的专项资金，用于资助他们进行深入研究、提高和创新技艺、培养传承人、制作记录、改善生活和从艺条件等方面。这一认定和扶持制度使得传统艺术表演（如能乐、歌舞伎、茶道等传统艺能）以及传统工艺得到支持，极大提高了民间艺人和传统工匠的社会地位。

（3）重视非遗留存与保护。日本政府重视对非遗进行调查和整理，每年公布"重要无形文化财"的"指定件数"和保持者的"认定数"。日本政府和学术界曾多次在全国范围内进行农村、山村、岛屿和渔村的民俗调查，积累了大量宝贵的翔实资料。对于有价值的民俗非遗，有两种调查和记录途径：一是由文化厅直接进行调查、记录，并出版小册子（每年一到两册）；二是委托非遗所在地的政府部门进行调查，由国家承担一半调查费用。现在，几乎所有的都、道、府、县和市、町、村都有详尽的地方史和民俗志报告出版。《日本人间国宝·传统工艺》（见图5-3-1）一书汇编了陶艺、染织、漆艺、金工、木工艺、竹工艺、人形、手抄和纸等八类传统工艺共40种技艺技法，收录了57位人间国宝保持者和16个保持团体的制作技艺，并对7位人间国宝保持者进行了深度专访，将其形象地呈现给中国的手工艺者、传承人、研究者和爱好者。

为了普及和宣传文化遗产，日本将每年11月1—7日定为"文化财保护强调周"。在此期间，各地举办多种文化活动，如传统艺能演出、文化遗产展览、人间国宝展演等。报纸、电视、广播、互联网、学校、企业和民间团体也进行大力宣传，如举办有关非遗的大型演讲会、在神宫里为游客特别演奏"神乐"、电视台邀请专家就非遗保护问题进行对谈，以及中小学校组织学生参观史迹、剧院、音乐厅并欣赏传统艺能等。

图 5-3-1 《日本人间国宝·传统工艺》

资料来源：非遗传承日本是如何做的？《日本人间国宝·传统工艺》出版［EB/OL］．https://www.thepaper.cn/newsDetail_forward_23606629.［访问时间：2023-09-16］

（4）推动非遗创新与发展。日本政府不仅致力于保护非遗，还积极推动这些非遗在日常生活中焕发新的生命力。根据相关法律规定，文化遗产必须向社会和民众开放，以最大限度地发挥其影响力和价值，促进文化遗产在国民教育、文化认知、传播交流等多方面发挥功能。全国范围内举办的"艺能表演大赛""相扑比赛""传统剧目演奏会""茶道"和"花道"表演会等活动，以及各都、道、府、县和市、町、村举办的传统民间艺术表演，种类繁多，长年不断。每一项非遗的继承人或传承组织都要定期或不定期进行排练和演出，从而形成了浓厚的传统文化氛围。

日本主要通过博物馆、民俗馆、剧场等场所来推广非遗。全国各地分布着大大小小的博物馆、民俗馆和乡土资料馆，如老玩具博物馆、怀旧零食博物馆、酒博物馆、漫画博物馆、风筝博物馆、拉面博物馆、章鱼烧博物馆等。甚至一些村落和大城市的某些区域也设有自己的乡土博物馆或民俗资料馆。剧场、博物馆和民俗馆成为宣传非遗的重要场所，使民众能够亲近和接触非遗。民众通过欣赏和接触非遗，增强了对日本文化的热爱和对本民族的认同感，也加强了对保护非遗的责任感。同时，在民众的支持和爱护下，非遗焕发出新的生命力。

 案例材料

20世纪60年代，日本政府在东京皇宫护城河畔兴建了"国立剧场"，专门为歌舞伎等传统艺术表演而设。从1966年开始，歌舞伎、文乐、邦乐、民俗艺能、雅乐等在这里上演，吸引了大批观众。随后，1979年，落语、讲谈等大众喜闻乐见的艺能开始在国立演艺资料馆（国立演艺场）演出。1983年国立能乐堂落成后，开始上演能与狂言。1984年，国立文乐剧场正式营业，专门上演文乐。这些剧场不仅公演舞台艺术，还承担培养歌舞伎、文乐、能乐等传统艺能传承者的任务，设有艺术训练课程。同时，它们也进行传统艺能的调查研究、资料搜集和利用，举办传统艺能鉴赏会等活动。

资料来源：日本在非物质文化遗产保护上的措施[EB/OL]. http://ijs.cssn.cn/xsyj/xslw/rbsh/201609/t20160918_3204483.shtml.[访问时间：2023-10-01]

（5）全民参与非遗保护。保护文化遗产不仅是政府的责任，也是国民的义务。目前，日本民众对非遗的保护有着较高的认知度、保护意识和参与度。普通民众积极参与文化遗产的保护工作，涌现出许多民间保护组织，如"狮子舞保护协会""花祭保存会""田乐保护协会"等。这些组织的活动形式多种多样，成员包括居民、政府官员、研究者、教师、学生、家庭主妇等，在保护地方文化遗产方面发挥着核心骨干作用。

（二）日本非遗数字传播现状

随着数字化技术的迅猛发展，日本在文化遗产数字化方面举措不断，如日本文化厅推出的"利用先端技术传播日本文化魅力"项目等，旨在通过活用前沿技术，加大文化遗产开发力度，促进文化遗产旅游发展，传播日本文化魅力。经过多年实践，日本文化遗产数字化呈现出目标导向性强、技术手段灵活度高、宣传模式多样化、政策支持力度大的特点。

1. 日本非遗的数字留存与保护

2000年3月，日本通过互联网向世界公开了与非遗相关的数据库——贵重图书图像数据库，将19世纪前出版的宝贵历史文献数字化并对外开放。同时，还推出了备受关注的"数字式贵重图书展览会"和"世界中的日本"两个电子展览项目。2001年，日本多个部门合作进行了数字丝绸之路项目，建立了丝绸之路数字文化档案和文化资源，并设立了多个子项目。2002年10月，日本政府在学习借鉴美国记忆项目的基础上推出了"日本之记忆"项目，在亚洲国家中处于领先地位。受美国记忆项目启发，日本奥兹学院开展了对狮子舞的数字化保护工程，以保护奥兹地区的活态文化遗产。数字源氏物语图则被誉为日本的"数字文化大使"，由日立公司制作，结合了日本传统文化与现代风格。数字化平台的推广进一步促进非遗产品走向市场，带来了巨大的经济利益。

从20世纪至今，日本在动漫和电子游戏等文化创意领域形成了独特的优势，成为世界上最大的动漫制作和输出国。全球播出的动漫作品中有超过六成来自日本。日本动画界的传奇人物宫崎骏从1964年创作第一部动画作品开始，以精湛的技术、动人的故事和独特的风格在全球动漫界独树一帜。日本的动漫非常注重传统文化的传承，这不仅体现在部分以传统题材为创作基础的动漫作品上，更体现在大多数动漫中包含的传统文化内容上。此外，电视剧通过故事情节和角色刻画展现了日本非遗的魅力和独特性。纪录片真实地记录了非遗的面貌，并向观众传播。综艺节目以娱乐的方式向观众介绍日本的非遗，让人们更轻松愉快地了解和体验日本传统文化的魅力。日本代表性非遗影视作品如表 5-3-2 所示。

表 5-3-2　日本代表性非遗影视作品

非遗影像类型	非遗影像名称	出品时间	非遗项目
电影	《千与千寻》	2001	日本传统神话、传统绘画技法
	《日本沉没》	2006	传统建筑、日本园林艺术
	《木偶奇遇记》	2009	日本传统木偶戏、人形木偶制作技艺
	《萤火之森》	2011	和纸制作、传统绘画技法
电视剧	《深夜食堂》	2009	日本传统料理、居酒屋文化
	《东京女子图鉴》	2016	和服制作、传统艺伎文化
	《京都人的秘事帖》	2017	京都传统手工艺品、传统建筑
纪录片	《日本桥》	2018	传统工艺品、江户时代历史
	《传统日本艺能大全》	2015	传统日本舞踊、能剧、歌舞伎
	《日本传统工艺》	2017	传统工艺品、手工艺技艺
综艺	《日本美食街》	2016	日本传统料理、各地特色美食
	《日本非遗之旅》	2019	日本传统工艺、传统音乐、传统体育等
	《传承！日本非遗大全》	2018	日本传统工艺品、传统表演艺术

　　日本的非遗文创产业涵盖了多个领域，如手工艺品、服装、美食、文具、家居用品等。许多非遗技艺被应用于产品设计和制作过程，赋予了产品独特的文化内涵和艺术价值。例如，传统木工技艺被运用于制作家具和工艺品，传统染色技法被应用于设计服装和纺织品，传统陶瓷技艺被用于制作瓷器和餐具，等等。这些非遗相关的文创产品不仅传承了日本的传统文化和工艺技艺，还展示了日本独特的美学和创意。它们不仅具有实用性，还代表了日本的文化身份和艺术价值，成为人们喜爱的收藏品和礼品。通过购买和欣赏这些文创产品，人们能够更深入地了解和欣赏日本丰富的非遗。日本的非遗文创产业在保护和传承非遗的同时，为经济发展和文化交流做出了积极贡献。通过创新和传统的结合，非遗文创产品不仅传承了历史和文化，也满足了现代人对于独特、有品质的产品的需求。

案例材料

　　在当代日本，和纸及其制品非常普遍。日本账单采用一种特殊类型的和纸制成，即便沾湿也不会撕裂。它们还带有在光照下时可见的防伪水印，这一功能源自和纸的制造工艺。此外，市面上还有一些新产品是使用和纸制造的。由和纸制成的手账装饰胶带深受小女孩和年轻女性喜爱。它纤薄耐用，可以在上面书写，非常适合装饰和定制笔记本、日记等文具。人们还开发出了将和纸转为纺织品的技术，这意味着如今有些服装可以利用和纸的抗菌和除臭特性。传统的日式榻榻米地板垫通常采用灯芯草制成,但现在由和纸制成的类似地板垫也越来越受欢迎。和纸榻榻米地板垫可以很好地调节空气中的湿气,让脚下地板保持干爽舒适。如图5-3-2所示,是和纸所制的手帐与袜子。

 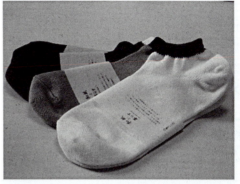

图5-3-2 日本和纸文创产品

资料来源:传统"和纸":从日本到全球[EB/OL]. https://web-japan.org/trends/cn/tech-life/tec202109_washi-paper_cn.html. [访问时间:2023-10-01]

2. 日本非遗的数字交互与传播

非遗众创平台充分利用数字技术,打破时空限制,让更多的人能够了解和参与非遗的保护和传承。日本的非遗众创平台包括"日本无形文化"(Nihon Mukei Bunka)和"非物质文化遗产档案"(Intangible Cultural Assets Archive)。前者是一个专注日本传统艺术和手工艺的平台。它通过高清图像、视频和详细的解释,使用户能够深入了解和欣赏各种非遗,如茶道、剑道、日本传统音乐等。此外,该平台还设有互动论坛,让用户分享他们的体验和见解。后者则是一个专注于收集和分享日本非遗研究资料的平台。它提供大量的文献、照片和录音,为研究者和学者提供丰富的资源。同时,该平台也鼓励用户上传和分享他们的研究成果,进一步推动非遗的研究和保护。

日本政府通过多种途径,如文化遗产所在地、美术馆、博物馆、机场、火车站、观光厅等,推广数字化文化遗产,并注重多语种宣传。成田机场与日本电报电话公司合作,利用DTIP技术①处理葛饰北斋的画作,并在高精度4K/8K屏幕上循环播放,充分利用成田机场的地理位置优势。葛饰北斋的画作由于易受损,较少公开展览,但通过数字化处理,成功再现了原画的色彩和笔触,使往来于日本的国内外游客可以欣赏国宝级别的画作。除了在机场宣传文化遗产之外,日本还在车站、电影院周边等人流密集的地方设置了检索型触摸屏,游客可以随时检索文化遗产信息,并通过手机保存,促进了文化遗产旅游的发展。

---

① Pynamic Thermal Infrared Imaging Photoplethysmography,结合红外线热成像技术和光电容积脉搏图技术,此技术可被用来检测绘画表面微小变化,以了解其状况并采取保护措施。

3. 日本非遗的数字拓展与开发

数字化文化遗产的目的在于保护和利用这些遗产。因此,在进行数字化开发之前,相关人员会明确使用目的,并以此为导向,有针对性地进行研发。如果目的是遗产保护和文化传承,就会投入大量精力进行学术研发,以确保内容的准确性和严谨性。例如,东京国立博物馆与3M Japan株式会社合作对重要文化遗产《洛中洛外图》屏风进行高精度翻拍,京都文化协会与佳能合作对《松林图》屏风与《群鹤图》屏风进行复制,都是在学术监督与指导下,投入了大量时间与精力,严谨客观地再现文化遗产。如果目的是文化遗产旅游,就会倾向于确保数字化产品具有吸引力和冲击力,主要体现在利用AR、VR等技术开发文化遗产旅游新模式,提高游客的满意度和体验。

日本非遗与文化旅游密不可分,通过结合二者,可以实现非遗的传承与推广。茶道体验、和服体验、祭典游览、传统工艺参观等代表性项目每年都会吸引大量的游客前往参观和体验。游客就算只是略懂或完全不懂日语,也能通过这些项目体验大多数传统日本文化。

案例材料

日本京都是日本茶道文化的重要发源地,也是非常适合体验茶道的地方。茶道是一种传统的日本茶艺,强调礼仪、和谐和内省。在京都,游客可以找到许多茶道馆和寺庙提供茶道体验。这些体验通常包括学习如何泡茶、品尝茶和欣赏茶道的艺术。茶道体验通常在传统的茶室中进行,这些茶室通常位于寺庙或庭院内。在这些安静的环境中,游客可以感受茶道的精神和氛围,体验宁静和内省的境界。如图5-3-3所示为日本茶道非遗文化体验项目,可沉浸式感受茶道的文化。

图 5-3-3　日本茶道非遗文化体验项目

资料来源:[京都]品茶香,探茶乡,做茶享[EB/OL]. https://www.kyototourism.org/zh-hans/column/10169/.[访问时间:2023-10-01]

二、日本宇治茶非遗小镇

"世界的抹茶在日本,日本的抹茶在宇治"是日本很流行的一句谚语。宇治茶被视为日本顶级绿茶的象征,被世界茶客誉为日本三大名茶之首。人们普遍认为"静冈茶色泽优美,宇治茶香气扑鼻,狭山茶口感独特",而宇治茶的品质被认为是最佳的。宇治茶小镇善于利用地域优势和自然条件培育出优质的茶叶,并在茶叶培育和制茶工艺上进行复杂而精细的研究。他们以品质来树立品牌形象,以茶叶的种植和生产为基础,将茶叶生产、观光采摘、科技示范、茶文化展示、茶产品销售和旅游业融合在一起,形成多元化的发展模式。这种模式不仅有助于宇治茶小镇更好地传播和发扬自己的茶文化,同时也会带动当地旅游业的发展,创造一定的经济效益①。如图 5-3-4 所示是日本宇治茶非遗小镇的产业体系。

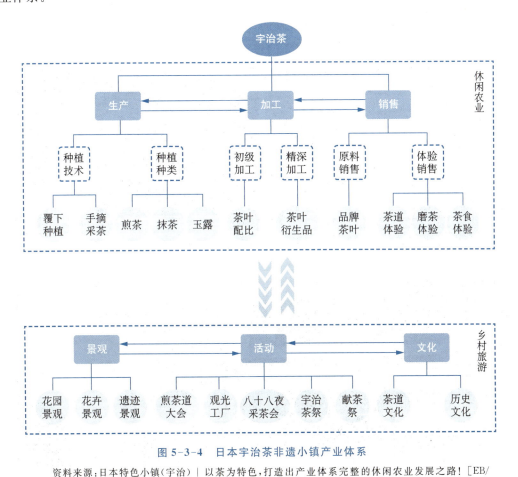

图 5-3-4　日本宇治茶非遗小镇产业体系

资料来源:日本特色小镇(宇治)|以茶为特色,打造出产业体系完整的休闲农业发展之路![EB/OL]. https://www.sohu.com/a/549882601_509371.[访问时间:2023-10-26]

---

① 日本特色小镇(宇治)|以茶为特色,打造出产业体系完整的休闲农业发展之路![EB/OL]. https://www.sohu.com/a/549882601_509371.[访问时间:2023-10-26]

作为"日本茶之乡",在宇治川及周围河畔美景、历史文化街道、古韵寺庙的相映下,宇治茶与这些自然景观构成了一幅山水共融、天人合一的独特景致。日本宇治茶非遗小镇以 IP 为起点,打造包含宇治茶景观、宇治茶文化、宇治茶体验、宇治茶衍生的串联式内容。

宇治的景观包括茶园景观,目前唯一幸存的古老茶园"奥之山茶园"是日本古代的七味茶园之一,游客在此能饱览到宇治川壮丽的全貌。此外,宇治川畔盛开的樱花林也是闻名遐迩的赏花景点,这里不仅有自然的(如山水、杜鹃花及紫阳花)的美丽画卷,还有人造的(如池泉与具有中国风情的园林等)美景。

宇治会定期举办各种茶活动来传播发扬日本茶文化。例如,每年的六月份左右及十月份左右,正是茶农们采摘新鲜茶叶的时候,他们会在此时举行献花祭典;十一月初期,为了感谢宇治茶的三位重要人物,即荣西禅师、明惠上人和千利休,人们也会举行相应的仪式,这就是所谓的宇治茶祭;此外,在日本农历新年后的第八十八天夜晚,茶农们需要迅速地收集新的茶叶,因为这个时间段所摘取的茶叶颜色与味道是最为理想的,因此在这个时候就会有八十八夜茶的采摘活动。在此期间,游客们不仅能参与采茶活动,还能参加抹茶研磨的活动,甚至能够尝试简单泡制绿茶的过程(见图 5-3-5)。

(a) 宇治茶景观

(b) 宇治茶文化

(c) 宇治茶体验

(d) 宇治茶衍生

图 5-3-5　日本宇治茶非遗小镇串联式内容

资料来源:风景文创|日本宇治茶小镇的那些事[EB/OL]. https://mp.weixin.qq.com/s/3D5YE_9DkCU-rF9XfUSzHg.[访问时间:2023-10-26]

在宇治茶体验方面,通过比赛和参观游览以及尝试宇治茶生产过程这些体验式活动向公众传播茶知识。每年五月下旬左右,在黄檗山万福寺(Obakusan Manpukuji)寺内会举行全日本煎茶道大会,多所煎茶堂学校参加比赛,参赛选手们可以借此机会对日本煎茶工艺和煎茶道进行切磋探讨。煎茶道大会上会缅怀千利休为中日茶道交流创下的功绩,同时也会有相关文化人士受邀出席,介绍和传播茶与禅之间千丝万缕的关系。

在宇治茶衍生方面,宇治茶与源氏物语联合推出小镇手游,设计茶叶王国的卡通形象"茶茶王子"及城市卡通宣传大使"拼搏公主",助力宇治茶的宣传推广①。

第四节 韩国非遗数字传播

作为位于东亚朝鲜半岛南部的一个共和国,韩国是由农耕文明发展而来的国度。自古以来,它就一直在吸纳并改良来自中国的积极元素,同时保持自身的特色,以便更有效地为其国民提供支持。韩国对非物质文化的保存、传递与普及不仅有助于全球多元文化的保育及互动,而且有着深远的价值。本节将介绍韩国的非遗资源概况及数字传播情况。

一、韩国非遗数字传播概述

韩国文化受到了中国文化的影响,又经历了三国时代、新罗王朝、高丽王朝、朝鲜王朝等时期的发展,形成了独特的文化特色,推动了韩国文化的演变。今天的韩国文化继承了传统,同时又融入了现代化和全球化的元素。韩国的音乐、电影、时尚、美食等领域在世界范围内享有盛誉,展示了韩国作为一个富有创造力和独特魅力的国家的文化繁荣。

(一)韩国非遗保护现状

1. 韩国非遗发展现状

韩国非遗丰富多样,反映了韩国悠久的历史和文化传统。这些非遗资源涵盖各个领域,包括传统工艺技艺、音乐舞蹈、戏剧表演、民间艺术、传统医药等。截至 2023 年,韩国列入联合国教科文组织非遗名录的非遗项目如表 5-4-1 所示。

表 5-4-1 韩国列入联合国教科文组织非遗名录的非遗项目(截至 2023 年)

名录类别	入选年份	非遗项目
人类非遗代表作名录 (22 项)	2008	江陵端午祭、韩国清唱板索里、宫廷宗庙祭祀礼乐
	2009	处容舞、羌羌水月来舞、七美瑞岛的永登仪式、绳索舞、灵山斋

---

① 风景文创|日本宇治茶小镇的那些事[EB/OL]. https://mp.weixin.qq.com/s/3D5YE_9DkCU-rF9XfUSzHg. [访问时间:2023-10-01]

（续表）

名录类别	入选年份	非遗项目
人类非遗代表作名录（22项）	2010	大木匠与传统的木结构建筑艺术、传统"歌曲Gagok"
	2011	跆跟（脚戏）、传统的韩国走绳索、寒山地区的麻织传统
	2012	大韩民国抒情民谣阿里郎
	2013	泡菜的腌制与分享
	2014	农乐舞
	2015	拔河仪式和比赛
	2016	济州岛海女文化
	2018	朝鲜族传统摔跤"希日木"
	2020	韩国燃灯会
	2021	猎鹰训练术
	2022	假向舞

注：2008年，在《公约》生效前宣布为"人类口头和非物质遗产代表作"的遗产自动列入"人类非物质文化遗产代表作名录"。

在传统工艺技艺方面，韩国拥有许多独特而精湛的技艺，如陶瓷制作、织锦、木工、金属工艺等。韩国陶瓷制作以高温烧制的青瓷、白瓷和刻花瓷闻名于世，代表作品有高丽青瓷和白瓷。韩国的传统织锦技艺以韩锦和崇礼锦为代表，以其精细的图案和华丽的色彩而闻名。木工技艺方面，韩国的传统木工村以其精湛的技艺和精美的木雕作品吸引了众多游客。

在音乐舞蹈方面，韩国的传统音乐和舞蹈表演具有独特的风格和魅力。韩国传统音乐以箫、笛、筝等乐器为主，如传统宫廷音乐和民间音乐。韩国的传统舞蹈则以优美的舞姿和独特的韵律著称，如扇舞、鼓舞、剑舞等。

此外，韩国的非遗还包括戏剧表演、民间艺术、传统医药等领域。韩国的传统戏剧表演形式有舞剧、歌剧、假面舞剧等，如传统假面舞剧《扮面舞》和《扮面舞狮子舞》。在民间艺术方面，韩国的剪纸、泥人、打铁等手工艺也具有独特的风格和技艺。此外，韩国的传统医药在草药疗法、针灸、按摩等方面有着悠久的历史和丰富的经验。

总体来说，韩国非遗资源丰富多样，反映了韩国悠久的历史和文化传统。这些资源包括传统工艺技艺、音乐舞蹈、戏剧表演、民间艺术、传统医药等领域，展示了韩国独特的艺术和生活方式。这些非遗资源不仅丰富了韩国的文化底蕴，也为世界提供了一个了解和欣赏韩国传统文化的窗口。

2. 韩国非遗保护与具体措施

（1）建立非遗法治体系。韩国1962年制定了《文化财保护法》（韩国），1964年认定首批国家无形文化财名录。1999年在法律中追加了非遗的学术价值属性。2010年将游戏、仪式纳入非遗的认定范围，2015年开始在法律中使用"文化遗产"称谓，范围再次扩大至韩医药、农渔等相关的传统知识。半个世纪以来,韩国已经陆续公布了100多项非遗。《文化财保护法》(韩国)根据价值大小把非遗分为不同等级:对国家确定的具有重要价值的非遗,将给予100%的经费保障;对省、市确定的非遗,国家给予50%经费保障,剩余由所在地区筹集资金资助。同时,《文化财保护法》(韩国)还规定了非遗传承人应该履行的责任和义务。

(2) 制定文化传承人制度。为了确保文化的持续发展与传播,韩国设立了一个由上至下的多层次人才培养体系。位于最高级别的被称为"保有者",这些人是国内拥有深厚历史背景且精通各类文化和艺术技法的人物。总计有199位精英人物获得此殊荣。为支持这些人开展各项演出及展览项目所需费用(包括对相关领域的深入探索),国家和地方机构都会为其拨款资助。此外,"保有者"们还能享受生活津贴和其他福利待遇(如医疗保险等)来维持日常生活的稳定需求。这种方式不仅使人们对"保有者"的才能和社会地位有了更高的认同度,同时也提升了其将才能实际应用于市场的能力——这反过来又进一步推动着地区乃至国家的整体繁荣增长及公共开支负担的大幅降低。作为这项计划的一部分,"保有者"需要定期在国内和国外举办至少两次公开表演,并且必须向下一梯队的人员教授自己的知识技巧,或者把持住某些关键领域的工作岗位,直到自己无法继续工作或是去世之后才会有人接替其位置完成剩余的部分职责。这一模式既有效地保持住了那些珍贵的民族特色手工业技术的发展活力,也有助于不断地增加本土民众对于此类独特技术的理解深度和生活经验积累程度。

(3) 健全舆论监督体系。韩国的非遗舆论监控系统已经相当成熟和健全,这有助于保证所有相关政策执行过程中的公开透明与公平正义。韩国设立了一个独立于其他部门的国家级非遗管理组织,这个组织的成员主要由来自高等学府、科研单位、文化和艺术团体的专业人员构成,同时还有约50位非专业的学者或市民参与其中。省部级官员、市领导以及全国性的文化财产提案将会经过他们的评估审核,然后形成一份详细的研究报告供相关部门参考。

(4) 推动文化产业发展。对于韩国来说,其非遗的维护与发展是通过商业营销和旅游行业实现的。从烟盒设计到机舱座椅,再到地铁车站的广告板和旅游信息中心,处处可见韩国非遗丰富多彩的推广海报。海外旅客能够轻松买到以韩国特色为主题的手工艺品、服饰、面具以及有关文化的书籍等商品。此外,旅游机构也在积极努力吸引国际游客,如定期在传统社区举行韩国国家级别的传统文化演出。如位于韩国江原道东海边的江陵农历五月五日端午举行的"端午祭"在1967年1月16日被定为第13号"国家重要无形文化遗产"。每年的假面剧表演,无论活动的规模还是影响力也都非常大,已经成为一项庞大的文化产业。

(二) 韩国非遗数字传播现状

韩国曾经是全球网速最快的国家,根据美国《财富》杂志2011年的报道,2010年韩国网速为14 Mbps,约是全球平均网速(1.9 Mbps)的七倍。与此同时,韩国政府也注重非遗的数字化保护与传播。

1. 韩国非遗的数字留存与保护

韩国文化遗产网是韩国政府设立的官方平台，旨在提供关于韩国文化遗产的全面信息和资源。该网站包含了韩国的非遗资源数据库，其中涵盖各个领域的非遗，如传统工艺技艺、音乐舞蹈、戏剧表演等。通过该数据库，人们可以了解到每个非遗项目的背景、传承人、技艺、相关活动等详细信息。韩国非遗数字图书馆是由韩国文化遗产研究院创建的在线平台，旨在收集、保存和传播韩国非遗的相关文献、研究和影像资料。该数字图书馆包含大量的研究论文、图片、视频、音频等资源，为研究人员、学者和公众提供了丰富的资料和参考资源。

韩国还开展了一系列地方性的非遗数据库建设项目。例如，首尔市非遗数据库致力于记录和保护首尔市的非遗资源，包括传统工艺、音乐舞蹈、戏剧表演等。这个数据库通过收集相关资料和采访传承人，为非遗的研究和传承提供了平台。

此外，韩国还积极参与国际合作，推动非遗数据库的建设和交流。例如，韩国与联合国教科文组织合作，共同建设亚太地区非遗数据库。这个数据库旨在促进亚太地区非遗的保护与交流，通过共享资源和经验，加强各国之间的合作与理解。

通过各级政府、研究机构和地方社群的努力，韩国已经建立了多个非遗数据库，提供了丰富的信息和资源。这些数据库为非遗的保护、研究和传承提供了重要支持，同时也促进了国内外的学术交流与合作。然而，韩国非遗数据库的建设仍在不断发展和完善中，需要进一步加强资源的收集、整理和利用，以更好地保护和传承韩国宝贵的非遗。

此外，韩国的影视作品涵盖了韩国非遗的多个领域，包括传统技艺、传统音乐舞蹈、传统服饰、宫廷文化等（见表5-4-2）。通过观赏这些作品，观众可以深入了解韩国非遗的丰富内涵和独特魅力，同时也促进了非遗的传承和保护。

表 5-4-2　韩国代表性非遗影视作品

非遗影像类型	非遗影像名称	出品时间	非遗项目
电影	《宫廷女官秘史》	2010	韩国传统服饰、宫廷文化、传统音乐
	《熔炉》	2011	韩国传统手工艺、传统音乐、传统舞蹈
	《舞动奇迹》	2012	韩国传统舞蹈、传统音乐、传统服饰
电视剧	《大长今》	2003	韩国传统医药、宫廷料理、宫廷服饰
	《太阳的后裔》	2016	韩国传统婚礼、传统音乐（如箫、大鼓等）
	《信号》	2016	韩国传统刑侦技术、古代文字解读
纪录片	《千年之谜》	2012	韩国传统乐器制作、传统舞蹈
	《非遗大典》	2013	韩国传统技艺、传统音乐、传统舞蹈
	《非遗之旅》	2015	韩国传统戏剧、传统音乐、传统舞蹈
综艺	《国家宝藏》	2016	韩国传统工艺
	《韩国非遗寻宝记》	2017	韩国传统技艺、传统工艺、传统游戏

2. 韩国非遗的数字交互与传播

韩国非遗众创平台注重传统工艺技艺的传承和创新。例如,韩国的"传统工艺创意中心"旨在将传统工艺技艺与现代设计相结合,推动传统工艺的创新和发展。这个平台提供了培训和支持,帮助传统工艺师傅与设计师合作,开发出具有现代风格和市场潜力的产品。通过这种创新的合作方式,传统工艺得到了传承,焕发出活力,同时也满足了现代消费者的需求。

韩国非遗众创平台注重数字化保护和推广。例如,韩国的"非遗数字平台"收集和展示了大量非遗的信息和资源。这个平台通过数字化的方式,使非遗更加易于访问和传播。人们可以在平台上浏览非遗的图片、视频和文档,了解其历史背景和技艺特点。这种数字化的推广方式扩大了非遗的影响力,吸引了更多人的关注和参与。

韩国非遗众创平台注重社区参与和互动交流。例如,韩国的"非遗社区平台"旨在促进非遗爱好者之间的交流和合作。在这个平台上,人们可以分享自己的经验和见解,讨论非遗的相关话题,甚至组织线下活动和工作坊。这种社区参与和互动交流的方式增强了非遗的传播力和凝聚力,形成了一个活跃的非遗社群。

韩国非遗众创平台的发展现状显示出两个特点。其一,韩国注重将传统文化与创新科技相结合,推动非遗的创新发展。通过众创平台,传统工艺得到了传承和创新,数字化手段扩大了非遗的影响力。其二,韩国非遗众创平台注重社区参与和互动交流,形成了一个活跃的非遗社群。这种社区参与的方式促进了知识的分享和传承,加强了非遗的传播力和凝聚力。

总体来说,韩国非遗众创平台通过传统工艺技艺的传承和创新、数字化保护和推广,以及社区参与和互动交流等特色举措,推动了非遗的发展和传播。进一步加强非遗众创平台的建设和发展,将有助于促进韩国非遗的持续保护和可持续发展。

3. 韩国非遗的数字拓展与开发

韩国非遗村是非常受欢迎的旅游目的地。比如,韩国的汉阳木工村以传统木工技艺闻名,吸引了大量游客参观和体验。游客可以亲自参与木工技艺的制作过程,感受传统文化的魅力。类似的非遗村还有韩国的汉江陶瓷村、全州竹子村等,这些村庄通过展示非遗项目,提供了深入了解和体验韩国传统文化的机会。

韩国非遗节是一个重要的文化旅游活动。例如,全州酒文化节是韩国最大规模的非遗节之一,每年吸引着大量游客。在这个节日里,游客可以品尝传统韩国酒,欣赏传统音乐和舞蹈表演,参与各种体验活动。这种结合了非遗展示、表演和互动体验的节日活动,丰富了游客的旅游体验,同时也推广了非遗。

韩国非遗体验项目也备受游客青睐。比如,韩国的传统茶道体验、传统服装体验、传统绘画体验等项目,吸引了许多游客参与。这些体验项目让游客亲身感受和体验韩国传统文化的精髓,加深了对非遗的理解和欣赏。

韩国非遗文化旅游的发展现状显示出两个特点。一方面,韩国注重将非遗与旅游业相结合,将传统文化资源转化为旅游产品。这种结合不仅促进了非遗的传承和保护,还为旅游业带来了经济效益。另一方面,韩国非遗文化旅游注重体验和互动。通过提供各种体验项目和互动活动,游客可以更加深入地了解和体验韩国传统文化,增强旅游的吸引力和参与度。

总体来说,韩国非遗文化旅游通过非遗村、节日活动、体验项目等特色举措,吸引了众多游客。韩国注重将非遗与旅游业相结合,注重体验和互动,同时也面临着平衡保护和商业化的挑战。进一步加强非遗的保护、传承和可持续发展,将有助于推动韩国非遗文化旅游的进一步发展。

此外,韩国的非遗展示多样化,注重传承与创新的结合,注重互动交流,注重数字化保护和展示。首尔非遗博物馆展示了各种非遗项目,包括传统音乐、舞蹈、工艺品等。这个博物馆通过展览、表演和互动体验,向公众展示了非遗的丰富内涵和独特魅力。江陵非遗博物馆举办的展览将传统技艺与现代创意相结合,展示了非遗的传统价值和当代发展。这种创新的展示方式吸引了更多年轻人的关注和参与,促进了非遗的传承和活力。全州非遗博物馆举办的展览提供了与传统工艺师傅亲密接触的机会。参观者可以亲自体验传统工艺技艺,与工艺师傅交流并学习他们的技艺。这种互动交流的方式使非遗更加生动有趣,激发了公众的兴趣和参与度。韩国注重将非遗与现代社会相结合,将传统与创新相融合,以吸引更广泛的受众。韩国还注重互动交流和数字化保护,通过创新的展示方式和先进的技术手段,让非遗更具活力和可持续性。

韩国非遗文化会展在保护、传承和推广非遗方面取得了积极成果。通过多样化的展示形式、传承与创新的结合、互动交流和数字化保护,韩国展示了其独特的非遗和文化会展的特点。然而,进一步加强平台建设和发展仍然是重要的,才能确保韩国非遗的持续传承和可持续发展。

二、韩国昌德宫增强现实体验

韩国昌德宫建于1405年,是朝鲜王朝的"五座大皇宫"之一,被联合国教科文组织列为世界文化遗产,是"远东宫殿建筑和园林设计的杰出典范",每年吸引超过1 800万人次游客。韩国文化遗产管理局推出了"无障碍文化财产查看政策",韩国电信(SK Telecom)、谷歌韩国(Google Korea)和韩国文化财厅合作开发了一款5G增强现实游览应用程序"Changdeok ARirang",该App运用5G、AR技术以数字方式再现昌德宫(见图5-4-1)。虚拟神兽导游Haechi可以在互动地图上为游客规划游线,并提供12处互动体验。游客还可以通过App近距离查看一些未开放区域,AR游览为游客提供了一种新颖的方式来感受世界遗产的魅力。"Changdeok ARirang"还为用户提供了虚拟体验朝鲜时代的风俗户外活动的机会,游客可以通过AR技术与朝鲜王子一起练习箭术、风筝飞行,并学习朝鲜宫廷舞蹈,发掘宫殿里的隐秘历史。游客可以通过"Changdeok ARirang"在庭院中与国王和王妃互动并合影留念,照片可以立即保存并分享[①]。新冠疫情期间,App

---

① 韩国世界遗产昌德宫 AR 游览 为游客提供遗产地游览新方式与新体验[EB/OL]. https://mp.weixin.qq.com/s/ANvOeZd1WAsjQsWtloGyAA.[访问时间:2023-10-26]

还更新了"居家"模式,使观众足不出户就能体验世界遗产的互动内容。当"在家参观"版本发布时,仅四个月就有超过 250 000 人下载了该应用程序,用户好评如潮①。

(a) 虚拟神兽导游 Haechi

(b) 虚拟互动与合照

图 5-4-1　韩国世界遗产昌德宫 AR 游览

资料来源:韩国世界遗产昌德宫 AR 游览 为游客提供遗产地游览新方式与新体验[EB/OL]. https://mp.weixin.qq.com/s/ANvOeZd1WAsjQsWtloGyAA.[访问时间:2023-10-26]

三、韩国非遗数字实感影像馆

韩国国立中央博物馆是韩国最大、最具代表性的国家博物馆,占地 4.2 万平方米,展厅面积达到 4 600 平方米,陈列了丰富的韩国历史文化遗物。随着世界博物馆逐渐向数字化发展,韩国国立中央博物馆通过韩国知名数字创意设计公司 d'strict 推出了一种全新数字体验环境的展览。他们开设了"沉浸式数字画廊",利用博物馆的藏品,让游客通过沉浸式视觉内容体验丰富的文化遗产。

如图 5-4-2 所示,沉浸式数字画廊 1 通过投影在 60 米宽、5 米高的 360°全景屏幕上的数字视频,使游客可以身临其境地感受高句丽古墓壁画,仿佛置身于真实的陵墓之中。游客还可以通过触摸屏与画面中的人物进行互动。沉浸式数字画廊 2 通过对 2 100 名市民进行数字动画处理并展示在全景显示器上,为描绘理想城市的朝鲜名画《至高无上的和平之城》(City of Supreme Peace)注入了活力。游客可以通过触摸屏让画上的人物对他们的手势做出反应。沉浸式数字画廊 3 从四面(前墙、左右墙和天花板)投影,再现了高句丽古墓的壁画,让游客仿佛站在真正的陵墓内。此外,敬天寺十层石塔是博物馆最受欢迎和标志性的亮点之一,宝塔中雕刻的故事,如《西游记》和《佛陀生平》,在耀眼的灯光下被重新演绎。d'strict 为开放广场沉浸式数字标牌制作了四种媒体艺术内容,以"一个与外界

---

① 作品分享|数字传统文化与非物质文化遗产领域卓越奖:《韩国昌德宫增强现实体验》[EB/OL]. https://mp.weixin.qq.com/s/nm5GL4WNdnALO8jwi66VZw.[访问时间:2023-10-26]

交流的跨游戏之门"为主题,分别是"时间与每种颜色一起闪耀""绘画是活的""移动的书信:朝鲜活字""半球形日晷:拥抱太阳的时钟",作为一个互动和鼓舞人心的交流空间欢迎每一位游客。在《宁静的山岗》(Peaceful Hill)元宇宙世界里,游客可以在地图上漫步,通过寻找隐藏的宝石来照亮佛像,在神秘的洞穴内与佛像自拍,还可以爬上树,坐在岩石上冥想,在草地上与朋友聊人①。

(a) 沉浸式数字画廊1

(b) 沉浸式数字画廊2

(c) 沉浸式数字画廊3

(d) 敬天寺十层石塔

(e) 开放广场沉浸式数字标牌

(f) 《宁静的山岗》元宇宙

图 5-4-2　韩国国立中央博物馆沉浸式数字画廊

资料来源:建筑景观 | 360°全景+VR+3D+8K,韩国首个常设"沉浸式数字画廊"的博物馆[EB/OL]. https://www.d-arts.cn/article/article_info/key/MTIwMjg2MjgzOTiDz5eqr4a8cw.html.[访问时间:2023-10-26]

本章参考文献

[1] 丁未,李凤亮.粤港澳台文化创意产业发展报告[M].北京:社会科学文献出版社,2015:10-15.

[2] 宋俊华.中国非物质文化遗产保护发展报告[M].北京:社会科学文献出版社,2021:5-9.

[3] 金元浦.数字和创意的融会:文化产业的前沿突进与高质量发展[M].北京:中国工人出版社,2020.

[4] 赵跃,周耀林.国际非物质文化遗产数字化保护研究综述[J].图书馆,2017(8):59-68.

[5] 薛可,龙靖宜.中国非物质文化遗产数字传播的新挑战和新对策[J].文化遗产,2020(1):140-146.

---

① 建筑景观 | 360°全景+VR+3D+8K,韩国首个常设"沉浸式数字画廊"的博物馆[EB/OL]. https://www.d-arts.cn/article/article_info/key/MTIwMjg2MjgzOTiDz5eqr4a8cw.html.[访问时间:2023-10-26]

[6] 朱学芳,王若宸.非遗图像语义信息本体构建及其关联数据存储和发布研究[J].现代情报,2021,41(6):54-63.

[7] 涂圆圆.AR技术在非物质文化遗产数字化保护中的运用[J].电子技术与软件工程,2021(4):126-127.

[8] 左文.数字创意产品在非遗保护中的体现[J].参花(上),2022(5):75-77.

[9] 王伟杰,徐小玲.我国"非遗"数字化保护现状及未来发展路径探析[J].歌海,2020(5):24-29.

[10] 袁其玲.基于中国非物质文化遗产数字化保护与开发的研究[J].文化产业,2021(35):88-90.

[11] 王红蕾,徐海静.我国非物质文化遗产建档保护研究文献综述[J].兰台世界,2021(11):45-48.

[12] 杨璇.从中日比较谈非遗技艺传承的中国思维[J].美与时代(上),2021(8):24-27.

[13] 叶莎莎,王巧玲,范冠艳.日本非物质文化遗产保护及档案资源建设探析[J].中国民族博览,2021(1):208-210.

[14] 丁曼.日本能乐的坚守与创新[J].文化遗产,2018(3):21-29.

[15] 马文博,张健,蔡传喜.韩国"传统摔跤"非物质文化遗产的保护经验及对我国传统体育非遗保护之借鉴[J].南京体育学院学报,2023,22(1):75-80.

[16] 贾健.非遗视野下韩国民俗舞蹈传承方案研究——以韩国凤山假面舞为例[J].艺术评鉴,2021(20):26-28.

[17] 杨娟."假面"与现代——韩国非遗视野下对贵池傩戏传承的思考[J].安阳工学院学报,2020,19(5):73-75.

[18] 范靓,董娟.韩国非物质文化遗产研究综述与启示[J].文化创新比较研究,2019,3(3):47-48.

[19] 李桂瑶.从保护主体与传承主体看韩国非遗保护的经验——以韩国"韩山夏布织造"为例[J].当代韩国,2013(1):93-100.

[20] 李桂瑶.从韩山夏布看韩国非遗区域保护与活化经验[J].当代韩国,2015(1):94-100.

[21] 毕旭玲.非遗保护,从日本法隆寺大火走来[J].博览群书,2019(5):39-41.

[22] Kando N, Adachi J. Cultural heritage online: Information access across heterogeneous cultural heritage in Japan[C]. In Electronic Proceedings of International Symposium on Digital Libraries and Knowledge Communities in Networked Information Society,2004.

[23] Min-Sun S, Jae-Phil L. Guidebook for the documentation of intangible cultural heritage[J]. National Research Institute of Cultural Heritage,2011,10(7):6-7.

第六章

欧洲非物质文化遗产数字传播研究

第一节 欧洲非遗数字传播

欧洲的非遗丰富多彩,代表了欧洲各国深厚的历史底蕴和多样的文化传统。这些遗产涵盖了各种艺术形式和风格,每个国家都有其独特的传承和表现方式。由于欧洲在科技和数字化领域的发展程度较高,欧洲各国在非遗的数字化保护方面也处于领先地位。

一、欧洲非遗概述

欧洲非遗丰富多样,包括民间艺术、传统音乐、戏剧、手工艺、节日庆典等。各个国家高度重视非遗的保护和传承,通过制定政策和采用先进的数字化技术,致力于保护和传承这些宝贵的文化遗产。在政策方面,欧洲国家纷纷制定了相关法律和政策,以确保非遗的保护和传承。例如,法国通过《非物质文化遗产保护法》确立了非遗的保护机制,并设立了非遗国家委员会。意大利则通过《非物质文化遗产保护和促进法》确保非遗的传承和发展。这些政策为非遗的保护提供了法律依据和组织支持。在技术上,欧洲国家积极采用先进的技术手段,以便更好地保护和传播非遗。比如,瑞典的"数字化非遗"项目利用数字技术记录、保存和传播非遗。希腊的"虚拟博物馆"项目通过虚拟现实技术,将非遗以沉浸式的方式呈现给观众。这些数字化项目不仅可以保护和传承非遗,还可以让更多的人了解和欣赏到这些珍贵的文化遗产。

(一)欧洲非遗形成背景

欧洲位于东半球的西北部,北临北冰洋,西濒大西洋,南濒大西洋的属海地中海和黑海。欧洲东以乌拉尔山脉、乌拉尔河,东南以里海、大高加索山脉和黑海与亚洲为界,西隔大西洋、格陵兰海、丹麦海峡与北美洲相望,北接北冰洋,南隔地中海与非洲相望。优越的地势条件使得欧洲的非遗具有多样性和多民族交融性。欧洲的地域特性为非遗的产生提供了丰饶的土壤。从地形地貌到气候环境,欧洲各地的差异显著,这使得各地形成了独特的文化传统和习俗;作为多元文化的交汇之地,不同民族、不同文化的交融为非遗的丰富性和多样性做出了贡献,这种交融不仅体现在语言、艺术上,也体现在音乐、舞蹈等方面。因此,欧洲拥有悠久的文化和历史底蕴,这些底蕴在长期的发展过程中逐渐积淀成为非遗,欧洲的非遗中不仅包括古希腊、古罗马等古典文明的遗存,也包括中世纪、文艺复兴等不同历史时期的遗产。这些文化遗产在欧洲的社会、政治、经济和文化生活中扮演着重要角色。欧洲也是一个多元文化融合的地区,不同民族、不同地域之间的文化交流和融合为欧洲非遗的形成提供了肥沃的土壤。在漫长的历史进程中,欧洲各国之间的文化交流和融合不断加深,逐渐形成了丰富多彩的非遗。这些非遗既包括民间音乐、舞蹈、戏曲、美术等艺术形式,也包括传统的手工艺、农业技术、医学等实践经验。

此外,欧洲非遗的形成还与社会和文化价值的认同密切相关。在欧洲,尊重和保护非遗被视为对社会和文化价值的维护和传承。政府和社会各界对非遗的保护和传承给予了高度重视,通过法律保护、资金投入、教育推广等措施,鼓励和促进非遗的传承和发展。同时,欧洲的非遗也成为欧洲国际形象和文化交流的重要代表,为欧洲的文化"软实力"做出了积极贡献。

同时,欧洲地势平坦、河流湖泊众多的地理条件以及温和湿润的气候都为其农业、交通和经济发展提供了有利条件,欧洲也是工业革命的发源地,拥有先进的工业技术和发达的服务业。这些因素共同促成了欧洲独特的地域特点和发达的现代化经济体系。因此,欧洲大多数国家都为发达国家,这些国家通常拥有先进的工业、科技和城市化水平,以及较高的国民收入和福利水平。他们对于非遗的保护无论从政策还是技术方面看都开始得比较早,所以对于非遗的保护和传承有着丰富的经验。许多欧洲国家已经建立了完善的非遗保护法律和政策,并设立了专门的机构和基金来管理和保护本国的非遗。

对于各个国家而言,非遗具有重要的意义。首先,它们是展示国家文化形象的重要窗口,能够吸引更多的游客和国际友人了解和认识国家的文化底蕴和特色。其次,它们是促进文化交流和合作的重要平台,能够推动各国之间的文化交流和合作,增进彼此之间的了解和友谊。最后,它们是推动经济和文化发展的重要资源,能够为国家的经济和文化发展提供重要的支持和保障。

如今,欧洲许多项目正在积极推进非遗的传播,通过让大众熟悉非遗,来提升欧洲民众对于非遗数字传播的建设积极性,推动探索创新数字娱乐和参与方式的新路径,包括新媒体和新访问模式等。这些活动旨在通过建立由研究人员、信息和通信技术专业人员、数字遗产专家组成的新网络,对欧洲非遗文化数字资产进行可行、可持续的跨边界、跨语言、跨部门的数字开发。

(二)欧洲非遗保护现状

1. 欧洲非遗发展现状

欧洲拥有悠久而丰富的历史,这对非遗的发展产生了深远的影响。许多欧洲国家都有独特的传统和习俗,这些传统和习俗通常与历史事件、地理环境和民族文化有关。例如,古希腊的古代奥运会、意大利的嘉年华节庆以及爱尔兰的民间音乐和舞蹈等都是欧洲非遗的重要组成部分。历史特点还影响着欧洲国家对非遗的保护和传承。在欧洲历史上,许多文化遗产经历了战争、殖民统治和现代化的冲击。为了保护和传承这些遗产,许多国家制定了相关法律和政策。例如,法国的"国家非遗清单"和意大利的《非物质文化遗产保护和促进法》等都是为了保护和传承非遗而采取的措施。大部分国家在第二次世界大战之后非常重视文化遗产的保护,经过多年的努力,从法律制度、国际公约、政府组织、民间机构、公众教育、资金保障、市场开拓等各个方面建立了比较完备的保护体系。尤其是近年来,欧洲国家越来越注意到公众参与文化遗产保护的重要作用,各个国家开展了类型多样,主题鲜明的文化遗产保护活动。这些活动的开展在引导和动员社会公众广泛参与文化遗产保护工作方面,起到了不可估量的促进作用。

在各个国家整理非遗的过程中,古籍和文献占据了重要地位。古希腊和古罗马的文学作品,如《伊利亚特》《奥德赛》和古罗马史诗等,被视为世界文学的经典之作,对于研究古代欧洲历史、文化和思想具有重要意义。欧洲各国的传统民间故事、传说和诗歌等都是非遗的重要组成部分。这些故事和诗歌大多通过口头传承的方式代代相传,反映了民族的智慧、价值观和信仰体系。《格林童话》等民间故事集不仅丰富了欧洲的文化底蕴,也为世界各地的读者提供了独特的文学体验。这些古籍、文献和民间故事不仅具有极高的文学价值,还承载着欧洲的历史记忆和文化传承,对于理解欧洲的文化传统和民族精神具有重要意义。

欧洲各国的非遗发展受到各国政府和欧盟的特点的影响。不同国家在非遗保护和传承方面的重视程度和政策措施各不相同。一些国家将非遗视为国家文化的重要组成部分,并采取积极措施来保护和传承。例如,希腊和意大利等国家通过设立专门机构和提供资金支持来促进非遗的传承。欧盟在非遗保护和传承方面也发挥着重要作用。欧盟通过"欧洲遗产日"(见图6-1-1)等倡议来提高人们对非遗的认识和重视。此外,欧盟还提供资金和支持,帮助成员国开展非遗保护和传承的项目。欧盟的介入促进了欧洲各国之间的合作和交流,推动了非遗的发展。

图6-1-1 "欧洲遗产日"海报

资料来源:澎湃新闻.欧洲遗产日[EB/OL]. https://m.thepaper.cn/baijiahao_24606545.
[访问时间:2023-10-01]

在数字化方面,欧盟也通过制定广泛政策、参与协调和财政资助等方式,支持成员国的文化政策,强调文化产品的数字化、在线获取、数字化保护和展示。欧洲数字文化遗产平台 Europeana 与欧洲全境的数千家档案馆、图书馆和博物馆合作,使文化便于获取和反复使用。首先,欧洲数字文化遗产平台 Europeana 为欧洲非遗的数字化传播提供了重要的平台和资源。该平台与欧洲各地的文化机构合作,收集、整理和展示了大量的非遗资料,包括音乐、舞蹈、手工艺、传统节日等。通过这个平台,人们可以随时随地通过互联网访问和了解欧洲各国的非遗,促进了文化的传播和交流。其次,欧洲各国的档案馆、图书馆和博物馆也积极参与非遗的数字化工作。这些机构通过数字化技术,将珍贵的文化资料转化为数字格式,使其更加容易保存、传播和利用。例如,一些博物馆通过数字化展览,将非遗呈现给观众,使人们在家中就能够欣赏到世界各地的文化艺术品。最后,欧盟还通过资金支持和政策引导,鼓励欧洲各国加强非遗数字化保护和传播的工作。欧盟的文化和创意产业计划为非遗数字化提供了资金支持,帮助机构和个人开展相关项目。同时,欧盟还通过制定相关法律和政策,鼓励机构和个人将非遗数字化保护和传播纳入其工作。

2. 欧洲非遗保护与具体措施

非遗保护思想的起源在欧洲,但在保护的过程中,也经历过一些非遗的破坏,而欧洲近现代非遗保护和修复观念的形成,始于法国大革命期间。早期对希腊古神庙维修时仅考虑其使用价值,直至文艺复兴时期人们才开始关注古建筑的艺术价值。18 世纪后半叶,以国家为主体,由社会精英、知识分子推动的历史非遗保护事业逐渐在英国、法国、意大利等欧洲国家拉开帷幕,强调非遗历史价值的学派的影响越来越大。从 19 世纪中叶开始,欧洲人对"民族遗产"的兴趣不断升温,到了 19 世纪末、20 世纪初,保护非遗已逐渐成为欧美大众的共识,大众甚至"敬畏"非遗。

1962 年,法国率先颁布保护历史地段(其中包含一些非遗内容)的《马尔罗法令》。之后丹麦、比利时、荷兰、英国等国纷纷效仿。1974 年,欧洲议会通过一项决议,指出在文化领域尤其是在文化遗产保护方面采取共同行动的必要性。1976 年,欧洲议会提出城市历史文化遗产"整体保护"的概念。随之形成了欧洲大型文化遗产保护史上的三大流派:始于 19 世纪中期、成于 19 世纪后期的法国派和英国派,以及成于 20 世纪前半叶的意大利派。进入 20 世纪后,对历史价值的保护已成为保护工作的主要方向,并将物质文化遗产与非遗区分开。目前国际奉行的对历史文物建筑的修复原则可以总结为原真性原则,以及由此衍生出的可识别性原则、全面保护原则、原址保护原则、缜密原则、最有必要和最小干预原则、可逆性原则等。在欧洲,文化遗产保护的统一性和多元化使更多的历史地标以实物方式被后人继承。从考古遗址到建筑,从中世纪城堡到民俗传统与艺术,欧洲丰富的历史文化遗存不仅是历史记忆,也是通往未来的钥匙。

英国现有的知识产权制度也为非遗保护提供了许多帮助。所以,虽然只字未提"非遗",但是相关工作已渗透到英国文化遗产保护工作的方方面面,英国政府也已经把非遗保护和发展创意产业相结合。德国宪法规定,文化保护及促进工作由各联邦州负责,因此各联邦州也积极参与非遗的保护工作。除配合欧盟委员会甄选推荐目录候选项目外,各联邦州还依法发布文化促进及文化遗产保护法律法规,并成立相关委员会或委任相关部门负责非遗保护工作。2013年,北莱茵-威斯特法伦州在众联邦州中率先启动制定非物质文化遗产名册,经申报、评审等一系列流程后,2014年6月首批四项非遗项目入选该名册。目前,巴伐利亚自由州等联邦州也制定了各自的非遗名册。西班牙十分重视文化遗产的保护,从宪法层面对国家文化遗产的保护工作提出要求。《西班牙宪法》第46条规定:政府当局保障保存和丰富西班牙各族人民的历史、文化和艺术遗产所构成的财产,而不计其法律地位及所有权的归属。违反此规定的行为由刑法予以制裁。以《西班牙宪法》为纲领,各个大区分别制定法律、采取实际措施保证文化遗产各方面的安全。此外,《西班牙历史遗产法》第2条规定:国家行政部门采取必要措施协调公共部门之间的合作,并确保信息提供。

此外,欧洲文化遗产保护形成了法国的"去国家化模式"①和意大利的"威尼斯模式"②,成为主流运作方式。此后,欧盟在制定法规、建立行动计划等方面保持高度协调和统一。欧盟启动的保护文化遗产项目"文化2000"计划正是为保护和提升欧洲文化遗产的价值而建立的,用于资助具有特殊重要意义的遗产项目。欧盟基金旗下的"创意欧洲"项目是文化遗产保护方面的专业平台,欧罗巴·诺斯特拉(Europa Nostra)也是得到欧盟支持的最具代表性的文化遗产保护组织,1963年成立于巴黎,50多年来,一直致力于欧洲文化遗产保护,现有40个会员国,现任主席是西班牙著名男高音歌唱家普拉西多·多明戈(Plácido Domingo)。

欧盟委员会通过其政策以及协调和资助行动,积极支持会员国的文化政策,特别关注文化材料的数字化和数字获取,以及数字保存。Europeana是欧洲数字文化遗产平台,与欧洲数以千计的档案馆、图书馆和博物馆合作,使文化内容更易于访问、获取、循环利用。这是一个独特的泛欧平台,在加强文化遗产社区方面发挥着至关重要的作用。2019年,26个欧洲国家签署了关于推进文化遗产数字化的合作宣言,以加快将文化遗产数字化的努力。《文化遗产合作宣言》三项行动支柱加强数字技术与欧洲文化遗产之间的协同增效作用:首先,计划在整个欧洲推动对文化遗产中的文物、古迹和遗址进行3D数字化;其次,利用数字化文化资源来鼓励公众参与、创新使用以及带来其他积极影响;最后,加强不同部门之间在数字化文化遗产领域的合作,并加强相关能力建设。2020年,欧盟委员会在专家协助下制定了物质文化遗产3D数字化的10项基本原则,这些原则旨在成为数字化遗产专业人士的重要指南,以帮助他们更好地数字化文化遗产内容。

---

① 去国家化模式:法国文化遗产保护的一种运作模式,强调在地方层面进行文化遗产保护和管理,以促进地方社区的参与和自主性。
② 威尼斯模式:基于国际文化遗产保护领域的一项重要文件,即1964年通过的《关于历史建筑和古迹保护的威尼斯宪章》,其中规定了对历史建筑和古迹进行修复的原则和方法。

二、欧洲非遗数字传播发展与应用

欧洲在非遗的数字传播发展与应用方面展现了极具前瞻性的创新精神。欧洲各国积极投入数字化技术的研发与应用,以保护和传承非遗的独特价值。通过运用虚拟现实、增强现实和3D扫描等先进技术,欧洲在非遗的数字化记录、展示与传播方面取得了显著成果。此外,欧洲还通过建立数字博物馆、开发交互式应用程序、推动社交媒体传播等方式,拓宽了非遗的传播渠道,加强了与社区、教育机构、文化旅游等领域的联系与合作。这种宏观层面的数字传播策略为欧洲非遗的保护与传承注入了新的活力,也为全球提供了可借鉴的成功范例。

(一)欧洲非遗数字传播发展概况

欧洲是对非遗进行数字化探索比较早的地域,许多国家已经采取了各种措施来保护和传承非遗,并且对非遗数字化、数字博物馆等开展了系列探索。例如,全景画卷、动态影像卷轴、非遗多点触摸等展示方式,给人们带来了全新的高科技互动体验,使非遗文化得以更好地传播和推广;在2019年法国巴黎圣母院发生火灾后,当地政府正在努力重建受损部分,同时也在探索数字化技术的运用。他们将文物进行数字化转化,以更好地保存文物,并使人们能更广泛地接触文化遗产。

如今,欧洲各国已经建立了丰富的数字资源库,收录了大量的非遗资源。这些资源包括文字、图片、音频、视频等多种形式,为公众提供了全面而深入的非遗信息。各国也在非遗数字化保护方面开展了广泛的跨地区合作与共享。例如,欧盟委员会文化部门推出了一项名为"文化2000"的计划,旨在加强欧盟各成员国之间的文化交流与合作。该计划包括建立一个数字图书馆,收录欧盟各成员国的非遗资源,以便于共享和使用。此外,他们非常注重公众的参与和共享。通过建设数字博物馆和线上展览等功能,公众可以方便地了解和欣赏非遗。同时,一些国家还提供了线上参与和共享的功能,鼓励公众参与非遗的保护工作。

以具体国家为例,意大利的威尼斯狂欢节和西班牙吉他音乐都是非常著名的非遗,这些文化传统通过数字化技术的记录和传播,得到了更广泛的传承和推广。另外,法国的文化创意产业非常发达,其中包括文化遗产的数字化产业,如数字博物馆、虚拟展览等,这些数字化产业为法国的文化遗产保护和传承做出了重要贡献。世界遗产数字档案馆(CyArk)项目对乌干达的卡苏比陵墓进行了详细的数字测绘,以数字化的方式让乌干达文物和历史遗址能够得到先进技术的保护。在耶路撒冷圣墓教堂修复中,希腊国立雅典理工大学修复团队利用3D激光扫描对教堂的现存状况进行评估,之后开展相应的保护工作,并利用相关数字技术进行监测和监控,使得修复科学地开展。修复后的项目吸引全世界的旅游者来参观,在保护的同时也实现了可持续旅游发展。在匈牙利,人们通过系统的编目、研究、保存、扩散与传播,已经制定了让民间文化保持生机的一系列良好策略,特别是将民间音乐和舞蹈传授给年轻一代。他们已提名"舞蹈屋方法"(Dance House Method)和"柯达伊音乐教学法"(Kodaly Method of music education)两个项目申报联合国教科文组织保护非遗优秀实践名册①。

欧洲大多数国家在非遗数字化和数字化传播方面进行了早期的探索和实践,取得了一系列成果。这些成果不仅有助于保护和传承这些珍贵的文化遗产,也为经济发展和文化交流做出了贡献。

(二)欧洲非遗数字传播技术应用

在欧洲,非遗的数字传播技术应用广泛而深入。利用现代技术,如 VR、AR 和 3D 扫描技术,欧洲的文化机构和遗产部门能够将非遗转化为数字资产,从而拓宽它们的传播途径。数字平台,如网站、社交媒体和移动应用,也扮演了关键的角色,使得这些文化遗产能够在更广泛的受众中传播。欧洲的数字传播技术不仅创新了文化遗产的呈现方式,也增强了公众的参与感和互动性,进一步推动了非遗的传承和保护。

1. 欧洲非遗数字技术应用现状

历史文化遗产保护思想起源于欧洲,联合国教科文组织和世界遗产委员会最新发布的世界遗产地图上,遍布欧洲的遗产地标志覆盖了欧洲绝大部分区域,尤其是代表文化遗产地的标志数量远远超越世界其他区域。欧洲的 45 个国家共拥有 367 项世界遗产。欧盟及其成员国所采用的政策、保护措施、开发方式也成为其他国家和地区借鉴的范本②。

(1)非遗的数字化留存与保护。为确保欧洲珍贵文化遗产得到妥善保护,使用数字化创新创意新方式,强调非遗产品数字化、在线获取、数字化保护和展示。

第一,影像记录非遗。如图 6-1-2 所示,通过影像记录,人们可在世界各地了解一个地方的非遗。欧洲的各个国家通过建立影像档案,对非遗进行全面、系统的记录和保存。这些档案包括文字、图片、音频、视频等多种形式,涵盖了音乐、舞蹈、戏剧、手工艺等多个领域。通过建立影像档案,欧洲国家能够永久保存这些珍贵的文化遗产,为后人提供全面的历史和文化信息。这些方法其他洲也有,但欧洲做得非常全面,与其他洲不同的是,欧洲还做了以下三点。一是拍摄数字非遗纪录片。纪录片是一种有效的影像记录方式,能够真实地记录非遗的历史和现状。欧洲国家制作了大量的纪录片,涉及非遗的各个方面。这些纪录片不仅为观众提供了深入了解非遗的机会,也为研究者提供了宝贵的资料。二是开展影像调研。为了更加全面地了解非遗的现状和传承情况,欧洲国家开展了影像调查工作。这些调查包括对传承人、艺人、手工艺人等的采访和拍摄,以及对传统表演、节庆活动、民间工艺等项目的拍摄。通过影像调查,能够深入了解非遗的内涵和特点,为后续的研究和保护提供基础资料。在欧洲影像记录非遗的过程中,重视对传承人访谈和口述历史的记录,与传承人进行深入交流,了解他们对于非遗的认知和理解,以及传承过程中

---

① 娜嘉·瓦伦丁希奇·弗兰.非物质文化遗产的影像记录与呈现——欧洲的经验[J].全国新书目,2019(12):46.
② 数字技术"盘活"文化遗产[EB/OL]. https://www.sohu.com/a/645125486_121662589.[访问时间:2023-08-23]

的心得和体会。这种访谈和口述历史的记录方式，不仅丰富了影像记录的内容，也为后人提供了宝贵的经验和故事。三是建设数字博物馆。数字博物馆是一种利用数字技术展示文化遗产的方式。欧洲国家通过建立数字博物馆，对非遗进行数字化展示和传播。这些数字博物馆不仅提供了在线展览、虚拟现实等展示方式，还提供了丰富的文字、图片、音频和视频资料，使得观众能够更加深入地了解非遗的历史和文化内涵。

图 6-1-2　意大利非物质文化遗产纪录片

资料来源：西瓜视频．意大利的世外桃源［EB/OL］．https：//www.ixigua.com/7189505672604549693?id=7194784154968392252&logTag=9161c0299ecb21e2071f.［访问时间：2023-10-20］

欧洲国家在影像记录非遗方面注重整体性和系统性的原则。他们不仅对单一的文化遗产进行记录和拍摄，还对相关联的文化遗产进行整体性的记录和整理。这种整体性和系统性的记录方式有助于全面了解非遗的历史和文化内涵，为后续的研究和保护提供全面的资料。此外，欧洲在影像记录非遗方面注重融合传统与现代的元素。他们不仅对传统的表演、节庆活动、手工艺等进行记录和拍摄，还注重新技术和新方法的运用。例如，利用 VR 技术制作数字化展览、利用无人机拍摄特殊视角下的文化遗产等。融合传统与现代的元素，使得影像记录更具多样性和创新性，为观众提供了更加丰富、生动的视觉体验。

第二，非遗数据公共空间。非遗作为一种重要的文化资源，得到了越来越多的关注和利用。欧洲非遗数据公共空间是一个基于云计算的数据共享平台，旨在促进公共部门、企业和个人之间的数据共享和协作。在这个平台上，非遗的数据获得了更广泛的应用和推广。

欧洲数据公共空间可以为非遗的保护和传承提供更有效的支持。通过数字化技术，非遗可以得到永久保存和记录，避免遗失或损坏。同时，通过数据共享和协作，可以促进不同国家和地区之间的文化交流和传承，使这些遗产得到更广泛的传播和认知。在数据公共空间中，公共部门、企业和个人可以共享数据资源，开展联合研究、创新实践等活动，为非遗的开发和创新提供更多的思路和途径(见图6-1-3)。例如,可以通过大数据分析和人工智能等技术,对非遗进行深度挖掘和价值发现,开发出更多具有创新性和实用性的文化产品和服务。在保护非遗的同时,也需要考虑其经济价值的开发和利用。在数据公共空间中,可以通过共享数据资源和信息,促进非遗的市场化和商业化进程,同时也可以为相关的文化产业和文化旅游等提供更有效的支持和推广途径。

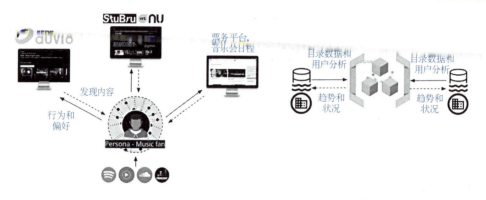

图6-1-3 欧洲媒体平台

资料来源:煤矿工厂.欧洲媒体数据空间的定义[EB/OL]. https://www.ixigua.com/7189505672604549693?id=7194784154968392252&logTag=9161c0299ecb21e2071f.[访问时间:2023-10-20]

总之,欧洲数据公共空间可以为非遗的保护、传承和创新提供更好的支持和平台。通过数字化技术和数据共享协作,可以促进欧洲各国之间的文化交流和合作,使非遗得到更广泛的应用和推广,同时也为欧洲的文化发展和经济发展带来更多的机遇和潜力。

(2)非遗的数字化交互与传播。欧洲在非遗数字化交互与传播方面的工作主要体现在以下两个方面。

第一,数字时光机感受非遗。欧洲正在努力利用数字技术来保护和传承非遗,其中一个重要项目是"威尼斯时光机"(Venice Time Machine)。这个项目使用虚拟现实和增强现实技术,让游客身临其境地感受威尼斯的历史和文化。通过专门的头戴式显示器和跟踪设备,游客可以在虚拟时光机中体验不同历史时期的威尼斯景象,包括古老的运河、宫殿和教堂等建筑。游客也可以穿越时空,了解威尼斯的历史变迁,观察不同时期的生活方式和文化发展,并与虚拟角色互动。

为了做好这一项目,"威尼斯时光机"采用了机器学习技术来识别手稿中的文字,并将生物技术中的蛋白质结构分析和功能预测方法应用于文字处理,以提高处理精度和可靠性。此外,项目还建立了大量文档之间的关联和链接,形成了一个庞大的关联数据资源库。云计算技术的支持使得大量数字信息资源可以存储、开发和利用,并且可以更准确地预测丢失的信息并改善历史信息。为了实现数字化,"威尼斯时光机"项目使用了半自动机械臂(扫描机器人)来加快扫描过程,并引入了医学CT扫描技术作为参考,改进和完善扫描技术。旋转CT扫描仪可以在不翻开文件的情况下快速完成扫描过程,减少了对古籍的破坏,并且速度更快。通过这些技术和措施,"威尼斯时光机"项目为游客提供了一个全新的方式来感受和了解威尼斯的非遗,保护和传承这些宝贵的历史和文化资源。图 6-1-4 所示是"欧洲时光机"项目网站。

图 6-1-4 "欧洲时光机"项目网站

资料来源:王晓光,梁梦丽,侯西龙,等.文化遗产智能计算的肇始与趋势——欧洲时光机案例分析[J].中国图书馆学报,2022,48(1):62-76.

"威尼斯时光机"项目的初衷是通过数字技术将威尼斯的丰富文化遗产以更为生动、立体的方式呈现给游客,让游客更深入地了解和感受这座城市的魅力。同时,这个项目也强调了非遗的保护和传承,通过现代科技手段,将威尼斯的传统工艺、音乐、舞蹈、戏曲等非遗以数字化的形式保存下来,并向世人展示。通过"威尼斯时光机",人们可以在虚拟世界中体验威尼斯丰富多彩的非遗,进一步增强对这些文化遗产的认识和保护意识。这种新颖的文化传播方式为非遗的保护和传承提供了新的思路和方法。

第二,情感虚拟文化体验。为了更好地让观众体验欧洲非遗,许多机构开始采用一系列技术,如 VR、AR 和手机应用程序,以创造更具"情感"的文化体验。VR 可以通过创建一个完全虚拟的环境来让观众感受到全新的体验。观众可以穿戴虚拟现实头盔,进入一个虚拟的场景,感受到自己置身其中。这种沉浸式的体验可以让观众更加深入地理解和感受文化遗产,例如,观众可以在虚拟现实中参观博物馆或遗址,甚至可以亲身体验历史事件。AR 则是通过在现实场景中添加虚拟元素来创造沉浸式的体验。观众可以使用手机或其他设备,可以在现实场景中看到虚拟的文物或建筑,同时在屏幕上看到添加的虚拟元素,了解它们的历史和文化背景,更加深入地理解和感受文化遗产。例如,"增强城市体验的综合媒体"(Integrated Media for Enhanced City Experience,I-Media-Cities)项目推出了一个革命性的平台,利用视听材料让每个人都能学习欧洲九个城市的历史,并与之互动。通过线上平台(imediacities.eu),所有类型的用户都可以访问和浏览超过 10 000 部由计划伙伴上传的数码影片和照片。该系统不仅允许用户搜索和查看这些作品,还可以通过标记特定的框架或照片来添加自己的信息。用户甚至可以选择观看特定主题的3D虚拟展览。

案例材料

EMOTIVE项目（全称"EMOTIVE：Storytelling for Cultural Heritage"，翻译为"情感化：文化遗产的叙事"）是一个典型的例子，它利用情节提要编辑器、可视化场景编辑器、可视化编程工具、基于图像的渲染技术、平面图编辑器等开发了沉浸式的故事情节，以增强观众对文化遗产的理解和想象体验。EMOTIVE项目提供了一系列创作工具，供遗址专家和其他创作者协作创建交互式的数字讲故事体验。这些工具适用于不同技术水平的用户，从简单的文本演示文稿到先进的多用户AR游戏都有。情节提要编辑器允许作者设置和测试故事线以及简单的数字体验，而可视化场景编辑器则可以定义更复杂的故事线，并使用自己创建或来自互联网的视听资产为不同的用户和观众设计不同的体验。此外，EMOTIVE项目还提供了可视化编程工具，使作者能够创建高级的讲故事体验，而无须具备编程技能。这些工具提供了现成的模块，可以直接使用，从而减轻了作者的工作负担。项目还使用了先进的基于图像的渲染技术，将典型的二维摄影转换成完全沉浸式的虚拟环境，以增强远程访问的体验。通过平面图编辑器，还可以创建网站的虚拟形式，将照片合并制成360°形式并发布到网页环境中，使观众能够与原始现场故事相结合进行查看。

目前，EMOTIVE创作工具的一些模块已经通过专门的门户网站提供给文化机构试用，而团队也计划在其他网站上推广他们的方法。这些创新的技术和工具为观众提供了更加沉浸式和情感丰富的文化体验（见图6-1-5），促进了欧洲非遗的保护和传承。

图6-1-5　沉浸式的虚拟环境

资料来源：数字人文咨讯.数字技术如何在保护欧洲文化遗产方面发挥重要作用[EB/OL]. https://mp.weixin.qq.com/s/tHfmh4aw3KtyMOMP7vQcWA?jump_from=1_05_37_01f.[访问时间：2023-10-02]

（3）非遗的数字化拓展与开发。欧洲在非遗数字化拓展与开发方面的工作主要体现在以下两个方面。

第一，图像识别技术。许多文物上记录了古代人们的生活、文化和历史信息，通过图像识别技术，可以对这些文物进行识别和分类，帮助进行文物的管理和保护，进一步让人们了解历史文化。

首先，需要收集和准备许多文物的图像数据。这些图像可以是从实地调查中采集的照片，也可以是从其他数据库中获取的图像。收集到的图像需要经过清理和标注，确保图像质量和准确性，再对图像进行预处理。预处理操作包括图像去噪、图像增强、图像尺寸调整等。去噪操作可以去除图像中的噪声，提高图像的清晰度。图像增强操作可以增强图像的对比度和亮度，使文物的细节更加清晰。图像尺寸调整操作可以将图像调整为适合识别算法的大小。其次，再进行特征提取和表示。从图像中提取出具有代表性的特征，用于描述文物的视觉特征，结合欧洲历史背景，提取出与文物相关的特征，如颜色、纹理、形状等。这些特征将被表示为计算机可以理解和处理的形式，通常使用向量表示，进行模型训练和优化。使用已有的图像数据来训练图像识别模型。训练过程中，将文物图像和其对应的标签（即文物的类别、年代和制作材料）作为输入内容，通过机器学习算法进行模型的训练和优化。可以使用交叉验证等技术来评估和选择最佳的模型。最后，进行图像识别和分类。使用训练好的模型对新的欧洲非遗图像进行识别和分类。将文物图像输入模型，通过模型进行图像识别和分类，并输出文物的类别、年代、制作材料等标签。识别和分类的结果可以作为文物管理和保护的重要依据，帮助机构对文物进行分类、存储和展示。通过图像识别技术，可以提高对欧洲非遗的认知和理解，促进文化遗产的传承和保护工作。

例如，在实现陶瓷文献中的图像识别时，需要利用计算机视觉、机器学习等技术对陶瓷器物进行预处理，如去噪、增强等操作，以突出图像中的文字和图案。利用特征提取和分类算法对图像进行自动识别和分析，以提取其中的重要信息，还需要对不同类型的陶瓷器物进行分类和标注，以训练出更准确、可靠的模型。

案例材料

当考古学家参与发掘工作时，他们发掘出的陶器碎片往往包含关于过去人们如何生活的重要线索。但是，准确地识别这些瓦片可能需要几个小时的时间。

为解决这个问题，ArchAIDE 项目（全称为"ArchAIDE：Archaeological Automatic Interpretation and Documentation of cEramics"，即考古陶器的自动解释和文档记录）开发了一款基于自动图像识别技术、可以识别陶瓷及其来源的应用程序（见图 6-1-6）。用户拍下他们想要识别的陶器碎片照片，使用工具调整图像，并将其发送出去进行分类。该系统使用基于陶器上的图像和装饰的识别模型和基于形状的识别模型，这有助于识别陶器的类型，如碎片属于哪个容器。在几秒钟内，应用程序会返回五个答案，并根据相关性排序。用户可以单击以查看与 ArchAIDE 数据库中存储的关联类型相关的信息。

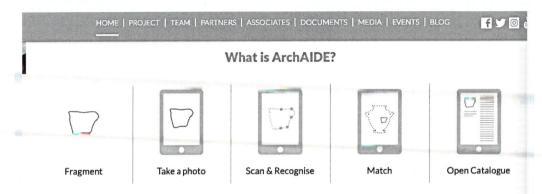

图 6-1-6　意大利比萨大学 ArchAIDE 项目网页

资料来源：ArchAIDE[EB/OL]. http://www.archaide.eu.[访问时间：2023-09-18]

第二，故事讲述引擎。故事讲述引擎是一种利用计算机技术来呈现和传播非遗故事的工具。它结合了多种技术，包括计算机图形学、虚拟现实、增强现实、人工智能等，以创造出沉浸式的故事体验。

计算机图形学技术可以创建逼真的虚拟场景和角色，以呈现非遗中的故事。通过渲染、动画、特效等技术，可以使故事更加生动和引人入胜。例如，在意大利的数字博物馆中，利用计算机图形学技术可以呈现古罗马时期的建筑、雕塑、壁画等文化遗产，让观众更加深入地了解和感受这些文化遗产的价值。

虚拟现实技术可以通过穿戴式设备，如头盔和手套，让观众置身于虚拟的场景中。在欧洲非遗的故事讲述中，虚拟现实技术可以让观众亲身体验故事中的场景和事件，增强他们的情感参与。例如，在英国的一个数字博物馆中，利用虚拟现实技术可以让观众亲身体验莎士比亚的戏剧作品，通过身临其境的场景还原，让观众更加深入地了解和感受莎士比亚的文化遗产。

增强现实技术可以通过手机、平板电脑或眼镜等设备，在现实场景中添加虚拟元素，如图像、视频、声音等。在欧洲非遗的故事讲述中，增强现实可以将虚拟的文物、角色或场景与实际场景相结合，为观众提供更加丰富和互动的体验。例如，在法国的一个数字博物馆中,利用增强现实技术可以让观众看到虚拟的古代城堡或教堂等文化遗产,通过与实际场景的结合,让观众更加深入地了解和感受这些文化遗产的历史和文化价值。

人工智能技术可以用于故事角色的智能交互和自适应性。例如,通过自然语言处理和机器学习算法,故事角色可以与观众进行对话,根据观众的反应和选择,调整故事情节和结局。例如,在德国的一个数字博物馆中,利用人工智能技术可以让观众与虚拟的角色进行对话,通过智能交互和对话选择,让观众更加深入地了解和感受文化遗产的历史和文化价值。

案例材料

DigiArt项目(全称为Digital Galleries for Art,即数字艺术馆)为"历史事件互联网"创造了一个通用平台,任何支持网络的设备都可以使用。为了更加完善,DigiArt开发了一套技术工具供博物馆使用,以创造一种革命性的观赏和体验文物和遗址的方式(见图6-1-7)。这些工具适用于数据采集、数据处理、故事构建、3D可视化和3D交互的完整数字化过程。

图6-1-7 克拉蒂纳洞穴虚拟体验

在项目期间,开发人员通过实验测试和验证了最适合小型文物的3D重建技术(3D扫描仪),以及用于大规模扫描考古遗址的各种无人机和摄像系统。该系统使用专门开发的算法对生成的3D模型进行语义分析,以提取信息,然后在文物之间形成信息超链接,创建一个有意义的网络。项目技术的另一个关键方面是故事讲述引擎。这个用户友好的网页界面允许策展人通过定义用户体验的行为来定制实际站点的3D模型。通过三次演示活动,该项目已经在三个不同的博物馆环境中验证了方法的可行性,为系统提供了一系列对系统构成不同挑战的文物资料。

资料来源:DigiArt Project[EB/OL]. http://digiart-project.eu.[访问时间:2023-10-22]

2. 欧洲非遗数字技术未来展望

欧洲非遗在过去几十年中取得了显著的进展，但仍面临一些挑战。全球化和现代化对传统文化的冲击以及年轻一代对非遗的兴趣减少等问题，都对非遗的传承和发展构成了威胁。欧洲各国和欧盟已经采取了一系列措施来应对这些挑战。例如，通过教育和培训，向年轻一代传授非遗的知识和技能；通过数字化技术，将非遗呈现给更广泛的受众；通过旅游和文化交流，吸引更多人了解和体验非遗。未来，欧洲非遗的发展将继续受到政府、欧盟和社会各界的关注和支持。通过加强国际合作、利用新技术和创新传播方式，欧洲非遗将继续繁荣发展，并为欧洲和世界带来丰富多彩的文化体验。

在数字化方面，由于非遗的多样性和复杂性，数字化工作需要耗费大量的时间和精力。例如，一些非遗形式可能涉及复杂的工艺、表演艺术、传统手工艺等，要对其进行完整的数字记录和表述需要深入的研究和精细的操作。此外，由于非遗的传承和发展是一个持续不断的过程，数字化工作也需要不断地更新和改进，以适应新的表现形式和传播需求。数字化技术的快速更新换代也给非遗的数字化传播带来了一定的压力。新的数字化技术不断涌现，从三维扫描、虚拟现实到人工智能等，每种技术都有其独特的优势和应用范围。为了有效地利用这些技术进行非遗的传播，需要不断地学习和掌握这些新的技术手段，并将其应用到实际的传播工作中。更为重要的是，非遗的数字化传播还面临着信息安全和版权保护等问题。在数字时代，如何保障非遗信息的安全，防止其被非法复制、篡改或滥用，是一个重要的问题。同时，由于许多非遗涉及传统社区和个体创造者的权益，如何在数字化传播中保障他们的权益，推动其积极参与非遗的传承和发展，也是需要解决的重要问题。

目前，欧洲各国和欧盟正在采取一系列措施，包括重视加强机构和个人的数字化技术培训，提高其数字化传播的能力和水平。通过开设培训课程、组织研讨会等方式，推动相关人员掌握数字化技术的最新进展，并将其应用于非遗的传播实践；加强国际合作，共享经验和资源，推动数字化传播的发展。例如，通过与世界各地的合作伙伴分享经验、技术和资源，共同开展数字化项目，推动跨国界的非遗保护和传播；重视加强信息安全和版权保护的措施，保障非遗数字化传播的合法性和可持续性。通过制定相关的政策和法规，规范数字化传播的行为和操作流程，保障信息安全和版权权益。同时，推动相关社区和个体创造者积极参与数字化传播的进程，使其成为推动非遗传承和发展的重要力量。未来，这些措施的真正实行将会提高欧洲数字化传播的效果和质量，也将为推动全球非遗保护和传承工作提供有益的经验和借鉴。

第二节 法国非遗数字传播

法国拥有悠久的历史和丰富的文化遗产，包括众多文物古迹。为了保护这些宝贵遗产，法国采取了创新性的措施，明确了非遗数字化保护的主体，并积极促进数据资源的开发。通过法规和数字平台,法国推动了文化遗产的数字化发展。这些努力不仅有助于保存法国独特的文化传统,还为全球文化遗产保护树立了典范,为其他国家提供了宝贵的经验和启示。

一、法国非遗数字传播概述

法国在保护非遗方面采取了独特的战略,将机构体系与数字技术结合,将传统优势与现代科技融合。通过实施"文化数字化"战略,法国成功实现了非遗的数字化保存和传播。这一战略不仅充分发挥了法国丰富的文化传统优势,还充分利用了先进的数字技术,为文化遗产的保护和传承开辟了新的途径。法国的做法为其他国家提供了宝贵经验,成为保护非遗的成功典范。

(一)法国非遗保护现状

法国政府设立遗产总局和科学政策部负责落实《公约》,制定详细的非遗保护政策,建立包括传统技艺、节庆、音乐、舞蹈等项目在内的法国非遗名录,实现对非遗的全面登记。同时,法国大学以及高等学校开设相关课程,推动非遗的保护和传承。法国通过多层次、多方面的保护措施,成功保护和传承丰富多样的非遗,为国际文化遗产保护树立了良好榜样。

1. 法国非遗发展现状

法国遗产总局和科学政策部负责实施《公约》,并在民族学遗产领域开展相关活动,制定和执行研究政策。为了保护和传承非遗,法国于 2008 年建立了法国非遗名录,这是一个登记册,包括符合《公约》定义以及其他相关有形文物的所有法国非遗项目。法国文化部注重非遗相关网络,积极出版有关非遗的书籍、文献和信息,提高公众对非遗的认识,并促进非遗音像创意的发展。

法国的高等教育机构提供非遗培训课程,包括民族学和人类学等学科。图尔大学(旧称弗朗索瓦·拉伯雷大学)和斯特拉斯堡大学提供专门的非遗课程,而亚眠大学(又名皮卡第儒勒·凡尔纳大学)、雷恩第一大学和巴黎第一大学也提供与非遗保护和传播相关的课程。

截至 2023 年年底,全球共有 730 个世界非遗项目,法国 2008—2023 年有 28 个项目被列入联合国教科文组织非遗名录,其中 24 个项目被列入人类非遗代表作名录,1 个项目被列入急需保护的非遗名录,3 个项目被列入保护非遗优秀实践名册。这表明法国为非遗的保护和传承付出了积极的努力。

列入人类非遗代表作名录 22 项:比利时和法国联合申报的巨人和巨龙游行(2008 年);奥布松挂毯制作技艺(2009 年);玛洛亚(2009 年);法国的木构架划线放样工艺(2009 年);手工业行会,按行业进行知识传承并保持身份认同的网络(2010 年);阿朗松的针织花边技艺(2010 年);法国美食大餐(2010 年);法国传统马术(2011 年);布列塔尼传统集体舞晚会(2012年);利穆赞七年一度的宗教传统(2013年);Gwoka,代表瓜德罗普人认同感的音乐、歌舞以及文化实践(2014年);比利牛斯山区夏至焰火节(2015年);格朗维尔狂欢节(2016年);格拉斯地区香水技艺,香水植物栽培,原材料加工和香水调制艺术相关知识(2018年);干石墙的艺术,知识和技术(2018年);登山(2019年);玻璃珠艺术(2020年);号手音乐艺术,种与歌唱、气息控制、颤音、场地及氛围共鸣有关的乐器技巧(2020年);钟表机械和艺术机械技艺(2020年);猎鹰训练术(2021年);法式长棍面包的手工技艺和文化(2022年);比利牛斯山脉的熊庆祝活动(2022年);手工玻璃制造的知识、技术和诀窍(2023年);移牧,季节性牲口迁移(2023年)。

列入急需保护的非遗名录1项:巴吉耶旋律,科西嘉的世俗式、礼拜式口头传统(2009年)。

列入保护非遗优秀实践名册3项:欧洲大教堂作坊的手工艺技术和惯常习俗、技艺、传承、知识发展以及创新(2020年);马提尼克岛多桨帆艇,建造与航行实践遗产保护典范(2020年);托卡蒂,一个保护传统游戏和体育运动的共同计划(2022年)。

2. 法国非遗保护与具体措施

法国非遗有五个层级的保护机构,文化部是宏观统筹最高决策部门,文化遗产局承上启下,四处和三科①相互配合,地方政府登记保护。法国在组织结构上采取"5%政府+95%社会"的非遗管理方式,政府遗产机构将部分遗产的保护及各类推广宣传活动交由私人机构负责,而所有权不变。

法国以法规及平台带动数字化发展,通过完备的法规体系为本国文化产业的快速发展提供坚实后盾。2012年颁布的《文化例外2号法》旨在促进艺术创作、文化繁荣和文化内容全民共享,奠定数字时代文化政策体系基础。其中提到三点:第一,促进民众分享网络文化资源;第二,保障创作者应得利益和资助创作;第三,加强知识产权保护②。随后,法国2014年颁布《数字法国计划》,在文化数字化进程中为法国争取先机。

(二)法国非遗数字传播现状

作为欧洲的文化产业大国,以及拥有众多历史古迹的国家,法国文化产业发展具有鲜明的优势和特色。法国在古迹修复重建、保护和传播工作上也越来越广泛地使用数字化技术。

2011年,法国政府成立公共数据开放办公室,推出全国性的公共数据开放平台。此平台有九大类别数据可供浏览和检索,其中包含文化和旅游两大类别。2013年,法国在《公共文化数据的开放与共享的路线图》中明确将"开放数据"视为"通过数字技术实现文化部门变革的动力"。2014年颁布《文化元数据与互联网3.0转型路线图》,持续加强文

---

① 四处:指四个地理区域,也可以理解为地方级别的保护机构。每个"处"都负责管理和保护一定范围内的非遗,以确保地方特色和传统的保护和传承。三科:每个"处"下划分的三个学科领域,即口述传统、表演艺术和民间工艺。每个"科"都有专门的机构负责与相关社群、艺术家和从业者合作,以进行非遗的保护、研究和传承工作。
② 法国《文化例外2号法》协调行动政策建议报告出炉[EB/OL]. https://cn.chinaculture.org/pubinfo/2022/07/22/200001003005/5a07bfa3421f4cc4a0f46bb3805f2811.html.[访问时间:2023-08-20]

化领域"开放数据"进程。2017年,《文化部门公共数字信息开放与利用指南》出台,进一步加快了法国文化部门的数字化进程,推动了文化内容的再利用。2021年9月,为响应法国大数据建设,法国文化部发布《文化数据与内容路线图》,旨在提升法国文化部文化传播与获取的能力,促进公共文化服务的便利获取①。

1. 法国的数字化留存与保护

保护法国非遗的主管机构是法国非遗中心(CFPCI),它是非政府组织世界文化之家(MCM,又称世界文化研究所)的一个分支机构。法国非遗委员会致力于丰富法国对非遗的了解、非遗的传播和推广,以及组织和推动在这一领域开展活动的网络。

法国非遗中心是一个信息和档案管理单位,其职责包括:整理非遗的档案资料并进行传播;对非遗政策及其效果进行文化反思,为该领域贡献新知识,与法国科学研究和政策领导司、民俗和非遗委员会合作处理法国非遗清查和申遗方面的工作;参与追踪法国申遗项目的进展;使人们了解《公约》,唤起民众对非遗保护及其多样性的关注。法国非遗中心围绕《公约》拓展研究和鉴定活动,完善法国内外的联络网。法国非遗中心一直以领域内先驱的姿态坚定地维护文化多样性,并积极拓展对多样化的非遗形式的认知。中心每年春天都在巴黎及外省举办"想象之庆典"艺术节,迄今为止,中心已经将联合国教科文组织非遗名录上30余种不同的表演形式搬上法国舞台。法国非遗机构的设置如下:文化部下设文化遗产局,地方上也有相应机构,大多数由市级部门管理,少数由私人管理②。

2. 法国的数字化交互与传播

法国是欧洲乃至世界的文化大国,同时也是出版大国。面对文化全球化和数字革命的洗礼,法国出版业在数字化转型的道路上始终将"文化是立国之本"的原则放在首位,采取"文化数字化"战略,以数字技术改变出版物的载体形式,将文化保护和数字出版结合,探索出了一条把发展数字技术与传统文化保护相结合的特色化发展路径。利用数字技术的优势大力保护和传播本国文化,固守文化之根,将数字化浪潮的冲击转变为文化发展和传播的助力③。

(1) 数字图书馆项目 Gallica(见图6-2-1)。法国国家图书馆的数字图书馆项目Gallica是网上访问量最大数字图书馆之一。Gallica致力于成为一个遗产图书馆和百科全书式的图书馆,确保法国历史文化记忆的数字化生存与发展。它从法国国家图书馆挑选的藏书包括优秀的版本图书、字词典和期刊,这些藏书涉及历史学、文学、自然科学、哲学、法学、经济学、政治学等诸多学科。

(2) BnF项目(见图6-2-2)。BnF的使命是收集、编目、保存、丰富和传播国家文献遗产。BnF馆藏资源丰富,并确保尽可能多的人能够远程访问藏品,并发展国家和国际合作。与Gallica一样,BnF也属于法国国家图书馆的线上版之一。

---

① 武汉大学人文社会科学研究院[EB/OL]. https://ssroff.whu.edu.cn/info/1154/6533.htm. [访问时间:2023-08-20].
② Centre Français du Patrimoine Culturel Immatériel — CFPCI [EB/OL]. http://www.cfpci2014.maisondesculturesdumonde.org/chinese. [访问时间:2023-08-20].
③ 唐姝菲,孙万军. 数字时代法国出版的文化保护与传播[J]. 北京印刷学院学报,2021,29(5):1-4.

图 6-2-1　法国国家数字图书馆 Gallica

资料来源：Gallica［EB/OL］. https://gallica.bnf.fr/accueil/fr/content/accueil-fr?mode=desktop.［访问时间：2023-10-01］

图 6-2-2　BnF 网站首页

资料来源：BnF［EB/OL］. https://www.bnf.fr/fr.［访问时间：2023-10-01］

3. 法国的数字化拓展与开发

数字文化资源平台汇集多种文化内容，解决传统公共服务资讯发布渠道杂乱、活动信息不易保存等问题。联合实体场所（如博物馆）智能硬件终端，助力为参观者提供数字化、数据化、智能化的服务，实现足不出户即可探索非遗资讯、享受线上资源；同时充分应用大数据分析，为文旅体产业结构调整提供决策依据。

打造集聚海量文化数字化平台,研究交互技术提升公共文化、数字文化服务平台,构建公众可及性数字化平台,驱动线上非遗大数据公共管理平台的交互设计,实现全球用户共享文化一站式访问。提升公众的数字文化体验与增强数字文化的开放共享,实现互联互通的文化大数据公共服务平台。在法国五个层级的保护机构以及文化大数据产业联盟的组织下,公共平台的创建将各地零散的文化遗产、民族文化等数字文化数据互通互联,提升了公众的数字文化体验,增强了数字文化的开放共享。

法国非遗数字传播是一个复杂的学术领域,涉及多个学科和方法,旨在通过数字技术为非遗的保护、传承和研究提供创新的解决方案。这一领域的研究有助于推动文化遗产领域的前沿知识积累和实践。

案例材料

法国打造多个数字文化资源整合平台,十分重视在文化数字化过程中的数据公开及平台建设。法国文化部设立"法国文化遗产开放平台"(POP),面向公众开放并提供法国文化遗产相关的知识和服务,又设立"法国文化数据平台"(data.culture.gouv.fr),免费向公众提供档案、遗产、图书、博物馆、演出、电影、艺术、音乐、建筑等公共文化信息。无论从参与公共数据开放的机构数目,还是从已开放的公共数据总量看,法国都已经成为全球公共数据开放领域领先的国家之一①。

图 6-2-3 法国文化遗产开放平台

资料来源:À propos, OpenData — POP[EB/OL]. https://www.pop.culture.gouv.fr.[访问时间:2023-10-01]

---

① 深读|国家文化数字化战略的发展脉络与路径探索[EB/OL]. https://mp.weixin.qq.com/s/0GUw0Eeg_eWmGZp4fKEY3Q.[访问时间:2023-08-20]

二、卢浮宫数字平台

博物馆数字化主要体现在三个方面：利用互联网技术和智能手机，推出沉浸式或交互式等不同观展体验，观众不再被动观看，而是积极参与互动；博物馆充分利用各种社交平台，实时向观众发布相关作品信息；观众通过新科技，可尝试不同观看体验，比如，卢浮宫网站设立虚拟画廊，网友可远程欣赏大师作品。博物馆抓住科技变革的机遇，为法国旅游业增色不少①。实体博物馆经常使用室内应用程序进行虚拟导游，着重增强展览体验。

近年来，法国博物馆、古建筑等文化场所更倾向于使用3D全景、虚拟现实等数字化技术。一方面，这会吸引年轻观众，借助数字技术可以让人们看到不便直接展出的藏品，使其更加便捷地接触到艺术和文化，让艺术流动起来；另一方面，这也带来新的艺术形式，为古建筑保护和修复、馆藏文物保护利用带来更多便利和可能。法国最受欢迎的博物馆主要集中在巴黎，如排名前三的卢浮宫、凡尔赛宫和蓬皮杜艺术中心。

卢浮宫是巴黎最重要的博物馆。在卢浮宫，数字技术也被充分运用到博物馆内部信息的建构中（见图6-2-4）。卢浮宫有从史前时期到21世纪的近四万件展品，游客需要花费一整天时间用双脚丈量卢浮宫，且不能细细观摩。借助信息技术、计算机技术，卢浮宫对馆内大量藏品进行了高清图像采集，实现了馆藏文物信息的全方位储存和管理，人们足不出户便可观赏卢浮宫的珍贵文物。卢浮宫博物馆运用3D模拟技术展现胜利女神像，游客无须佩戴特制眼镜即可观赏，卢浮宫中最著名的展品便是《蒙娜丽莎》，但是通常处于难以靠近的状态，如果你去卢浮宫却只可远观未免遗憾。卢浮宫推出数字化博物馆"与卢浮宫一起逃脱"，是集展示、应用、交互为一体的综合性数字化平台，其中包含"卢浮宫在家""深入卢浮宫"两大板块，通过虚拟现实技术，游客们可以从不同角度深入观察房间内部结构、艺术品、文物等。每件展品都提供了高清图片，供每位游客清晰地观赏。通过这

（a）数字化博物馆卢浮宫主页截图

（b）艺术家的到来，古典时期典型的匿名工匠到文艺复兴时期艺术家的转变

图6-2-4　法国数字卢浮宫主页

资料来源：LOUVRE[EB/OL]. https://collections.louvre.fr/en/.［访问时间：2024-05-08］

---

① 数字化赋能文化遗产保护[EB/OL]. https://www.sohu.com/a/708787707_162758.［访问时间：2023-08-18］

种沉浸式参观,游客穿越时空界限获得全新的参观体验,并且收获丰富的知识以及非遗文化启迪。"卢浮宫在家"搭建了"故事""卢浮宫儿童""虚拟旅游""虚拟现实"四大应用模块,结合电脑端、移动端、智能硬件终端,联通线上数字化服务、线下实体馆体验。通过这些板块,能够实现智能资讯获取、文物及非遗知识普及、活动培训智能预约、场馆智能预约、艺术普及数字化互动交互体验等多种功能,打造了一个综合性一站式文旅体服务平台。

案例材料

卢浮宫博物馆提供了多种高科技的体验和活动,让游客可以更好地欣赏和了解艺术作品。其中一个活动是"蒙娜丽莎:玻璃之外"VR体验(见图6-2-5)。通过VR技术,游客可以穿越时空,与蒙娜丽莎面对面,身临其境地体验她的世界。这个项目展示了关于蒙娜丽莎的真实故事。游客可以详细观察达·芬奇绘画的过程,并了解他如何使作品栩栩如生,还可以探索一座美丽的别墅,在观景台上观赏风景,发现蒙娜丽莎内心的秘密。通过智能手机、VR耳机或谷歌纸盒(Cardboard)查看器,游客可以观看360°视频。卢浮宫博物馆还引入了"任天堂3DS"掌上视频游戏控制导游系统。这个系统可以在观众游览博物馆时提供实时定位和交互式地图,帮助游客了解自己在馆内的位置,并根据游客的需求直接引导他们前往想观赏的展品。通过这些高科技的创新,卢浮宫博物馆吸引了更多的游客,让他们以全新的方式与艺术作品互动并沉浸其中。

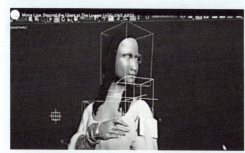

图6-2-5 "蒙娜丽莎:玻璃之外"VR体验

资料来源:法国卢浮宫博物馆已经用这种高科技吸引游客了[EB/OL]. http://www.huajunhk.com/ztsjw/983.html. [访问时间:2023-08-18]

三、"创意法国"平台

法国人对文化的热爱和推崇背靠深厚历史积淀,艺术文化生活贯穿着法国人的日常,使得法国文化创意产业具有鲜明特色,并走出一条属于自己的文化产业道路。法国创新势头强劲,数字化进程加快,传统优势和现代科技融合,深厚的设计功底助力科技行业、文创产业的数字化转型,积极拥抱社交网络,助力法国在数字化互联网平台领域获得一席之位。同时,将艺术创意研究与数字化创新技术结合,创造出"1+1>2"的商业文化价值。

巴黎第十三大学信息学教授飞利浦·布克隆(Philippe Bouquillion)指出,进入21世纪,内容提供者在实体、通信技能和文化之间融会贯通,拥有更多宣发平台和机会。但面对互联网平台的压倒性优势,他们缺少谈判筹码,收入并未相应提高。相似的问题也出现在其他领域①。"创意法国"(France créative)平台(见图6-2-6)成立于2012年,汇聚了来自文化和创意部门各个产业的不同分支,如图形艺术、表演艺术、音乐、演出、电影和广播、电视、新闻、广告、纸媒、书籍、视频游戏等领域,定期发布调研报告,开诚布公地探讨文创产业的生产性能和经济价值。

图6-2-6 "创意法国"平台

资料来源:Accueil-France Créative[EB/OL]. https://www.france-creative.org/.[访问时间:2023-10-01]

四、数字化音乐产业

非遗是世界遗产的重要组成部分。然而,由于非遗是通过口头传播的,所以总是存在某些非遗成分消亡或消失的风险。这些元素的流失是不可逆的,因此,整合保护非遗所需的技术要素具有重要意义。法国的数字文创方面,音乐产业走在最前面,音乐产业早在1999年就开始在法国互联网上播放音乐并获得版权,最先接受数字时代的洗礼和磨砺。

---

① 数字时代的法国文创:"文化例外"能守住本土产业吗?[EB/OL]. https://mp.weixin.qq.com/s/OSKOiS9N4N8Byo6biSaZyA.[访问时间:2023-10-01]

(一)捕捉音乐手指手势的深度图像

一个技术方案是使用深度图像来捕捉音乐家的手指手势。非遗中的表演艺术(如音乐)涉及手势的知识和技能,表演艺术同时包括交流(表情、情感等)和控制方面的技巧(触发动作、控制连续参数)。表演者不仅是连接感知、手势和知识的桥梁,也是传递者。保护和传播这种艺术形式是全球性的挑战。因此,需要研发一种计算机视觉方法,用于识别弹奏乐器的复杂手部和手指手势在空间中的执行。这种方法有助于将手指手势控制音乐表达作为新的界面,建立适用于音乐手势的通用模型。

手部和手指手势在人类艺术表达中扮演着重要的角色,这些手势的表达形式构成了非遗。通过开发一种新颖的多模态人机界面,可以实时将自然手部和手指手势映射到声音,从而用于当代音乐创作。这涉及准确地捕捉和识别手指手势。研究人员建立了一个包含 12 个标签的三层手部模型,包括手的基础部分(手掌和手腕)、手指和指尖。如图 6-2-7 所示,这个模型既足够复杂,能够分析精细的手部动作配置,又足够简单,可以减少分类错误。通过这样的技术手段,可以更好地保护和传承非遗中与音乐手势相关的知识和技能。

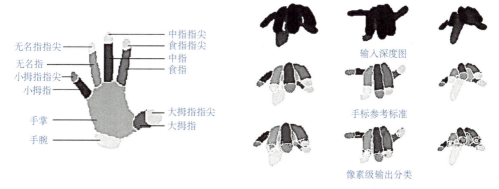

图 6-2-7　使用 12 个子部分的手模型

资料来源:Dapogny A, de Charett R, Manitsaris S, et al. Towards a hand skeletal model for depth images applied to capture music-like finger gestures[C]. In Proceedings of 10th International Symposium on Computer Music Multidisciplinary Research,2013.

在训练阶段用深度相机记录 500 张手绘图像,五个人在摄像机前模拟弹奏乐器的手部和手指手势,组成该数据库,如"琶音"手势,如图 6-2-8 所示。

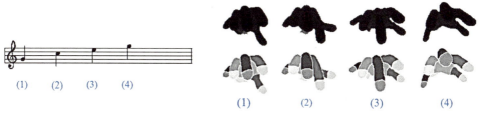

图 6-2-8　"琶音"乐谱和类似钢琴的手势模拟

资料来源:Dapogny A, de Charett R, Manitsaris S, et al. Towards a hand skeletal model for depth images applied to capture music-like finger gestures[C]. In Proceedings of 10th International Symposium on Computer Music Multidisciplinary Research,2013.

由于无法像专家一样做出精确的手势,每次进行相同的动作时,手势会有轻微的变化。图 6-2-9(a)显示,每个手部子部分的平均分类准确率为 80%。手腕、小指、无名指、中指、食指和大拇指指尖的子部分的准确率高于平均准确率,略高于 80%。

为了衡量联合平均距离的准确性,我们将其与实际数据进行比较,通过均值偏移算法进行检索。根据 125 个测试图像的结果,如图 6-2-9(b)所示,除了手掌关节的位置准确性稍低外,所有关节的位置与实际情况的偏差都小于 3 个像素。由于手指的遮挡,手掌通常在图像中被分散成几个部分,这使得准确估计手掌重心更加复杂。

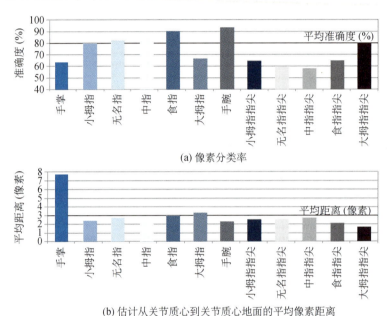

(a) 像素分类率

(b) 估计从关节质心到关节质心地面的平均像素距离

图 6-2-9 模型性能

资料来源:Dapogny A, de Charett R, Manitsaris S, et al. Towards a hand skeletal model for depth images applied to capture music-like finger gestures. [C] In Proceedings of 10th International Symposium on Computer Music Multidisciplinary Research,2013:1-6.

为了保护非遗,建立了适用于音乐手指手势的身体子部分分类模型,以实现新的音乐表达界面中声音的手指手势控制。当在摄像机前用半闭合的手执行音乐手指手势时,能够达到 80%的像素分类准确度和 95%的触觉子部分定位准确度。这意味着可以准确地识别不同手势的像素位置,并能够精确捕捉手指的触摸位置。这一技术有助于保护非遗中与音乐手势相关的知识和技能。

(二) Believe 数字音乐平台

法国独立数字音乐与视频发行商 Believe 是音乐数字创新的先驱,主要与独立音乐人和唱片公司合作。Believe 率先发现了音乐市场彻底变革的开端:数字化转型。其全球技术平台、数据以及与本地和全球主要数字合作伙伴的关系,为数字世界构建了领先的艺术家发展平台(见图 6-2-10)。

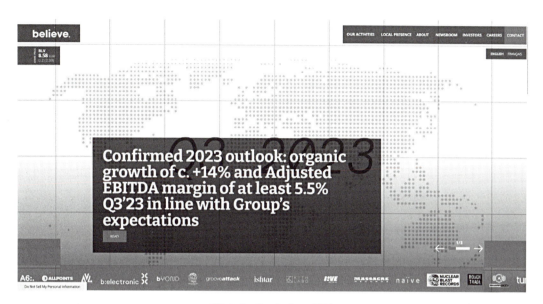

图 6-2-10 Believe 网站

资料来源：Believe — Serving independent artists and labels at each stage of their career and development[EB/OL]. https://www.believe.com/.［访问时间：2023-10-01］

Believe 合作的流媒体平台超过 200 家，有 Apple Music、Spotify、Amazon Music、YouTube、Deezer、Napster 这样的国际化平台，也有仅在本地区运营的服务商，如中国大陆的腾讯音乐、酷狗音乐、酷我音乐、网易云音乐、虾米音乐，中国台湾地区的 KKBOX 和中国香港地区的 JOOX，俄罗斯的 Vkontakte，拉美地区的 iMusica 等，覆盖 220 多个国家与地区。

TuneCore 和 Believe Distribution Services（BDS）是 Believe 的两个主要业务部门。TuneCore 是一家全球领先、面向独立音乐人的自助式数字音乐分发平台，让独立音乐人可以将自己的音乐上传到流媒体音乐平台，通过社交媒体建立知名度，并保留 100% 的版权和收入。TuneCore 还提供一系列的营销、版权管理和数据分析工具，帮助独立音乐人提升自己的知名度和收益。Believe Distribution Services（BDS）是一家专注于为独立厂牌和艺人提供定制化服务的公司，包括数字分发、物理分发、国际推广、品牌合作、同步授权等①。

第三节　意大利非遗数字传播

意大利世界级遗产丰富，拥有 4 000 多个保存文化遗产的博物馆和古建筑群等文化

---

① 打造独立音乐生态系统，Believe H1 营收增长近 18%｜财报观察[EB/OL]. https://mp.weixin.qq.com/s/M2tPpcS6aUjJGdumMKxOxw.［访问时间：2023-08-20］.

遗产,意大利政府提出"反发展"的整体性保护新概念,已成为非遗保护的亮点。非遗文化数字化不是数字技术与非遗文化的简单叠加,而应综合考虑数字化特征,借鉴国际经验,探索非遗文化数字化战略。

一、意大利非遗数字传播概述

意大利政府在实践中统筹非遗的资源特质、完整性展示、协调性管理、保护与推广等。意大利历史研究学会通过数字实验室和虚拟导览等手段推动意大利非遗文化的数字化发展,消除物理和认知障碍,促进非遗文化的数字保存、传承、展示与传播。

(一)意大利非遗保护现状

意大利国家、地区和地方机构负责非遗记录和分类工作。大学提供相关课程,培养专业人才,推动非遗传承。截至2023年12月,意大利列入人类非遗代表作名录18项,无急需保护项目。意大利采取措施保护小型文化遗址以及宗教和农村文化遗产,推动非遗旅游和商业发展,促进社会经济振兴。

1. 意大利非遗发展现状

与非遗有关的法律主要是2004年意大利《文化和景观遗产法典》,该法典涉及保护文化和景观遗产、确保公众享有权利、保护意大利记忆,以及促进文化的发展。许多地区都通过了具体立法来保护生态博物馆和非遗本身,如伦巴第(2007年)、翁布里亚(2007年)和莫利塞(2008年)。

意大利的文化遗产、活动和旅游部门负责执行《公约》的规定。其目标是更好地了解和欣赏当地的传统文化、艺术和活动,这些都被认为是非遗的一部分。为了实现这个目标,该部门通过国家服务、中央和专门机构、地方服务、地区监督,以及办公室、档案馆和图书馆网络来开展工作。该部门与研究中心、文化机构、非政府组织和基金会合作,共同推动各种研究方法以及法律、技术、行政和财政措施的实施。

在非遗管理培训方面,罗马大学、米兰大学和佩鲁贾大学开设了民族学和人类学课程,一些研究型学校与相关社区保持着密切联系。除了人类学理论方面的工作外,还有保护和加强文化遗产的专业实习和实践培训,特别是在博物馆和其他文化机构和场所。卡西诺大学于2007年设立了旅游和人口与人类学遗产环境运营管理硕士学位。意大利文化和旅游部(MiBACT)针对专家和社区设计和规划与非遗有关的能力建设活动,MiBACT有两个名录,均由意大利中央编目和文献中心(ICCD)管理:①意大利文化遗产国家目录,由《文化和景观遗产法典》(2004年通过,2008年修订)在法律上规定;②非遗综合项目名录,该名录有一个可公开访问的专用网站。

国家、地区和地方当局各级机构负责非遗的记录和分类工作。在MiBACT下,主要机构是中央编目和文献研究所、中央声音和音像遗产研究所等。这些机构与各地区专门机构一道,通过信息技术工具(特别是网站、数据库和数字图书馆)按照法规以及国家和地区各级通过的技术和科学标准,向尽可能多的人提供文化遗产文献①。

截至2023年年底,意大利列入人类非遗代表作名录18项,列入保护非遗优秀实践名册1项。没有项目列入急需保护的非遗名录,侧面反映出意大利对于传统文化遗产的重视和保护程度。

列入人类非遗代表作名录18项:西西里木偶剧(2008年);撒丁岛牧歌文化——多声部民歌(2008年);克雷莫纳传统小提琴制作技艺(2012年);巨型肩扛圣人游行活动(2013年);地中海饮食文化(2013年);潘泰莱里亚社区种植藤蔓的传统农业实践(2014年);那不勒斯比萨制作技艺(2017年);干石墙艺术,知识和技术(2018年);登山(2019年);塞莱斯蒂尼亚宽恕庆典(2019年);号手音乐艺术,一种与歌唱、气息控制、颤音、场地及氛围共鸣有关的乐器技巧(2020年);玻璃珠艺术(2020年);猎鹰训练术(2021年);意大利松露采集的传统知识和实践(2021年);利比扎马的育种传统(2022年);移牧,季节性牲口迁移(2023年);意大利歌剧演唱(2023年);传统灌溉知识、技术和组织(2023年)。

列入保护非遗优秀实践名册1项:托卡蒂,一个保护传统游戏和体育运动的共同计划(2022年)。

2. 意大利非遗保护与具体措施

意大利非遗保护机构设置如下:意大利设立保护文化遗产的专职化队伍,即文物宪兵部队,这是意大利保护文物独具特色的一个创举。文物宪兵部队实行双领导制,即接受国防部门和文物主管部门的领导②。

在意大利,小型文化遗址、宗教和农村文化遗产的再生吸引了游客,但游客存在两极分化的情况。一方面,密集使用最受欢迎的文化场所从长远来看可能会使它们"疲惫不堪",随着时间的推移,它们的保存和可持续性面临风险。另一方面,许多其他具有巨大艺术或文化价值的地方仍然没有客流量。为了打破这种状态,"国家文化复苏和韧性计划"(PNRR.cultura)支持文化遗产的恢复,提出一系列措施加强意大利小城镇和农村地区的历史、艺术、文化、传统等遗产的推广。意大利非遗与第三产业完美结合,推广非遗的旅游亮点,启动商业举措(如新的住宿方式),振兴这些地方的社会经济结构(如通过促进传统手工艺品等非遗产业的振兴)。

(二)意大利非遗数字传播现状

数字化技术手段推动非遗的数字化保存存档及虚拟修复,数字化技术服务加速文化遗产的数字化展示与传承,数字化技术创新变革文化遗产的传播形式与媒体渠道。

1. 意大利的数字化留存与保护

意大利历史研究学会(SIHS)是一个致力于意大利历史与文化学习研究的专业组织,

---

① Italy[EB/OL]. https://ich.unesco.org/en/state/italy-IT?info=periodic-reporting.[访问时间:2023-09-27]
② 刘瑞,赵云海.域外非物质文化遗产保护的法律机制考察及其启示[J].长治学院学报,2022,39(3):50-57.

也致力于促进意大利历史和文化的传播、宣传和出版,组织会议和学习,与有着共同目标的组织、团体合作,促进意大利历史和文化传播。

SHIS的工作包括将文化遗产数字化,消除对博物馆、图书馆和档案馆的物理和认知障碍,使文化能够被更广泛地获取和参与。为实现其文化遗产数字化并使文化传播更广泛的目标,数字化资源、各级档案馆、图书馆、数字实验室、期刊、新闻媒体、在线组织和机构等都是构成SIHS的组成部分。

SIHS数字实验室(见图6-3-1)是可用关键词搜索的研究数据库,包含约3 500个与中世纪至21世纪意大利历史相关的数字化原始资料。以数字实验室从各种开放获取的数字存储库中收集元数据和统一资源定位符(URL)用于构建数据库,其中包括国家图书馆以及意大利各地大学和地区图书馆的网站。

图6-3-1 意大利历史研究学会数字实验室平台

资料来源:Society for Italian Historical Studies[EB/OL]. https://www.italianhistoricalstudies.org/resources/digitized-resources/.[访问时间:2023-10-01]

2. 意大利的数字化交互与传播

意大利文化遗产之旅"GRAN虚拟之旅"(见图6-3-2)是一次穿越整个半岛的数字之旅:通过剧院、档案馆、图书馆、博物馆和国家考古公园的虚拟之旅,在家中在线探索意大利文化遗产之美,发现摊位、门厅和舞台、珍贵的纸质遗产,以及众多未曾展示的杰作。"文化永不止步!"这里有丰富的文化活动,让观众即使在家也能与艺术和非遗文化接触,非遗文化永不止步。

3. 意大利的数字化拓展与开发

意大利非遗网站的网络热图通过一种新的方法(网络地图)和新的表现形式(热图)来描述意大利的非遗网络,这种方法特别适合用于比较和多语言分析,该分析不仅为一些众所周知的特征(包括非遗项目的分布情况、非遗的种类和类型、非遗项目的多样性)提供了

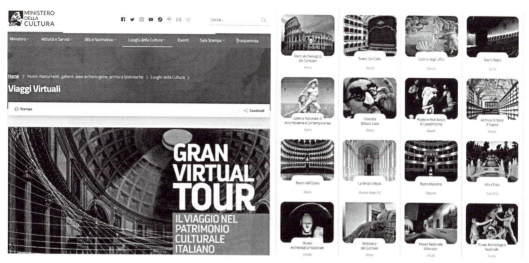

图 6-3-2　GRAN 虚拟导览

资料来源：Ministero Della Cultura[EB/OL]．https://cultura.gov.it/visite-virtuali．[访问时间：2023-09-14]

经验证据，而且还提供了一些有趣和意想不到的观察结果。通过网络地图，可以有效地展示意大利非遗保护体系中数据的不稳定性和分散性。从文化部网站、联合国教科文组织国家委员会网站以及与列入联合国教科文组织清单的意大利非遗相关的几个网站，分析确定了一个有 218 个节点和 802 个连接点的网络。这种网络具有相对集中的结构，中心由国家网站（24.5% 的节点）和国际网站（9%）占据，大多数行为者在地方层面（如区域机构、城市组织、小村庄行为者）运作（66.5%）。

网站在图像中的位置不是取决于它们的地理坐标，而是取决于它们的连接性。节点（白点）的位置取决于它们之间的连接，图像中的节点越近，表明它们之间的连接更直接。根据节点在网络中的"可见性"以及从其他节点接收的"链接数量"对节点进行排名，每个节点的大小与引用它的网站数量成正比。节点蓝点代表机构，绿点代表协会，红点代表个人和团体。维度红点代表国际行为者，蓝点代表国家行为者，绿点代表地方行为者。节点的位置和颜色分别表示连通性和类别，可以通过相同颜色的节点与不同颜色的节点之间连接数量对比推断不同类别的相对位置。通过热图可视化使这类信息更具可读性，一个光源代表一个节点。从中心发散的光源颜色代表节点颜色，节点大小代表强度和辐射，高节点密度区域对应较亮区域。

第一，国家机构节点发挥网络主管机构的作用，其地位和可见性明显主导着网络，接收大多数链接，因而是语料库中高度可见的网站。联合国教科文组织《公约》中明确委托各国执行相关任务，文化部和联合国教科文组织最终成为网络互联超链接最多的中心节点。如果国家机构占据了网络的中心，地方和个人节点就往往处于图表的边缘，地方网站往往围绕特定的文化习俗密集聚集，每个国家的网络结构反映了其文化体系的主要特征。

第二，网络地图帮助我们深入调查国家的超链接策略。热图有助于我们区分连接密度不同的区域,热图基于连接密度的颜色阈值让我们能够识别集群和组。通过比较这些图像,可以发现意大利的网络有几个独立于中心的地方团体,占据了网络的边缘(见图6-3-3)。

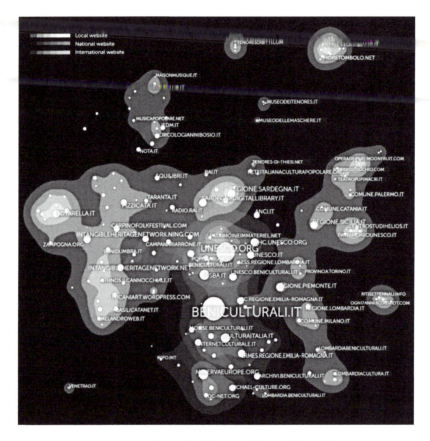

图6-3-3 非遗网站的意大利网络热图(按维度着色)

资料来源:Severo M, Venturini T. Intangible cultural heritage webs: comparing national networks with digital methods[J]. New Media & Society, 2016, 18(8): 1616-1635.

第三,网络地图帮助我们比较了国际机构(尤其是联合国教科文组织)在不同国家体系中的权重。每个维度的图表强调了联合国教科文组织网站(https://www.unesco.org/en)不同的重要性和作用。在图6-3-3中可以看到三个主要的群体,分别是占据38%节点的联合演员集群,占据43%节点的歌剧dei Pupi协会组成的左上角集群,边缘位置还有一个由单个演员组成的集群(占19%节点)。中心位置的理事机构正在向国际、国家和地方各级推广《公约》。左边空白处的团体以及个人通过启动新项目或使用非遗标签赋予现有保护举措合法性,大力投资非遗保护。

第四,网络地图帮助我们调查当地社区的参与情况,图表允许观察个人(最重要的遗产持有者)在非遗保护中的参与情况。尽管个人和团体网站在所有图表中占少数,但所有图片都突出了一些共同的趋势。个体节点通常不直接与图的权限(即图的节点,代表网络地图中的特定参与者或组织)相关,它们与本地协会或其他个体相关。由个人组成的团体通常是密集的,并且共享一个主题焦点:它们通常代表由业余博客或由非正式人群管理的门户网站支持的非专业和非机构的保护措施。尽管它们是非正式的组织,但这些群体代表了密集而活跃的网络社区[①]。

二、西西里木偶剧团数字新媒体传播

西西里木偶剧形成于19世纪初期的西西里,人称"普皮"(pupi)。它不仅表演传统的历史题材史诗故事,还根据诗歌、浪漫传奇或流行的歌剧,以及一些来源于生活的基本的故事情节,进行即兴创作。这种戏剧一般为家庭剧团经营,传统和技艺以家族的方式代代相传。西西里木偶剧主要流派有两个,即巴勒莫和卡塔尼亚,主要区别在于木偶的大小和形制,以及操作技巧和各具特色的舞台布景。

在新媒介融合传播背景基础上,西西里木偶剧在发展方面需要加入新的元素,重视宣传手段和方式的创新,保护剧种艺术特色,焕发西西里木偶剧的艺术魅力。伴随着从演出市场到演出题材、演出方式、舞台结构、表现方法等方面的创新,西西里木偶剧开展跨界影视综合开发,开拓三维数字技术创新融合,开启跨平台的传播新模式,挖掘非遗文化的创新传播。

(一)影像媒介录播

木偶剧团借助影像媒介的传播渠道,多次参与电视纪录片与电影作品的制播,打造系列化、多元化的西西里木偶剧综合影视作品,在非遗文化的传播乃至文化自信的提升上,逐渐凸显出优势,树立跨学科关联的系统性思维,拓展渠道的多样化,扩大文化传播面,摸索切合并激活木偶剧的传承与传播的创意策略,兑现非遗经济和文化价值。

关于木偶剧团的电影和纪录片,表6-3-1是一个不完全的列表。例如,在1974年由罗伯托·安多(Roberto Andò)和丽塔·塞德里尼(Rita Cedrini)执导的电影《圣骑士》中,有一个场景以20世纪初的意大利为背景,展现了一家西西里木偶剧院记录圣骑士的故事[②]。

表6-3-1 关于木偶剧团的电影和纪录片

电影/纪录片	导演	年份
《托托的色彩美学观》	斯特诺(Steno)	1952
《云是什么》	皮尔·保罗·帕索里尼(Pier Paolo Pasolini)	1952
《教父—第2部分》	弗朗西斯·福特·科波拉(Francis Ford Coppola)	1967

---

① Severo M, Venturini T. Intangible cultural heritage webs: Comparing national networks with digital methods[J]. New Media & Society, 2016,18(8):1616-1635.
② 普皮歌剧院 Opera Dei Pupi:最新的百科全书、新闻、评论和研究[EB/OL]. https://academic-accelerator.com/encyclopedia/zh-cn/opera-dei-pupi.[访问时间:2023-10-01]

(续表)

电影/纪录片	导演	年份
《圣骑士》	罗伯托·安多和丽塔·塞德里尼（Roberto Andò & Rita Cedrini）	1974
《菲洛和塞诺》	罗伯托·安多（Roberto Andò）	1983
《和小狗一起旅行》	毛里齐奥·夏拉（Maurizio Giarra）	1990
《小罗兰的童年》	马蒂尔德·加德里亚多和弗朗西斯卡·米罗（Matilde Gaddiardo & Francesca Miro）	2008
《360度之眼》	亚历山德拉·格拉西（Alessandra Grassi）	2014
《昆塔米》	乔凡娜·塔维亚尼（Giovanna Taviani）	2018
《普普斯》	米里面姆·科瑟-斯帕拉加诺-费拉耶（Miriam Cosse-Sparagano-Ferraye）	2021

资料来源：普皮歌剧院 Opera Dei Pupi：最新的百科全书、新闻、评论和研究［EB/OL］．https://academic-accelerator.com/encyclopedia/zh-cn/opera-dei-pupi．[访问时间：2023-10-01]

（二）三维动画技术

如图6-3-4所示，西西里木偶剧以三维动画的形式，搭建出绚丽的舞台背景效果，资深传承人参与演绎和解说，突破了传统舞台剧演出、影视作品录制的形式，人、偶、灯光、设备配合融洽，更有利于西西里木偶剧展示和传播非遗项目的独特风采，偶人的面部表情都被高度地夸张，这是为了更好地感染观众，让观众能够沉浸在木偶剧表演中。非遗与数字化现代技术的融合碰撞，为观众带来更多的便利性、全新的视觉奇观，传达丰厚的文化内涵和独特韵味，激发更多联想。

图6-3-4　上海大世界西西里木偶剧折幕投影三维影片截图

资料来源：上海大世界西西里木偶剧折幕投影三维影片案例视频［EB/OL］．http://www.huomi360.cn/cswdh/zm/c172144.html．[访问时间：2023-10-01]

（三）社交网络平台

媒介融合新的内容形态进行协同创意传播，搭起西西里木偶剧（见图6-3-5）、非遗资源、旅游资源、文化资源的大联合，深度搭建非遗文化传播的社交网络平台（如微博、TikTok、抖音、微信公众号等）。通过社交网络平台，以最直观的"短消息""短视频"形式，能够更真实地把非遗展现到观众眼前，在一定程度上缓解了非遗保护传承中信息不对称的问题，消除了语言障碍，减少了文化折扣，打破了意识偏见，同时非遗传承精神也被更多观众知晓，社交网络平台成为非遗传承的信使，通过生动有趣的记录和互动传播着非遗文化，给予观众更深入的交互体验，为西西里木偶剧的推广和传播带来了新变化，活化非遗，释放新的活力。

图6-3-5　西西里木偶剧——奥兰多（Orlando）和里纳尔多（Rinaldo）之间的决斗截图

资料来源：西西里木偶剧——Orlando和Rinaldo之间的决斗［EB/OL］. https://v.qq.com/x/page/k3279c gegtf.html.［访问时间：2023-10-01］

三、数字化展示穆拉诺玻璃

意大利穆拉诺玻璃博物馆久负盛名，拥有众多著名艺术家的作品。穆拉诺玻璃博物馆有计划地对博物馆的馆藏进行数字化建设，推出数字化服务，建成穆拉诺玻璃博物馆数字化藏品数据库。建立穆拉诺玻璃博物馆数字化档案，相较于实景参观，线上虚拟参观既方便检索、便于管理，还可降低对藏品本身的损害，实现更好的保护。参观者可以细细观赏作品细节，线上观展拉近了大众与非遗的距离，非遗艺术品不再是单纯的展览品，更易走进大众的日常生活文化。

(一) 穆拉诺玻璃博物馆网站

在穆拉诺玻璃博物馆网站(museovetro.visitmuve.it,见图6-3-6),能够看到令人兴奋的展览信息,从馆藏艺术品可以了解穆拉诺玻璃的起源及其从古代至20世纪的发展历史。穆拉诺玻璃博物馆与谷歌艺术与文化(在线平台)合作,全球各地的人都可以通过该平台访问艺术作品的高分辨率图像,使获取文化的机会民主化,并促进文化传承。

图6-3-6 玻璃博物馆网站

资料来源:Glass Museum[EB/OL]. https://museovetro.visitmuve.it/.[访问时间:2023-10-01]

(二) 阿缪斯(Amuse)音频指南

在穆拉诺玻璃博物馆,可以租用独创的Amuse音频指南。这是第一个超越音频指南经典概念的系统,为用户提供了一个易于通过应用程序和平板电脑使用的现代系统(见图6-3-7)。参观博物馆变得充满互动和个性化,这是一种单独或与他人一起品味文化的新方式。访客参观体验更丰富,更完整。游客可以根据自己的偏好利用语音交互、视频交互、文本搜索来搜索博物馆,通过室内地理位置,Amuse自动识别访客所在的环境及其周围的作品①。

---

① Glass Museum[EB/OL]. https://museovetro.visitmuve.it/.[访问时间:2023-10-01]

第六章 | 欧洲非物质文化遗产数字传播研究

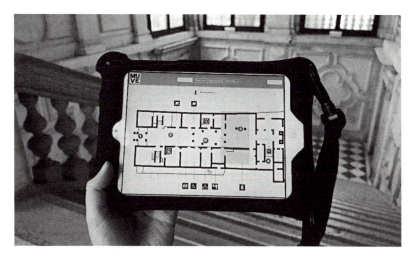

图 6-3-7　穆拉诺玻璃博物馆指南

资料来源：Glass Museum［EB/OL］. https://museovetro.visitmuve.it/.［访问时间：2023-10-01］

（三）穆拉诺玻璃博物馆藏品数据库

可以通过在线藏品目录，访问威尼斯公民博物馆中保存着历史、艺术和自然主义文化遗产的计算机化数据库（见图6-3-8）。依据文化遗产、活动和旅游部中央编目和文献研究所的标准制作，约有 50 000 张卡片。该数据库可在 http://www.archiviodellacomunicazione.it 查阅，允许三个级别的搜索（简单、高级和结构化），可以浏览和查看艺术品、照片、图纸和印刷品摘要形式的目录卡。通过这些官方网站和数据库，人们可以在家中了解威尼斯穆拉诺玻璃的历史与文化，进一步促进了穆拉诺玻璃的传播，目录卡提供更详细的藏品信息，包括年表、细节、技术数据等。这些网站和数据库让人们可以足不出户地了解穆拉诺玻璃的历史与文化，进一步促进穆拉诺玻璃的推广。

图 6-3-8　穆拉诺玻璃博物馆藏品数据库

资料来源：OPAC Civici Musei di Venezia［EB/OL］. https://www.archiviodellacomunicazione.it/sicap/list/any;Prodotti%20in%20vetro/?WEB=MuseiVE.［访问时间：2023-10-01］

211

四、通过有形叙事与哥伦布一起航行

"与哥伦布一起航行"是一个为航海博物馆设计的充满互动的有趣的故事项目。它使用数字技术和智能物体,为博物馆的艺术品增加了传感器和交互功能。这个项目采用人机交互设计,让人们能够更好地参与故事的叙述。它以克里斯托弗·哥伦布(Christopher Columbus)航海为背景,通过有形互动的方式,让人们能够更好地了解过去的航海艺术。通过与物体的互动,参与者可以通过实际体验来有效地学习和交流。

这个项目的设计概念着重于讲述有关哥伦布航海的有形互动故事。这是有形叙事的新形式,使用数字增强的实物来讲述故事,使其成为传递意义的媒介。有形叙事为观众提供了一种有趣的学习和娱乐体验。这个项目选择了慢节奏和低难度的物体来丰富故事,参与者可以通过与模型的互动来学习故事,并参与多媒体的叙述和挑战。

整个故事情节设计了三个身临其境的场景,让参与者了解哥伦布穿越大西洋所面临的挑战。游客可以了解不同导航工具的功能,并通过协作活动来提升共同体验。故事情节被分为两种不同的时刻:一种是非死亡时刻,参与者可以放松地探索故事世界,享受其中的小挑战;另一种是死亡时刻,参与者需要使用导航工具来解决具有挑战性的任务。这种连续的交替增加了故事的节奏和参与度,让参与者更好地理解和参与故事的发展(见图6-3-9)。

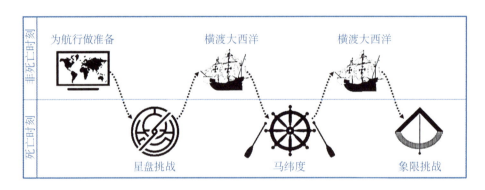

图6-3-9 死亡和非死亡时刻交替的故事情节流程

资料来源:Ciotoli L, Alinam M, Torre I. Sail with Columbus: Navigation through tangible and interactive storytelling[C]//In Proceedings of 14th Biannual Conference of the Italian SIGCHI Chapter, 2021: 1-6.

"与哥伦布一起航行"项目通过物理互动的方式,满足故事情节的步调,并实现了预期目标——通过互动式的故事,引发游客对哥伦布旅行背景的好奇心,并让游客亲身体验过去航行的方式。项目利用物联网技术实现了智能对象的交互,遵循有形和具身叙事框架(tangible and embodied narrative framework,TENF)的原则,支持体验式学习和参与。在参观过程中,游客可以与一些有形物体进行互动,这些物体是古代导航工具。这些引人入胜的互动体验向游客展示着中世纪的人们如何进行航行,以及古代航海实践的文化背景。

该项目通过设计互动故事情节和扣人心弦的节奏,实现更复杂的文化实践,并保持高度的参与度。参与者的互动将影响任务的进行和多媒体材料的呈现顺序,但不会改变故事情节的发展深度。

第四节 希腊非遗数字传播

希腊是欧洲拥有最久远历史和丰厚文化积淀的国家,随处都能看到千余年遗留下来的文化遗产。希腊也是西方文明的发源地之一,是丝绸之路上的重要国家之一,是文化遗产资源丰富的文明古国。数字技术的蓬勃发展协助人们拨开重重的历史迷雾,带领人们领略希腊文明的辉煌。非遗文化通过数字化技术得到妥善保护并实现永生,与大众以多重形式连接,扩大文化遗产保护的交流性,实现创造性转化与创新性发展。

一、希腊非遗数字传播概述

非遗通过数字化技术平台传播,打破了时空限制,使人们可以随时随地接触文化遗产,加深对文化遗产的体验。数字技术的快速传播带来非遗的全球传播,通过多种媒体方式,深度展现特定文化元素,促使更多人了解和参与文化遗产保护。数字化技术不仅提高了非遗的传播效率,还环保可持续,不消耗自然资源。

(一)希腊非遗保护现状

希腊拥有丰富的非物质文化资源,自 2007 年成为《公约》缔约国以来,希腊政府建立国家级非遗名录并规范非遗申请评选流程。截至 2023 年年底,希腊地中海饮食、乳香脂培育技能等 9 个项目被列入人类非遗代表作名录,展现本土文化特性,促进非遗文化多样性。

1. 希腊非遗发展现状

希腊落实《公约》的主要执行机构是文化和体育部现代文化资产和非遗局,2012 年成立了实施《公约》国家科学委员会。希腊实施《公约》的一个主要政策是寻找非遗与可持续发展之间的协同作用。《古迹和文化遗产保护法》(2002 年)为保护和管理包括活态遗产在内的遗产提供了一个总体框架。相关文献由希腊民俗研究中心、雅典学院(民俗资料、音乐录音、照片和视听记录)和许多其他机构、民俗和文化协会、专业博物馆等保存。其中一些档案馆藏被数字化并向公众开放。希腊建立了"国家非遗名录",该名录由博物馆与文化机构和非物质文化遗产(Museum and Cultural Agency & Intangible Cultural Heritage,MCA&ICH)理事会维护,有助于加强希腊当地文化特性,对非遗文化多样性产生积极影响,并促进文化间对话①。

截至 2022 年年底,希腊列入人类非遗代表作名录 9 项,列入保护非遗优秀实践名册 1 项。没有项目列入急需保护的非遗名录,侧面反映希腊对于传统文化遗产的重视以及保护程度。

列入人类非遗代表作名录 9 项:地中海饮食文化(2013 年);希俄斯岛种植培育乳香脂的实践技能(2014 年);天宁岛大理石制作工艺(2015 年);西马其顿科萨尼(Kozani)地区八个村庄的拉莫莫里亚(La Momoeria)新年庆典(2016 年);里贝提克(2017 年);干石墙艺术,知识和技术(2018 年);拜占庭圣歌(2019 年);德卡彭唱大占斯忖斯(Dekapentavgoustos)在希腊北部的两个高地社区举行庆祝活动,瓦斯蒂(Vlasti)的特拉诺斯空间(Tranos Choros)(盛大舞蹈)和西拉科(Syrrako)节(2022 年);移牧,季节性牲口迁移(2023 年)。

列入保护非遗优秀实践名册 1 项:多声部大篷车,研究、保护和推广伊庇鲁斯的多声部唱法(2020 年)。

2. 希腊非遗保护与具体措施

希腊发布《2020—2025 年数字化转型白皮书》,目的是协调希腊政府各个机构的数字行动,为未来的数字化发展确定战略规划,通过创建新一代公共机构数字互联系统"政府数字云"(G-Cloud),推动包括司法、卫生、经济、教育等在内的关键领域向数字化转型。随着数字化技术的普及,在国际传播进程中融入数字化传播手段,促使国际非遗文化的传播创新媒介选择和呈现方式。

(二)希腊非遗数字传播现状

非遗通过数字化技术平台传播,数字化的形式使人们能更广泛地接触非遗,人们能够目睹文化遗产的真容而不受任何物理和空间条件限制(如时间、地点、财力、体力、外界环境等)。数字技术传播的快捷程度使非遗传播可以在最短的时间里传遍世界,通过使用多种媒体方式,数字技术内容使人们能够更深度地体验某一物品、地点、遗址或文化实践活动,使更多人了解、认识和探索非遗,并将非遗传播的内容从表面化、模式化、边缘化向深度推广,激发和培养人们参与文化遗产保护的自觉意识和行动力,使文化遗产真正成为大众的文化遗产。同时,数字化技术促进非遗保护的环保性。文化遗产的数字化保护通过数字技术修复和还原文化遗产,不消耗林木石材等自然环保资源,这种可持续的资源使用方式也代表着人类社会未来资源发展利用的走向②。

1. 希腊的数字化留存与保护

搜索文化网(SearchCulture.gr)是希腊数字文化内容聚合器(见图 6-4-1),该数字平台由希腊国家文档中心运行,作为收集和分发数字文化储备的文化信息空间。希腊文化遗产公共数字平台 SearchCulture.gr 是欧洲数字图书馆 Europeana 的一部分,迄今为止,

---

① Greece[EB/OL]. https://ich.unesco.org/en/state/greece-GR?info=periodic-reporting. [访问时间:2023-10-01]

② 文化遗产数字化保护的优势[EB/OL]. http://www.whhuayu.com.cn/industry/91.html. [访问时间:2023-08-22]

已为 Europeana 提供超过 570 000 个高质量的希腊文化内容项目，为人们在线浏览希腊文化和文化遗产提供了一个良好的途径，提高了希腊文化内容的国际知名度。该平台包含多种数字资源，如考古项目、历史文献及手稿、物质文化项目、艺术品、制图材料、书籍和非遗资源。展现形式包括文本、声音、图像、视频、地图和数字衍生的内容（如互动装置），展品历史可以追溯到任何年代，从中石器时代到现代都有[①]。

除了普通的搜索功能外，SearchCulture.gr 门户网站还提供先进而有针对性的搜索和导航功能。用户可以根据人物、主题、项目类型、历史时期以及站点页面或交互式地图来浏览和探索 SearchCulture.gr 收藏的内容和故事。这个网站旨在让人们访问希腊的数字文化遗产，并使这些遗产变得开放、可操作、可重复使用，并长期供全球公众使用、学习、获得灵感和创意，从而帮助创建一个数字文化的公共空间。

图 6-4-1　希腊数字文化内容聚合器 SearchCulture.gr 首页

资料来源：SearchCulture.gr[EB/OL]. https://www.searchculture.gr/aggregator/.[访问时间：2023-08-22]

2. 希腊的数字化交互与传播

希腊皮影剧院创建了一个包含丰富内容的数据库（见图 6-4-2），其中包括皮影剧院的发展历程、主要角色、表演音乐、制作过程、表演技巧以及与卡拉吉奥齐斯（Karagiozis）相关的内容等。这个数据库的目的是以各种方式保存、保护和传播代表民间戏剧的文化遗产。

在早期的皮影戏中，人物材料通常使用半透明的驴皮或骆驼皮。随着技术的进步，现在的皮影戏使用透明拉丝的丙烯酸材料，可以对角色进行自由染色，从而在屏幕上产生像彩色玻璃窗一样的艺术效果（见图 6-4-3）。木偶的声音、音效和操纵木偶的动作都由木

[①] SearchCulture.gr：探索希腊文化遗产的数字平台[EB/OL]. https://mp.weixin.qq.com/s/CSiokEUmEZByB4wbG-jPig.[访问时间：2023-08-18]

图 6-4-2 皮影剧院博物馆

资料来源：Spathareio Museum[EB/OL]. https://karagiozismuseum.gr/. [访问时间：2023-10-01]

偶师完成。希腊的皮影戏很少有伴奏，但通过歌唱、大声的对白、嘈杂和幽默的对话以及滑稽的表演，常常能让观众捧腹大笑。其中，卡拉吉奥齐斯是希腊皮影戏的核心人物，也是希腊家喻户晓的角色，深深植根于希腊流行文化中。卡拉吉奥齐斯的故事具有鲜明的时代特色，充分展现了当时希腊语国家及地区的社会现状和当地人的性格特点。

3. 希腊的数字化拓展与开发

地中海饮食涉及一系列技能、知识、操作和传统，涵盖从大自然到饭桌美食的完整过程。地中海饮食是一种多国饮食（包括塞浦路斯、克罗地亚、西班牙、希腊、意大利、摩洛哥和葡萄牙美食），这是多维的，不仅包括传统种植和营养，还包括哲学、象征意义、社会制度、当地习俗和其他文化方面。地中海饮食的特点是它的营养模式在历经时间和空间的变化后

图 6-4-3 皮影戏人物

资料来源：Spathareio Museum[EB/OL]. https://karagiozismuseum.gr/. [访问时间：2023-10-01]

依然保持自己固有的特色。实际上，地中海饮食（指生活方式）不仅包含食物，它对社会交流和沟通也起到了促进作用，是对家庭、团体或社区身份的肯定和更新。社区饮食是社会风俗和节庆活动的基石，它为知识、歌曲、格言、故事和传说添砖加瓦。地中海饮食强调热情好客、睦邻友好、跨文化对话和创造力，以及以尊重多样性为指导的生活方式，将所有年龄、条件和社会阶层的人们聚集在一起。妇女在传播地中海饮食知识、礼仪知识与节日庆

祝活动方面以及保存技术方面具有极为重要的作用①。

顺应数字产业化和产业数字化发展趋势,依托地中海饮食平台网站,打造数字时代开放式的非遗传承方式。借助"推特"(Twitter)和Facebook等社交新媒介为地中海非遗传播提供新的机遇,在YouTube网站上以短视频的形式记录非遗文化,有利于提升非遗文化的大众认知度,增强公共文化数字内容的供给能力,提高公共文化服务数字化水平。

二、乳香村投影映射实现空间增强现实

希俄斯岛马斯蒂克博物馆的交互式投影制图装置是一个设计精美、技术先进的装置。它可以让游客参与其中,通过触摸和操作模型上的投影来了解岛上的历史定居点。装置中使用了3D打印的模型,通过视频投影的方式,将这些历史定居点以生动的方式展现给游客们。这个装置的设计灵感来自希俄斯岛的文化遗产,旨在通过讲故事和图像来展示马斯蒂克和相关村庄的文化和历史。这样的设计有助于促进非遗的传播。

永久性展览的目的是将乳香村的自然景观和人们的生活融合在一起。装置的概念是展示非遗,通过在模型上投射短篇故事的方式展示信息,主要包括两类内容:一类是关于建筑元素的历史信息,涉及社会、文化和历史背景,以及它们对聚落和居民生活的影响;另一类是关于乳香种植的信息,这是乳香村居民生活中的核心要素。为了实现这个目标,装置设计了两个独立的"速度通道",游客可以通过它们来了解这些故事。这种设计方式使得参观者可以自由选择他们感兴趣的信息,并以自己的节奏进行探索(见图6-4-4)。

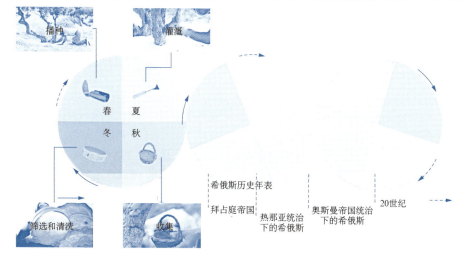

图6-4-4　双面故事的叙事概念:历史性(变化的建筑)和季节性(耕作)

资料来源:Nikolakopoulou V, Printezis P, Maniatis V, et al. Conveying intangible cultural heritage in museums with interactive storytelling and projection mapping: The case of the mastic villages[J]. Heritage, 2022, 5(2): 1024-1049.

---

① [欧洲·希腊]地中海饮食 The Mediterranean diet(2013年)[EB/OL]. https://www.feiyiw.cn/index.php?app=article&act=view&article_id=5207. [访问时间:2023-09-13]

参观者可以与装置进行互动,通过操作放置在比例模型两侧的两个工作站来了解文化和建筑方面的信息。其中一个工作站涉及建筑,另一个涉及文化活动。装置中的有形资产代表了一些物理对象,如建筑元素、征服者的符号和季节性耕作工具。这个装置采用"双面讲故事"的概念,通过研究参观体验、周围展品、投影映射和博物馆的策展背景等方面的联系,提供了有形和无形方面的信息。设计团队根据表6-4-1和表6-4-2中的要求来组织博物馆的元素、概念模型和装置,帮助进行可视化和整体界面的开发。

表6-4-1 博物馆和概念模型的元素以及它们如何出现在装置中(涉及建筑)

博物馆	概念模型	装置
定期参观博物馆:至少成对用户	用户(至少两个)	两个(交互式)站点
调节乳香村人民的有形价值和非物质文化遗产	聚落的3D比例模型	分为两个部分:建筑、乡村
体现乳香村历史的建筑演变	乡村3D模型:建筑特征	中央城堡、专属大门、城墙、狭窄的街道
作为自然遗产的景观对建筑的影响	3D模型:乡村特色	地形、乳香树、小径
与岛屿主权制度相关的四个关键历史时期	建筑	四个至关重要的历史事件
四种主要季节乳香栽培活动	培育	一年四季
在管理区的博物馆展品中发现的代表建筑演变的物品	有形资产:历史与建筑	炮塔(拜占庭时期)、中世纪士兵(热那亚人)、尖塔(奥斯曼人)、工业化乳香树胶生产(20世纪)
在博物馆耕作区的展品中发现的代表耕作活动的物品	有形资产:培育	铲(春季)、锄(夏季)、篮子(秋季)、筛子(冬季)

资料来源:Nikolakopoulou V, Printezis P, Maniatis V, et al. Conveying intangible cultural heritage in museums with interactive storytelling and projection mapping: The case of the mastic villages[J]. Heritage, 2022, 5(2): 1024-1049.

表6-4-2 博物馆和概念模型的元素以及它们如何出现在装置中(涉及文化活动)

文化活动	有形资产	视觉效果
村庄的中央城堡,目的是加强海岸线的防御	角楼	从强化海岸线系统的炮塔发出的海盗警报,突出了中央城堡、教堂、海盗入侵的失败
热那亚的军事化管理方法和有控制的耕作导致了村庄的结构加固	中世纪士兵	从中心城堡到城墙的建筑演变,最初的房屋,狭窄的街道,大门
奥斯曼人对乳香种植者的眷顾导致了村庄房屋的扩张,但后来导致了复仇(与1821年希腊革命有关)	尖塔	聚落房屋向城墙的蔓延,房屋楼层的演变,希俄斯岛的大屠杀

（续表）

文化活动	有形资产	视觉效果
在20世纪的新工业化时代，希俄斯岛经历了一系列重要的变化，岛上的产业部门得到了发展，特别是电子村的扩张和乳香的生产和出口	工业化乳香胶	定居点外的房屋，围墙拆除，工业化的乳香胶生产和出口，希腊国旗的放置

资料来源：Nikolakopoulou V，Printezis P，Maniatis V，et al. Conveying intangible cultural heritage in museums with interactive storytelling and projection mapping: The case of the mastic villages[J]. Heritage，2022，5(2)：1024-1049.

如图6-4-5(a)所示，系统由一个放置3D模型的桌子组成。在桌子的右侧和左侧，两个工作站包含一个触摸屏、四个有形资产和一个放置在激活区域下方的近场通信(NFC)读卡器。在桌子下面，是所有的计算机设备和音频系统，投影仪位于3D模型上方，安装在装置的顶部。

该装置在一台台式计算机上运行，当一般激活时，如图6-4-5(b)所示，系统进入循环状态并等待用户给出输入。在一个工作站，用户选择在屏幕上方延伸的四个有形资产中的一个，并将其放置在激活区域上。工作站的屏幕和投影仪在识别后显示相应的投影。在此阶段，直到投影结束，用户只能通过"语言"和"信息"按钮与系统交互。在投影结束时，系统返回循环模式，等待下一次输入。解说员描述投影在3D模型表面的一切，从而将装置变成一部互动纪录片①。

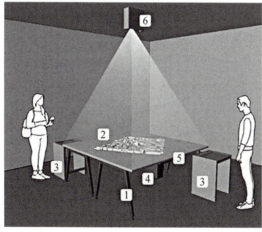

1—桌子；2—3D模型；3—互动电台；4—计算机设备；
5—音频系统；6—投影仪

(a) 装置的空间系统架构　　　　　　　(b) 希俄斯岛马斯蒂克博物馆的最终系统

图6-4-5 "双面讲故事"的实例

资料来源：Nikolakopoulou V，Printezis P，Maniatis V，et al. Conveying intangible cultural heritage in museums with interactive storytelling and projection mapping: The case of the mastic villages[J]. Heritage，2022，5(2)：1024-1049.

---

① Nikolakopoulou V，Printezis P，Maniatis V，et al. Conveying intangible cultural heritage in museums with interactive storytelling and projection mapping: The case of the mastic villages[J]. Heritage，2022，5(2)：1024-1049.

控制历史事件的工作站包含历史和建筑等有形资产。如图6-4-6(a)所示,四个符号分别代表炮塔、中世纪士兵、尖塔和工业化树胶。同时,图中还展示了一个时间线,显示各事件发生的时间。通过激活这些有形资产,时间线会显示事件发生的时间,在底部显示相关文本,同时播放解说员的音频,如图6-4-6(b)所示。另一侧是控制季节性耕作活动的工作站,如图6-4-6(c)所示,描绘了四种代表性工具,即铲、锄、篮子和筛子。屏幕上还有一个描绘乳香树的2D草图,分为四个象限,每个象限展示了不同季节的树。通过选择一个有形资产,相应的树会在屏幕上显示,同时显示相关的工具。旁边会显示一段文字,同时还有希腊语和英语的男声和女声叙述。这些声音的录制是在原始地点使用原始材料和对象进行的,这样的数字化过程有助于保存与非遗相关的重要声音。最后,添加环境声音、低声喃喃、音效和音乐,创造了一个多感官的观看环境。投影使用3D图形(主要是历史事件的投影)和2D图形(主要是乳香种植过程)来呈现,以更有效地传达故事。

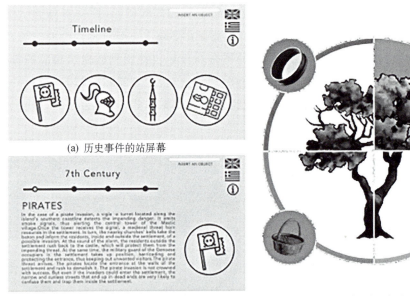

(a) 历史事件的站屏幕

(b) 激活的海盗警报投影显示的文本,列出了讲述人的音频

(c) 季节性栽培树分为四部分,展示了使用相关工具(如铲子)选择的春季投影

图6-4-6 控制历史事件的进程

资料来源:Nikolakopoulou V, Printezis P, Maniatis V, et al. Conveying intangible cultural heritage in museums with interactive storytelling and projection mapping: The case of the mastic villages[J]. Heritage, 2022, 5(2): 1024-1049.

装置围绕乳香村展开,整个开发过程从它的构图开始。该定居点是3D设计的,如图6-4-7(a)所示。所有其他图形元素后来都以2D图像和3D视频的形式设计并分层在其上,如图6-4-7(b)所示。该过程定义了要创建的所有视频的背景,界定了观看区域,并有助于提高后续投影映射活动的准确性。

投影映射方面,在原始定居点的数字3D模型的背景下,将影像输入数字环境,并在那里执行相关的视频投影,然后将它们投影到装置的最终3D打印模型上。使用捕获软件引入数字模型,从而模拟投影过程。通过这种方式,确定最佳视角、投影仪所需的失真,

(a) 乳香村的3D模型　　　　　　　(b) 层叠在3D模型上的冬季图形元素

图 6-4-7　乳香村 3D 模型设计与结果

资料来源：Nikolakopoulou V, Printezis P, Maniatis V, et al. Conveying intangible cultural heritage in museums with interactive storytelling and projection mapping: The case of the mastic villages[J]. Heritage, 2022, 5(2): 1024-1049.

以及投影仪与物理 3D 模型之间的距离，这样所有信息都可以集成到最终的图形中，而无须在每次试验期间进行重新映射、重新校准和测试。3D 模型的素色和白色版本旨在通过消除地理限制（如山丘和其他雕刻的建筑细节）来模拟原始的定居点展示模型，从而有机会以最简单的方式展现乳香村。装置抽象地纳入所有乳香村的历史和建筑演变，宣传了所有定居点的历史和文化遗产，可以更好地关注乳香村的历史和文化遗产。

通过将一个地方的建筑和非遗与投射在历史聚落比例模型上引人入胜和生动的视听材料联系起来，我们展示了投影制图装置的设计、开发、实施和用户评估过程。该装置在博物馆内展示了南部希俄斯岛历史聚落的 3D 打印比例模型，并展示了相关历史事件和季节性耕作活动。这个装置提供了有形的互动，通过触发视频投影来讲述故事。两组 3D 打印的艺术品放置在比例模型的两侧，触发展示岛上历史事件或全年进行的耕作活动。通过这种方式，展示了一个地方的历史和建筑演变，并将重点放在了非遗上。

三、拜占庭圣歌的多模式语音和手势分析

基于最先进的传感器和数据融合技术，开发创新的多模式语音和手势分析方法，有助于改进歌唱教学技术，使稀有的阿索斯山拜占庭圣歌的歌唱风格为更广泛的公众所接受。开发一个轻型移动超级头盔（由可调式头带、探针的高度调节支柱、旋转探针平台、唇相机接近调节器、麦克风组成），该头盔带有用于现场录音的轻型仪器（一个新型超声微型传感器、一个光学摄像机、一个压电传感器和/或鼻声麦克风），这将帮助我们获得关于所研究的歌唱风格和人声装置能力的知识（见图 6-4-8）。

在这种情况下，用户戴着一项超级头盔来记录歌手的表演，并与平台的 3D 功能进行

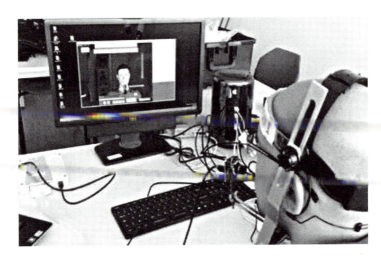

图6-4-8 佩戴超级头盔传感器与人声节奏盒功能交互的示例

资料来源:Cozzani G,Pozzi F,Dagnino F M,et al. Innovative technologies for intangible cultural heritage education and preservation:The case of i-Treasures [J]. Personal and Ubiquitous Computing,2017(21):253-265.

交互。数据采集系统以高帧速率同步记录超声波和视频数据,以准确捕捉舌头和嘴唇的运动,以及声学语音信号和呼吸波形。声音、言语和歌唱是由声道和口面部区域产生的,与空气动力学能量相关,并且取决于空气动力学能量的传输。声道感测有助于将特定的艺术发声作品与发声器官的特定配置和运动相联系。在人声节奏盒的声乐表演中,外部身体姿态和内部声乐姿态密切相关。声学-语音学和语言学分析(如口语、节奏、韵律等)可以作为仪器分析的补充。除了超级头盔外,还使用光纤喉部传感器(用于喉部和周围器官的手势识别)和EVA设备(用于评估口腔内压力和流量)进行稍微具有侵入性的现场测量。佩戴超级头盔的用户尝试按照专家提供的样本唱歌,并基于他们表演的准确性获得适当的反馈,以确定得分。

四、交互式体验扎米科(Tsamiko)舞蹈

舞蹈本质上是一种非物质艺术,它存在于表演者身体的运动中。舞蹈可以根据不同的背景传达不同的信息,并侧重美学或艺术方面(现代舞、芭蕾舞)、文化和社会方面(民间舞蹈、传统舞蹈)、讲故事(象征性舞蹈)等。根据舞蹈的类型,动作的精确度和执行的方式(动作质量)或功能性动作是最重要的。

目前,用户佩戴合适的传感器,系统就能够捕捉用户的表现;之后系统可以融合捕获的数据进行语义分析,并向用户提供有关其表现质量的反馈。用户可以直接、身临其境地体验非物质文化。用户可以有两种不同的学习模式:观察模式和练习模式。在观察模式中,用户可以观察专家的表现;在练习模式中,用户可以重现专家的表现,从系统获得有关其执行的正确性水平的适当反馈。例如,在图6-4-9中,可以看到Tsamiko舞蹈3D功能

中观察模式的界面。在此,用户可以在主窗口中观察专家的 3D 形象,而右侧的三个小窗口包含一个专家真实表演的视频片段和两个聚焦于专家腿部的视频片段(第一个是由后向视角拍出的,而第二个是由前置摄像头给出的)。

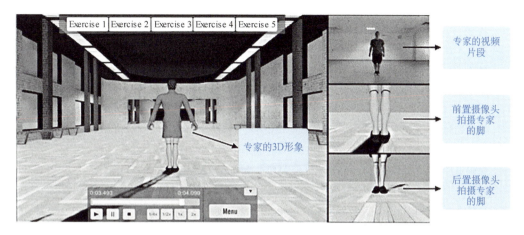

图 6-4-9 Tsamiko 舞蹈 3D 功能中观察模式的界面

资料来源:Cozzani G,Pozzi F,Dagnino F M,et al. Innovative technologies for intangible cultural heritage education and preservation:The case of i-Treasures[J]. Personal and Ubiquitous Computing,2017(21):253-265.

练习模式如图 6-4-10 所示。这里主窗口不断显示专家的 3D 形象,并且在右栏的顶部窗口中,有一个显示专家真实表演的视频片段。在右侧中间的窗口中,有用户的形象,而在底部的窗口中,有专家的腿的后视角视频①。

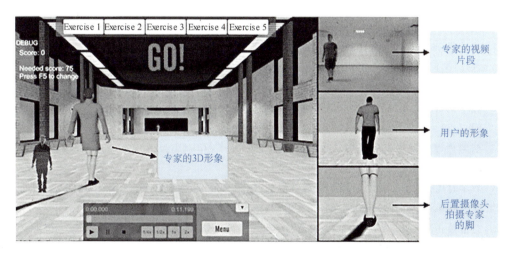

图 6-4-10 Tsamiko 舞蹈 3D 功能中练习模式的界面

资料来源:Cozzani G,Pozzi F,Dagnino F M,et al. Innovative technologies for intangible cultural heritage education and preservation:The case of i-Treasures[J]. Personal and Ubiquitous Computing,2017(21):253-265.

---

① Cozzani G,Pozzi F,Dagnino F M,et al. Innovative technologies for intangible cultural heritage education and preservation:the case of i-Treasures[J]. Personal and Ubiquitous Computing,2017(21):253-265.

本章参考文献

[1] 澎湃新闻.欧洲遗产日[EB/OL]. https://m.thepaper.cn/baijiahao_24606545.[访问时间:2023-10-01]

[2] 娜嘉·瓦伦丁希奇·弗兰.非物质文化遗产的影像记录与呈现——欧洲的经验[J].全国新书目,2019(12):46.

[3] 数字技术"盘活"文化遗产[EB/OL]. https://www.sohu.com/a/645125486_121662589.[访问时间:2023-08-23]

[4] 西瓜视频.意大利的世外桃源[EB/OL]. https://www.ixigua.com/7189505672604549693?id=7194784154968392252&logTag=9161c0299ecb21e2071f.[访问时间:2023-10-20]

[5] 煤矿工厂.欧洲媒体数据空间的定义[EB/OL]. https://www.ixigua.com/7189505672604549693?id=7194784154968392252&logTag=9161c0299ecb21e2071f.[访问时间:2023-10-20]

[6] 王晓光,梁梦丽,侯西龙,等.文化遗产智能计算的肇始与趋势——欧洲时光机案例分析[J].中国图书馆学报,2022,48(1):62-76.

[7] 数字人文咨讯.数字技术如何在保护欧洲文化遗产方面发挥重要作用[EB/OL]. https://mp.weixin.qq.com/s/tHfmh4aw3KtyMOMP7vQcWA?jump_from=1_05_37_01f.[访问时间:2023-10-02]

[8] 法国《文化例外2号法》协调行动政策建议报告出炉[EB/OL]. https://cn.chinaculture.org/pubinfo/2022/07/22/200001003005/5a07bfa3421f4cc4a0f46bb3805f2811.html.[访问时间:2023-08-20]

[9] 武汉大学人文社会科学研究院[EB/OL]. https://ssroff.whu.edu.cn/info/1154/6533.htm.[访问时间:2023-08-20]

[10] 唐姝菲,孙万军.数字时代法国出版的文化保护与传播[J].北京印刷学院学报,2021,29(5):1-4.

[11] 深读|国家文化数字化战略的发展脉络与路径探索[EB/OL]. https://mp.weixin.qq.com/s/0GUw0Eeg_eWmGZp4fKEY3Q.[访问时间:2023-08-20]

[12] 数字化赋能文化遗产保护[EB/OL]. https://www.sohu.com/a/708787707_162758.[访问时间:2023-08-18]

[13] 法国卢浮宫博物馆已经用这种高科技吸引游客了[EB/OL]. http://www.huajunhk.com/ztsjw/983.html.[访问时间:2023-08-18]

[14] 数字时代的法国文创:"文化例外"能守住本土产业吗?[EB/OL]. https://mp.weixin.qq.com/s/OSKOiS9N4N8Byo6biSaZyA.[访问时间:2023-10-01]

[15] 打造独立音乐生态系统,Believe H1营收增长近18%|财报观察[EB/OL]. https://mp.weixin.qq.com/s/M2tPpcS6aUjJGdumMKxOxw.[访问时间:2023-08-20]

[16] 刘瑞,赵云海.域外非物质文化遗产保护的法律机制考察及其启示[J].长治学院学报,2022,39(3):50-57.

[17] 普皮歌剧院Opera Dei Pupi:最新的百科全书、新闻、评论和研究[EB/OL]. https://academic-accelerator.com/encyclopedia/zh-cn/opera-dei-pupi.[访问时间:2023-10-01]

[18] 文化遗产数字化保护的优势[EB/OL]. http://www.whhuayu.cn/industry/91.html.[访问时间:2023-08-22]

[19] Centre Français du Patrimoine Culturel Immatériel — CFPCI [EB/OL]. http://www.cfpci2014.maisondesculturesdumonde.org/chinese.[访问时间:2023-08-20]

[20] Dapogny A, De Charette R, Manitsaris S, et al. Towards a hand skeletal model for depth images applied to capture music-like finger gestures[C]. In Proceedings of 10th International Symposium on Computer Music Multidisciplinary Research,2013.

[21] Ciotoli L, Alinam M, Torre I. Sail with Columbus: Navigation through tangible and interactive storytelling[C]//In Proceedings of 14th Biannual Conference of the Italian SIGCHI Chapter,2021:1-6.

第七章

美洲非物质文化遗产数字传播研究

第一节 美洲非遗数字传播

美洲的非遗数字化保护已成为该地区文化保护和传承的重要内容。虽然美洲已经采取多种形式对非遗进行数字化保护，但由于部分地区的技术水平受限，其非遗数字化程度并不高。下面将从美洲非遗概述、美洲非遗的数字化传播与应用及美洲几个典型国家的非遗数字化进程史来进一步探究数字非遗在美洲的发展现状。

一、美洲非遗概述

美洲是一个地理多样且包括多个国家和地区的大陆，总共有35个国家和地区。根据2021年的统计数据，美洲的总人口约为10亿人，占世界人口的六分之一，拥有丰富多彩的文化、历史和地理特征。美洲从地理上来说有两种划分形式：第一种将美洲划分为北美、拉丁美洲和加勒比地区；第二种将美洲划分为北美、中美、南美和加勒比地区。本章采用第二种划分形式对美洲非遗进行介绍。美洲是一个地理概念上极其辽阔的区域，每个地区都有其独特的自然景观和文化传统，形成了一个多元化而令人惊叹的地域。但在非遗领域，美洲大陆呈现出一种奇特的地域差别现象。截至2023年，在联合国教科文组织的非遗名录中，美洲非遗的收录主要集中在中美和南美地区，而在这些地区中，又呈现出数字化程度较低、对非遗数字化传播重视程度低下等不同问题。实际上，造成以上结果的原因可能是经济欠发达地区更加关注旅游收入，希望通过列入名录而获取更多的经济支持与收入。在北美地区，美国尚无非遗列入联合国教科文组织的名录，但这并不代表美国不重视自身的非遗。相反，美国在其科学历史文化的保护上卓有成绩。

（一）美洲非遗形成背景

美洲大陆是全球最后被探索和定居的地区之一。最早的居民可以追溯到约1.3万年

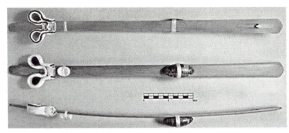

(a) 印第安人的武器　　　　　　　(b) 玛雅人的器皿

(c) 玛雅人的陶器　　　　　　　　(d) 印第安人传统住宅

图 7-1-1　美洲文明代表性产物

资料来源：来自远古时代，原始人猎杀猛犸象的恐怖武器，杀伤力有多强？[EB/OL]. https://www.sohu.com/a/645617597_120138848. [访问时间：2023-10-29]；向芸. 玛雅的世界——窥远古美洲文明[EB/OL]. http://www.takungpao.com.hk/231106/2019/0313/260946.html. [访问时间：2023-10-29]；陶器上的玛雅文明[EB/OL]. https://www.sohu.com/a/344336712_534369. [访问时间：2023-10-29]

前的史前时代①。在其漫长的历史中，美洲各地出现了众多独特的文化和文明，并且产生了丰富多彩、具有鲜明民族气息的非遗（见图 7-1-1）。

1. 北美地区非遗概述

北美原住民，如印第安人和因纽特人，发展了丰富的部落社会，其文化包括多样的语言、宗教、传统技艺和艺术。这些文化如今已经通过音乐、舞蹈、陶瓷、手工艺等不同形式形成多样的非遗。具体来看，北美拥有多个原住民文明，包括印第安文化、因纽特人文化等，这些文明拥有丰富的非遗，如原住民语言、宗教传统、传统技艺、舞蹈和音乐。实际上，原住民社群传承着悠久的文化传统，通过口头传统将故事、宗教仪式和自然知识代代相传。例如，加拿大原住民的草药文化以及编织工艺如今就让人津津乐道②。

2. 中美地区非遗概述

谈论中美地区的非遗，我们就不得不提到其丰富多彩的文化传统。中美地区包括墨西哥、危地马拉、洪都拉斯、尼加拉瓜等国家③，这些地区拥有独特而多样的非遗。其中一个重要的分支即玛雅文明，包括玛雅文明的语言、宗教、传统服饰和手工艺品。玛雅文明

---

① BOLNICK D A, RAFF J A, SPRINGS L C, et al. Native American genomics and population histories[J]. Annual Review of Anthropology, 2016, 45(1): 319-340.
② COHEN K. Native American medicine[J]. Alternative Therapies in Health and Medicine, 1997, 4(6): 45.
③ 本书中将墨西哥算为中美国家。

的神秘性、宗教仪式和历法系统都是非遗的一部分。此外,中美地区还以其丰富多彩的音乐和舞蹈传统而闻名,如萨尔萨、梅里恰、雷盖顿、瓦尔斯舞等[①],这些都反映了不同族群的历史和文化。该地区非遗还包括独特的美食传统,如墨西哥的塔斯科、玛雅人的玉米制品,以及其他传统的烹饪技艺。

3. 南美地区非遗概述

南美地区也拥有非常丰富的非遗。该大陆上有着众多原住民文化,每个文化都有其独特的传统和价值观。在亚马孙雨林地区,原住民社群传承着丰富的草药知识和治疗技艺,这些知识在当地人的生活中起着至关重要的作用。南美地区还以其丰富的音乐和舞蹈传统而闻名,如巴西的桑巴、阿根廷的探戈、秘鲁的马林埃拉等。这些音乐和舞蹈反映了南美各国的多元文化和历史。

4. 加勒比地区

加勒比地区也是一个有着多元文化的地方,拥有丰富多彩的非遗。其中最突出的元素之一是加勒比地区的音乐,如加勒比海上的钢鼓音乐具有独特的韵律和节奏。该地区非遗还包括口头传统,如故事、神话和传说,这些故事传递着社群的历史和价值观。此外,加勒比地区还以其多样性的美食传统而闻名,包括各类牛肉制品、香料丰富的海鲜菜肴,以及烤肉和水果的独特组合。总之,加勒比地区的非遗代表了多元文化和历史的精彩融合。

(二)美洲非遗保护现状

1. 美洲非遗发展现状

在濒危世界遗产名录中,美洲的濒危遗产一共有7项,其中北美地区1项,剩下都集中在南美、中美及加勒比地区。这反映了由于经济发展不均衡的问题,美洲各国的世界遗产保护水平不平均。同时,如图7-1-2所示,在联合国教科文组织发布的非遗名录中,美

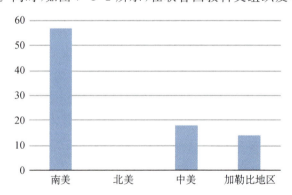

图7-1-2 美洲各地区联合国教科文组织非遗名录项目数量

资料来源:数据看中国 VS 世界:全球各国世界遗产盘点-2022[EB/OL]. https://zhuanlan.zhihu.com/p/596715088.[访问时间:2023-09-10]

---

① LOOPER M G. To be like gods: Dance in ancient Maya civilization[M]. Austin: University of Texas Press, 2009: 10.

国以及加拿大所提交的非遗项目目前仍处于空白,但在美洲其他地区有100多项,这种分布不均的情况也反映了美洲各地区差异及其对非遗的重视程度。

分析不同类型的非遗主题(见图7-1-3),发现表演艺术这一类型占据30%的美洲文化遗产项目;其次是精神与宗教仪式和传统知识;社会实践和节日活动、口头艺术这几个主题的相关项目普遍较少。

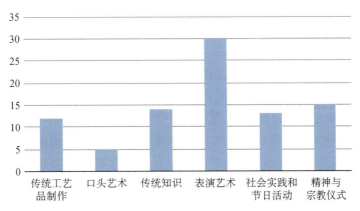

图7-1-3　美洲联合国教科文组织非遗名录项目分类数量

资料来源:数据看中国VS世界:全球各国世界遗产盘点-2022[EB/OL]. https://zhuanlan.zhihu.com/p/596715088.[访问时间:2023-09-10]

2. 美洲非遗保护

美洲各个地区以及国家的地缘、历史、经济等各方面因素差异极大,因此,在以下一系列非遗保护措施中也会出现地区和国家差别极大的情况。接下来,将针对多种保护措施分地区进行介绍。

(1) 美洲非遗政策保护。美洲各国因为经济以及地缘问题对于非遗的保护力度不一,但总体上都遵循联合国教科文组织2003年发布的《公约》。但不可避免的是,不同国家对《公约》的拓展与发展也有所不同。

具体来看,在北美地区(主要指加拿大与美国),截至2023年,美国和加拿大仍然不是《公约》的缔约国(加拿大于2021年申请加入)。虽然这两国并没有加入《公约》,但这并不意味着它们没有在政策上对非遗进行保护。以加拿大为例,其对本国文化遗产保护的重视开始得非常早。实际上,在1996年加拿大通信部将技术方面的职权转移到加拿大工业部,将非技术部门职权转移到文化遗产部后,加拿大就已经开始有专门的政府部门进行非遗的保护。在具体的保护政策上,加拿大于1977年便开始了对于具有文化意义的物品的出口保护限令,而在随后的限令更新中也将范围扩大至与非遗相关的物品[1]。例如,在2023年最新版的限令中,就限制了民族文化产品以及相关的文本记录等的出口。

在中美地区,大部分国家都是《公约》缔约国,但各个国家对于《公约》的推进步调不

---

[1] Williams S A. The protection of the Canadian cultural heritage:The cultural property export and import act[J]. Canadian Yearbook of International Law,2016,14:292-306.

一,这在保护机构及政策方面有着具体的表现。比如墨西哥,其非遗保护机构是多元化的,不仅有墨西哥国家人类学和历史研究所、世界遗产协会和国家文化与艺术委员会等多个国内机构,还是保护拉丁美洲非遗的区域中心。在2006年墨西哥成为《公约》缔约国之后,2007年,墨西哥国家文化与艺术委员会就颁布了"2007—2012国家文化计划",虽然此计划中并未直接表述对非遗的保护,但在其第七项议题"文化与旅游"中特别表达了对文化遗产特色进行探索与组织的重要性。对比之下,如巴拿马,虽然也有国家文化研究所进行非遗的保护,但其整体保护力度就显得乏善可陈。

在南美地区,绝大部分国家都是《公约》的缔约国(只有圭亚那并非缔约国)。对其中大多数国家来说,其非遗保护的核心策略如下:①倡导多元文化共存,实现拉美多种文化之间的互相尊重,清除社会上对弱势文化的歧视现象;②推动公民积极参与,与多种产业进行联动合作;③强化法律制度保障,做好自身体系建设。

总体而言,虽然美洲各国因为经济问题步调并不一致,部分小国尤其是加勒比地区诸国在此方面的工作仍需加强,但大部分国家在政策方面仍然在非遗保护上做了相当大的努力。

(2)美洲非遗技术保护。虽然美洲的各个国家对非遗传播与发展的重视程度存在差异,但无论对于北美地区的发达国家,还是对于中美、南美以及加勒比地区的非发达国家,数字技术毫无疑问都是美洲非遗保护有效而且有力的手段。

北美地区的发达国家,其对于非遗的技术保护是非常先进而且系统的,同时种类也极其丰富。例如,加拿大文化遗产部门对于其非遗的电子化有非常详细并且系统的条例以及方案,从声音、图像、影音等各个方面对各种类型非遗的数字化进行了指导,并且给出了由纽芬兰纪念大学提出的保护案例。至于美国,其史密斯艺术与文化基金会一直在支持利用技术方式开展非物质文化保护的工作,如利用VR技术让用户体会非遗历史片段。

中美地区的国家,其对于非遗的保护偏重个别方面。比如在墨西哥,其对于与旅游业相关的非遗的保护技术就比较先进,如对非遗进行旅游商业开发以及通过互联网等途径进行电子传播,以吸引更多的游客来体验其旅游业。

南美地区的发展中国家,其对于非遗的保护更为稀少,并且通常仅集中在某一方面。比如在巴西,有一些机构与组织对巴西古建筑进行数字化存档并利用3D建模的方式进行古建筑文化的保存和传播[①]。秘鲁出口和旅游促进委员会则在其浏览量比较大的官方网站设置了专门的模块进行秘鲁的非遗介绍,同时,秘鲁广播电视研究院自其成立起就在制作以安第斯音乐或民间艺术为主题的纪录片。

总体来看,北美发达国家对于非遗的技术保护是全面且先进的,而发展中国家在这方面则相对片面,或始终缺乏对于非遗有效的技术保护,仍然停留在相对原始的阶段。

---

① Balzani M, Maietti F, Raco F, et al. Ipirangadigital: 3D documentation activities for conservation and awareness increasing of cultural heritage in Brazil[J]. The International Archives of the Photogrammetry, Remote Sensing and Spatial Information Sciences, 2023, 47(2): 163-169.

(3)美洲非遗教育保护。美洲各国在教育方面普遍重视对非遗的保护,但其重视程度也与国家规模与经济实力相关。总体来说,在发达的北美国家,政府与机构更系统化地通过正规教育以及民间机构组织的活动班开展对非遗的保护和相关教育。在欠发达地区,虽然政府往往也会有相关的机构对非遗进行保护,但往往是不全面、非系统化的,甚至在部分地区还会有口口相传的情况出现。

具体来看,在北美地区,对于非遗的保护已经被部分纳入正规教育,比如加拿大,在认识到原住民语言作为其非遗一部分的重要性之后,一些因纽特学校已努力确保因纽特语成为主要教学语言。在马尼托巴省,一些学校部门为原住民语言(Anishinaabemowin)创造了在课堂中使用的机会①。同时,加拿大的诸多博物馆和文化中心也在保护非遗中扮演了重要的角色,比如,加拿大的麦科德-斯图尔特(Mccord-Stewart)博物馆和加拿大历史博物馆等机构提供对小学、中学和大学的非遗教育项目,用于展示并教授该国的原住民文化。

在中美和加勒比地区,不同国家的非遗教育保护差异十分大。部分国家在此方面仍采用非常传统的方式,如通过口口相传和传统的地区性教育开展非遗教育保护。但也有国家开展了多方面的工作,如墨西哥开展了三方面的工作:学校的普及教育、面向群众形式多样的非遗活动,以及专设机构教授部分非遗技术。实际上在墨西哥普及教育的教科书中就已经有对非遗以及本国传统文化的介绍,甚至在校内也会有针对本国特有节日如亡灵节的庆典,这足以证明其对非遗教育保护的重视程度。此外,墨西哥也在政府或者民间组织专设非遗教育机构,如在2012年成立了墨西哥流浪者之歌学校,该学校通过开班教授流浪者之歌培训课程开展非遗教育和宣传相关非遗。

南美地区的非遗教育保护也从正规教育和非正规教育两方面积极推进。比如,《阿根廷教育法》中明确指出"应该保证市民认可和尊重他们语言和文化的权利"。因此,当地政府积极推进非遗教育保护相关的工作,如科尔多瓦国立大学经济科学系文化管理处就专门开设了非遗管理课程②。非正规教育方面,秘鲁在利马最贫穷的社区建立了烹饪学院,致力于培养秘鲁的美食家,同时传承秘鲁传统美食。

二、美洲非遗数字化传播与应用

(一)美洲非遗数字传播技术发展概况

美洲的数字传播技术具有极强的地域性特征,在北美国家,由政府带领的系统化数字

---

① PITAWANAKWAT B. Strategies and methods for Anishinaabemowin revitalization[J]. Canadian Modern Language Review,2017,74(3):460-472.

② Mirabella R M, Gemelli G, Malcolm M-J, et al. Nonprofit and philanthropic studies: International overview of the field in Africa, Canada, Latin America, Asia, the Pacific, and Europe[J]. Nonprofit and Voluntary Sector Quarterly,2007,36(4_suppl):110S-135S.

非遗保护项目已经非常成熟。在中美、南美以及加勒比地区的发展中国家,其非遗的数字化传播面临两种境况。第一种以加勒比地区的国家为代表,政府对于数字化传播发展不重视,使得国家整体而言在非遗的保护与数字化传播技术方面是缺失的。第二类国家以墨西哥为代表,虽然政府对非遗是重视的,但由于经济原因只能在某些特定技术的应用以及特定领域有所发展。

(二)美洲非遗数字传播技术应用

1. 美洲非遗数字技术应用现状

(1)非遗的数字化留存与保护。北美、南美、中美和加勒比地区都有丰富多彩的非遗,这些文化元素通过数字化传播得到了更广泛的传播和保护。在美洲非遗的数字化留存与保护方面,加拿大的纽芬兰纪念大学开发了 DAI 非遗保护系统,即一个在线存储和展览网站,保存了大量非遗材料。它因向公众提供音频、视频和摄影材料的数字化收藏而闻名。要在这里存储馆藏,必须包含高质量的数字文件。该网站与联合国图书馆网站相连,可以使用关键词进行搜索,也可以通过浏览特殊馆藏或主题标题进行搜索。用户可以在这里找到大学特别馆藏材料的数字副本,以及个别研究人员提交的馆藏材料。网站上的非遗馆藏按照起源位置(如非遗—纽芬兰中部)或主题标题(如非遗—口头传统和表达)进行编排。

(2)非遗的数字化交互与传播。在非遗的数字化交互与传播方面,目前美洲也存在许多著名的交互应用。例如,史密森尼国家航空航天博物馆的 VR 机库("VR Hangar")软件就被广泛传播和使用。如今,全球的人们都可以使用他们的智能手机,在史密森尼国家航空航天博物馆的新 VR 机库中观看曾经的空中和太空历史时刻。此外,该博物馆还利用 VR 技术通过真实的三维扫描数据,在沉浸式 VR 场景中复现了博物馆中一些最重要的历史性物品。

 案例材料

以下是 VR Hangar 提供的 VR 应用。

(1)1903 年莱特飞行器。1903 年莱特飞行器是威尔伯·莱特(Wilbur Wright)和奥维尔·莱特(Orville Wright)于 1899 年开始的一项为期四年的研究和开发项目的产物。在制造和测试了三个全尺寸的滑翔机之后,莱特兄弟的第一架动力飞机于 1903 年 12 月 17 日在北卡罗来纳州基蒂霍克首次飞行,飞行了 12 秒共 120 英尺(约 36.6 米)。通过 VR Hangar,用户可以看到威尔伯和奥维尔制造飞行器的车间,并观看他们在基蒂霍克第一次不成功的尝试,最后见证莱特兄弟开创航空时代的第一次飞行。

(2)贝尔 X-1"迷人的格莉尼斯"。1947 年 10 月 14 日,贝尔 X-1 成为第一架超音速飞行的飞机。彼时,由美国空军上尉查尔斯·艾伍德·"查克"·耶格(Charles Elwood

"Chuck" Yeager)操纵,X-1 在 43 000 英尺(约 13.1 千米)的高度下达到了每小时 700 英里(约 1 126.5 千米),马赫数为 1.06。耶格以妻子的名字将飞机命名为"迷人的格莉尼斯"。通过 VR Hangar,用户可以看到实验性 X-1 的开发过程,并观看飞机被装载到 B-29 上进行空中发射的过程,最后见证历史上第一次跨音速飞行。

(3) 阿波罗 11 号指令舱哥伦比亚号。哥伦比亚号是历史上第一次执行登月任务的三名宇航员的家园。它是由 363 英尺(约 110.6 米)高的土星五号火箭发射的,并搭载了多名宇航员。哥伦比亚号在着陆器到达月球表面时仍保持在月球轨道上,并且是当时唯一返回地球的月球航天器部分。通过 VR Hangar(见图 7-1-4),用户可以看到宇航员登上哥伦比亚号开始他们历史之旅的时刻,并观看哥伦比亚号在月球轨道上的情景,最后见证哥伦比亚号重新进入大气层,安全将宇航员带回地球。

图 7-1-4　VR Hangar VR 游戏画面

资料来源:VR Hangar[EB/OL]. https://www.youtube.com/watch?v=en611E5n-iw&t=11s. [访问时间:2023-09-15]

(3) 非遗的数字化拓展与开发。在南美地区,各国对其非遗的保护基本停留在数字化保存的阶段。例如,探戈这种全世界知名的源自阿根廷及其附近地区的舞蹈形式,已被数字化保存到阿根廷国家探戈研究院,并允许外部人士远程访问。这种数字化信息在实际中不仅可以留存记录,同时也可作为基本资源供人们进行拓展与开发。例如,2014 年 2 月 7 日,墨西哥流浪者之歌国家保护委员会向墨西哥国家文化与艺术委员会提交了"2014—2017 流浪者之歌保护计划",该组织在保护计划提出之前就已经拥有了整套与其相关的影像、唱片。基于提出的计划,该组织准备专门针对流浪者之歌的传播和研究进行拓展性和开发性支持。这些案例说明数字化传播在北美、南美、中美和加勒比地区的非遗传承和推广中发挥了积极作用。通过数字媒体和在线平台,这些文化元素得以跨越国界,传播给全球观众,同时也有助于保护和传承这些宝贵的文化遗产。

2. 美洲数字化探索与未来展望

美洲地区在数字化传播领域有着巨大的潜力，可以促进非遗的传承和保护。然而，美洲的发达国家和其他国家在这方面可能会有不同的展望和挑战。

对于美洲发达国家来说，数字化传播提供了更多机会来推广和保护非遗。这些国家拥有更多的资源，可以投资于数字化文化项目，如虚拟博物馆、在线展览和数字档案馆，以便将非遗呈现给全球观众。同时，发达国家也更容易实施法律和政策来保护知识产权，从而鼓励文化创作者积极参与数字化传播。然而，对于美洲其他国家来说，数字化传播可能面临一些挑战。其中之一是数字鸿沟，即数字技术和互联网接入的不平等分布。一些偏远地区可能缺乏高速互联网连接，这限制了它们参与数字化文化传播的能力。此外，一些国家可能缺乏足够的经济资源来支持数字化文化项目的发展，这可能导致非遗被忽视。与此同时，即使在资源有限的情况下，美洲其他国家也可以利用数字化传播的潜力。例如，可以采用低成本的方法，如利用社交媒体、在线教育平台和开源软件来传播和保护非遗。此外，国际合作也可以帮助这些国家克服数字化传播方面的挑战，如通过共享经验和资源促进非遗的全球传播。因此，我们发现，发达国家可以更容易地利用数字化传播来推广和保护文化遗产，而其他国家则需要克服数字鸿沟和资源限制，以实现相似的目标。

总体来说，因为美洲各国经济差距过大，各个国家在非遗保护上的步调并不一致。但我们可以隐隐约约看到一种趋势，从政策来看，经济发展薄弱的国家与地区对于非遗保护的重视程度往往与其经济发展不成正比。发达国家如美国与加拿大，虽然它们也有非遗保护方面的政策，但在联合国非遗列表上却是缺席的。可能正是发展中国家更需要非遗所带来的旅游经济效益，才迫使政府在政策上更重视非遗保护，但从技术来看，北美发达国家的技术明显更加先进和完善。

第二节　秘鲁非遗数字传播

秘鲁是一个拥有丰富文化遗产的国家，非遗是其重要的组成部分。这些遗产包括各种传统表演、手工技艺、节日和礼仪等，它们代表了秘鲁人民的生活方式、历史和身份。本节将综述秘鲁非遗的背景、特点、保护和传承现状，旨在提高人们对这些珍贵文化遗产的认识和保护意识。

一、秘鲁非遗数字传播概述

当谈论秘鲁的非遗时，我们会踏入一个多元而精彩的文化世界，这个南美国家拥有独特而丰富的历史、地理和民族背景。秘鲁的非遗是一个珍贵的宝藏，包括多种形式的表演艺术、传统技艺、口头传统和宗教习俗。这些非遗承载着秘鲁人民的历史记忆、价值观念和社会认同，已经在世界文化遗产的舞台上占有一席之地。在秘鲁文化部的支持与引领下,秘鲁国家博物馆等机构于 2010 年开始推动秘鲁对非遗的数字化保护与传播。秘鲁的非遗代表着这个国家丰富多彩的文化传统,不仅反映了其多元的社会结构,还突显了秘鲁人民对其文化根源的坚守。这些传统在数字时代的转型中保持着其独特的魅力,同时也展示了秘鲁人民的骄傲和创造力。

(一) 秘鲁非遗保护现状

1. 秘鲁非遗发展现状

(1) 秘鲁历史与文化简介。秘鲁位于南美洲西部,是一个地理多样、文化丰富的国家。它拥有沿海平原、高山峻岭、雨林、沙漠等多种地形。秘鲁的地理多样性为古代文明的兴起提供了丰富的资源和环境条件。最著名的古代文明之一是印加文明,它在 15 世纪达到了巅峰。印加帝国统一了秘鲁的大部分地区,其首都库斯科成为文明的中心。印加文明以其卓越的建筑技艺和道路系统而著称,马丘比丘是其最著名的遗址之一[①],也是世界文化遗产。在沿海地带,纳斯卡文明以其神秘的纳斯卡线条和地下水道系统而闻名。这些线条和地道令人瞩目地绘制在沙漠地表上,成为考古学之谜。这些古代文明在不同地理环境中繁荣发展[②],留下了丰富的遗产。最后,西班牙的征服和殖民统治给秘鲁带来了文化和宗教的大变革,西班牙文化与印加和其他原住民文化融合,形成了新的文化传统。

由于秘鲁丰富的地理地形以及多样的文化文明,秘鲁存在着大量的非遗(见图 7-2-1)。这些非遗可大致分为以下几类:口头传统类,包括少数民族的语言以及仪式性留存的故事、歌谣以及传说;表演艺术类,包括音乐,如埃舒瓦唱诵,以及舞蹈,如剪刀舞、维蒂蒂舞、华空纳达(Huaconada)舞蹈;传统手工艺,如阿瓦珲人(Avahoon)陶器、织桥技术、塔奎勒岛编织技术;节庆民俗类(如坎德拉里亚圣母节),包括宗教仪式,如哈塔霍·德·内格里托斯(Hatajo de Negritos)、哈塔霍·德·帕利塔斯(Hatajo de Pallitas)、科隆戈水务法官(Corongo Water Judges)传统制度,以及信仰与崇拜民俗,如科约利特(Qoyllurit)朝圣之旅。

(a) 阿瓦珲人陶器制作技术

(b) 哈塔霍·德·内格里托斯和哈塔霍·德·帕利塔斯唱跳传统

---

① 宋秋岩.失落的印加文明 世界新七大奇迹之一 天空之城马丘比丘[J].国家人文历史,2011(2):74-77.
② 刘文龙.拉丁美洲混合文化结构[J].拉丁美洲研究,1979(4):45-50.

(c) 科隆戈水务法官传统制度　　　　　　(d) 维蒂蒂舞蹈

图 7-2-1　秘鲁数字（PeruDigital）当地非遗

资料来源：Browse the lists[EB/OL]. https://ich.unesco.org/en/lists?text=&country[]=00173&multinational=3#tabs.[访问时间：2023-10-01]

（2）秘鲁数字非遗的发展历程。2003年，隶属于秘鲁国家文化研究院的秘鲁文化登记与研究局成立，主要负责对秘鲁的各项非遗进行辨别与登记并予以保护，秘鲁的非遗数字化保护由此展开。2010年，秘鲁做出一系列调整，如文化部为非遗保护增加了更多的行政资源，并将国家图书馆、国家档案馆、秘鲁广播电视研究院等都纳入其管理系统，从而更好地对非遗进行保护。之后秘鲁文化部开发了一系列非遗的数字化保护项目，比如，文化部推出的"秘鲁文化网站"陈列了秘鲁引以为豪的文化，并对一些隶属于秘鲁非遗的音乐、舞蹈与手工艺作品进行了数字化展示。

案例材料

"秘鲁旅游"（peru.travel）是秘鲁文化部推出的官方旅游网站，在这个网站上不仅有秘鲁相关的地理天气等内容，还介绍了秘鲁各种有趣的典型文化（见图7-2-2）。此外，人们可以在此网站上规划自己的行程。毫无疑问，这对于推广秘鲁的文化有很重要的作用。

  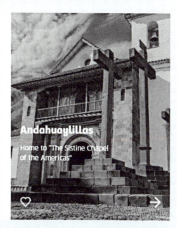

图 7-2-2　peru.travel 宣传的典型秘鲁文化遗址

资料来源：peru.travel[EB/OL]. https://www.peru.travel/en/attractions.[访问时间：2023-09-13]

随着社交媒体的兴起，秘鲁的非遗有了一个更为广泛的传播渠道。手工艺者和文化活动的组织者可以通过这些平台与全球观众分享他们的传统技艺和活动。例如，在 Instagram 上，有非常多的秘鲁传统音乐家和舞蹈家分享音乐表演以及舞蹈教学，这对秘鲁的非遗保护与传播有着极其重要的作用。

秘鲁的数字化媒体平台是指在线和数字化工具、网站以及社交媒体渠道，用于传播、展示和保护秘鲁文化和非遗资源。这些平台通过数字技术和互联网连接了秘鲁的文化遗产与全球观众，促进了文化的传承和交流。其中，由秘鲁文化部和文化保护机构维护的官方网站，提供有关非遗、博物馆、文化活动和艺术家的信息。此外，一些数字化平台致力于创建在线图书馆和档案，以保存和共享关于秘鲁文化的研究资料、音频、视频和照片。以上措施卓有成效，经过多年的努力，目前秘鲁可以对其国内超过 20 个博物馆进行线上展览。

实际上，数字化传播扩大了秘鲁非遗的受众范围，使其非遗得以走出国界，吸引国际观众的兴趣，提高秘鲁文化的全球知名度。同时，也促进了文化交流和理解，使不同文化之间的对话变得更加容易。此外，数字化媒体平台为非遗的保护提供重要工具，通过音频、视频、文字和虚拟展览，文化遗产得到更好的记录、保存和传承。此外，在线教育课程和工作坊也使年轻一代能够学习传统技艺，从而保持这些传统的活力。然而，数字化传播也带来了挑战，如文化侵权、过度商业化，以及信息的真实性难以确定。因此，包括秘鲁在内的许多国家仍需要谨慎处理数字化传播的不同方面，以确保文化遗产的保护、传承和传播能够实现。总之，数字化传播给秘鲁非遗的可持续性发展带来了新的机会和挑战。

2. 秘鲁非遗保护与具体措施

(1) 口头传统类非遗数字化。秘鲁的口头传统类非遗(见图 7-2-1)多源自其少数民族的传统,具体指秘鲁的少数民族在其传统仪式以及日常生活中使用的故事以及语言。虽然它们目前因为生活的地域改变以及文化传统遗失等问题正濒临灭亡,但保护它们毫无疑问具有重要的文化意义。

表 7-2-1 秘鲁口头传统类非遗

类别	地区	特点
扎巴拉语言	亚马孙雨林地区	生活在秘鲁与厄瓜多尔交界处的亚马孙雨林地区的扎巴拉人用语言记录对自然环境的认知,传播民居记忆。但在西班牙征服时期的四个世纪中,扎巴拉人受到战争、瘟疫等问题的滋扰,目前已濒临灭亡
埃舒瓦	南亚马孙热带雨林	这项口头传统主要以瓦齐派尔的宗教神话为内容,据传是模仿热带雨林中的动物的声音发展而来。目前仅有 12 位掌握此技巧的人记录在案
克丘亚语言	秘鲁全境	克丘亚(Quechua)语是南美洲原住民的一种语言。该语言为印加帝国官方语言,也常被称为印加语。克丘亚语族使用和教学的主要障碍是缺乏书籍、报纸、软件、杂志等书面材料

针对口头类非遗的数字化方式,目前多为对其进行加工并以数字化方式进行记录。利用文本技术、录音、录像等技术对口头传统的故事进行记录保存,使得未来的人们可以通过数字媒体技术对其进行学习与欣赏。各个国家具体的储存方法和技术大同小异,以保存成音频以及视频的方式为主。

具体地,在音频记录口头传统文化遗产方面,克丘亚语言口述文化音频化保存是十分重要的例子。秘鲁有许多克丘亚语言的社群,这些社群传承着丰富的口头传统文化,包括故事、神话和歌谣(如山谷之歌 Huayno)。通过录制克丘亚长者的口述故事和歌曲,可以保存这一重要文化遗产。如今,秘鲁公共广播电台每天早上用克丘亚语播放新闻和农业节目。在视频记录口头传统文化遗产方面,秘鲁通过数字化存储传统口头文化遗产,并在博物馆、图书馆、在线平台或文化遗产机构中提供访问,极大地增进了此类文化的可访问性及保存效果。在这一领域,秘鲁国立文化遗产研究所负责保护和研究秘鲁的文化遗产,包括口头传统文化。秘鲁国立文化遗产研究所与不同社群合作,记录和保护传统仪式、音乐、舞蹈等。秘鲁国家图书馆致力于数字化保存秘鲁的历史文献、口头传统、音乐和文学作品。他们维护数字档案,使这些资源对公众和研究者可用。这不仅有助于保存这些重要的文化元素,还能够在国内外传播和推广秘鲁的口头传统文化遗产,促进文化交流和理解。同时,这些数字记录也可以用于教育和研究,帮助下一代了解和传承秘鲁丰富多彩的文化遗产。

案例材料

秘鲁公共广播电台是秘鲁第一个广播电台。它起源于秘鲁广播公司旗下的私人电台利马 OAX-AM，该电台于 1924 年由塞萨尔·A. 科洛马（César A. Coloma）、圣地亚哥·阿库尼亚（Santiago Acuña）等人创立，并于 1925 年 6 月 15 日开始广播。

秘鲁公共广播公司秘鲁电视台已开始用克丘亚语播出其首个新闻节目，克丘亚语是安第斯山脉约 700 万人使用的古老原住民语言。这个长达一小时的节目名为《我们》（*Nuqanchik*），每周日早上 5:30 在广播和电视台播出（见图 7-2-3）。所有参与该节目的记者和制片人都是母语人士。克丘亚语是 16 世纪西班牙人到来之前秘鲁原住民使用的语言，它在 20 世纪 70 年代与西班牙语一起被宣布为国家语言。

图 7-2-3 《我们》节目现场照片

资料来源：BBC news[EB/OL]. https://www.bbc.com/news/world-latin-america-37301253. [访问时间：2023-09-13]

（2）表演艺术类非遗数字化。秘鲁的表演艺术类非遗（见表 7-2-2）中，有许多令人瞩目的传统和表演形式，如剪刀舞、维蒂蒂舞、华空纳达舞蹈等。这些传统在秘鲁社会中扮演着重要的角色，并反映了该国悠久的历史和多元文化。

表 7-2-2 秘鲁表演艺术类非遗

类别	地区	特点
剪刀舞	中南部安第斯山脉克丘亚村庄和社区	每个舞者右手挥舞一对抛光的铁棍，看起来像剪刀一样。一名舞者与一个小提琴手和一个竖琴手，组成代表一个村庄或社区的"库德里拉"（cuadrilla，即团队）。表演时，两组或更多的库德里拉互相面对面，舞者必须跟着音乐的节奏及时击打刀片，同时表演编排好的踢踏舞、杂技动作以及越来越大幅度的动作。比赛可能长达十小时，身体素质、乐器的质量，以及音乐伴奏的能力都是决定胜负的关键。

(续表)

类别	地区	特点
维蒂蒂舞	科尔卡山谷	科尔卡山谷的维蒂蒂舞是一种与成人礼相关的传统民间舞蹈。它采用求爱仪式的形式，通常由年轻人在整个雨季的宗教节日期间进行。它是在团体中跳的，一排排男女情侣随着乐队的节奏表演各种舞步
华空纳达舞蹈	康塞普西翁省	华空纳达是秘鲁安第斯山脉中部康塞普西翁省米驼（Mito）村举行的一种仪式舞蹈。每年一月的前三天，被称为"瓦克内斯"（huacones）的蒙面男子都会在镇中心表演一系列精心设计的舞蹈
马里涅拉舞蹈	秘鲁全境	秘鲁民间舞蹈，主要流行于沿海地区，"马里涅拉"（marinera）是海员、水手的意思，因此又被称为海军舞。为男女双人舞，有沿海及山区两类。沿海地区受黑人舞蹈影响，突出扭胯动作；山区受西班牙及印第安舞蹈影响，步法变化丰富

秘鲁的表演艺术非遗在当今世界仍然非常活跃，但也面临一些挑战。全球化、现代化以及社会和经济变化对这些传统产生了影响。一些传统表演艺术可能在年轻一代中失去吸引力，因而需要采取措施来保护和传承这些文化遗产。具体来说可以分为以下三类方式。第一，记录和存档。使用数字录音和视频技术来记录传统表演，以便保存这些珍贵的表演艺术。这些记录可以作为历史档案，供未来的研究和传承使用。第二，社交媒体和在线社群。利用社交媒体平台，建立秘鲁表演艺术的在线社群，与爱好者和学习者分享信息、视频和照片。这有助于传播文化，并将人们聚集在一起，共同关注非遗。比如，对于马里涅拉舞蹈，就已有为数不少的博主在记录并传播这种非遗。第三，数字化档案馆。通过建立一个数字化档案馆来收集有关秘鲁表演艺术的历史文献、音乐记录、舞蹈步法、戏剧脚本等，非常有助于研究者和学生深入了解这些传统。

（3）手工技艺类非遗数字化。秘鲁的手工技艺类非遗（见表7-2-3）中，陶瓷制作、纺织、木雕、银饰品制作、羊毛编织等传统技艺值得关注。这些技艺代代相传，反映了秘鲁多元的文化背景和历史。以下是秘鲁手工技艺的现状、数字化方法以及一些例子。

表7-2-3 秘鲁手工技艺类非遗

类别	地区	特点
阿瓦珲人陶器	秘鲁北部	秘鲁北部的阿瓦琼人（Arawakan）将陶器视为他们与自然和谐关系的一个例子。陶器的制作过程包括五个阶段：取料、造型、烧制、装饰和修整。这个过程的每个阶段都有其意义和相关的价值观，这些都在人们的口头传统中讲述
织桥技术	安第斯山脉南部	克斯瓦恰卡（Qeswachaka）桥是一座悬索桥，横跨安第斯山脉南部阿普里马克河峡谷。它每年都会使用传统的印加技术和原材料进行更新。汇因奇里（Huinchiri）、乔皮班达（Chaupibanda）、乔优华（Choccayhua）和科利亚纳韦（Ccollana Quehue）的克丘亚语农民社区将其视为加强社会联系的一种手段，而不仅是一条交通路线
塔奎勒岛编织技术	塔奎勒岛	这种纺织艺术是男女老少的日常活动，所有社区成员都穿着这种纺织品。直到20世纪50年代，塔奎勒岛人民都与大陆相对孤立，社区观念在他们中仍然非常强烈。岛上的编织传统可以追溯到古代印加文明、普卡拉文化等，从而保留了前西班牙安第斯文化的活力

秘鲁的手工技艺在当今世界仍然非常活跃,但也面临一些挑战。全球市场的竞争、现代化的生产方法以及供应链的变化都对这些传统技艺产生了影响。保护和传承这些非遗对于维护秘鲁文化的多样性至关重要。以下列举两类常用的保护方式。其一,基于视频与音频进行数字化。类似于对口头传统的保护,在秘鲁,手工艺者和文化保护机构创建了数字档案,其中包括高质量的音频和视频记录。这些记录可以在博物馆、文化中心和在线平台上展示。此外,秘鲁还制作了教育性的视频,展示了纺织、陶瓷、木雕等各种手工艺的制作过程。这些视频通常附有解说,解释了每个步骤的重要性以及与之相关的文化背景。其二,基于在线市场和电子商务理念建立在线平台。此类平台让手工艺者可以展示和销售他们的作品,在获得经济效益的同时也可以规模化非遗物品。例如,在爱特西(Etsy)和亚马逊(Amazon)等国际电商平台上,就有专门的商家对秘鲁的传统手工业制品进行贩卖。

案例材料

爱特西是一家美国电子商务公司(见图7-2-4),专注于手工物品、复古物品和工艺用品。这些商品类别广泛,包括珠宝、箱包、服装、家居装饰和家具、玩具、艺术品,以及工艺用品和工具。被描述为复古的物品必须至少有20年历史。在此网站上,可以看到很多秘鲁传统手工艺品(如陶器)非常受欢迎。

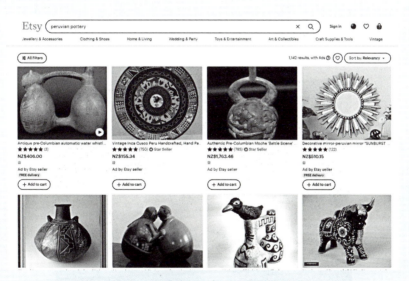

图7-2-4 爱特西秘鲁手工业制品网站

资料来源:Etsy[EB/OL]. https://www.etsy.com/nz/search?q=peru+pottery&ref=search_bar.[访问时间:2023-09-13]

(二)秘鲁数字非遗数字传播现状

秘鲁的数字非遗数字传播正快速发展,秘鲁文化部和文化保护机构长期通过官方网站和社交媒体平台积极分享非遗的信息和资源,以促进文化传承和交流。此外,一些数字化平台也提供在线教育课程、虚拟展览和数字档案,让公众更深入地了解秘鲁的传统技艺、音乐、舞蹈和文化历史。这些努力有助于将秘鲁的非遗带入全球视野,同时为文化保护和传承提供了有力的工具。

1. 秘鲁的数字化留存与保护

秘鲁国家图书馆与档案馆的历史可追溯到约1821年。秘鲁共和国宣布独立后,南美独立领袖荷塞·德·圣马丁(José de San Martín)将军签署了成立国家图书馆的法令,随后捐赠了收藏的600本书。在1825年的一场大火后,智利以及中国等国为秘鲁国家图书馆捐献书籍,帮助其重建起来。在秘鲁文化部重新将博物馆与图书馆的资源纳入麾下之后,秘鲁各类馆藏机构藏品数字化的进程大大加快。目前,秘鲁已经有超过20个博物馆进行了数字化藏品的处理并且供游客参观。除了官方进行档案数字化之外,秘鲁的民间人士也在秘鲁非遗数字化中出力颇多。比如,致力于研究并宣传秘鲁传统音乐、舞蹈和戏剧的尤亚奇卡尼(Yuyachkani)文化社团以视频以及音频的方式记录并传扬秘鲁传统文化。

案例材料

尤亚奇卡尼是秘鲁最重要的戏剧团体,自1971年以来一直走在戏剧实验、政治表演和集体创作的最前沿。"Yuyachkani"是克丘亚语单词,意思是"我在思考,我在记忆"。剧团致力于对具体社会记忆的集体探索,特别是与秘鲁的种族、暴力和记忆问题相关的探索①。

图 7-2-5　尤亚奇卡尼对传统戏剧的记录

资料来源:Yuyachkani[EB/OL]. https://yuyachkani.org/laboratorio-abierto/.[访问时间:2023-10-01]

---

① Castillo R L A, Zegarra X D L. The tours in virtual museums a didactic opportunity in social sciences[C]. In Proceedings of the 2020 X International Conference on Virtual Campus, 2020: 1-4.

2. 秘鲁的数字化交互与传播

在过去几十年里，秘鲁的艺术家和影视工作者积极致力于探索和传播秘鲁丰富的文化遗产，尤其是其神秘的印加帝国历史一直激发着各种艺术家的灵感。随着时代的演变，秘鲁的文化工作者通过影视作品以及游戏为推广秘鲁的非遗文化做了大量的工作。例如，《印加金》（Incan Gold）是一款桌面游戏，其设计灵感来自秘鲁的印加文明。玩家在游戏中扮演考古学家，挖掘印加文明的遗物，同时面临风险和奖励。《秘鲁：隐藏的宝藏》（Perú: Tesoro Escondido）是一款针对儿童的教育游戏，旨在教育儿童有关秘鲁文化、历史和地理的知识。在该游戏中，玩家需要解决谜题，探索秘鲁的各个地方，学习关于秘鲁的有趣事实。同名纪录片则深入探讨了秘鲁的自然景观、文化遗产和人民，并展示了令人惊叹的风景和多样的文化元素。此外，《印加帝国的秘密》（Secrets of the Inca Empire）以印加帝国的历史、文化和建筑为背景创作了一个冒险故事，让观众可以更深入地了解秘鲁的古代文明。

案例材料

《秘鲁：隐藏的宝藏》（见图7-2-6）是一部关于秘鲁秘密的纪录片类型电影。秘鲁拥有众多旅游和烹饪文化。这部纪录片讲述了一段了解秘鲁各种遗产的旅行故事。整部影片描绘了秘鲁的地理和社会人文。该纪录片重点关注五个主要领域：烹饪文化、海滩、科迪勒拉山系、亚马孙河和古代文明的文化遗产。该纪录片作为秘鲁非遗的重要表现形式，在秘鲁国内及国际上产生了重要的影响。

资料来源：IMDB［EB/OL］. https://www.imdb.com/title/tt7679306/mediaviewer/rm266952447/?ref_=tt_ov_i.［访问时间：2023-10-01］

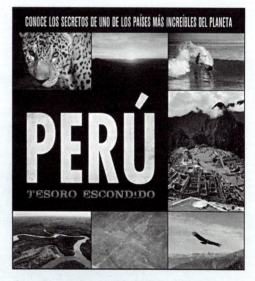

图7-2-6 《秘鲁：隐藏的宝藏》封面

3. 秘鲁的数字化拓展与开发

秘鲁非遗网络平台的建设源远流长，经历了多个发展阶段。以下是有关秘鲁非遗网络平台建设历史的简要描述。

（1）早期阶段。在互联网的早期，秘鲁非遗的数字化和在线展示受到技术限制的影响。然而，一些非营利组织和文化保护机构开始在其网站上发布关于秘鲁非遗的基本信息，以提高公众对这些传统的认识。这一阶段的关注焦点主要在于信息传播和教育目的。

（2）数字化媒体和社交媒体时代。随着数字媒体和社交媒体的兴起，秘鲁的文化保护机构和非遗传承者开始利用这些平台更广泛地推广和传播秘鲁的非遗文化。他们通过社交媒体平台,如 Facebook、Instagram、Twitter 等,分享关于传统技艺、音乐、舞蹈和文化活动的内容。这一时期,公众对秘鲁非遗文化的兴趣不断增加,互动性也增强。

(3)专门的非遗网络平台。近年来,秘鲁逐渐建立了一些专门的非遗网络平台,旨在更全面地展示和保护非遗。这些平台包括官方网站、数字图书馆、在线档案、虚拟展览等。通过这些平台,人们可以深入了解秘鲁各地的非遗,包括传统技艺、民间故事、音乐和舞蹈等。比如,秘鲁文化部支持的虚拟参观(visitavirtual)项目就成功将秘鲁的大部分图书馆数字化并搬运到线上平台供游客参观。

  案例材料

秘鲁文化部 visitavirtual 平台(见图 7-2-7)提供对秘鲁 25 个标志性博物馆的虚拟参观服务,如秘鲁文化博物馆、查文国家博物馆和国家考古、人类学和历史博物馆,提供高清照片、3D 模型以及西班牙语和英语文本。参观者可以通过任何移动设备、个人电脑和平板电脑进行访问。该平台目前是公众学习、享受和进一步了解秘鲁的绝佳选择。同时,它也是研究人员和学生的重要教育工具。

图 7-2-7　visitavirtual 某博物馆线上展览

资料来源:visitavirtual[EB/OL]. https:/visitavirtual.cultura.pe/.[访问时间:2023-10-01]

二、探索秘鲁节日和民俗的 PeruDigital 工具

在秘鲁,PeruDigital(见图 7-2-8)主要用来在互联网上呈现和诠释秘鲁的各类节日和民俗,其充分利用了数字媒体的叙事和表现能力来实现秘鲁相关非遗的广泛传播。该

项目始于2007年,创建了两个可导航的互动环境,这些环境基于民族志研究,并增加了节日活动以及课程教学,可根据不同的社会功能引导用户浏览网站。

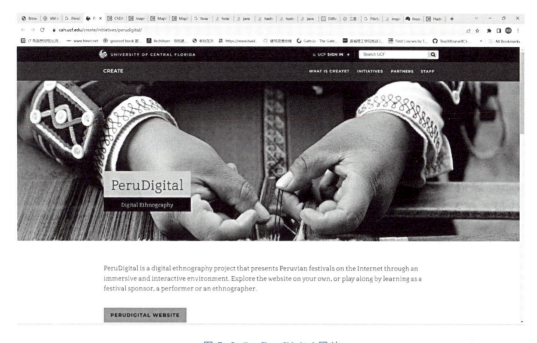

图7-2-8 PeruDigital网站

资料来源:PeruDigital[EB/OL]. https://cah.ucf.edu/create/initiatives/perudigital/.[访问时间:2023-10-01]

理查德·库林(Richard Kurin)提出,我们需要考虑,如果无形文化遗产是活的,博物馆是否应该在执行2003年《公约》方面发挥主导作用?如果是这样,博物馆是否需要根本性的变革以胜任这项工作?他指出,博物馆擅长处理物品;然而,无形文化遗产是传统或表演,这些生活实践发生在博物馆之外,发生在社区中,而这正是提出PeruDigital的原因。

PeruDigital鼓励用户探索秘鲁的节日和民俗,重点关注北海岸地区,旨在促进拉丁美洲研究。该项目内容主要基于秘鲁天主教大学民族音乐学研究所的档案和PeruDigital团队成员的文档。在PeruDigital最新的交互方式中,用户可以通过三种不同的角色访问内容。用户通过选择要跟随的超链接来决定浏览网站内容的路径。该工具鼓励用户扮演三个不同社会角色之一(民族学家、节日赞助商或艺术家),以从三个不同的社会行为者的视角探索互动环境。在这里,用户可以获得这三个不同社会角色相关的技能和知识。更具体地,用户被邀请选择三个角色/任务中的一个:阿里安娜(Ariana),节日演员;泽维尔(Xavier),节日赞助商或协调者;赫克托(Hector),民族学家。例如,在选择"节日演员"链接时,用户会打开一个网页,介绍Ariana,她是秘鲁皮乌拉的一个九岁女孩,正在每年一度的皮乌拉"痛苦之主"节日中扮演萨拉瓦(sarahua,一种摩尔人和基督徒的戏剧中的角色)。网站访客将面对一个简短的情景和角色的任务。例如,Ariana神奇地醒来,发现自己成了戏剧中一个真正的sarahua,她必须学会扮演自己的角色,还要学会扮演其他节日戏剧的角色,以便返回正常生活。用户所扮演角色需要执行的任务均与秘鲁节日和民俗有关,可帮助用户在娱乐活动中发现秘鲁的非遗文化。

第三节 巴西非遗数字传播

巴西,一个充满活力和多元文化的国家,拥有丰富的非遗。这些文化遗产代表了巴西人民的生活方式、历史传统和艺术创造力。这些遗产包括口头传统、社交活动、节日、音乐、舞蹈、戏剧、手工艺品等。这些文化遗产对于巴西人民来说非常重要,不仅是他们生活的一部分,更是他们身份和文化认同的来源。本节将综述巴西非遗的背景、特点以及保护和传承现状,旨在提高对巴西非遗的认知。

一、巴西非遗数字传播概述

巴西非遗主要指的是那些无法触摸、无法用物质形态来表现的遗产,如语言、信仰、习俗、传统技能、音乐、舞蹈等。这些遗产是巴西文化的重要组成部分,具有深厚的文化内涵和历史价值。巴西的民间音乐和舞蹈,如卡波卫勒和桑巴舞,源于非洲和欧洲的传统,经过数个世纪的演变和发展,形成了独特的巴西风格。这些舞蹈和音乐形式不仅代表了巴西的文化多样性,也反映了巴西人民的生活方式和情感表达。此外,巴西的非遗还包括口头传统和表现形式,如民间故事、谚语、谜语等。这些遗产记录了巴西人民的历史、信仰、价值观和智慧,是巴西文化的重要组成部分。为了保护和传承这些珍贵的非遗,巴西政府和非政府组织积极采取措施,如设立文化中心、举办文化活动、推广传统技能和艺术形式等。这些努力旨在保护和传承这些文化遗产,让更多人了解和欣赏巴西的独特文化。

(一) 巴西非遗保护现状

1. 巴西非遗发展现状

(1) 巴西历史与文化简介。巴西位于南美洲东部,濒临大西洋,拥有多样化的地理特征。其亚马孙雨林占据国家北部的大部分地区,是地球上最大的热带雨林,生态多样性丰富。东部和南部沿海地区有壮丽的沙滩、湿地和热带雨林,是人口最密集、经济最繁荣的地区,包括里约热内卢、圣保罗等大城市。巴西的历史受到葡萄牙殖民的影响,其于1500年被葡萄牙发现并殖民,并因此引入了葡萄牙语、天主教信仰等。19世纪初,巴西宣布独立,成为帝制国家,后来变成共和国。奴隶制的废除和大规模移民(包括欧洲和亚洲移民)对巴西的社会和文化产生了深远的影响。巴西曾经历过政治动荡,包括军事独裁时期,但在1985年恢复了民主政体。现今,巴西是拉丁美洲最大的国家,以其多元文化、音乐(如桑巴和巴萨诺瓦)、足球、美食和巴西柔术而闻名于世。然而,该国也面临着一些挑战,包括社会不平等、环境问题以及政治和经济不稳定。总之,巴西的地理多样性和复杂的历史使其国内遍布文化和自然上的奇迹。

(a) 邦巴梅博伊仪式

(b) 卡波耶拉

(c) 桑巴舞

(d) 弗莱沃

图 7-3-1 巴西本地非遗

资料来源:Browse the lists[EB/OL]. https://ich.unesco.org/en/lists?text=&country[]=00033&multinational=3#tabs.[访问时间:2023-10-01]

目前,巴西国内存在着大量非遗,可大致分为以下几类:口头传统类,包括少数民族的语言、仪式性留存的故事、歌谣以及传说;表演艺术类,包括音乐(巴萨诺瓦)、舞蹈(如圆圈桑巴舞、弗罗舞蹈、卡波卫勒、弗莱沃、方丹戈等)、巴西柔术;节庆民俗类(如亚奥克瓦仪式),包括宗教仪式(如邦巴梅博伊)、信仰与崇拜民俗(如纳萨雷宗教节庆)。由此可以发现,巴西人民具有非常优秀的舞蹈以及音乐基因,其非遗中大量的项目都为表演艺术类。接下来我们主要介绍巴西表演艺术类非遗。

如前所述,巴西的非遗主要指那些与社区、民族、家庭或个人传统相关的文化元素,这些元素在巴西代代相传,反映了该国多元文化的丰富性。这些元素代表了不同地区和社群的文化身份,它们通常由传承师傅传授给后代,保持了巴西文化的多样性和丰富性。21 世纪初,巴西政府和文化机构开始关注非遗的保护和数字化传承。在这期间,巴西政府以及相关部门针对该国的非遗收集了大量的视频、音频和图片素材,之后政府以及相关组织牵头创建了一个专门的数字化档案库,并推出多项在线教育和培训计划等一系列数字化措施来推动该国非遗数字化。

(2)巴西数字非遗的发展历程。巴西的非遗保护和记录有其历史背景和发展过程。20世纪初,巴西开始意识到需要保护和传承其丰富的非遗,这些遗产包括各种习俗、传统知识和技艺。然而,在这一时期,非遗的保护主要依赖地方社区和传统的口头传承方式。20世纪60年代,巴西文化部成立,巴西开始更系统地记录和研究非遗。这一时期,巴西文化部开始与国际组织合作,探讨如何更好地保护和传承非遗。2003年,巴西政府批准了联合国教科文组织的《公约》,并开始根据《公约》的要求保护、记录和传承巴西的非遗。之后,巴西文化部创建了巴西非遗网站,以提供有关非遗的信息,并开始数字化记录相关资源。

随着社交媒体的兴起,巴西的非遗尤其是桑巴舞等表演艺术类非遗获得了广泛传播的渠道,因此开始得到大规模数字化传播和推广。以桑巴舞为例,当前已经有大量民众在各种社交媒体上进行桑巴舞的展示以及传播。其中,Instagram 是一种流行的图片和视频分享平台,许多巴西桑巴舞者、舞团和文化爱好者使用该平台分享桑巴表演、教程和幕后花絮。YouTube 也是一个重要的视频分享平台,该平台上同样有许多巴西桑巴舞者和舞团发布桑巴舞蹈表演、教学视频和历史介绍。

如今我们可以看到,数字化教育平台对非遗的影响是十分积极的,它们为传承、保护和推广传统文化提供了强大工具。一方面,这些平台提供了便捷的在线教育资源,使人们能够方便地学习和传授非遗知识和技能,促进文化的传承和传播。另一方面,数字化平台能够跨越地域和世代的限制,吸引更广泛的受众,并有助于将这些珍贵的文化元素传递给未来世代,实现非遗的传承。例如,在巴西,步上桑巴(Samba no Pé)是一家在线桑巴舞学校,经常通过各种在线平台(如 Instagram)提供有关桑巴舞的视频教程和相关信息。

事实上,数字化传播对巴西的非遗产生了深远的影响。首先,数字化传播增加了巴西非遗的全球可访问性。这意味着不仅巴西国内观众,国际观众也可以了解、欣赏和学习这些文化元素,从而促进巴西文化的国际传播。其次,数字化传播加强了巴西非遗的传承和保存,并允许文化传承者、舞者、音乐家和工匠记录和分享他们的技能和知识,防止非遗消失。最后,在教育和学习方面,数字化传播对巴西的非遗也有助力作用。在线视频教程、博客文章和社交媒体上的分享,使人们能够学习和了解巴西的非遗。

2. 巴西非遗保护与具体措施

在巴西丰富多样的非遗中,表演艺术类非遗占据了主要地位(见表 7-3-1)。如前所述,巴西的表演艺术非遗十分丰富,其共同代表了该国丰富的文化传统和多元的民间艺术。在这些表演类非遗中有非常多耳熟能详的项目,接下来重点对其保护进行介绍。

表 7-3-1 巴西表演艺术类非遗

类别	地区	特点
圆圈桑巴舞	巴西全境	桑巴舞是源于巴西巴伊亚州的一种舞蹈类型。桑巴舞最早起源于非洲原住民带有宗教仪式性的舞蹈,由被贩卖到巴西的黑人奴隶带到巴西,再与流传至当地的其他文化混合,渐渐形成今日的桑巴舞。桑巴舞现已被世界公认为巴西和巴西狂欢节的象征
巴西柔术	巴西全境	巴西柔术,创始于巴西的格雷西家族,又称格雷西柔术。它起源于日本传统柔术与嘉纳治五郎开创的柔道的结合,由嘉纳治五郎弟子前田光世传播至巴西。特色是重视地板扭斗,以杠杆原理控制对手关节来制服对手。使用巴西柔术,即使身材矮小,也能以不同技巧打败对手
巴萨诺瓦	巴西全境	巴萨诺瓦是一种融合巴西桑巴舞曲与美国酷派爵士形成的一种"新派爵士乐",承袭部分传统特色而又自成一格,听起来简洁轻快
卡波卫勒	巴西全境	卡波卫勒是一种非裔巴西文化习俗,是打斗和舞蹈的融合,可以被解释为一种传统、一项运动,甚至一种艺术形式。在展示时,卡波卫勒球员围成一个圆圈,两名球员在圆圈中心互相交战。这些动作需要极大的身体灵活性,而围成一圈的其他玩家则会同时唱歌、喊口号、拍手和演奏打击乐器
弗莱沃	巴西城市	弗莱沃(Frevo)是一种由音乐和舞蹈组成的巴西艺术表现形式,主要在累西腓狂欢节期间表演。其快速、狂热、充满活力的节奏融合了进行曲、巴西探戈、广场舞、波尔卡舞以及由武术乐队和号角手演奏的古典曲目等
方丹戈	巴西南部	方丹戈(Fandango)是巴西南部和东南部沿海社区流行的音乐和舞蹈表现形式。方丹戈歌曲被称为莫达斯(Modas),其伴奏使用手工乐器演奏,如中提琴、小提琴和框架鼓等。传统上,方丹戈在开展集体活动(如种植、收割和捕鱼)时表演

为了保护、传承和推广这些宝贵的文化元素,巴西政府及民间开展了形式多样的保护行动,包括对不同表演艺术类非遗的录音、录像、在线展示以及在线教育。

首先,在录音、录像等传统数字化记录方面,巴西专门设立了国家政府层面的行动机构。2000年7月,时任巴西总统宣布实施国家非遗计划。在此项计划中,巴西国家历史和艺术遗产研究所统一协调数字化工作,同时提供所需的专业和技术支持。在此行动计划的支持下,巴西国际民俗民间文化中心下属的爱迪生·卡内罗(Edison Canero)民俗博物馆以及阿马得乌·阿马拉尔(Amadou Amalarr)图书馆义工统计了近十万份视听资料,对表演艺术类非遗的保护起到了重要的作用。

其次,在在线展示与在线教育方面,巴西民间拥有相当多的表演艺术组织,这些组织经常录制其表演、研讨会和活动,并通过社交媒体平台、网站等实现在线分享。尽管此类组织可能不是官方政府机构,但对于促进和保护巴西丰富的文化传统至关重要。

最后，针对非遗的保护，巴西也存在其他形式的保护方法。其中最有趣的莫过于虚拟桑巴节。虚拟桑巴节是一种在线活动，旨在模拟巴西传统的桑巴节体验，同时让参与者通过互联网参与和欣赏桑巴舞蹈、音乐和文化。该概念在数字时代兴起，并在此前的全球新冠疫情期间成为一种替代性的庆祝方式。一般来说，虚拟桑巴节包括三大不同元素：①在线直播表演。参与者可以通过互联网观看桑巴舞蹈和音乐表演的在线直播。这些表演通常由专业的桑巴学校或艺术家团队进行，往往提供精湛的桑巴舞蹈和传统音乐。②互动元素。虚拟桑巴节也常常包括多种互动元素，允许观众与表演者互动。该类互动往往通过实时评论、在线投票或社交媒体平台上的互动来实现。③桑巴舞教学。一些虚拟桑巴节还提供在线桑巴舞蹈课程，让人们可以在家中学习桑巴舞的基本步骤和技巧。实际上，在线教学对于桑巴舞学习者来说非常有吸引力。

在虚拟桑巴节中，有两个最著名的活动：①虚拟里约热内卢狂欢节（virtual Rio Carnival）。2021年，因为新冠疫情，里约热内卢著名的卡纳瓦尔巡游被取消，但为了保持传统的庆祝活动，组织者创设了虚拟里约热内卢狂欢节。这个虚拟活动包括在线音乐会、舞蹈表演和巴西文化展示，允许人们在全球范围内在线参与。②虚拟桑巴节（virtual Samba Festival）。新冠疫情期间，一些巴西的桑巴学校和文化组织创设了虚拟桑巴节，通过网络平台展示他们的桑巴舞蹈和音乐表演①。

 案例材料

对于世界各地数百万人来说，桑巴节应该是一年中最欢乐的时刻。正常情况下，新奥尔良（New Orleans）和特立尼达（Trinidad）的铜管乐队和钢管乐队会在经过数月的排练后演奏他们的乐器，而狂欢节游行者会在上街之前穿上闪闪发光的服装。在桑巴节前，里约热内卢的居民通常花费大量时间为"世界上最大的派对"做准备。

但在2021年，这一切都没有发生，疫情导致的"社交距离"使得所有的活动只能在线进行。为了继续开展桑巴节庆祝，作为里约热内卢最古老的桑巴学校之一，曼格拉（Mangueira）于2021年12月末开始，在周一、周二和周日下午三点在YouTube上举办现场虚拟表演，并由小型桑巴乐队和在线投票评选年度最佳歌曲（见图7-3-2）。与此同时，波特拉（Portela）作为另一所传统桑巴学校（同时也是创纪录的22场狂欢节游行获胜者），于周日中午在线表演老式桑巴舞。

---

① Marcelo Silva de Sousa D R. Brazil Carnival goes online with street parties banned [N]. APNEWS, 2021-12-21.

图 7-3-2　曼格拉桑巴学校照片

资料来源：MangueiraYouTube[EB/OL]. https://www.youtube.com/watch?v=vtEyx10P6hw&t=9s. [访问时间：2023-10-01]

（二）巴西数字非遗数字传播现状

巴西的非遗数字传播如今已获得巨大进展，尤其是以桑巴舞为首的舞蹈与音乐在数字时代通过社交媒体、在线教育、视频分享、数字化展览等途径得到广泛传播，促进了其全球可访问性、传承性和推广性，同时也鼓励了文化创新和互动参与。

1. 巴西的数字化留存与保护

关于巴西文化遗产的数字档案建立，近年来有一个十分重要的事件，即 2018 年的巴西国家博物馆大火。2018 年，巴西最古老、最重要的巴西国家博物馆被大火烧毁，其 2 000 万件藏品的大部分档案被毁坏。在这场大火之后，博物馆在呼吁民众提交文物的同时也积极和科技公司进行沟通建立数字化文物档案，其中最为出色的就是由谷歌带领的巴西国家博物馆的数字化重建。谷歌艺术与文化计划启动的项目旨在通过数字技术保留该博物馆的传承①。借助街景图像，人们现在可以虚拟参观该博物馆，领略该博物馆发生火灾之前的风采。

 案例材料

2018 年 9 月 2 日，里约热内卢的巴西国家博物馆发生火灾，数千件文物和一座美丽的新古典主义建筑圣克里斯托旺宫被毁。幸运的是，2016 年，巴西国家博物馆加

---

① Efrat L, Casimiro G G. Transformative heritage: Open source, insurgent nationalism, and augmented memories [J]. Culture Unbound, 2022, 14(2): 133-152.

入了谷歌艺术与文化计划,旨在打造顶级展品的360°游览。作为谷歌艺术保护项目的一部分,目前谷歌已经为全球70个国家的2 000多家博物馆开展了藏品数字化保护工作。作为曾经世界上最大的自然历史博物馆之一,巴西国家博物馆不仅藏有美洲发现的最古老的骨骼等文物,同时也专门针对巴西非遗进行了典藏。借助谷歌的支持,巴西国家博物馆超过50%的藏品已被数字化(见图7-3-3),从而帮助于重建巴西博物馆,并让公众继续欣赏巴西国家博物馆的藏品。

图7-3-3　谷歌艺术与文化巴西馆线上展览

资料来源:Google Arts Q Culture[EB/OL]. https://artsandculture.google.com/project/museu-nacional-brasil.[访问时间:2023-10-01]

2. 巴西的数字化交互与传播

在过去几十年里,巴西的艺术家和影视工作者积极致力于探索和传播巴西丰富的文化遗产,巴西的艺术家们通过电影和游戏这两种媒介,成功地将巴西文化传播到国际舞台上,同时也为国内观众提供了更多展示自己文化的机会。这些作品不仅增进了国际文化交流,还为全球观众提供了深入了解巴西丰富多彩文化的机会。例如,《神秘海域》虽然是一个以探险为主题的系列游戏,但在其中的第四部作品《神秘海域4:盗贼末路》中,玩家被引导前往巴西的一个虚构城市,并与巴西的不同文化和环境互动。游戏中的一些场景和元素反映了巴西的非遗,如巴西的嘻哈文化和原住民部落。纪录片《巴西之声》(*Moro No Brasil*)探索了巴西各地的非遗,以传统的音乐、舞蹈为主,向观众展示了巴西多元文化的魅力。

案例材料

《巴西之声》这部精彩的纪录片(见图7-3-4)可以让观众进入巴西原创音乐的世界,从西北部的传统音乐到基于里约热内卢桑巴节奏的混合音乐都有介绍。该纪录片在介绍巴西音乐的同时开展了丰富的巴西非遗之旅,并通过一系列艺术塑造,系统介绍了巴西不同地理环境下诞生的各类非物质表演艺术,为巴西非遗的传播做出了巨大的贡献。

图 7-3-4 《巴西之声》纪录片

资料来源:Moro No Brazil[EB/OL]. https://www.imdb.com/title/tt0311541/. [访问时间:2023-10-01]

3. 巴西的数字化拓展与开发

巴西非物质文化遗产网络平台(Plataforma Rede Cultura Viva)是一个旨在保护和传承巴西非遗的重要工具。2006年,巴西政府成立了巴西非物质文化遗产中心,该中心负责协调和推动非遗保护工作。2007年,巴西政府发布了第1/2007法令,确定了国家非遗政策,强调非遗的保护和传承。2010年,巴西非物质文化遗产网络平台正式上线,进一步拓展了巴西非遗的数字化。但是,在巴西民间,此类网络平台仍然较少。民众与民间组织主要通过博客和社交媒体开展巴西非遗的传播和数字化记录。

 案例材料

巴西非物质文化遗产网络平台(见图7-3-5)于2010年正式启动,该平台旨在汇集关于巴西非遗的信息和资源,以促进其保护和传承。巴西非物质文化遗产网络平台的建设反映了巴西政府对非遗的重视,并为保护和传承巴西丰富多彩的文化传统提供了一个重要的工具。

图 7-3-5　巴西非物质文化遗产网络平台

资料来源:Cultura Viva[EB/OL]. https://www.gov.br/culturaviva/pt-br.[访问时间:2023-10-01]

二、《桑巴沙锤》桑巴节奏游戏

图 7-3-6　《桑巴沙锤》封面

资料来源:Samba de Amigo[EB/OL]. https://en.wikipedia.org/wiki/Samba_de_Amigo.[访问时间:2023-10-01]

《桑巴沙锤》(*Samba de Amigo*)是一款由索尼克团队(Sonic team)开发、世嘉发行的桑巴节奏游戏(见图 7-3-6)。该游戏于 1999 年 12 月在街机厅发布,并于 2000 年在梦工厂(Dreamcast)视频游戏机上发布。此外,Wii 的移植版也由变速箱软件(Gearbox Software)和升级工作室(Escalation Studios)开发,并于 2007 年正式发布。现在,玩家们已经可以在 VR 设备,比如米塔(Meta)开发的"贵士"(Quest)上体验这一游戏。《桑巴沙锤》借鉴了拉丁美洲文化及其游戏玩法,玩家使用形状像沙锤的控制器来匹配屏幕上显示的一系列图案。

在最初的街机游戏中,玩家有两个或三个阶段可以选择,每个阶段都有三首歌曲可供选择。如果玩家在每个阶段都表现得足够好,则会开启一个额外的特殊阶段,可以提供三首更具挑战性的歌曲。该游戏还添加了挑战模式,玩家需要达成特定的目标才能完成各个阶段的任务。

在最早期的版本中,《桑巴沙锤》使用一对沙锤进行演奏。当歌曲播放时,演奏者在屏幕图形的引导下,必须随着音乐的节拍在高、中或低的高度摇动沙锤,偶尔还要用不同位置的沙锤摆出姿势,这些动作的用意是模拟桑巴舞舞蹈的动作,增加游戏的代入感。但其也有不足之处,即受限于街机环境,玩家需要前往游戏厅才能体验,无法满足家庭场景的需要。

在2000年的世嘉梦工厂(SEGA Dreamcast)版本中,设计师别出心裁地将游戏植入家用游戏机,这样不仅玩家可以自己进行体验,也允许玩家和家人一起探索此游戏。在这个版本中,保留了初始街机的核心玩法,并允许更多人轻松体验。但其也有不足之处,即该游戏依然需要购买专用控制器且游戏的音乐曲目较少。

2007年中期,资深开发商变速箱软件提出将游戏移植到Wii主机的想法,并在世嘉的批准下,开始与索尼克团队一起开发新版本。游戏的默认设置是使用Wii遥控器和双节棍控制器来模拟原始游戏中的沙锤摇动,并可以选择使用两个遥控器进行完全无线控制。此外,开发商还提供了可选的沙锤形状附件来提供完整的体验。相较而言,梦工厂版本的沙锤控件可以检测摇动的高度,而Wii传感器则无法做到这一点。摇动Wii遥控器的角度决定了是否击中高音、中音或低音。

图 7-3-7 《桑巴沙锤》宣传视频

资料来源:Samba de Amigo[EB/OL]. https://sambadeamigo.sega.com/.[访问时间:2023-10-01]

三、VNA 合作电影项目

"村落影像"(Video nas Aldeias,VNA)是一个巴西的合作电影项目,已经运营了

图 7-3-8 VNA 展示原住民妇女纺纱

资料来源：Morayngava［EB/OL］. https://www.vdb.org/titles/morayngava.［访问时间：2023-10-22］

30多年，其使命是通过音视频资源以及与印第安人共享制作来支持印第安人强化其身份和领土文化遗产认同（见图7-3-8）。VNA的历史可以分为两个阶段。在第一个十年里，非印第安制片人响应了印第安社区的需求，为他们进行拍摄以及记录。在第二个阶段，印第安人自己开始参与和主导制作过程。这个项目的目标是通过电影和视频来记录和传播印第安文化，以及支持印第安社区的自我表达和文化保护。最初的十年中，制作的纪录片旨在成为一种向殖民社会"发表回应"的形式，同时也是筹集国际资金的手段。然而，自1997年以来，VNA已经转变为一个印第安电影制片学校，该学校在印第安村庄组织制片和编辑工作坊。这些作品由印第安人拍摄和表演。

VNA制作过程十分精细。在第一部电影之后，卡雷利（Carelli）和其他VNA合作者受邀记录了不同的印第安部落仪式和各种文化。这些电影的素材包括来自印第安领袖的多个证言，以及他们的生活以及文化传统。在《莫拉因加瓦》（*Morayngava*）中，一名阿苏里尼（Assurini）部落的人对危险的巫师入会仪式没有被记录下来感到遗憾。瓦扬皮（Wajãpi）部落的怀怀（Waiwai）在《电视之灵》（*Espírito da TV*）中动情地表示："当我死后，我的孙子们会在电视上看到我。我没有我的祖父母的照片。现在年轻人可以在电视上看到我。"此外，最引人注目的VNA例子在《彭普》（*Pemp*）中，该片讲述了加维翁（Gavião）部落自20世纪50年代与印第安保护服务人员来往的人文和文化故事。

VNA项目自20世纪90年代末开始就有在印第安村庄举办电影制作工作坊的经验。工作坊的目的是教授印第安人如何制作电影，以记录和传承他们的文化。工作坊通常持续三周，第一周是技术学习阶段，第二周开始拍摄，第三周用于完善剧情和后期制作。工作坊的课程是实践性的，鼓励学生进行实验。在拍摄和后期制作过程中，学生和教练之间的学习是相互交织的，学生也会成为教练，反之亦然。实际上，通过用言语和图像来解释印第安文化，印第安学生开始对自己的世界产生反思。通常情况下，工作坊的安排如下：学生早上或白天会自己进行拍摄，下午或晚上与教练一起观看录制的素材，然后与整个村庄的人一起观看。在观看时，教练会提出一些纠正意见，但不仅限于技术层面，还鼓励学生深入思考、提问等。例如，在拍摄持续多天的仪式时，教练可能建议他们探索文化特征的来源、了解幕后发生的故事等。学习的过程实际上是相互的，可以使学生成为更好的电影制作者，同时也帮助他们更深入地了解自己的文化和社区。工作坊的教育方法也体现了保罗·弗莱雷（Paulo Freire）提出的反思教育方法。

第四节　加拿大非遗数字传播

加拿大是一个拥有多元文化和丰富历史的国家，拥有众多的非遗。这些非遗项目反映了加拿大的历史、文化和社会的多样性，它们代表了加拿大的民族精神和传统，同时也是加拿大身份认同的重要元素。本节将对加拿大的非遗进行概述，并重点介绍一些具有代表性的非遗项目。

一、加拿大非遗数字传播概述

加拿大的非遗涵盖了各个领域，包括口头传统和表现、社会实践、节庆、传统表演艺术以及与非遗相关的工具、对象和工艺品等。这些非遗项目通常是由社区或族群持有和保护的，它们代表了加拿大的多元文化特色。为了保护和传承这些珍贵的非遗，加拿大政府采取了一系列措施，包括制定法律法规、提供资金支持、开展教育培训、实施保护计划等。此外，社区和族群也积极参与非遗的保护和传承工作，他们通过举办各种活动、庆祝节日、传授技艺等方式，让更多的人了解和尊重这些文化遗产。

(一) 加拿大非遗保护现状

1. 加拿大非遗发展现状

(1) 加拿大历史与文化简介。加拿大是北美洲最大的国家，拥有广阔的地理面积和丰富多样的地理特征。它位于北美洲的北部，东部濒临大西洋，西部濒临太平洋，北部与北极地区相邻，而南部与美国接壤。加拿大是世界上领土面积第二大的国家，总面积约为998万平方千米，仅次于俄罗斯。加拿大的地理多样性令人惊叹，包括山脉、平原、湖泊、森林、冰川等各种地貌特征。这些山脉和水体提供了丰富的自然景观和户外活动机会。加拿大的历史可以追溯到几千年前，当地的原住民社群在这片土地上建立了丰富多彩的文化和社会结构。他们的生活方式因地区而异，包括狩猎、捕鱼、采集、农业等。11世纪初开始，欧洲探险家陆续抵达加拿大大陆，最著名的是法国探险家雅克·卡蒂埃(Jacques Cartier)和英国探险家詹姆斯·库克(James Cook)。法国和英国的殖民者在加拿大建立了殖民地，并以毛皮贸易为主开展经济活动。18世纪，英国和法国之间爆发了一系列的战争，被称为英法七年战争。这些战争的结果是英国夺取了加拿大的控制权，正式确立了英国殖民统治。1876年，英属北美的三个殖民地（加拿大省、新不伦瑞克和诺瓦斯科舍）通过《英属北美法案》合并成立了加拿大自治领。这一事件标志着加拿大的独立和建国，同时确立了加拿大国会制度的基础。

加拿大虽然建国时间较短，但其非遗丰富多彩，反映了这个国家多元化的文化背景（见图7-4-1）。这些非遗包括：①原住民传统。加拿大的原住民社群拥有丰富的文化传统,包括故事、歌曲、舞蹈、工艺品和传统的草药医学。②民间艺术和手工艺。加拿大各地的民间艺术和手工艺传统独具特色,如以色彩鲜艳的挂毯和编织品著称的新斯科舍省,以及制作披肩和皮革制品的原住民社群。③音乐和舞蹈。加拿大的音乐和舞蹈传统多样化,包括法语民间音乐、原住民鼓舞和民谣传统。④口头传统和故事。口头传统在加拿大历史上扮演了重要角色,包括原住民传说、民间故事和家庭传承的经验故事。这些口头传统代代相传,传递着文化价值观和历史知识。加拿大对非遗的数字化保护在整个北美地区是最系统化和现代化的,其文化部有专门针对数字化非遗的指导手册,并且搭建了非常详细的网络平台。但加拿大的非遗及其数字化也存在地域性的差别,比如在纽芬兰和拉布拉多省以及阿尔伯塔省,就存在官方的机构和组织积极地数字化本地非遗,而在新斯科舍省等其余省份,这种趋势就不那么明显。

(a) 加拿大制船

(b) 加拿大本地木制手工

(c) 加拿大本地历史故事

图 7-4-1　加拿大本地非物质文化遗产

资料来源:Digital Archives Initiative[EB/OL]. https://collections.mun.ca/digital/.[访问时间:2023-10-01]

(2) 加拿大数字非遗的发展历程。加拿大对于数字非遗的保护起步较早,虽然各个省对于非遗保护的积极程度不同(如纽芬兰和拉布拉多省对于《公约》的认同整体早于其他地区),但在非遗保护方面并未迟滞。实际上,早在 20 世纪就已经有纽芬兰的学者进行民俗的数字化记录工作。21 世纪初,纽芬兰纪念大学开始建立当地非遗数据库,包括口头传统、手工技术、表演艺术以及节日等各类非遗项目。2013 年,阿尔伯塔省的博物馆联盟也宣布与联合国教科文组织委员会合作,一起探索当地非遗保护与数字化。

在国家层面,著名的加拿大遗产信息网络(Canadian Heritage Information Network,CHIN)成立于 1972 年,其在当时主要服务于加拿大国家库存计划,旨在创建一个可通过国家网络访问的数据库,并帮助博物馆构建其藏品的计算机化库存。20 世纪 90 年代,CHIN 开始维护一个专用网站,帮助加拿大博物馆界在该网站上寻找资源来提高其藏品的在线知名度。2010 年,罗曼与利特菲尔德(Rowman & Littlefield)同意 CHIN 创建其在线版本,以补充已发布版本的"博物馆编目命名法 4.0"(Nomenclature for Museum

Cataloging 4.0),该网站最终于 2017 年推出。

 案例材料

  加拿大虚拟博物馆(Virtual Museum of Canada)是加拿大全国性的博物馆,举办过 600 多场虚拟展览,跨越不同地区将加拿大全国的博物馆集中在一起。该馆内有虚拟展览、教育资源和超过 900 000 幅图像,均为英、法双语展示。馆内展出的内容由加拿大各大博物馆共同提供,并由加拿大历史博物馆管理。

  加拿大虚拟博物馆的概念诞生于十余年前,起初由加拿大遗产信息网络提出。彼时,加拿大拥有 1 300 多家各式各样的博物馆和美术馆,包括拥有数百名员工的大型国家级博物馆,也有仅有少数管理人员和一间小平房的小型机构。然而,随着互联网的普及和数字技术的飞速发展,人们对博物馆的期望发生了根本性变化。博物馆不再仅仅是供人实地参观的地方,还成为远程学习、促进人们相互了解和多元文化交流的平台。因此,加拿大遗产信息网络的职能发生了巨大变化,从过去负责对全国博物馆和美术馆进行行政管理的机构,转变为专注创建国家虚拟博物馆的专业技术开发机构。通过数字技术,其将全国 1 300 多个博物馆和美术馆连接起来,实现了文化资源的共享。

  正如人们所知,传统的博物馆采用各自为政的方式运营,而虚拟博物馆则采用网络合作研究模式,通过共享资源,有效地消除了隔阂,使博物馆从业人员可以通过在线学习提高专业技能。同时,通过技术研发,博物馆的藏品得以数字化,使得在线展览能够大规模推出,既扩展了知识传播的途径,又丰富了教育资源。现在,加拿大的民众只需要点击网络链接,即可参观任何一个博物馆,还可以创建个人的虚拟博物馆,真正实现了足不出户便可探索世界。在创建虚拟博物馆的过程中,加拿大遗产信息网络不仅是政府职能部门,还是一个特殊的运营机构,作为一个连接全国 1 300 多个文化遗产机构的博物馆网络中心,它能够有效整合文化遗产专业人员的力量,通过合作方式在文化遗产数字化领域大展拳脚。

  虚拟博物馆的展品主要分为三类。首先是虚拟展览,这些在线产品十分具有创新特色,吸引了对加拿大历史和文化遗产感兴趣的访客。其项目研发与互联网潮流和科技结合,同时还为中小学教师和学生提供了基于 Web 2.0 的多媒体学习资料等。其次是社区人文记忆,包括支持社区制作人文历史发展记录的在线展览,保护加拿大的物质文化遗产和非物质文化遗产。虚拟博物馆向小型博物馆提供方便使用的软件和一定数额的投资,用以开发展品,帮助博物馆制作在线展览,并鼓励社区民众参与项目制作。

最后是最新的媒体产品,包括加拿大现有国家级藏品的三维展示图像等。目前,加拿大国家虚拟博物馆(见图7-4-2)的数据库收藏了2 500多个加拿大文化与自然遗产胜地的专题介绍、550个在线展览以及73万件艺术品的图像和介绍。通过采用搜索引擎市场策略,虚拟博物馆吸引了来自近200个国家的访客。此外,虚拟博物馆还设立了教师中心,使老师和学生可以通过Web 2.0工具进行互动。

图7-4-2 加拿大虚拟博物馆

资料来源:Digital Museums Canada[EB/OL]. https://www.digitalmuseums.ca/funded-projects/. [访问时间:2023-10-01]

2. 加拿大非遗保护与具体措施

(1)口头传统类非遗数字化。由于记录的地域性原因,本节着重介绍在纽芬兰和拉布拉多省等地区的非遗。由于所记录的各种遗产众多,这里仅选择性地进行归纳介绍。加拿大口头艺术类非遗如表7-4-1所示。

表7-4-1 加拿大口头艺术类非遗

类别	地区	特点
哈勒姆丝绸收藏(Hiram Silk Collection)	纽芬兰和拉布拉多省	一组20世纪50年代初至70年代的现场录音。这些档案记录纽芬兰人的采访,人群主要来自博纳维斯塔湾和圣母院湾,主要讲述其过去的生活
民间信仰系列	纽芬兰和拉布拉多省	传统加拿大民间信仰故事,包含丰富多样的内容。著名故事如《我的祖母被仙女攻击》《教堂地下室的幽灵》等
移民故事系列	加拿大全境	由于加拿大是一个移民国家,故"新加拿大人"的故事与他们所包含的文化与传统也成为这个国家的一部分,该系列通过口述记录等方式记录了一批移民人的故事

（续表）

类别	地区	特点
口头历史	加拿大全境	相较于移民故事系列，口头历史主要指传统加拿大人的历史
普通故事系列	加拿大全境	相较于民间信仰系列，普通故事系列的宗教色彩更少一些。这一系列著名故事如《佩吉山谷的佩吉传说》《纽曼酒窖的寡妇》等

对于以上口头传统，加拿大政府通过视频和音频以及拍照的方式进行记录，在记录后将其整合到大型非遗数据库中，并建立网络平台供居民以及非遗研究者访问学习。此类保护行动有助于保护和传承加拿大珍贵的口头非物质文化传统，且通过记录和保存语言、故事、歌曲、传说等非物质文化元素，加拿大可以确保其不会轻易遗失。数字化的保护和传播同时可以促进社区参与和认同感，当社区成员参与记录和传递文化遗产时，他们更有可能对这些传统感到自豪，并感到更紧密地与自己的文化联系在一起。

（2）表演艺术类非遗数字化。加拿大表演艺术类非遗如表 7-4-2 所示。

表 7-4-2　加拿大表演艺术类非遗

类别	地区	特点
踢踏舞	纽芬兰和拉布拉多省	在纽芬兰和拉布拉多省，传统踢踏舞进一步扩展到双人舞和集体舞。踢踏舞表演通常是即兴创作的，并伴随一些常见的经典舞步。在跳舞过程中，人们保持直立姿势，手臂或躯干几乎不移动，同时将有节奏的步法保持在身体正下方
传统集体舞蹈	纽芬兰和拉布拉多省	纽芬兰的传统集体舞包括长舞、广场舞、卷轴舞和舞会舞
福戈（Fogo）传统舞蹈	福戈岛	发源于福戈的传统舞蹈，因其跳舞特点而著名

对于表演艺术传统，纽芬兰以及加拿大官方主要以视频的方式进行记录，并将其进一步保存到相关数据库中。数字化收集提供了研究表演艺术的珍贵数据，研究人员可以利用这些资源深入研究表演艺术的历史、演变和多样性。同时也可以激发创新，启发新的艺术作品和表演风格。通过数字化保存，也为未来一代学习和继承这些传统提供了重要资源。

（3）手工技术类非遗数字化。加拿大手工技术类非遗如表 7-4-3 所示。

表 7-4-3　加拿大手工技术类非遗

类别	地区	特点
篮子制作	纽芬兰和拉布拉多省	从风格、材料、意图和目的来看，编篮是纽芬兰和拉布拉多省部分地区自有记录以来最早的长期传统。这些篮子在渔业中有多种用途，也可用于收集鸡蛋、浆果等小食品。从类别来看，有用于内陆捕鱼的鳟鱼篮、用于存放家庭用品的编织篮等。篮子制造者包括南岸和西海岸的拉布拉多因纽特人、米克马克人和阿卡迪亚人，以及纽芬兰各地的独立手工艺人

(续表)

类别	地区	特点
船只制作	纽芬兰和拉布拉多省	由于纽芬兰和拉布拉多省海洋业的传统,造船者们总结的有关造船的技能、工具、技术以及其他工艺逐渐成为广为流传的知识和习俗
枕头套制作	纽芬兰和拉布拉多省	枕头套是使用木板加用羊毛编织而成的方形纺织品。枕头套传统上是由在伐木场工作的男人制作的,送给其女朋友、妻子或母亲。妇女们也参与制作了各种尺寸的羊毛保护套,并在家里用作枕套、桌面垫、锅架、椅背和垫子。该有趣的纽芬兰工艺在博纳维斯塔湾、比林半岛和北部半岛十分闻名

当前,对于手工技术类非遗的数字化保存略显滞后,不同物品的保护方式差别较大。比如,对于有专门的民俗学家进行采访调研的船只制作,其资料就比其余项目的资料更为精细,同时数字化程度更高。总体来说,手工技术类非遗的数字化手段主要包括数字化文档、图像以及拍摄制作等方式。

(二)加拿大非遗数字传播现状

加拿大在非遗数字传播方面已取得了显著进展。各种数字化项目和在线平台,如博物馆的数字收藏、在线展览、数字档案以及社区合作项目,已经帮助非遗实现数字化并与全球公众共享。在加拿大,不同的数字化传播努力突出了文化多样性、社区参与以及文化传承的重要性,为非遗的保护和传承提供了有力的工具和平台。

1. 加拿大的数字化留存与保护

建立数字化的档案毫无疑问是非遗数字化的首要步骤。加拿大目前非遗数字化档案的建立主要依靠官方的组织机构进行。总体来说,加拿大的非遗数字化历程主要包括三个方面。

(1)早期数字化努力。在早期,意识到数字化对于保护和传承非遗的重要性之后,加拿大一些文化机构和大学如纽芬兰纪念大学就开始尝试数字化口述历史、传统知识、音乐、舞蹈等非物质文化元素。

(2)重要的"加拿大文化在线"(Canadian Culture Online)项目。加拿大政府启动了该项目,旨在数字化和在线展示加拿大文化遗产,此项目最终成果包括虚拟化博物馆等[①]。这个项目有多个合作伙伴,如加拿大广播电台与各地的博物馆。

(3)数字化平台和数据库。目前,加拿大建立了一系列数字化平台和数据库(如CHIN、国家艺术图书馆),用于存储和共享非遗数据。这些平台为研究人员、社区成员和公众提供了访问非遗信息的途径。

[①] Coombe R,Wershler D,Zeilinger M. Dynamic fair dealing: Creating Canadian culture online[M]. Toronto: University of Toronto Press,2014: 17-32.

案例材料

"文物加拿大"（Artefacts Canada）数据库（见图7-4-3）包含来自加拿大博物馆的超过400万条物品记录和超过100万张图像。这一重要的信息来源可供博物馆专业人士和广大公众便捷使用。

图7-4-3 "文物加拿大"数据库

资料来源：Artefacts Canada[EB/OL]. https://www.mun.ca/ich/search-ich-collections/.［访问时间：2023-10-01］

2. 加拿大的数字化交互与传播

加拿大的数字化非遗教育平台主要分为两种。第一种是在正规教育途径下官方设置的非遗保护课程。比如，在纽芬兰纪念大学以及魁北克大学，对民俗学的研究已经延续了几十年之久。魁北克大学和纽芬兰纪念大学均设有硕士和博士项目，而加拿大的其他一些大学（如新斯科舍艺术和设计大学、安大略艺术设计学院和艾伯塔大学）均提供本科课程。在上述大学的课堂上基本上都会提到对于非遗的数字化教育。此外，一些加拿大本地的民间组织也在积极组建工作坊来传播对于非遗的保护。比如，纽芬兰和拉布拉多遗产（Heritage Newfoundland and Labrador, Heritage NL）是一个位于纽芬兰且利用互联网进行本地非遗文化宣传的组织。

 案例材料

Heritage NL 的使命是帮助保护纽芬兰和拉布拉多省的丰富遗产，除了鼓励和支持全省建筑遗产的保护外，他们还积极推动对丰富的非遗的保护（见图7-4-4）。该组织通过认可该省建筑遗产和非遗的项目、为建筑遗产保护提供财政支持以及举办教育和推广活动来实现这一目标。教育和推广工作包括针对K-12学生的年度遗产海报竞赛,以及协助市政当局清点文化资源并确定保护和开发这些资源的措施的计划。该组织还提供有关各种主题的建议和信息,包括保护和修复遗产建筑、文化测绘、保护遗产地区、利用遗产资源促进社区发展,以及承接社区口述历史和非遗项目。

图7-4-4　HeritageNL线下工作坊招聘通知

资料来源:Heritage NL[EB/OL]. https://heritagenl.ca/news-events/opportunities/. [访问时间:2023-10-01]

3. 加拿大的数字化拓展与开发

加拿大的非遗网络平台主要以国家平台、地方性平台以及民间组织组成,国家平台中最重要的非遗数字化平台为加拿大遗产信息网络。加拿大遗产信息网络主要由加拿大文化部组建并为各个地方机构与博物馆提供非遗数字化的指导,包括提供非遗保护数字化指南、存放格式说明等一系列具体要求。此外,它也管理"文物加拿大"(Artefacts Canada),一个包含超过100万张图片的文化遗产数据库,并提供对其在线访问的入口。

在地方政府层面,加拿大的纽芬兰和拉布拉多省、魁北克省与阿尔伯塔省表现得比较亮眼。其中纽芬兰和拉布拉多省表现得尤为突出,纽芬兰纪念大学在此领域已经深耕多年,不仅已经成功组建了一个关注纽芬兰和拉布拉多省本地的非遗电子化数据库,并且将之转变成一个数字化平台供人们检索以及参考。此外,还建立了一个网络平台,提供非遗保护的相关资讯,这些资讯包括有关非遗的工作坊信息(包括建立工作坊的指导)以及非遗相关的论文资讯等。

案例材料

建立于纽芬兰纪念大学的非遗数据库(见图7-4-5)如今十分著名,其建立的过程如下:在纽芬兰和拉布拉多省创设一个非遗清单项目,该项目需要调查尽可能多的社区。此清单可以用于评估哪些传统仍在延续,哪些传统受到威胁,从而成为保护和传承非遗的宝贵工具。

通过这个非遗清单项目,纽芬兰纪念大学的数据库成功收集了丰富的非遗数据,这些数据包括社区的传统知识、技艺、习俗、音乐、舞蹈等。数据库不仅提供了宝贵的信息,还提升了人们对非遗的认识和保护意识。

图7-4-5　纽芬兰纪念大学非遗数据库

资料来源:ICH Inventory[EB/OL]. https://www.mun.ca/ich/search-ich-collections/.[访问时间:2023-10-01]

在民间组织方面,许多加拿大的艺术家以及民间非官方机构在非遗的各个方面搭建网络平台对其进行保护。在此类网络平台上,加拿大的艺术家可以分享他们的技艺和传统知识,并将非遗传统传承给下一代。同时,这些平台也为民间组织提供了一个有力的工具,用以策划和组织非遗活动、工作坊和展览,以促进公众对非遗的认知和参与。

 案例材料

Protestsongs平台(见图7-4-6)是加拿大艺术家与当地歌手合作,为了保护加拿大当地的民俗音乐而创建的平台。该平台从最初确定的150首民俗诗歌中选择了17首,并邀请当地音乐家为这些歌词创作音乐。这些音乐通过CD进行了广泛的传播,同时相关历史背景网站(http://protestsongs.ca)也进行了非遗背景知识的宣传。

图7-4-6 Protestsongs加拿大保护民俗音乐网络平台

资料来源:Mackinnon R. Protest song and verse in Cape Breton Island[J]. Ethnologies, 2007, 30(2): 33-71; Protestsongs[EB/OL]. http://protestsongs.ca/#.[访问时间:2023-10-01]

二、加拿大遗产信息网络

加拿大遗产信息网络(CHIN)是加拿大文化遗产部内的一个特殊运营机构,为加拿大的遗产机构提供网络接口(见图7-4-7)。其总部位于魁北克省的加蒂诺,并在行政上与加拿大文化遗产部的另一个特殊运营机构(加拿大保护研究所)合并运营。该网络除了提供数百万份收藏记录的在线公共访问外,还向加拿大的博物馆提供收藏管理资源。更具体地说,其协助博物馆记录、管理和共享有关其收藏的信息,从而确保了这些信息的可访问性。加拿大遗产信息网络为其所有资源提供双语(即英语和法语)信息[1]。

加拿大遗产信息网络主要的功能可总结为三点:创建和维护加拿大收藏信息的在线入口;进行收藏文档工具和标准的研究和开发;为文化机构提供有关管理收藏信息的指导和培训。CHIN是第一个参与加拿大虚拟图书馆、博物馆页面(VLmp)创建的国家组织,后来得到了国际博物馆协会(International Council of Museums, ICOM)的支持。此外,该机构监督着"文物加拿大",为记录了加拿大各博物馆收藏品的加拿大国家清单提供了数百万条记录和图像。

此外,最值得关注的是,加拿大文化遗产信息网络提供了一个详细的关于如何数字化非遗的指导手册(见图7-4-8),旨在协助博物馆、档案馆和独立研究人员开展实际操作。

---

[1] Sledge J, Comstock B. The Canadian heritage information network[M]. Ottawa: Elsevier, 1976: 7-16.

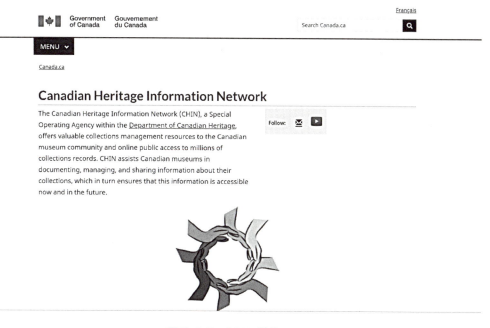

图 7-4-7　CHIN 网站

资料来源：CHIN[EB/OL]. https://www.canada.ca/en/heritage-information-network.html.[访问时间：2023-10-01]

图 7-4-8　CHIN 数字化非遗指导手册

资料来源：Digitalizing intangible cultural heritage：A how-to guide[EB/OL]. https://www.canada.ca/en/heritage-information-network/services/digitization/guide-digitizing-intangible-cultural-heritage.html.[访问时间：2023-10-01]

以下是该指导手册的具体目录信息：①非遗的多种形式；②学习如何数字化音频、视频和摄影的非遗材料；③音频录音的数字化和编辑步骤，包括将磁带和 CD 转换为数字格式，以及编辑数字音频文件；④视频的数字化和编辑步骤，包括将家用录像系统（video home system，VHS）和迷你数字视频（mini digital viedo，MiniDV）磁带转换为数字格式，以及编辑数字视频文件；⑤照片和临时文献的数字化步骤，包括扫描照片、底片和临时文献，以及使用数码相机；⑥数据存储和管理，涵盖硬盘、USB 存储、文件命名和文件系统。这个详细的指导文件提供了数字化非遗材料的各类指南和资源，并涵盖了音频、视频和照片等多种媒体。

参考文献

[1] Bolnick D A, Raff J A, Springs L C, et al. Native American genomics and population histories[J]. Annual Review of Anthropology，2016，45(1)：319-340.

[2] Cohen K. Native American medicine[J]. Alternative Therapies in Health and Medicine，1997，4(6)：45.

[3] Looper M G. To be like gods：Dance in ancient Maya civilization[M]. Austin：University of Texas Press，2009：10.

[4] Williams S A. The protection of the Canadian cultural heritage：The cultural property export and import act[J]. Canadian Yearbook of International Law，2016，14：292-306.

[5] 曹德明.国外非物质文化遗产保护的经验与启示[M].北京：社会科学文献出版社，2017：710-748.

[6] Balzani M, Maietti F, Raco F, et al. Ipirangadigital：3D documentation activities for conservation and awareness increasing of cultural heritage in Brazil[J]. The International Archives of the Photogrammetry, Remote Sensing and Spatial Information Sciences，2023，47(2)：163-169.

[7] Pitawanakwat B. Strategies and methods for Anishinaabemowin revitalization[J]. Canadian Modern Language Review，2017，74(3)：460-472.

[8] Mirabella R M, Gemelli G, Malcolm M-J, et al. Nonprofit and philanthropic studies：International overview of the field in Africa, Canada, Latin America, Asia, the Pacific, and Europe[J]. Nonprofit and Voluntary Sector Quarterly，2007，36(4_suppl)：110S-135S.

[9] 宋秋岩.失落的印加文明 世界新七大奇迹之一 天空之城马丘比丘[J].国家人文历史,2011(2)：74-77.

[10] 刘文龙.拉丁美洲混合文化结构[J].拉丁美洲研究,1979(4):45-50.

[11] Bell J. Rediscovering mask performance in Peru：Gustavo Boada, maskmaker with Yuyachkani：An Interview[J]. The Drama Review，1999，43(3)：169-171.

[12] Castillo R L A, Zegarra X D L. The tours in virtual museums a didactic opportunity in social sciences[C]. In Proceedings of the 2020 X International Conference on Virtual Campus，2020：1-4.

[13] 栾好问.葡萄牙的殖民对巴西的影响[J].南阳师范学院学报,2006,5(11)：77-78.

[14] Marcelo Silva de Sousa D R. Brazil Carnival goes online with street parties banned[N]. APNEWS, 2021-12-21.

[15] Efrat L, Casimiro G G. Transformative heritage: Open source, insurgent nationalism, and augmented memories[J]. Culture Unbound, 2022, 14(2): 133-152.

[16] Dietz S, Besser H, Borda A, et al. Virtual museum (of Canada): The next generation[J]. Canadian Heritage Information Network, 2004: 26-45.

[17] Coombe R, Wershler D, Zeilinger M. Dynamic fair dealing: creating Canadian culture online[M]. Toronto: University of Toronto Press, 2014: 17-32.

[18] Ménard E, Mas S, Alberts I. Faceted classification for museum artefacts: A methodology to support web site development of large cultural organizations[C]. In Proceedings of the Aslib Proceedings, 2010: 523-532.

[19] Mackinnon R. Protest song and verse in Cape Breton Island[J]. Ethnologies, 2007, 30(2): 33-71.

[20] Sledge J, Comstock B. The Canadian heritage information network[M]. Ottawa: Elsevier, 1976: 7-16.

第八章

非洲及大洋洲非物质文化遗产数字传播研究

第一节 非洲及大洋洲非遗数字传播

非洲历史悠久,拥有丰富多样的非遗。如今,非洲国家正努力通过数字化手段保护和传承独特的非遗,但受到经济发展慢、政府投资少、基础设施建设不到位与技术发展不足的影响,仍面临着传播效果不佳的极大挑战。大洋洲是一个拥有丰富非遗的大陆,由许多岛屿和国家组成,每个地方都有着独特的文化传统和艺术形式,其非遗包括原住民文化和多样性非遗。为保护和传承这些非遗,大洋洲国家和地区已经采取了一系列措施。其中包括:建立数字档案馆和在线平台,收集、保存和展示非遗项目;开展教育项目和培训,传授相关的技能和知识;与社区合作,确保非遗项目的传承和发展。下面从非遗概述、数字非遗的传播发展应用及几个典型国家的数字化进程史来进一步探究数字非遗在非洲及大洋洲的真实情况。

一、非洲及大洋洲非遗概述

非洲各个国家对非遗和数字非遗的态度各不相同,取决于各国的政策、法律和文化环境。许多国家采取了政策和法律措施来保护非遗,重视本国文化身份,鼓励社区参与和传承非遗,这主要通过文化节庆、培训项目和传统知识的传授来实现;一些国家开始意识到数字技术在保护和传承非遗方面的潜力,利用数字技术来记录、保存和传播非遗;还有些国家面临保护和传承非遗的挑战,如资源不足、社会变迁和现代化的冲击等。大洋洲地区的各国政府对非遗与非遗数字化持积极态度,致力于保护、传承和推广属于非遗。然而,由于大洋洲地区的特殊地理分布和本身地域分散的影响,数字非遗的传播在该地区仍需要时间。以下对两个洲的情况分别进行详细的介绍。

(一)非洲非遗形成背景

非洲位于东半球的西南部,共60余个国家和地区,约占世界陆地总面积的20.2%,为世界第二大洲,人口超14亿,约占世界人口的六分之一。由于地跨赤道南北,非洲有

"热带大陆"之称,也是沙漠面积最大的洲。其历史悠久,拥有丰富多样的非遗,但因许多国家重视程度不足,在联合国教科文组织非遗名录中,非洲的非遗占比只有不到9%,主要原因在于其各地区间的发展极其不平衡,经济发展差距明显,数字化进程不同,对非遗数字化传播重视程度不一①。

埃及、摩洛哥、突尼斯等国在非遗数字化传播方面取得了进展,通过创建在线文化平台和数字化博物馆推广非遗项目,这些国家与国际组织和学术机构合作,推动非遗数字化研究和保护;而一些发展滞后的国家,保护非遗意识和投资不足,缺乏技术能力和国际合作,限制了非遗数字化工作的发展,比如,尼日利亚和坦桑尼亚等国面临基础设施不均、技术落后和数字鸿沟的挑战。图 8-1-1 展示了非洲一些非遗,包括非遗音乐、手工艺、习俗等。

(a) 朝比木琴音乐

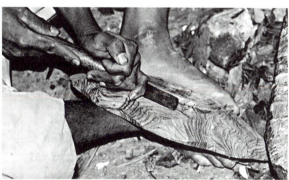
(b) 扎菲曼尼里木雕工艺

(c) 阿尔贡古国际钓鱼文化节

(d) 与特莱姆森传统婚礼服装相关的习俗与技艺

图 8-1-1 非洲非物质文化遗产

资料来源:UNESCO intangible cultural heritage[EB/OL]. https://ich.unesco.org/en/home.[访问时间:2023-08-12]

西非地区许多国家面临着技术和基础设施方面的挑战,数字鸿沟的存在使得非遗保

---

① Ndoro W, Chirikures S, Deacon J. Managing heritage in Africa: Who cares?[M]. Oxford: Routledge, 2017: 77-102.

护和传承受阻；北非中的埃及、摩洛哥和突尼斯在数字技术应用和数字化保护方面取得了进展，其余国家则发展滞后；南非地区各国政府和文化机构投入大量资源推动非遗的数字化进程，并建立了专门的非遗数字平台和在线文化资源中心，政府重视非遗建设；中非地区面临贫困、基础设施不完善、技术滞后等挑战，政局不稳和冲突对非遗保护和数字化传播造成阻碍。

西非地区是非洲非遗的重要地区之一，有着丰富的音乐和舞蹈传统，如西非鼓乐、摇摆舞和恩德贝勒舞，这些音乐和舞蹈是社会交流、庆祝活动和宗教仪式的重要组成部分。此外，西非还以其独特的木雕和铜器制作而闻名，这些手工艺品展示了当地人民的艺术才华和传统技艺。

中非地区拥有多样的非遗。受到原住民部落的影响，在这个地区有着狩猎和采集的传统、传统医药知识、宗教仪式等。例如，中非的巴卡族是以狩猎和采集为生的部落，他们的非遗包括狩猎技巧、草药知识和口头传统。

东非地区以其民族和文化群体而闻名。这里的非遗受到基督教、伊斯兰教和其他传统宗教的影响。例如，在肯尼亚和坦桑尼亚，马赛人是一个重要的民族群体，他们以其精湛的珠宝制作和马赛染布而闻名。马赛人的珠宝制作传统通过代代相传，展示了他们的艺术才华和文化身份。

南非地区的非遗受到南非原住民部落、荷兰殖民者和印度移民的影响。当地非遗保留着一些原住民的特色文化，如原住民的传统音乐、舞蹈和口头传统；其他特色文化还有荷兰殖民地的传统建筑和语言，以及印度移民的传统音乐、舞蹈和烹饪技艺。

除了地理和历史的差异，非洲各地区的非遗还受到自然环境和资源的影响。例如，撒哈拉以南的地区以农业和畜牧业为主，因此农耕和畜牧的传统是当地非遗的重要组成部分。北非地区受到地中海和沙漠的影响，其非遗则更多地与海洋和沙漠相关，如渔业传统、沙漠游牧文化和阿拉伯文化。

（二）非洲非遗保护现状

非洲的非遗包括传统知识、智慧和技艺，涵盖各个领域，如表演艺术、社会仪式、医学、传统手工艺等，这些非遗不仅是非洲人民的宝贵财富，也是人类共同文化遗产的重要组成部分。

1. 非洲非遗发展现状

被列入濒危世界遗产名录意味着世界遗产保护管理状况已面临重大危机，濒危遗产的数量以及列入情况则是衡量国家或地区遗产保护管理水平的重要指标之一。从地区分布来看，2021年非洲地区的濒危世界遗产数目排名靠前，共16项（约占总数30%）。自2012年至今，非洲地区每年平均有19项非濒危世界遗产地提交保护状况（state of conservation, SOC）报告。在历年提交的SOC报告中，咨询机构建议列入濒危遗产名录的比例有所下降，从2012年的17%、2013年的6%降至2021年的3%。可以看到，在近期世界各国的援助与能力建设发展的背景下，非洲世界遗产地的保护管理情况得到了明显改善。

非洲非遗全面覆盖了古典时期、中世纪时期、近代时期、大革命时期、现代时期五个历史发展阶段(见图8-1-2)。中世纪时期和近代时期的非遗得到了较为充分的识别,而古典时期、大革命时期和现代时期的遗产代表性较低。

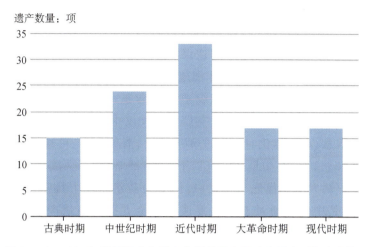

图 8-1-2　2021年世界遗产名录中非洲地区文化遗产历史时期分布情况

资料来源:遗产视角.世界遗产视角下非洲优先与可持续发展战略的实施——2012年后非洲世界遗产申报与保护情况[EB/OL]. https://mp.weixin.qq.com/s?__biz=MzIzMTE2ODExOA==&mid=2247495019&idx=1&sn=550ad05951f7f9b09a1bf3aa827a0b76&chksm=e8aaec72dfdd65645f406d626d8f89532c1373aaac1bde52f3baf4bd785555b3b2f4908cf863&scene=27.[访问时间:2023-08-12]

在遗产主题框架下,"创造回应与延续性"这一主题占据着50%以上的非洲文化遗产项目;其次是"社会表达"和"人类迁移与文化交流";而"自然资源利用""精神回应""技术发展"这几个主题的相关项目普遍识别不足(见图8-1-3)。

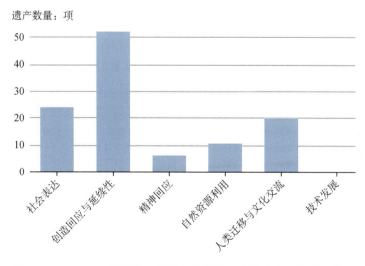

图 8-1-3　2021年世界遗产名录中非洲地区文化遗产主题分布情况

资料来源:遗产视角.世界遗产视角下非洲优先与可持续发展战略的实施——2012年后非洲世界遗产申报与保护情况分析[EB/OL]. https://mp.weixin.qq.com/s?__biz=MzIzMTE2ODExOA==&mid=2247495019&idx=1&sn=550ad05951f7f9b09a1bf3aa827a0b76&chksm=e8aaec72dfdd65645f406d626d8f89532c1373aaac1bde52f3baf4bd785555b3b2f4908cf863&scene=27.[访问时间:2023-08-12]

2. 非洲非遗保护与具体措施

非洲非遗的保护与措施在不同国家和地区存在差异,但总体来说,非洲国家和国际组织已经采取了一系列措施来保护和传承非洲的非遗。以下从政策保护、技术保护、法律保护和教育保护四个方面来介绍具体的措施。

(1)政策保护。非遗是个人类的知识宝库,因此,联合国在政策方面对于非洲非遗的保护非常重视,出台了一系列关于非洲非遗保护的政策。

1984年以来,联合国教科文组织将非洲地区确定为执行其任务的优先事项。为关注非洲地区面临的具体发展挑战,教科文组织于1989年正式设立"非洲优先"计划。

2008年第34届教科文组织大会在34C/1号决议中,通过了致力于"通过教育、科学、文化、传播和信息,在全球化时代促进和平建设、消除贫穷、可持续发展和文化间对话"而制定的《2008—2013年中期战略》(以下简称《战略》)。此《战略》将非洲正式列为联合国教科文组织两大全球优先事项之一,同时为其建立一个特殊框架①并纳入此后计划工作的主流,其中包括通过非洲世界遗产基金支持非洲遗产地的管理以及文化维护。

2012年,联合国教科文组织执行委员会在独立外部评估的后续框架中要求对"非洲优先"计划进行评估。评估报告显示非洲地区的改善成果非常有限,并提出一个关键建议:为"非洲优先"发展制定一个共同的愿景和战略,并以明确的目标、定义和职责划分加以实施。

2013年,联合国教科文组织在其下一轮的八年中期战略②中,为"非洲优先"引入单独的补充战略——《非洲优先业务战略》③。其目标与非洲联盟《2063年议程:我们希望的非洲》④的目标一致,联合国《2030年可持续发展议程》文件中的内容也与其紧密结合。联合国教科文组织的"非洲优先"计划有助于《2030年可持续发展议程》的实现。

2015年9月,根据国家和地方利益攸关方的强烈呼吁,联合国大会通过了《2030年可持续发展议程》,并在世界遗产视野下提出"非洲优先"政策。

2023年,在《非洲优先业务战略(2022—2029)》(草案)和日本政府资助的"非洲地区世界遗产申报能力建设计划"框架的指导下,联合国教科文组织为非洲多个无世界遗产的

---

① 非洲优先的基础框架包括:①将联合国教科文组织的工作与非洲联盟和区域经济共同体定义的优先事项保持一致的具体承诺;②具有特定预期结果的不同计划方法、仅在非洲实施的特殊计划以及为该地区造福的一系列跨部门计划;③承诺向该地区分配更高的资源份额。
② UNESCO. Draft medium-term strategy, 2014-2021[A]. No. 37 C/4, 2013.
③ 由联合国非洲经济委员会,包括非洲联盟和区域经济共同体在内的非洲机构,联合国教科文组织计划部门(UNESCO Programme Sectors)、战略规划局(Bureau of Strategic Planning)和驻非洲外地办事处共同起草。为解决非洲面临的人口增长、可持续发展和经济增长、社会转型和民主治理等发展问题和挑战,联合国教科文组织在《非洲优先业务战略》中围绕六项与联合国教科文组织各部门相关的旗舰计划,制定了一项为期八年的实施战略,旨在:①促进和平与非暴力文化;②加强非洲可持续发展教育系统,提高公平性、质量和相关性;③利用科学技术和创新促进非洲社会经济可持续发展;④促进非洲自然资源可持续管理和减少灾害风险的科学;⑤在区域一体化背景下,利用文化的力量,促进可持续发展与和平;⑥促进有利于言论自由和媒体发展的环境。
④ 2015年1月,第二十四届非洲联盟国家和政府首脑会议通过《2063年议程:我们希望的非洲》("Agenda 2063: The Africa We Want"),是非洲实现包容和可持续经济增长与发展的具体体现。

国家提供了申遗技术支持,并协助缔约国制定具体的申遗路线图。支持对象包括南苏丹、布隆迪和吉布提的首个申遗项目、南非的世界遗产跨国扩展项目,以及圣多美和普林西比的首个世界遗产预备项目清单。

多年来,非洲地区虽有一些经济复苏和发展的好现象出现,但在非遗方面所做的努力依然落后,因为其仍是最不发达的地域和冲突最多及灾难后国家数量最多的地区。联合国教科文组织继续投入大量资源优先用于非洲。

（2）技术保护。虽然非洲国家对非遗的传播与发展重视程度存在差异,但数字技术为非洲非遗的保护提供了新的手段,许多非洲国家和组织利用数字技术来记录、保护和传播非遗,以确保其传承和可持续发展。埃及拥有丰富的非遗资源,利用数字技术来记录和保护法老文化、古代建筑和手工艺。尼日利亚建立了非遗数字档案馆,通过数字化技术保存非遗信息。肯尼亚、塞内加尔等国家都建立了非遗数据库,用于存储和管理非遗信息。这些数据库不仅可以帮助保护非遗,还可促进非遗的传播和研究。摩洛哥政府通过数字化手段,推出了一个名为"摩洛哥文化遗产数字档案"的项目,通过在线平台展示摩洛哥的文化遗产。其他国家做得最多的也是将非遗通过数字化手段留存。

综上可知,因为技术和设备的限制以及少有专业人员的参与,大多数非洲国家的非遗数字化都停留在保存阶段,此外,非洲还存在资金和资源的不足,许多国家不重视非遗的传承与传播。如今,非洲在联合国的带领下,已经通过加强技术培训、提供资金支持、建立合作伙伴关系等措施,进一步推动非洲非遗的数字化工作。此外,非洲的一些国家也在借鉴其他国家和地区的经验和最佳实践,共同推动非洲非遗的数字化保护工作。

（3）法律保护。非洲国家在保护非遗方面的法律法规有《突尼斯文学艺术产权法》《安哥拉作者权法》《多哥版权、民间与邻接权法》等。

摩洛哥出台了相应的法律保护物质及非物质文化遗产,认为非遗应该有其世代相传的基础,有积累,有熟练掌握的传承人,能够将其呈现、复制与再创作。阿尔及利亚通过了大量法律保护本地非遗,如《关于宗教文化财产与文化财产的归属权问题》(1991 年第 10 号令)、《文化遗产保护法》(1998 年)等,根据不同时期的立法要求,阿尔及利亚已经形成一整套文化遗产管理行政机构。突尼斯在 1994 年 2 月 24 日颁布的《文化遗产法律》中,对非遗的保护进行了强调。

（4）教育保护。非洲非遗的保护和传承更加注重口口相传和实践经验的传递,而不是通过数字媒体和平台来传播。这种传统的传承方式使得非洲非遗的数字化进程面临着文化认同、知识保护、社区参与等方面的挑战。因此,教育在保护和传承非遗方面变得尤其可贵。《公约》指出,非遗的传承主要通过正规和非正规教育得到实现。以下对非洲正在进行的正规教育与非正规教育进行简单介绍。如图 8-1-4 所示,是中国非遗传承人走进非洲尼日利亚校园的场景,可以看到非洲已经开始从教育出发,重视对非遗的保护。

① 正规教育。在部分非洲国家,非遗被纳入基础教育和高等教育甚至学前教育的教学内容。在基础教育阶段,阿尔及利亚小学五年级的课程包括口头诗歌与故事,中学教育包括对民间故事与传说的解释。在科特迪瓦,小学会教授科特迪瓦的民族语言和当地习

图 8-1-4　中国非遗传承人走进尼日利亚校园

资料来源：人民网.中国非遗传承人走进尼日利亚校园[EB/OL].http://world.people.com.cn/n/2013/0615/c1002-21846838-2.html.[访问时间：2023-08-12]

俗与歌舞，以及巴拉丰（balafon）木琴制作技艺。塞舌尔幼儿园到小学的九年期间使用克里奥尔语作为教学用语，意在传承克里奥尔语，学校还将谜语和歌曲等口头传统以及传统建筑方法等非遗纳入课程。博茨瓦纳基础教育阶段的非遗教育教学有较为完整的规划，不仅一些非遗传承人受到学校邀请作为助教传授传统知识，非遗还被纳入学校各年级的各个科目。

在尼日利亚，儿童入学后的九年中必须学习尼日利亚传统文化艺术，包括舞蹈、手工艺、音乐、民俗、烹饪、缝纫等，教学语言为当地语言。学校还举办各类与非遗相关的竞赛，中小学生必须从尼日利亚三大民族语言（约鲁巴语、伊博语和豪萨语）中选择一门学习。在布基纳法索，中学教师需要接受培训，学习将非遗纳入课程的技能。肯尼亚每年举办一届音乐节，内容包括传统舞蹈和歌曲，以及传统口头辩论和口头诗歌，通过此种课外实践形式进行非遗的传承与传播[①]。

②非正规教育。在一些国家，政府、公立机构、企业等非遗持有社区以外的行动方还未实质性参与非遗传承，非遗的传承基本上延续了家庭传承或师徒传承等传统方式。如在毛里塔尼亚，主要由儿童在节庆活动期间以模仿的方式向长辈学习传统知识与技能，女童向其母亲学习手工技艺与传统知识。在纳米比亚，一些社区成员通过定期的非正式培训向年轻人传承非遗技艺，如陶器制作、篮子编制等。

此外，一些校外培训中心也在非遗传承中发挥了一定作用。布基纳法索文化部文化

---

① 中国科学社会网.非洲国家传承非遗的特点及经验[EB/OL].https://rmh.pdnews.cn/Pc/ArtInfoApi/article?id=33795597.[访问时间：2023-08-12]

遗产司在培训中心和社区举办非遗保护意识培养活动①,同时向学龄女童传授传统壁画绘制技艺。在摩洛哥,非遗进入国民教育课程的进展不大,但一些培训中心乃至清真寺开展了工艺美术培训。突尼斯的职业培训中心为年轻人提供了大量培训机会,包括珠宝加工、刺绣、木工等传统工艺。科特迪瓦的一些社区自办学校向儿童传授传统打击乐、管乐、舞蹈等知识与技能。毛里求斯的一些非遗持有社区和传承人也自建培训中心,向青年和女性提供培训,用民族语言克里奥尔语进行传统器乐、绘画、手鼓制作、民间故事和民俗方面的教学。

(三) 大洋洲非遗形成背景

大洋洲位于太平洋西南部赤道南北广大海域,西北与亚洲为邻,东北及东部与美洲大陆相对,南部与南极洲相望,西部濒临印度洋,由分布在南太平洋的澳大利亚、新西兰和新几内亚,以及密克罗尼西亚、美拉尼西亚及波利尼西亚三大群岛组成,是一个较小的地理区域。历史上,它通常是较少人口聚集的地方,后来成为一些人从亚洲、东南亚或其他地方迁徙和定居的目的地,这些移民成为原住民,才保留并发展了独特的文化和传统。但其岛屿数量众多,地理环境复杂,导致不同部落和社群之间相对孤立②,因而大洋洲非遗的创造和传承相对有限。联合国教科文组织非遗名录中,大洋洲只有少量非遗在列,如萨摩亚编制垫、拉卡拉卡汤加舞蹈说唱、瓦努阿图沙画等(见图8-1-5)。

(a) 瓦努阿图沙画　　　　　　(b) 拉卡拉卡——汤加舞蹈说唱

图 8-1-5　大洋洲非遗

资料来源:UNESCO intangible cultural heritage[EB/OL]. https://ich.unesco.org/en/home. [访问时间:2023-08-13]

大洋洲非遗的历史可以追溯到数千年前。在这个地区,原住民民族是最早定居和发展的群体之一。他们的文化遗产包括口头传统、传统艺术、舞蹈、音乐和宗教仪式。这些

---

① 华人网.《西非华声》布基纳法索:中布2021年首个线上研修班顺利结业[EB/OL]. https://www.52hrtt.com/sg/n/w/info/F1623049447398.[访问时间:2023-08-12]
② Pigliasco G C. Local voices, transnational echoes: Protecting intangible cultural heritage in Oceania[C]. In Proceedings of Sharing Cultures 2009: International Conference on Intangible Heritage, 2009:121-127.

非遗反映了原住民与自然环境的紧密联系,以及他们对土地和资源的尊重和依赖。

大洋洲的非遗受到外来文化的影响。欧洲殖民者在17世纪和18世纪开始到达这个地区,并带来了自己的语言、宗教、艺术和传统。这些外来文化与原住民文化相互交融,形成了独特的文化合成体。大洋洲的原住民是该地区最早的居民,他们的文化和传统对大洋洲的非遗具有重要影响。这些文化包括澳大利亚的原住民文化、新西兰的毛利文化、夏威夷的夏威夷文化等。他们的传统舞蹈、音乐、绘画、手工艺品等都是大洋洲非遗的重要组成部分。在殖民时期,欧洲人大量移民到大洋洲,带来了欧洲的语言、宗教、饮食、艺术等文化元素。这些元素与当地的原住民文化相融合,形成了独特的非遗,如澳大利亚的英式下午茶文化、新西兰的欧洲传统舞蹈等。来自亚洲如中国、印度、菲律宾等国家的移民也带来了自己的语言、宗教、饮食、传统艺术等文化元素,丰富了大洋洲的非遗,如澳大利亚的华人文化、夏威夷的日裔移民文化等。

大洋洲的地理环境也对非遗的形成产生了影响。岛屿之间的隔离和相对孤立的地理位置导致了各个岛屿上独特的文化发展脉络。不同岛屿上的民族和文化群体之间保持着相对独立的发展,形成了多样化的非遗。此外,大洋洲的非遗还受到当地社区和家庭的传承和保护。许多非遗的传统技艺和知识是通过代代相传的方式传承下来的。这种传承和保护的方式确保了非遗的延续和发展。

(四)大洋洲非遗保护现状

大洋洲的政府较为重视非遗的保护和传承,并采取了一系列措施来支持和促进这方面的工作。许多国家制定了法律和政策来保护非遗,以促进文化多样性和社会发展,政府提供资金支持非遗的保护、传承和推广。针对非遗数字化,大洋洲政府支持和资助数字化项目,但因为各群居地之间存在孤立情况,进展较慢。

1. 大洋洲非遗发展现状

大洋洲地区的历史短于亚洲、欧洲等其他地区,且人们在大洋洲真正活动和居住的时间较短,文化积淀较少,地区的人口较少。大洋洲地处太平洋西南,地理上的孤立性和较远的距离使得文化交流和交融较少。这些因素导致非遗的数量较少,而且随着现代化的发展和全球化的影响,大洋洲地区的传统文化面临一些挑战。

但大洋洲对其非遗是非常重视的。2009年,在斐济和其他太平洋岛国,原住民领导人和倡导组织已经开始了一场全球运动以维护非遗(艺术、音乐、民间传说,甚至一些景观)。目前,大洋洲对于非遗法律作为一种归属和识别技术的重视有所增加,如《南太平洋示范法》谨慎地将其定位为只规范那些不受习惯法或知识产权管制的传统知识和文化表达的使用,而不是像西方国家那样习惯性保护[1]。

缺乏对记录和文件的访问条件严重限制了大洋洲国家许多非遗的传播,许多学者必

---

[1] Pigliasco G C. Local voices, transnational echoes: Protecting intangible cultural heritage in Oceania[C]. In Proceedings of Sharing Cultures 2009: International Conference on Intangible Heritage, 2009: 121-127.

须手动建立自己的档案来支持他们的研究①。2011年，大洋洲学习北美建立了属于自己区域的档案，由当地政府和地方机构资助的许多原住民知识中心在澳大利亚北部和中部原住民社区涌现，为数字存档和媒体制作提供合适的解决方案。此外，互联网提供了一种新的媒介用于展示非遗，一些原住民社区希望通过此种方式将自己的艺术和工艺商业化，呼吁政治和财政支持，并传播他们制作的视频。

自2005年YouTube等在线内容共享平台创建以来，来自太平洋地区的不同团体上传了数百段视频，分享他们的文化，提高世界对其非遗的认识。

2. 大洋洲非遗保护与具体措施

大洋洲作为一个多元文化的地区，拥有丰富多样的非遗。为了保护和留存这些宝贵的文化遗产，大洋洲采取了一系列措施。人类学家劳伦特·杜塞（Laurent Dousset）在2008年提出了社会科学在线数字资源和注释系统（online digital sources and annotation system for the social sciences，ODSAS）。这个平台旨在保护大洋洲的在线收藏，并允许研究人员和当地社区成员对数据进行注释②。ODSAS的目标是通过数字方式提供科学研究数据，以促进大洋洲非遗的保护和传播。这个平台使得非遗的档案不再受地理界限和学科的限制，而成为一个不断演变的传播空间。通过ODSAS等平台，大洋洲的非遗可以得到更广泛的关注和研究，同时也为当地社区成员提供了参与和共享自己文化遗产的机会。

除了数字化平台，大洋洲还采取了其他具体措施来保护非遗。首先，大洋洲国家制定了相关法律和政策，以确保非遗得到法律保护和合理管理。其次，大洋洲设立了专门的机构和组织负责调查和记录非遗，推动其传承和创新。这些机构与当地社区密切合作，共同努力保护和传承非遗。此外，大洋洲还鼓励非遗的传统持有者和传承人参与相关活动，以确保传统知识和技艺得到传承。

这些措施的目的是确保大洋洲的非遗得到妥善保护和传承，同时也促进文化的多样性和可持续发展。通过数字化平台和其他具体措施的结合，大洋洲为保护和留存自己的非遗创造了更广阔的机会和途径。这将有助于大洋洲的文化传承和可持续发展，同时也为全球文化多样性的保护做出了重要贡献。

二、非洲与大洋洲非遗数字传播发展与应用

非洲国家非遗产业的整体起步较晚，严重缺乏必要的资金和市场，除了非洲南北两端的大国南非和埃及的非遗产业相对良好之外，其他国家的发展状况参差不齐。此外，在非

---

① de Largy Healy J, Glowczewski B. Indigenous and transnational values in Oceania: Heritage reappropriation, from museums to the World Wide Web[J]. Etropics: Electronic Journal of Studies in the Tropics, 2014, 13(2): 44-55.
② de Largy Healy J, Glowczewski B. Indigenous and transnational values in Oceania: Heritage reappropriation, from museums to the World Wide Web[J]. Etropics: Electronic Journal of Studies in the Tropics, 2014, 13(2): 44-55.

洲各国的非遗政策中,内容以鼓励改善非遗设施、为全民提供非遗福利以及鼓励非遗艺术创作等为主,尚缺少明确的关于非遗产业和非遗经济的政策规定,对非遗创作者缺乏市场指导和商业机制性的鼓励政策。

(一)非洲非遗数字传播发展概况

目前,因为非洲国家整体上在非遗产业方面的官方投入还较为有限,所以非洲的各种半官方及民间非遗组织与机构是推动和促进非洲非遗事业及非遗产业最为活跃的因素。这类机构中较为著名的有非洲文化和发展流动大学(African Itinerant College for Culture and Development,AICCD)、非洲图书总汇(African Books Collective)、非洲博物馆国际委员会(International Council of African Museums,AFRICOM)等,这些半官方及民间非遗组织和机构在推动非洲非遗产业方面发挥着重要的作用。它们致力于保护、传承和推广非洲的非遗,同时也为非遗创作者提供了市场指导和商业机制性的支持。非洲文化和发展流动大学是一个致力于非洲文化发展和非遗保护的机构。它通过开展培训、研究和项目合作,促进非洲非遗的传承和创新。非洲图书总汇是一个非洲出版物的分销和推广机构,致力于将非洲的非遗知识和艺术作品传播到全球。它为非遗创作者提供了市场渠道和推广平台,帮助他们将作品推向国际舞台。非洲博物馆国际委员会是一个专注于非洲博物馆和文化遗产的国际组织,它致力于促进非洲博物馆的发展和合作,推动非遗的保护和展示。非洲博物馆国际委员会为非洲国家的博物馆提供培训、资源共享和展览合作的机会,促进非遗产业的发展(见图8-1-6)。

图 8-1-6 国立非洲艺术博物馆

资料来源:国立非洲艺术博物馆[EB/OL].https://art.icity.ly/museums/6bmol11.[访问时间:2023-08-13]

这些机构和组织的努力为非洲非遗产业的发展提供了重要的支持和推动力。然而,非洲国家在非遗产业方面仍面临诸多挑战,包括资金不足、市场缺乏、政策不完善等问题。为了进一步推动非洲非遗产业的发展,非洲国家需要加大对该领域的官方投入,制定更具体和有针对性的政策,同时加强与半官方及民间机构的合作,共同推动非洲非遗的传承、保护和发展。

(二)非洲非遗数字传播技术应用

非洲地区的非遗文化非常丰富多样,包括音乐、舞蹈、戏剧、手工艺、口头传统等。然而,由于历史、社会经济发展水平、文化认知度等因素的影响,非洲地区的非遗数字传播技术应用相对滞后。尽管如此,一些非洲国家和地区已经开始逐渐发展和应用非遗数字传播技术。

1. 非洲非遗数字技术应用现状

非洲各国之间数字传播发展不均衡。一些国家已经开始探索,如南非的"数字非遗项目"旨在将南非的非遗文化数字化并推广到全球,该项目通过数字媒体、虚拟现实等技术手段,将非遗文化呈现给观众。肯尼亚的"非遗数字化项目"旨在通过数字技术保护和传承肯尼亚的非遗文化,该项目通过数字化收集、存储和展示非遗文化,促进非遗的传承和推广。但有些国家的非遗数字化仍然不受重视,如刚果(金)、索马里、利比亚等。

(1)非遗数字化留存与保护。数字化留存与保护是目前非洲非遗数字化最主要的方面,也是非洲史领域重要的史料基础设施建设。非洲的非遗数字化留存与保护主要有以下两个方面。

第一,非洲非遗数据库系统建设。数据库系统建设是非洲非遗数字化项目中的重要环节,建立后,非洲即可拥有一个专门用于存储、管理和传播非遗项目信息的数据库系统。建立过程需要经过数据库的设计、开发和维护等步骤,以确保其具备良好的数据存储和管理功能。在数据库系统的设计中,要根据非遗项目信息的结构和关系确定合适的数据表和字段,以便有效地存储和组织非遗项目数据。同时,还需要考虑数据的安全性和可扩展性,确保数据库系统能够满足未来的需求。在开发过程中,需要使用适当的数据库管理系统(如 MySQL、Oracle 等)进行开发,并编写相应的代码和脚本来实现数据库的功能。这包括数据的插入、更新、删除等操作,以及数据的查询和检索功能。同时,数据库维护也至关重要,需要定期的备份和维护工作,确保数据库的稳定性和可用性,并进行性能优化和故障处理,以提高数据库系统的效率和可靠性。如图 8-1-7 是"非洲活动家档案"网站,为一种典型的数据库。

目前与非洲史相关的商业化学术数据库至少有几十个之多,涉及英语、法语、阿拉伯语、葡萄牙语和诸多非洲本土语言,涵盖非洲绝大部分国家和地区以及从古代到当代的各个历史时期,史料的种类也丰富多样。

瑞迪克斯(Readex)平台分别与大英图书馆和美国研究图书馆中心合作,对其馆藏的19—20 世纪非洲本土报纸进行了系统的数字化,共分为三个系列:前两个系列数字化了1800—1925 年非洲 21 个国家和地区超过 100 份非洲报纸;第三个系列则包含非洲 19—20 世纪 10 多个国家和地区的 64 份报纸,这些报纸作为早期的传播媒介,记录着非洲的非遗[1]。

---

[1] 刘少楠.非洲史研究的数字转向及其启示[J].高等学校文科学术文摘,2022,39(2):2.

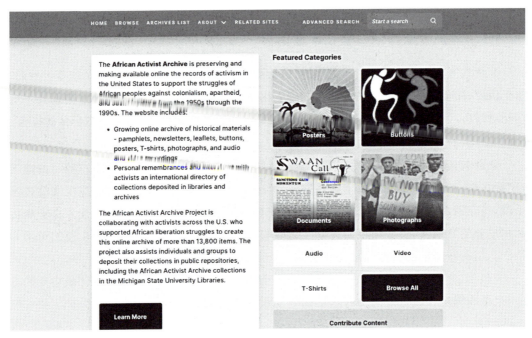

图 8-1-7 非洲活动家档案

资料来源：African Activist Archive[EB/OL]．https://africanactivist.msu.edu.［访问时间：2023-08-13］

如今，所有的非遗都保存在"非洲活动家档案"（African Activist Archive）数据库、"南非数字创新"（Digital Innovation South Africa，DISA）档案网站和"南非历史在线"（South African History Online，SAHO）网站上，人们可以随时查阅。

第二，数据标准化和元数据管理。数据标准化和元数据管理是非洲非遗数字化项目中的重要技术，通过统一命名规范、格式化处理和数据分类体系，对非遗项目进行组织和管理。同时，通过详细的项目介绍、技艺特点、版权信息等元数据管理，提供更准确和详细的信息，帮助用户更好地了解和利用非遗数字化资料。这些技术的应用使得非遗数字化资料更易于访问和利用，促进了非遗文化的传承和保护。

数据标准化是指对数据进行统一的命名规范和格式化处理，以便更好地识别、区分和管理数据。在非洲非遗数字化项目中，数据标准化可以包括以下三个方面。首先，统一命名规范。制定一套统一的命名规则，对非遗项目进行命名，包括项目名称、地理位置、创作者等信息。这样可以方便识别和区分不同的非遗项目。其次，格式化处理。对数据进行格式化处理，确保数据的一致性和可读性。例如，统一日期格式、单位标识、数据类型等，以便更好地进行数据的比较和分析。最后，数据分类体系。建立一个分类体系，将数据按照不同的类型进行分类。例如，将非遗项目按照传统音乐、舞蹈、工艺品等进行分类，方便用户根据自己的兴趣和需求来浏览和搜索相关的非遗项目。

元数据管理是指对数据的描述和管理，以提供更详细和准确的信息，帮助用户更好地了解和利用数据。在非洲非遗数字化项目中，元数据管理可以包括以下三个方面。首先，项目介绍。对非遗项目进行详细的介绍,包括项目名称、地理位置、历史背景、创作者等信息。这些信息可以帮助用户更好地了解非遗项目的背景和特点。其次,技艺特点。描述非遗项目的技艺特点,包括技术要点、工艺流程、材料使用等。这些信息可以帮助用户更好地理解和学习非遗项目的技艺。最后,版权信息。记录非遗项目的版权信息,包括创作者的权益和使用限制等。这样可以确保非遗项目的合法使用和保护。

南非是非洲大陆最发达的国家之一,其国家地理信息委员会负责制定和推广数据标准化和元数据管理的相关政策和标准。肯尼亚国家统计局致力于数据标准化和元数据管理,通过制定一系列数据标准和指南,并提供培训和指导,提高国家统计数据的可比性和可用性。尼日利亚国家统计局也在数据标准化和元数据管理方面取得进展,确保数据的一致性和可靠性。坦桑尼亚国家统计局也制定了数据标准和元数据管理政策,并通过培训和指导帮助各部门和机构实施。这些国家的努力有助于提高数据质量、可比性和可用性,为政府决策和社会发展提供更可靠的数据支持。

(2)非遗的数字化交互与传播。非洲国家发展极不平衡,大部分国家还停留在留存本国非遗的阶段,但也有一些国家发展比较快,这些国家早早开始了非遗的数字化开发,实现了对非遗的数字化利用、展示等,这主要借助数字化非遗展览馆、博物馆、体验馆、数据库、网站、新媒体平台等来实现。随着信息技术的更新,非遗数字化产品开发形态从单一媒体、单向展示向多媒体、交互性方向发展。

① 数字化交互展示。非洲已经有许多著名的虚拟博物馆,如肯尼亚国家博物馆的虚拟博物馆[①]提供了一个在线平台,让人们可以浏览和了解肯尼亚丰富的自然和文化遗产。该虚拟博物馆展示了肯尼亚的考古遗址、野生动物、传统艺术、手工艺品等内容(见图8-1-8)。

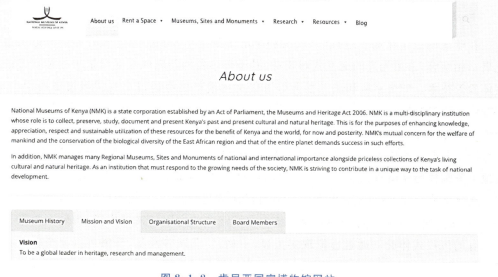

图8-1-8　肯尼亚国家博物馆网站

资料来源:National Museums of Kenya[EB/OL].https://museums.or.ke.[访问时间:2023-08-13]

---

① 肯尼亚:利用虚拟博物馆项目保存历史[J].中国档案,2017(7):1.

埃及古物局的虚拟博物馆展示了埃及丰富的古代文明和文化遗产。人们可以通过在线浏览了解埃及的金字塔、法老墓葬、古代艺术品等。南非国家博物馆的虚拟博物馆提供了一个在线平台,让人们可以远程浏览南非的自然历史、人类学和艺术藏品。该虚拟博物馆展示了南非的化石、珠宝、传统服饰等内容。马里国家博物馆的虚拟博物馆展示了马里丰富的文化遗产,包括马里帝国的历史、传统音乐、手工艺品等。人们可以通过在线浏览来了解马里的文化和艺术。

在联合国与发达国家的帮助下,非洲渐渐也有了新媒体的展示方式。表8-1-1列出了如今数字化展示非遗的新媒体技术。

表8-1-1 非遗的数字化展示

展示方式	新媒体技术
传统信息式	通过图文印刷和屏幕显示的方式,单项传播图片、文字、视频和模型,展示成本较低,技术要求不高
机械控制式	通过机械装置的设计,模拟传统手工艺的流程,多与显示器结合使用,并转化为信息可视化形式,具有较强的体验感,但硬件和软件的维护成本较高
交互触摸屏式	依托软件加载于触摸屏电脑之上,用户通过触摸操作浏览信息,此类展示方式的关键在于软件,合理的交互方式可以提升用户获取信息的效率并提升沉浸感。由于开发成本较低,被广泛应用于博物馆和公共场所的信息展示
基于传感器的新媒体互动式	通过位移、压力、温度、声音及气敏传感器,搜集用户交互信息,并通过计算机技术处理后做出反应
基于虚拟现实的感官体验式	通过计算机技术生成逼真的三维视觉、听觉、触觉、嗅觉等感官世界,信息还原的真实感较强,但对硬件和场地的要求较为苛刻,维护成本较高

资料来源:徐杰.新媒体技术在非物质文化遗产数字化展示中的创新应用探讨[J].中国民族博览,2018(9):243-244.

在非遗的数字化展示进程中,埃及和摩洛哥等发达非洲国家已经开始将非遗与数字化展示相结合,采用先进的交互式触摸屏、基于传感器的新媒体互动和基于虚拟现实的感官体验等技术。如金字塔和法老墓葬等古代文化遗产已经通过交互式触摸屏展示出来。游客可以通过触摸屏查看展品的详细信息、历史背景和相关故事,并与展品互动,增加观众的参与感和体验。在摩洛哥的传统市场(苏克)中,安装传感器和屏幕后,游客可以通过手势控制屏幕上的内容,了解市场的历史、文化和特色。这种互动方式使游客更加身临其境地了解和体验摩洛哥的非遗。在埃及的卢克索神庙,游客一戴上VR头盔,便仿佛置身于古代神庙中,体验古老的宗教仪式和观赏壮丽的建筑。

② 虚拟现实交互。虚拟现实交互技术在游戏中的应用越来越广泛,为玩家带来了前所未有的沉浸式体验。通过虚拟现实头显、手柄、传感器等设备,玩家可以完全融入游戏世界,与虚拟环境进行互动。这种交互方式不仅增加了游戏的乐趣和刺激性,还提供了更加真实的游戏体验。虚拟现实交互技术的应用包括动作捕捉、眼球追踪、触觉反馈、体感互动等方面,为玩家带来了更加身临其境的游戏体验。动作捕捉是虚拟现实交互技术的重要应用之一。通过使用传感器和摄像头等设备,可以捕捉玩家的身体动作,并将其实时反映

到虚拟世界中的角色上。这样,玩家可以通过自己的动作来控制游戏中的角色,获得真实的体验感。例如,在一款体育游戏中,玩家可以通过摆动手臂来模拟击打或投掷动作,与游戏中的球员进行互动。这种交互方式不仅增加了游戏的乐趣,还提供了一种身体上的参与感。

眼球追踪技术也是虚拟现实交互技术的重要组成部分。专门的设备可以实时追踪玩家的眼球运动,并将其反映到游戏中。这种技术可以提高游戏的沉浸感和真实感,使玩家更加专注于游戏的细节和情节。例如,在一款恐怖游戏中,眼球追踪技术可以根据玩家的注视点来触发不同的恐怖元素或事件,增加游戏的紧张氛围和刺激性。

使用触觉反馈设备,可以模拟真实世界中的触感,使玩家能够感受到游戏中的物体和环境。例如,在一款赛车游戏中,触觉反馈设备可以模拟车辆的震动和颠簸感,使玩家能够更加真实地感受到驾驶的体验。这种触觉反馈不仅增加了游戏的乐趣,还提供了一种身临其境的感觉。

最后,使用虚拟现实手柄、传感器和其他设备,玩家可以模拟击打、投掷或抓取物体的动作,与游戏中的物体进行互动。这种体感互动使游戏更加真实和激动人心。例如,在一款冒险游戏中,玩家可以使用虚拟现实手柄来模拟剑的挥舞动作,与游戏中的敌人进行战斗。

南非的游戏开发公司潜行太阳(Rogue Sun)开发了一款名为《步行者虚拟现实》(*Valkyrie VR*)的虚拟现实射击游戏,玩家可以在游戏中扮演一名太空战士,与敌人进行激烈的战斗。肯尼亚的游戏开发公司Kukua开发了一款名为《非洲英雄》(*African Heroes*)的虚拟现实游戏,玩家可以在游戏中扮演非洲传说中的英雄角色,保护自己的村庄免受威胁。

此外,非洲的游戏开发者还参与了一些国际知名游戏的制作。例如,尼日利亚的游戏开发公司天才游戏(Talented Games)参与了《古墓丽影:暗影》的开发,他们为游戏设计了非洲风格的场景和角色。这种参与为非洲游戏开发者提供了机会,展示了他们的创意和技术实力,并为非洲游戏产业的发展做出贡献①。

案例材料

口头类非遗是一种难以传承的非遗,为加深人们记忆可以将其可视化并通过虚拟现实与人们发生交互。例如,托科洛舍(Tokoloshe)是非洲民间传说中的一个神话,在许多不同的故事中都有出现。这些由社区成员口头传播的故事在非洲南部广泛传播。为了让世界都知道这个口头类非遗,可以有以下步骤。

1. 设计游戏

要想让托科洛舍的故事栩栩如生,就必须设计故事周围的环境。如图8-1-9所示为一些为游戏创建的无纹理3D模型。

---

① 映维网.《古墓丽影》将推出虚拟现实体验[EB/OL]. https://www.163.com/dy/article/BSDJ23Q905118AQ5.html.[访问时间:2023-08-13]

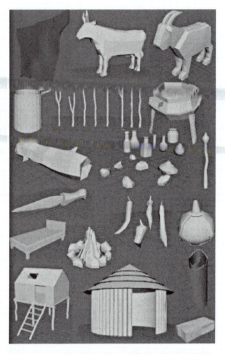

图 8-1-9 为游戏创建的无纹理 3D 模型

2. 游戏内容

游戏主要是通过玩家必须经历的一个探索来讲述的。游戏围绕着一场大火开始,向玩家讲述了托科洛舍背景故事。这个故事是通过旁白讲述的,还伴随着在火光中显现的动画(见图 8-1-10)。

图 8-1-10 玩家站在火旁听村里老人讲故事

听完这个故事后,玩家和非玩家角色的朋友走向他们的小屋,而朋友则嘲笑这个故事。在上床睡觉之前,玩家可以选择将砖块放在床的下面,以便在遇到危险时将其提起。要上床睡觉,玩家必须与图形用户界面交互,然后通过变暗屏幕进入睡眠状态。晚上,玩家被一声尖叫吵醒,并目睹朋友被拖出小屋。朋友离开后,没有任何痕迹。

一旦完成上述过程,玩家必须在村外与巫医会面,并进行一项仪式,由巫医进行解释。他们喝一种由玩家收集的成分制成的药水。然后玩家不得不在地上的一个圆圈内与怪物在一起。之后,玩家必须用刀刺伤怪物。仪式结束后,玩家必须到达村庄结束游戏。时间为10~15分钟。

资料来源:Skovfoged M M, Viktor M, Sokolov M K, et al. The tales of the Tokoloshe: Safeguarding intangible cultural heritage using virtual reality[C]. In Proceedings of the Second African Conference for Human Computer Interaction: Thriving Communities, 2018: 1-4.

③ 社交媒体传播。非洲人很喜欢社交软件,Facebook 和 WhatsApp 是非洲人必备的手机软件,他们喜欢自拍分享。Facebook 非洲月活跃用户数量超过 1 亿,超过非洲 2 亿互联网用户的一半,而且 80% 的非洲 Facebook 用户通过移动设备使用这项社交服务。Facebook 针对非洲用户修改了手机应用,使其在低端手机上能顺畅运行①。

许多非洲国家和地区都有专门的 Facebook 群组和页面,致力于分享和传播当地的非遗。这些群组和页面提供了一个平台,让人们分享传统音乐、舞蹈、手工艺品等,并与其他人交流和互动。相应地,在 Whatsapp 群组、Instagram 账号与 Twitter 话题和推文中,都有许多非洲艺术家与社区对非洲的非遗进行传播。短视频社交平台 Vskit②,在非洲也非常受欢迎,专注于非洲短视频分发业务,有"非洲抖音"之称。经过三年多的发展,Vskit 月活已超 1 500 万,覆盖非洲 50 多个国家,遍布非洲大陆,成为非洲地区最受欢迎的短视频产品之一。如图 8-1-11 所示是非洲短视频应用 Vskit 2020 年度数据报告。

肯尼亚创客孵化中心 iHub 负责人本森·穆塔希(Bennson Mutahi)说:"当下全球流行的社交软件里,非洲元素太少,Vskit 不仅让非洲文化有机会传播到世界其他地方,还能帮助在非洲工作、生活的外国人更好地了解当地的传统和习俗,加深彼此之间的认识。"③

在 Vskit 中使用了领先的亚马逊云科技,软件在初期多采用比较基础的服务。随着对亚马逊云科技了解的不断深入,基础架构(见图 8-1-12)开始从以虚拟机为主的场景向大量托管的容器平台演进。

Vskit 以亚马逊简易储存服务(Amazon Simple Storage Service ,如 Amazon S3)作为

---

① Facebook、谷歌、微软们在非洲打造下一个硅谷的机会与隐患[EB/OL]. http://huxiu.com/article/122603.html.[访问时间:2024-05-09]
② 搜狐网.Vskit.这款中国手机软件,让非洲年轻人"欲罢不能"[EB/OL]. https://www.sohu.com/a/327990795_828664.[访问时间:2023-09-02]
③ 人民网.上线一年用户千万"中国制造"的非洲版"抖音"有何魔力[EB/OL]. https://baijiahao.baidu.com/s?id=1644064695923366827&wfr=spider&for=pc.[访问时间:2023-09-03]

图 8-1-11　非洲短视频应用 Vskit 2020 年度数据报告

资料来源：新鲜出炉：传音旗下非洲短视频应用 Vskit 2020 年度数据报告［EB/OL］．https：//www.yfchuhai.com/article/2649.html.［访问时间：2023-09-02］

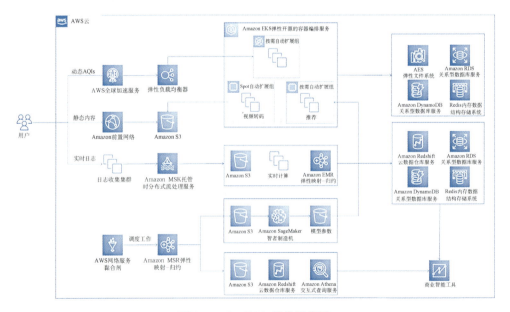

图 8-1-12　Vskit 架构示意图

资料来源：亚马逊云科技．看传音短视频社交平台利用云计算"红遍非洲"［EB/OL］．https：//weibo.com/ttarticle/p/show?id=2309404664719440216174.［访问时间：2023-09-03］

中心存储构建数据湖,存储点击事件、短视频消费业务等用户行为数据;围绕 Amazon S3 构建专门的数据分析服务,如基于自动化工作流进行数据清洗,简化了大数据运行框架,可以直接查询 Amazon S3 数据湖的数据,而无须维护任何基础设施;同时,在数据湖和专门构建的数据服务之间实现无缝的数据流转。

在机器学习方面,亚马逊云科技提供了集数据准备、模型开发、训练调优及部署等功能于一体的机器学习平台服务智者制造机(SageMaker)。在先进技术下,所有在社交媒体时代承载传统技艺等非遗资源的应用程序或内容工具,经过不断创新,使概念具象化、形式多样化,既可以作为非遗传承手段,又能成为最终产品。

(3) 非遗的数字化拓展与开发。

① 3S 技术创建本地信息系统。在"非洲文化遗产遗址和景点数据库"中,研究人员利用地理信息系统(geographic information system,GIS)技术为每一处遗址创建了一个本地地理信息系统①,可以将遗址的地理位置和相关信息进行整合和管理。通过这个本地地理信息系统,可以方便地对遗址进行管理和维护,也可以生成地图和图表等可视化的信息。

3S 技术是指将遥感(remote sensing)、全球卫星定位系统(global positioning system,GPS)和地理信息系统紧密结合起来的一种综合应用技术(见图 8-1-13)。通过将这三种技术有机地集成在一起,构成一个强大的技术体系,能够实现对各种空间信息和环境信息快速、机动、准确、可靠的收集、处理与更新。

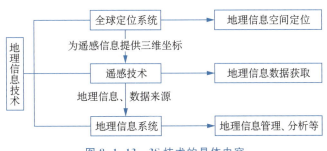

图 8-1-13　3S 技术的具体内容

具体来说,通过 GIS 技术,研究人员可以将每一处遗址的地理坐标(经度和纬度)与其他相关信息(如遗址名称、历史背景、文化意义等)进行关联。这样,他们可以在 GIS 软件中创建一个地理数据库,可以方便地记录遗址的状态、进行考古发掘、保护遗址等。

此外,研究人员可以利用 GIS 软件,将遗址的地理位置和相关信息在地图上进行标注和展示。还可以通过 GIS 技术,将遗址的信息以图表的形式呈现,帮助人们更直观地了解和分析遗址的分布、特征等。

② 移动应用程序与游戏开发。作为世界第二大洲的非洲拥有超过 14 亿的人口,占世界总人口的六分之一,城市人口约占全洲人口 26%。2023 年,非洲移动互联网的使用

---

① Ruether H,Rajan R S. Documenting African sites:The Aluka project (African cultural heritage sites and landscapes)[J]. The Journal of the Society of Architectural Historians,2007,66(4):437-443.

比例为14.9%,总用户数居全球第二,仅次于亚洲①。应用非洲的非遗进行应用程序与游戏的开发,可以展示非洲独特的文化魅力,同时也为非洲的经济发展提供新的机遇。

非洲的游戏主题很特殊,大都和非洲本土文化有很大关系,这些游戏主题通过涉及非洲文化元素,将整个游戏市场定位于教育或益智解谜类游戏。这种定位不仅在游戏内容上展示了非洲的独特魅力,还为玩家提供了一种了解非洲文化、传统和价值观念的机会。如图8-1-14所示是基于非洲文化的棋类游戏,人们在其中可沉浸式感受非洲文化。

图8-1-14 基于非洲文化的棋类游戏

资料来源:How Teddy Kossoko is championing the games industry in Senegal[EB/OL]. https://www.gamesindustry.biz/how-teddy-kossoko-is-championing-the-games-industry-in-senegal.[访问时间:2023-09-01]

表8-1-2 具有非洲非遗元素的游戏

名称	特点
《古王国命运》	融入非洲古老文化为游戏背景,是一款3D多人大型在线网络游戏
《纪念碑谷》	非洲非遗为亮点,古老图腾加上沉重具有质感的机关设计,神秘感十足
《帝国时代2》	记录柏柏尔、马里、埃塞俄比亚与摩洛哥四个非洲文明
《史前埃及》	埃及发展的真正历史
《埃及古国》	重现古代繁荣,史学家指导,还原埃及真实历史
《瓦加杜编年史》	参考了南非、加纳、尼日利亚、马里、刚果(金)、肯尼亚等非洲国家当地人的生活,并在此基础上构建角色类型、服装和环境
《地球文明:狂野非洲》	非洲早期的历史与起源
《非洲2》	游戏的背景被设置于大约1300年的非洲东北部,向玩家们展示常被人们遗忘的非洲历史和神话
《奥莱:科里奥丹的遗产》	充满非洲风格的奇幻动作角色扮演游戏

---

① 搜狐网.非洲手游市场概况[EB/OL]. https://business.sohu.com/a/710609273_828885.[访问时间:2023-09-07]

通过将非遗融入游戏,可以让年轻一代更好地了解和传承非遗文化。这不仅可以让非遗文化得到更好的传承,也可以让游戏产业得到更好的发展。

2. 非洲非遗数字传播未来展望

非洲是一个发展非常不平衡的区域,一些对非遗比较重视的国家利用先进的技术对非遗做了数字化的尝试,如数字化留存非遗、对非遗进行新媒体传播和游戏传播等。一些国家已经开始尝试利用先进技术对非遗进行数字化,如数字化档案的建立为非洲的非遗提供了一个安全的储存平台。尽管非洲一些国家的技术水平较低,但它们正在积极利用世界科技的发展来推动非遗传播。例如,建立本地信息系统、使用3D建模技术、搭建可视化平台,以及利用新媒体技术、社交媒体技术和虚拟现实交互技术等,都是为了让非洲的非遗能够更广泛地传播。

但是,一些国家只是将这些技术迁移到自己的区域,而没有根据本土化的非遗进行特定的技术创新。未来,非洲国家需要更加注重本土化和创新,以推动非遗的数字化发展。只有深入了解和保护非洲各地独特的非遗元素,才能为数字化提供更具本土特色的内容和素材。通过与非遗传承人合作,收集和记录他们的知识和技艺,可以确保非遗的真实性和准确性。

此外,非洲国家还应加强国际合作与交流,学习和借鉴其他国家在非遗数字化方面的经验和技术。通过建设数字化平台和展览,举办文化活动和节庆,将非遗的价值和魅力传播给更多人。通过本土化和创新,非洲国家可以更好地保护和传承自己的非遗,同时也为全球文化交流与多样性做出更大的贡献。

(三)大洋洲非遗数字传播发展概况

大洋洲是一个文化多样性非常丰富的地区,包括澳大利亚、新西兰、巴布亚新几内亚等国家和地区。这些地区拥有独特的非遗文化,如澳大利亚的原住民文化、新西兰的毛利文化等。大洋洲有两个著名的机构对促进非遗的传播影响力极大,即澳大利亚非物质文化遗产发展研究中心(Centre for the Study of Non-Traditional Cultural Heritage, CSTCH)和澳大利亚国际古迹遗址理事会(International Council on Monuments and Sites-Australia, Australia ICOMOS)。澳大利亚非物质文化遗产发展研究中心是澳大利亚的一个研究机构,致力于研究和推动非遗的发展和保护。该中心通过开展研究项目、组织学术会议和培训等活动,促进非遗的传承和创新。澳大利亚爱而思文化协会是澳大利亚国际文化遗产保护组织委员会的分支机构,是国际古迹遗址理事会(ICOMOS)的成员之一。该协会致力于推动澳大利亚的文化遗产保护和管理工作,包括非遗的保护和传承。该协会通过组织研讨会、培训课程以及发布指南等方式,促进澳大利亚的文化遗产保护事业的发展。非遗数字传播需要与相关社群密切合作,并获得他们的授权和知识共享。然而,一些地区可能存在社群参与意愿不高、传统知识保护意识强烈等情况,导致数字化项目难以顺利进行。

(四)大洋洲非遗数字传播技术应用

大洋洲作为一个多岛屿大洲,拥有丰富多样的非遗。近年来,大洋洲国家开始积极利用数字传播技术来保护、传承和推广这些宝贵的非遗文化。在大洋洲的非遗数字化应用中,可以看到一些特点。首先,许多国家注重保护和传承原住民的文化遗产。这些国家通过数字化平台和技术,展示了毛利人、澳大利亚原住民、昆士兰原住民等族群的传统艺术、音乐、舞蹈等。数字化技术不仅让这些文化遗产得以保存,还让更多人了解和欣赏到这些独特的文化。另外,大洋洲国家也注重将非遗数字化与旅游业相结合。许多国家通过数字化平台和应用,为游客提供了更丰富的旅游体验。游客可以通过手机应用或虚拟现实技术,了解当地的传统文化、手工艺和文化活动,甚至参与其中。这种数字化与旅游业的结合,不仅促进了非遗的传承,也为旅游业带来了新的发展机遇。

1. 大洋洲非遗数字技术应用现状

大洋洲的一些国家正在积极利用非遗数字传播技术,推动这些宝贵的文化遗产得到更广泛的传播和保护。澳大利亚的国家博物馆通过数字化收藏展示了原住民的传统艺术和文化,而新西兰的国家博物馆则通过数字化平台展示了毛利人的传统文化和手工艺。夏威夷的文化与艺术部推出了"夏威夷遗产档案"(Hawaiian Legacy Archive)平台,方便公众在线浏览夏威夷的非遗。斐济国家博物馆也利用数字化技术保存和传播斐济的传统艺术和文化活动。这些努力和成果展示了大洋洲国家在非遗数字传播技术应用方面的重要进展,为公众提供了更便捷的途径来了解和欣赏这些珍贵的文化遗产。

(1)非遗的数字化留存与保护。数字化留存可以确保非遗的永久保存,免受时间、环境和人为因素的侵害。这有助于保护和保存珍贵的文化遗产,以便后代能够了解和学习。这里主要介绍大洋洲有特色的视听记录非遗。

视听记录非遗是指通过摄影、录音、录像等技术手段,对非遗进行记录和保存。这些非遗包括传统技艺、音乐、舞蹈、口述传统、民间故事、仪式、节日等。通过视听记录可以将这些珍贵的文化遗产传承下去,让更多的人了解、学习和欣赏。视听记录非遗是一种非常重要的保护和传承方式,它可以记录非遗的原始状态,保存下来供后代学习和研究。这种记录方式可以让非遗的传承更加直观、生动,让人们更好地了解和感受这些文化遗产的魅力和价值。在大洋洲,视听记录非遗已经成为非常重要的工作。许多机构和组织都在积极地开展这项工作,如国家档案馆、文化遗产中心、博物馆等。这些机构和组织通过视听记录,将大洋洲地区的非遗保存下来,并将其展示给更多的人。这有助于保护和传承大洋洲的非遗,也有助于促进文化交流和理解。

视听记录非遗是一项复杂的工作,需要经过详细的策划和准备。第一步,确定要记录的非遗类型和范围,并制定详细的计划和时间表。在策划过程中,需要考虑到非遗的特点和重要性,以及记录的目的和受众。第二步,进行现场拍摄和录音。根据事先制定的计划,到达现场并使用专业的摄影、录音设备和器材进行拍摄和录音。在拍摄和录音过程中,要注意保护现场环境和文化遗产本身,尽量不影响其原始状态。这可能涉及选择合适的角度和距离,避免噪声和过度使用灯光,以及与相关当事人协商并尊重其意愿。第三步,进行后期制作和编辑。这包括将拍摄和录音的素材进行整理、剪辑和修饰,以制作成完整的视听作品。在制作过程中,需要保持原汁原味,尽量不对文化遗产进行过度加工和改动,保持其真实性和独特性。第四步,对制作好的视听作品需要进行存储和管理,以确保其安全可靠。这可能涉及选择合适的存储介质和设备,并建立完善的管理体系,方便后续的检索和使用。同时,要注意备份和防护,以防止数据丢失或损坏。

案例材料

乔·尼帕尔加·甘布拉(Joe Neparrnga Gumbula)于2003年发起了古帕普尤语(Gupapuyngu)遗产项目,这是一个由澳大利亚、欧洲和北美的博物馆和档案收藏馆牵头的大型文献项目,旨在创建自己的氏族档案。他的主要目标是定位、识别、记录并以数字方式遣返数千件物品、绘画、照片和音频。

(2)非遗的数字化交互与传播。数字化交互和传播可以帮助保存和保护非遗。通过数字化技术,可以将非遗转化为数字形式,使其保存和活跃在互联网上,从而避免非遗因时间、空间、人为因素等原因而消失。

① 全景哑剧展览。数字媒体可以很好地展示非遗中的历史及内涵,已有研究对观众去博物馆的参观动机进行研究①,大部分博物馆观众都想感受文物背后的故事与内涵,数字媒体可以作为有形文化遗产和非物质文化遗产概念理论之间的桥梁。正如联合国教科文组织《公约》、国际古迹遗址理事会(2019年)对博物馆的定义,在应用原住民理论和世界观的基础上,数字媒体可以在博物馆播放非遗作品的来源与历史②,通过这种路径,可以激发人们对大洋洲有形和非物质文化遗产的兴趣。全景哑剧展览是一种结合了音乐、表演和视觉效果的艺术形式,通过无声表演和肢体语言来传达故事和情感。大洋洲原住民文化是指大洋洲地区原住民的文化,包括澳大利亚的原住民、新西兰的毛利人、夏威夷的原住民等。演员可以通过肢体语言和动作来表达原住民的生活、传统仪式、舞蹈、音乐等。通过使用全景技术,观众可以身临其境地感受原住民文化的独特魅力。展览结合了音乐、视觉效果和多媒体技术,通过影像、音乐和声音等元素来增强观众的体验。可以使用大屏幕、投影等设备,将原住民文化的图像和影像呈现给观众,让观众更加深入地了解和感受原住民文化的独特之处。其主要步骤如下。

第一,多层学习文物及艺术品。第一层是历史事件,主要介绍艺术品的背景,如著名

---

① Griffiths A. Shivers down your spine: Cinema, museums, and the immersive view[M]. New York: Columbia University Press, 2008:187-190.
② Daly L. Catching shadows: The exhibition of intangible heritage of Moana Oceania in Lisa Reihana's *in Pursuit of Venus [infected]*[J]. Journal of Conservation & Museum Studies, 2022, 20(1):1-17.

的《追寻维纳斯》哑剧展览所描绘的主要事件是欧洲对大洋洲的殖民,通过由数十个单独的小插曲组成的图像,记录、描绘了历史叙述中的故事。第二层是对人物、景观、事件的历史描述,这些事件受到历史记载的直接启发,包括插图、石版画和绘画。第三层是艺术品本身,通过动态化呈现艺术品展示故事。第四层是展览,通过视觉,让观众沉浸式感受所有故事。如图8-1-17所示是通过全景哑剧展示的新西兰非遗。

第二,数据收集。数据收集始于历史、文本、档案和博物馆研究,大部分收集的历史和文本数据都是关于欧洲对大洋洲的殖民历史的阅读材料,有些可以通过在线档案门户网站(如英国图书馆)访问,而另一些则需要亲自前往博物馆观看(如在深圳的一些展览中可以看到库克航行的插图)。

第三,可视化呈现。通过将所有的故事和数据以视觉的方式呈现,制作一个沉浸式的全景哑剧展览。观众可以通过这个展览来感受和体验大洋洲被殖民的历史的不同层面和故事。这种展览形式能够将观众带入历史的场景,让他们更加深入地了解和思考这段历史的意义和影响。制作全景哑剧展览需要综合运用历史研究、文献收集、档案查阅、艺术表现等多种方法和技术。通过这样的展览形式,可以更好地传达历史故事,引发观众对历史的思考和反思,促进文化的交流与理解。

② 移动社交网络传播。互联网为大众提供了一个强大的论坛,许多团体利用这一前所未有的机会宣传自己地区的非遗。这些团体非刻意地上传一些宣传物料,这些宣传物料可能在网上广泛传播,例如,阿纳姆地的乐器在网上很受欢迎,但在该地区的约恩古人却不喜欢。相反,一些偏远的地区很喜欢阿纳姆地的乐器。

自2005年YouTube等在线内容共享平台创建以来,来自大洋洲地区的不同团体上传了数百段视频,分享他们的文化,提高人们对非遗的认识(见图8-1-15),2011年,巴巴拉·格洛茨维斯基(Barbara Glowczewski)在澳大利亚中部的拉贾马努(Lajamanu)组织了一次研讨会,她拍摄并记录了不同世代的瓦尔皮里人学习使用ODSAS[①],还有人不断地上传大洋洲的特色非遗,获得了人们的喜爱与关注。

许多非遗短视频经过热门博主的转发和传播后,可以让更多人了解和关注非遗。这些热门博主具有广泛的观众群体和影响力,他们的视频能够迅速传播并吸引大量观看。通过精心制作的创意短视频,热门博主能够将非遗以生动有趣的方式展现给观众,引起他们的兴趣和好奇心。

观众们在观看这些视频后,可能会进一步了解非遗的背景、意义和传承方式,从而对其产生更多的兴趣和关注。通过热门博主的转发和传播,非遗的知名度和影响力得以扩大,有助于保护和传承这些宝贵的文化遗产。在短视频平台上,这些热门博主可以促进非遗的传播。如图8-1-16所示是短视频平台上一种基于领导者(热门博主)的算法。

一些YouTube创作者拥有广泛的观众群体,他们的视频内容可以跨越国界和文化差

---

① 百家号.ODSAS的常用场景[EB/OL]. http://www.odsas.fr/scan_sets.php?set_id=752&.78224&.step=6.[访问时间:2023-09-30]

图 8-1-15　YouTube 上大洋洲博主所分享的非遗

资料来源：Beall J M，Pharr L D，von Furstenberg R，et al. The influence of YouTube videos on human tolerance of sharks[J]. Animal Conservation，2023，26(2)：154-164.

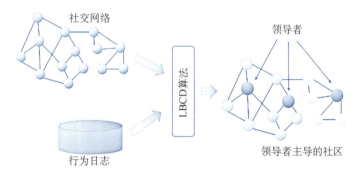

图 8-1-16　基于领导者的社区检测算法

资料来源：Sun H，Du H，Huang J，et al. Leader-aware community detection in complex networks[J]. Knowledge and Information Systems，2020，62(2)：639-668.

异，对其他文化产生影响和启发。如图 8-1-17 所示是一个简单网络的示例（假设领导者社区检测算法发现两个领导者 L1 和 L2，分别代表社区 C1 和 C2）。

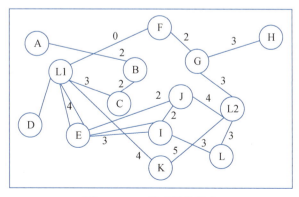

图 8-1-17　社交网络示意

资料来源：Sun H，Du H，Huang J，et al. Leader-aware community detection in complex networks[J]. Knowledge and Information Systems，2020，62(2)：639-668.

经过此类传播,大洋洲的非遗被更多人看到,起到了很好的传播与传承作用。

(3)非遗的数字化拓展与开发。非遗的数字化拓展与开发有两种方式,即动作捕捉技术与互联网创新博物馆。

① 动作捕捉技术。"拉卡拉卡"在汤加语中的意思是"快速而又谨慎的舞步",源自一种被称为"半奏弗拉"的舞蹈。拉卡拉卡出现于19世纪,20世纪在王室的大力支持下又得以复兴。演出一般持续30分钟左右,可汇集几百人的队伍,通常排成两行,右边为男性,左边为女性(从观众席看)。男性的舞步节奏明快有力,而女士们则舞步优美、动作飘逸。两队舞蹈演员边跳,边唱,边拍手,通常会有一支合唱队伴唱。密集的复调声部伴随着几百个舞蹈演员的摇荡舞姿,组成了激动人心的场面。

如今,数字技术已成为保存非遗的重要知识和工具。许多研究使用运动捕捉技术来收集数据并带来新的发现,在体育、医疗、军事、教育、电影、娱乐等领域都是如此(见图8-1-18)。这些数据能够精确地表达运动的质量。在表演艺术领域,使用动作捕捉技术的研究数量巨大,很多研究捕捉舞蹈、戏剧和武术中的动作,以保留、记录、存档和提供学习材料。

图8-1-18 运动捕捉技术在互动教育中的应用

资料来源:Stavrakis E, Aristidou A, Savva M, et al. Digitization of Cypriot folk dances[M]//Ioannides M, Fritsch D, Leissner J, et al. Progress in cultural heritage. Berlin:Springer,2012:404-413.

运动捕捉在捕捉受试者的运动和表情方面具有巨大优势①。与文本、2D图像和视频相比,将无形的资产数字化可以更高效地保存、学习、制作动画,进行互动表演等活动,有助于非遗在新时代的传播。运动捕捉往往在捕捉和记录运动和表情时提供运动的高度自由度和元数据的高精度(见图8-1-19)。

动作捕捉技术提供高自由度的运动捕捉,能够准确记录舞者在舞蹈过程中的各种细微动作和姿势。这对于拉卡拉卡这种注重身体表达和舞蹈技巧的舞蹈形式来说尤为重要,可以更好地捕捉和保存舞者的独特风格和表达方式。

② 互联网创新博物馆。位于大洋洲的新老艺术博物馆(Museum of Old and New

---

① Musa N, Idris M Z, Hashim M, et al. Digital preservation for Malay folk dance expression:Developing a framework using motion capture, aesthetic experience and Laban theory approach[J]. Journal of Advanced Researh in Dynamical and Control Systems,2020,12(1):995-998.

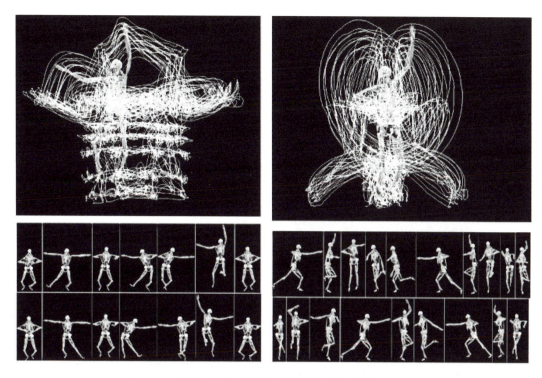

图 8-1-19　捕捉技术在运动中的应用

资料来源：Stavrakis E，Aristidou A，Savva M，et al. Digitization of Cypriot folk dances[M]//Ioannides M，Fritsch D，Leissner J，et al. Progress in cultural heritage. Berlin：Springer，2012：404-413.

Art，MONA)的子公司艺术处理器(Art Processors)自主研发了一款智能导览器。

博物馆现存的导览方式有很多种，如文字标签、电子图录、二维码扫描、语音导览器，还有讲解员的导赏等。但无论什么方式，大多只是单向输出固定内容，缺乏和用户的交互，也无法提供个性化内容。

在室内定位、射频识别(radio frequency identification，RFID)、传感器系统、智能终端等技术的综合运用下，通过提供馆内导航、动态内容和用户评价三个主要功能，出现了"The O"平台，有用户偏好的内容推送、艺术品搜索引擎、基于点赞率和观赏率的预测和衍生品开发等功能，是 MONA 博物馆与用户互动的界面(见图 8-1-20)。它创造了一种全新、实时、交互式导览体验，令人欲罢不能。当步入某个展厅，"The O"会自动推送该展厅内所有展品的清单、照片、位置、平面图以及以往的观众评价，以便游客做出参观规划。当观众走近某展品欣赏时，系统会自动推送"附近的艺术品"(见图 8-1-21)。

结束参观后，"The O"会根据游客行进轨迹和停留地点，绘制参观路径图发送到你的电子邮箱(见图 8-1-22)。可以登录 MONA 网站查询，回顾参观行程，重温看过的作品，回忆美好瞬间。

除了以上内容，针对每件展品，还有其他游客的评论、从网络抓取到的相关信息等。这类信息带有话题性，而且实时更新、源源不断，可以引起用户的兴趣，让人们对文物的内涵更加了解。

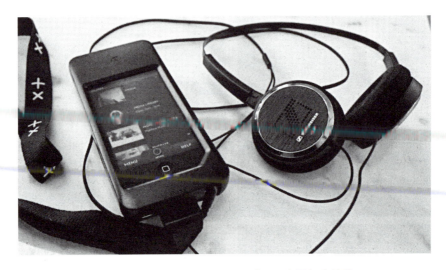

图 8-1-20　The O＝iPod Touch＋App＋耳机＋挂绳

资料来源：搜狐网.第一家真正意义上的"互联网＋博物馆"，位于澳大利亚的一个小岛[EB/OL]. https://www.sohu.com/a/424866778_99938513.[访问时间：2023-09-10]

图 8-1-21　系统推荐"附近的艺术品"

资料来源：常伶俐,刘春阳,沈正中,等.基于智能云平台的艺术品展示推荐系统：CN2022107 34561.9[P].2022-10-04.

"The O"的内容完全颠覆了博物馆的传统做法，摒弃了偏重权威性、学术性的精致内容，代之以网络化、碎片化、未加工的"粗料"，更符合互联网时代的用户习惯，反而激发了更多阅读和关注。

2. 大洋洲非遗数字技术未来展望

如今，大洋洲各国已经意识到非遗的重要性，并采取了一些政策和措施来保护和传承这

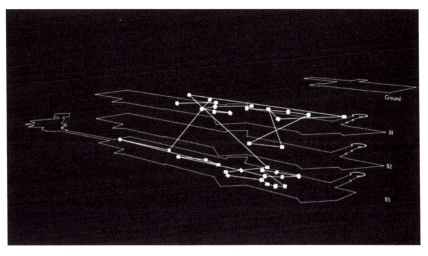

图 8-1-22　参观路径图

资料来源：搜狐网.第一家真正意义上的"互联网＋博物馆",位于澳大利亚的一个小岛[EB/OL]. https://www.sohu.com/a/424866778_99938513.[访问时间：2023-09-10]

些遗产。例如,一些国家已经制定了相关法律法规,用于认定、保护和管理非遗。各国也开展了一系列活动,如文化节庆、展览和交流活动,以促进非遗的传承和交流。数字技术的应用也已经开始在保护和传承非遗方面发挥作用,如数字化展览和虚拟现实技术的应用。

未来,大洋洲各国需要进一步加强非遗的保护和传承。在政策方面,各国应该加强法律法规的制定和执行,确保非遗的认定、保护和管理工作得到有效的落实,并加强文化交流和合作,通过举办更多的文化活动和展览,促进非遗的传承和交流。此外,还应加强数字技术的应用和开发,以实现非遗的数字化保存和传播。例如,可以利用互联网技术建立数字化档案和图书馆,方便人们了解和学习非遗。最后,各国还应该加强对数字技术的培训和支持,提高非遗传承人的数字化能力和意识。

第二节　埃及非遗数字传播

古埃及是世界四大文明古国之一。埃及历经法老时代、希腊罗马时代、基督教时代和伊斯兰教时代,创造了与物质文化同等重要的非物质文化。他们的科学成就非常高。古希腊人曾指出,埃及是孕育科学的温床,在天文、医学、食物、饮酒、运动、宠物、化妆品等方面都卓有成就。此外,他们的艺术成就也相当高,又经不同文明的融入,在建筑、壁画、手工、文学、音乐、舞蹈等领域为当代留下了丰富的非遗。埃及人所建造的金字塔、神庙,绘制的壁画,创造的象形文字,开创的数学、医学和工程学等领域的先河,都对世界产生了深远的影响。

一、埃及非遗数字传播概述

在埃及,有几个非政府组织(包括埃及民间生活和民间传统档案馆和埃及民间传统协会)协助埃及政府部门(如文物部、文化部以及文化与自然遗产文献中心),一直在记录埃及的非遗,并学习日本创立了两个非遗清单。

(一) 埃及非遗保护现状

1. 埃及非遗发展现状

数字技术被政府认为是管理和保护非遗的重要工具之一,经过一系列文化技术创新,数字技术可以记录每个社区的民族志记忆[①]。埃及文化和自然遗产文档中心(Center for Documentation of Cultural and Natural Heritage,CultNat)有一组技术项目,如文化转型与迁移(Cultural Transformation and Migration,CULTRAMA)和其他增强现实设备,以创造性的方式记录、表现埃及记忆并传递知识[②]。另外,埃及利用社区进行非遗的传播,CultNat一直处于这方面的前沿,记录了埃及苏布瓦的传统特征,作为埃及农村社区的生活体验,代表了埃及本土的非遗。

2. 埃及非遗保护与具体措施

(1) 口头传统类非遗。埃及的口头传统类非遗(见表8-2-1)多起源于伊斯兰教传入(即埃及阿拉伯化)以后,因古埃及本身所使用的象形文字消亡,非遗的媒介缺失,古埃及时期的口头传统便失去了传承下来的基础。阿拉伯人以能言善辩而著称,阿拉伯语更是被称作"阿拉伯人的舌头",由此可见口头表述在阿拉伯社会的重要地位。

表8-2-1 埃及口头传统类非遗

类别	地区	特点
民间传说	埃及全境	口口相传,历史上关于埃及风俗习惯和日常生活的记载,包括希罗多德的著作和《一千零一夜》等,传说种类有动物、精灵、奇闻异事等
麦瓦勒	埃及全境	诗歌表现形式,通常由四句四句构成,内容包括英雄主义、社会风俗、相思、背叛等,精通麦瓦勒吟唱的艺人被称作"艺术的首领"
谚语	埃及全境	通俗易懂的短句或韵语,广泛流传于民间的言简意赅的短语,多数反映了劳动人民的生活实践经验
教堂赞美诗	埃及全境	有专门乐器演奏,埃及天主徒每周做弥撒时吟唱的歌曲,内容多为祈求上帝的仁慈、赞美上帝的恩惠

---

① Teresa A M, Isabella G. UNESCO intangible cultural heritage management on the Web[M]//Encyclopedia of Information Science and Technology. Hershey: IGI Global, 2015: 5334-5335.
② CultNat. CULTRAMA, center for documentation of cultural and natural heritage (CultNat)[EB/OL]. https://youtu.be/25kk9BiurJw. [访问时间:2023-10-01]

（续表）

类别	地区	特点
传闻逸事	埃及全境	幽默小故事，反映该地区的社会景象、该环境中的日常生活状态和人物关系
猜谜	埃及全境	埃及古老的传说、故事和谚语等民间文化的载体
黑拉里亚传记	上埃及和三角洲地区	埃及脍炙人口的民间传记，塑造英雄形象
商品叫卖	埃及全境	与音乐结合，在叫卖时融入了散文艺术表现手法
赞美诗	埃及全境	苏菲诗伴随着苏菲派的产生而出现，苏菲派早期的先行者以这种高雅的文学艺术来表达他们的内心和对真主的爱，这种苏菲式的爱是赞美诗中的重要主题
民间诗歌	埃及全境	具有四大特点：形式简洁，品位不俗；语言诙谐有趣；使用埃及特有的表述方式；使用欢快的曲调表达悲伤的语气

针对口头类非遗的数字化，目前多为将其内容、技艺和知识等通过数字技术进行记录、保存和传播。利用文本技术、录音、录像等技术对口头传统的故事进行录制和保存，使得后代可通过数字媒体欣赏和学习，具体来说，包括三个方面。

第一，音频传播。埃及口头传统类非遗可以以声音的形式进行传播，即通过录音和音频文件的制作来实现。例如，埃及的口头传统音乐、民谣和故事可以通过录音技术被记录下来，并制作成音频文件用于广播或在音乐平台上发布。这样人们无论在何时何地都能够方便地欣赏到这些音乐曲目和口头传统的演绎。此外，通过手机应用程序、流媒体平台和在线广播等数字化平台，人们可以随时随地访问口头传统的音频内容（见图8-2-1）。例如，埃及的民间故事、神话传说和民谣可以通过手机应用程序供人们随时收听。类似地，流媒体平台上的音乐播放列表也可以收录埃及传统音乐的精选曲目，使更多人能够体验到这些独特的音乐艺术。

图8-2-1 著名民间故事《一千零一夜》音频

资料来源：喜马拉雅.一千零一夜故事[EB/OL]. https://www.ximalaya.com/so/一千零一夜.[访问时间：2023-09-19]

第二，视频传播。视频传播是将埃及口头非遗以影像的方式进行传播的方法，这通过视频录制和在线分享来实现。在埃及街头可以看到很多表演者以口头传统类非遗为基础进行演出,这些演出可以录制为视频并上传到视频分享网站如 YouTube 上,使更多人能够欣赏到这些精彩的口头传统表演艺术。

第三,社交媒体传播。社交媒体平台也为埃及口头传统类非遗的视频传播提供了更大的舞台。在 Instagram、TikTok、Facebook 等平台上,人们可以通过上传和分享短视频来展示埃及的口头传统,如上传涉及箴言、谚语等种类的视频、纪录片等。这些短视频可以通过标签和分享功能迅速传播,在全球范围内引起更广泛的关注。

(2) 表演艺术类非遗。表演艺术类非遗是指人类在历史上创造并以活态形式原汁原味传承至今的,通过唱腔、动作、台词等艺术表现形式来表现演出者内心世界的传统表演艺术形式。表演艺术通常包括音乐、舞蹈、话剧、杂技、魔术等类别,这些非遗表现形式集中体现了人类表演艺术的精华,是了解埃及传统文化及审美传统的重要渠道,具有重要的历史认识价值、艺术价值和文化价值(见表 8-2-2)。

表 8-2-2 埃及表演艺术类非遗

类别	地区	特点
圣纪马戏团	埃及全境	庆祝在宗教中德高望重的人的诞辰的一种民间娱乐活动,在庆祝集市中它通常有自己的表演帐篷,有时也在流动剧场中与魔术和杂技轮流表演
夜聊歌	埃及全境	通常在有月光的晚上在庆祝婚礼、节日、朝觐归来等喜庆的场合进行,内容包括吟唱诗歌和跳舞,尼罗河三角洲和绿洲地区的形式与西奈半岛上的形式有所不同
劳动歌曲	埃及开罗省	埃及劳动人民在日常劳作时演唱的歌曲,他们通过这种方式缓解压力、提高劳动热情。不同的职业有不同的歌曲
纳扎维舞	埃及索哈杰省	一种上埃及流行的民间舞蹈,属于棍舞的一种,纳扎维舞是一种集体舞,表演者必须是男性,人数少则两人,多则十来人,多在上埃及婚礼和庆祝活动上进行
米哈巴扎提雅	埃及全境	即兴戏剧表演的原始形态,它批评一些不被社会群体所接受的人物和事件,但批评本身并不是米哈巴扎提雅表演艺术的目标,它的目的是通过讽刺和模仿一些民间要人和政府高官来使大家发笑。这种艺术表演形式在 18—19 世纪在埃及广受欢迎
萨和巴基亚	埃及全境	来源于萨和巴,由三五个好友在聚会中轮流展示他们所擅长的技术,可以是一段独奏、一段独白、一个笑话、一支舞蹈或是一段模仿秀。歌曲的歌词都与歌者的生产生活元素相关,并且没有特定的歌词,根据现场气氛即兴演唱
人偶表演	埃及开罗、亚历山大和阿斯旺省	即"阿拉骨兹",是埃及传统的民间艺术表演形式,人偶主要有 14 种形式,其中最著名的人偶名叫"阿拉骨兹",因此便将其作为人偶戏的统称。表演者通过手掌和手指来操控木偶行动,嘴里还含着一个迷你金属发声装置,这种独特的金属声赋予了人偶丰富的艺术表现力
皮影戏	埃及全境	古老的民间艺术表演形式之一,表演者站在白色的幕布后面用小棍操纵人物的头部、四肢或身体的上下部分

(续表)

类别	地区	特点
马术舞	埃及农村地区（尤其上埃及）	上埃及人流行的技能之一，马术舞的马匹需要从其年幼的时候便开始培养，训练它的服从性、对民俗乐器的回应和随音乐节奏做出特定动作的能力。马术舞通常在婚礼和宗教纪念日等民间节庆场合进行表演
埃及民间舞蹈	埃及全境	一种扭动腰部和臀部的舞蹈的统称，这种舞蹈在儿童、妇女甚至部分男性中都十分流行。没有特定的表演方式，舞者可以根据自己的喜好即兴发挥，但许多社会团体不接受女性参与男性的娱乐活动。这种舞蹈遍布节日庆典、娱乐和夜聊活动

表演类与舞蹈类非遗，用户除了可以在同一物理空间进行表演、跳舞和学习外，还可以利用互联网建立关系。

第一，数据收集。对于舞蹈类的数据集可使用定性的方法，如从网上收集著名拉克沙尔奇舞者（大多数是埃及人；少数是非埃及人，但与埃及有着密切联系）的视频数据，以了解舞蹈的关键特征动作，以及这些动作是如何通过表演传播的。文本数据包括与舞蹈相关的书籍、杂志、博客、网站等文字内容的数据，这些文本数据包括以舞蹈从业者为中心的著作、舞蹈教学材料、专业杂志文章、舞者的博客、舞蹈网站上的文章等。这项研究的在线元素涉及1 000多个在线舞蹈视频和300多个在线文本数据。此外，对一些舞者进行半结构化访谈，最终可以得到一个综合的数据集。

第二，数字化处理。对收集到的数据进行数字化处理，包括音频、视频、照片等的编辑和转换。数字化处理可以通过专业的软件和工具来完成，以确保数据的质量和可用性。

第三，数据存储。将数字化处理后的数据存储到云端或本地存储设备中，以便随时访问和传播。云端存储可以使用在线存储服务，如云盘或云存储服务，本地存储可以使用硬盘、闪存等设备。在存储过程中，需要注意数据的备份和安全性。

第四，数据传播。通过互联网、社交媒体等渠道将非遗项目的数据传播出去。可以通过建立官方网站、社交媒体账号、视频平台等方式来传播数据。同时，与相关的机构、组织和个人合作，共同推广非遗项目。

(3) 民俗节庆类非遗。联合国教科文组织对非遗划分的第三类是"社会实践、仪式、节庆活动"，顾名思义，它主要涵盖民俗类社会实践、传统仪式类文化遗产和节日类遗产，其中以传统仪式类文化遗产和节日类遗产为主要组成部分。传统仪式类文化遗产是指人类在历史上创造并以活态形式传承至今，具有重要历史认识价值、文化价值、艺术价值和社会价值，以特定信仰为基础的充满象征的程序化与规范化的传统行为活动。埃及的传统仪式多与宗教活动和民间信仰相关，如符咒和许愿等。所谓节日类遗产，是指人类在历史上创造并以活态形式传承至今，具有重要历史价值、艺术价值、文化价值以及社会价值的传统节庆活动。埃及的传统节日主要分为三大类，分别是古埃及节日、伊斯兰教节日和基督教节日。古埃及节日主要有闻风节、赛德节、尼罗河的忠诚节等，伊斯兰教节日主要包括开斋节、古尔邦节、圣纪节等，基督教节日有科普特斋戒、主显节、复活节、圣诞节等。

埃及的民俗类非遗还包括部分传统医学实践和民间游戏。埃及民俗节庆类非遗如表 8-2-3 所示。

表 8-2-3 埃及民俗节庆类非遗

类别	地区	特点
海娜之夜	埃及全境	海娜之夜的形式并不统一，一般是指婚礼之夜前一人的晚上，新娘在家中与亲朋好友举行庆祝晚会，由新娘的母亲或家中年长的女性负责研磨海娜花，再由专业艺人在新娘身上绘制海娜文身
驱妒术	埃及全境	埃及驱妒术，又称埃及驱邪术，是一种古老的埃及传统，用于驱除嫉妒和邪恶的力量。驱妒术的形式多种多样，包括咒语、符咒、护身符、仪式和祈祷等。这些方法通常与特定的神祇或神圣的象征物联系在一起，驱妒术的目的是通过祈祷和仪式，引导正面能量，保护个人免受邪恶和嫉妒的伤害
狐狸过去了	埃及全境	埃及民间传统游戏，男孩女孩围成一圈坐下，其中一人拿着打着结的手绢在后面跑七圈，然后选择一个坐着的人将手绢放在其背后，这个人便起身追赶"狐狸"，追不到则在下一轮游戏中扮演"狐狸"
法卡	埃及全境	埃及民间一种家畜治疗方法，如处理驴的伤口，首先用针线将伤口缝合，其次将皮肤用绳子扎紧，使血流出，最后三天后将绳子拆下，并用盐水或酒精按压消毒伤口
符咒	埃及全境	符咒为治疗精神类疾病的《古兰经》或"圣训"铭文，常拥有固定的格式，时而由实践者临场发挥。寻求符咒的常见目的有免遭嫉妒的目光、节日保护、祈求康复、祈福新生、婚前祝福等，实践者通常由通背《古兰经》的谢赫或德高望重的长者担任
斋月礼炮	开罗萨拉丁城堡、亚历山大卡特巴城堡	第一枚斋月礼炮是在穆罕默德·阿里时期由一名炮兵打响的，当时正在试射一枚从德国进口的新型大炮，但时间恰巧是斋月的昏礼时刻，埃及百姓误以为炮声是提醒大家开斋，从此便形成了风俗
许愿	埃及全境	一种信徒与神灵间的仪式，民间通过这种方法来阻挡灾难的降临、治愈疾病或自我救赎。许愿通常与献祭相关，若许愿者愿望达成，则需要奉真主之名宰杀牲畜，分给穷人食用
捕鱼游戏	埃及大部分省	埃及民间传统的游戏项目，游戏由两队组成，每队不少于两人参加。游戏开始时，甲队控球，乙队两个队员站在甲队两个队员中间，由甲队发球射击，射中乙队选手即获胜，被击中的队员下场。乙队队员全部下场后，游戏便可颠倒角色，重新开始
哭丧	埃及全境	哭丧是一种由死者女性亲属参与的悼念活动，哭丧活动于葬礼结束后开始，女性们（有时也包括专业哭丧者）聚集在死者的家中开始悼念死者，随着前来祭奠的妇女越来越多，她们的哭声便越来越大。虽然这种习俗在伊斯兰教中是被禁止的，但目前还存在于部分农村地区

通过数字化，可以将各种节日的相关信息、历史背景、传统习俗、庆祝活动等内容以数字形式进行记录和保存。所有人可以通过互联网等渠道轻松地获取这些数字化的节日信

息,从而更加全面地了解和学习这些节日的文化内涵和庆祝方式。例如,以前想了解一个节日的具体内容,可能需要去图书馆查找相关书籍或者寻找专家进行咨询。现在则只需要在互联网上搜索一下,就可以找到大量的数字化节日资料,包括历史背景、起源故事、庆祝习俗等。这为学习者提供了更加便捷和高效的学习途径,也为研究者提供了更多的参考资料和研究素材。

此外,数字化还有助于传统节日的传播和推广。传统节日是一个民族或地区独特的文化符号,通过数字化的方式,可以将这些节日的信息传播给更多的人,让更多人了解和参与其中。比如,通过社交媒体平台、网上论坛、手机应用等渠道,可以将节日的庆祝活动、特色美食、传统服饰等内容展示给全球的用户,让他们更好地了解和体验这些节日文化。这样一来,不仅可以促进文化多样性和交流,还可以为旅游业和文化产业的发展提供新的机遇。

(4)传统手工艺类非遗。手工艺是传统文化的一个重要组成部分,它具体分为工艺美术和生产技能两个组成部分。工艺美术是指人类在历史上创造并以活态形式传承至今,充分代表一个民族的文化底蕴、审美情趣与艺术水平的最为优秀的传统手工技艺与技能。它所涵盖的范围非常广,包括传统绘制工艺、传统镂空工艺、传统编织工艺、传统刺绣工艺、传统印染工艺、传统雕刻工艺、传统陶瓷制作工艺、传统金属制作工艺等。传统生产技能则包括传统饮食制作、传统服装制作、传统饰品制作、传统乐器制作等不同方面。埃及传统手工艺类非遗如表8-2-4所示。

表8-2-4 埃及传统手工艺类非遗

类别	地区	特点
长袍	埃及全境	男士高领长袍,领口处装有明扣或暗扣,袖子上下宽度相同,袖口处时而有纽扣收口。长袍的款式不随场合与年龄改变;但颜色会随着季节的变化有所不同,冬季多穿着深色,夏季多穿着白色
比萨拉	埃及全境	比萨拉是一种埃及民间传统小吃,由西芹、茴香、香菜、洋葱、辣椒、大蒜等烹制而成,它广泛地出现在埃及各个阶层的餐桌上,过去通常在家中制作,现在也出现在早餐铺和高档酒店中
以麦头巾	埃及全境	以麦是许多埃及村落的一种男子头巾,它反映了戴头巾的人的社会地位。白色是头巾的常见颜色,但现也趋向于浅紫色和灰色。苏菲图鲁克和苦行僧会在宗教仪式时佩戴红色、绿色或黑色的头巾
铜雕刻	埃及全境	铜雕刻工艺是指用简单的工具对铜器表面进行装饰美化,铜器的雕刻包括埋银线等许多工艺,但由于银价的上涨,现已用铝线代替。铜雕刻手工艺者通常从小就开始在作坊做工,并在这个过程中不断学习,成长为一名合格的铜雕手工艺者
老奶酪	埃及全境	埃及民间流行的食物,也是埃及人最重要的食物调味品之一,埃及南部各省和部分尼罗河三角洲地区的老奶酪质量尤为突出,其成分主要有古莱示奶酪、辣椒、盐、番茄、陈皮、香菜等

(续表)

类别	地区	特点
屯布尔琴	开罗萨拉丁城堡、亚历山大卡特巴城堡	屯布尔琴是一种古老的民间弦乐器,其历史可以追溯到古埃及第十八王朝,最初由努比亚人开始使用,"屯"和"布尔"在努比亚语中分别是"肚子"和"空"的意思。屯布尔琴由五根弦组成,与众不同的是,屯布尔琴使用右手按弦,左手弹奏
西奈长袍	民间大部分社会团体	西奈长袍是西奈半岛北部和南部各省、米努夫省已婚妇女的节日传统服装。北部省的长袍样式和南部省略有不同,贝都因妇女将布料剪成块状,再用彩色的棉线将其缝合,作为长袍的装饰
木屐制造	埃及全境	木屐制造是一种具有悠久历史的传统手工技艺,其最简单的形式即根据双脚的尺寸制作出两块木板,再用皮子将脚趾包裹起来。木屐男性和女性都可以穿着,一般用在洗小净或进入清真寺卫生间时
素丸子	埃及大部分省	素丸子音译"塔阿米亚",是埃及最受欢迎的民间小吃,也是贫困阶层的主食。原料由豆子、蔬菜、大蒜、洋葱搅拌而成,再捏成团放入油锅炸至金黄
奈格拉赞鼓	埃及全境	奈格拉赞鼓是鼓乐器的一种,鼓面由骆驼颈部的皮制成,表演时放在地上或挂在胸前,用两根木棍击打,常见于埃及苏菲派的赞圣仪式上
巴扎鼓	农村大部分地区、上埃及	巴扎鼓是一种单面的击打乐器,鼓身、鼓面分别由铜和骆驼皮制成,巴扎鼓最常在朝觐的队伍中使用,因此也被称作"哈吉鼓",此外巴扎鼓也常在斋月的剧场中演奏

所有充满特色的手工艺,都是为了生存和商业而集中起来的,垫子制造是埃及流行的工艺之一,也是埃及非遗的一种形式。

(二)埃及非遗数字传播现状

埃及的非遗文化正逐渐通过数字传播技术展现其独特魅力。网络平台和社交媒体成为非遗项目和组织分享非遗知识、图片和视频的重要渠道。虚拟展览和在线博物馆让观众可以随时随地欣赏埃及非遗展品和文化遗产。数字化档案和数据库为保护和记录非遗文化提供了便利。在线教育和培训课程让学生和爱好者可以在家中学习和了解非遗技艺和传统知识。数字化艺术和创意表达将非遗元素融入现代艺术作品,展示埃及非遗的创新和魅力。尽管面临一些挑战,埃及非遗的数字传播仍在不断发展,为保护、传承和推广非遗文化提供了新的机遇和可能性。

非遗数字化在埃及并不十分普及,埃及这方面的大多数工作都是由国家或者国际层面引导完成,比如联合国教科文组织在 2008 年与 2016 年将黑拉里亚(Al-Sirah Al-Hilaliyyah)史诗[1]与塔赫蒂布(Tahteeb)棍戏[2]列入人类非遗代表作名录。但对于非遗留

---

[1] Al-Sirah Al-Hilaliyyah epic[EB/OL]. https://ich.unesco.org/en/RL/al-sirah-al-hilaliyyah-epic.[访问时间:2023-10-01]

[2] Tahteeb, stick game[EB/OL]. https://ich.unesco.org/en/RL/tahteeb-stick-game-01189.[访问时间:2023-10-01]

存,埃及一直在不断地探索。

1. 埃及非遗的数字留存与保护

埃及非遗数字留存与保护经验丰富,主要包括以下两种。

(1) 建立数字档案库。埃及国家图书馆与档案馆的历史可追溯到约1870年,当时,设立这一机构的目的是把学校、档案馆以及政府各部门图书馆中散落的手稿和印本书收集起来,以保护阿拉伯语图书、手稿,特别是珍本善本、重要文件和相关档案。馆藏包括一些出土于埃及各地的莎草纸和羊皮纸作品,有些可以追溯至公元7世纪甚至更早,涉及婚姻、交换合同、遗产分配等当时生活的各个方面,是古代埃及社会文化生活的信息宝库。如图8-2-2所示为埃及博物馆。自2005年开始,埃及与IBM进行合作,IBM为档案库开设了一个官方网站。2010年,埃及建成国家数字化档案库,方便全球的历史学家和研究人员在网上查找所需相关资料,包括约9 000万份文件档案和3 000多万个条目[①]。

图8-2-2 埃及博物馆

资料来源:数字赋能多国文物保护[EB/OL]. https://ylc.cusx.edu.cn/info/1041/2436.htm. [访问时间:2023-09-19]

数字档案库为非遗的传承和传播提供了新的途径。通过数字化的形式,非遗可以被广泛传播和共享,不受时间和空间的限制。这有助于埃及人更好地了解、学习和传承自己的文化遗产,同时也让世界各地的人们有机会欣赏和学习埃及的非遗。

建立数字档案库步骤复杂,以对文物的复原为例大致说明过程。在"扫描金字塔"考古项目中,考古人员运用射线照相、红外热成像、摄影测量法、3D扫描重建和无人机等现代技术和设备,研究和测量了多座金字塔的内部构造,以检测是否存在未知的内部结构,从而进一步了解金字塔的施工过程和技术。数字化解封文物是将传统的文物解封过程数

---

① 朱国才. 埃及建成世界最大国家数字化档案库[J]. 兰台世界,2010(1):68.

字化并应用计算机技术进行管理和分析。在文物扫描中,会使用 3D 扫描仪或高分辨率相机对文物进行扫描,获取文物准确而详细的 3D 模型或高分辨率图像。

再进行以下四个步骤。

① 数据处理和重建。通过计算机软件对扫描获得的数据进行处理和重建,将其转化为能够被计算机识别和操作的数字化模型。其中涉及点云处理、3D 重建、纹理贴图等技术。

图 8-2-3(a)中的点表示 3D 模型中的一个关键点,该关键点周围球面内的点构成一个面,可以很好地描述原文物的造型。图 8-2-3(b)显示的局部表面可以用来更详细地呈现模型的特定区域,以便进行更精确的分析和修改。图 8-2-3(c)中的激光测距仪用于获取物体的精确测量数据,以便在模型中准确地定位和呈现物体。图 8-2-3(d)中的三个正交视图提供了模型的不同视角,以便全面评估和审查模型的外观和结构。图 8-2-3(e)中的光线密度图像可用于显示物体表面的光线分布情况,以帮助分析和优化光照效果。图 8-2-3(f)中的时间倒数光强图像可以用来观察和分析物体在不同时间点的光强变化,以帮助研究光照的动态效果。

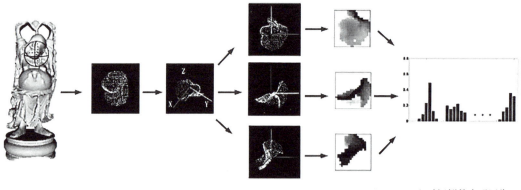

(a) 3D模型　　(b) 局部表面　　(c) 激光测距仪(laser ranging finder, LRF)　　(d) 三个正交视图　　(e) 光线密度图像(light density image, LDI)子特征　　(f) 时间倒数光强图像(time-of-light depth image, TOL DI)特征

图 8-2-3　点云处理中的特征描述

资料来源:李姬俊男.数字几何处理方法研究及在文物虚拟复原中的应用[D].西安:西北大学,2018.

② 虚拟展示和保护。使用虚拟展示技术,如虚拟现实或增强现实,可以使观众通过电脑、智能手机等设备来体验文物展示。此外,数字化还可以有效保护文物,减少物理接触和损坏的风险。

③ 数据管理和分析。使用计算机数据库和信息管理系统,对数字化解封文物进行管理和分析。这包括文物属性的记录、文物的分类和索引等,为研究、展览和保护提供支持。

④ 虚拟重建和模拟。利用计算机图像处理和建模技术,对损坏或失去的部分进行虚拟重建,使文物恢复原貌。此外,还可以通过计算机模拟技术,模拟文物在时间和空间上的变化,以进一步研究和理解历史背景和文化价值。

案例材料

根据埃及旅游和文物部发表的声明,埃及考古学家扎希·哈瓦斯(Zahi Hawass)和开罗大学医学院放射学教授萨哈尔·萨利姆(Sahar Saleem)使用先进的X射线技术、CT扫描技术和先进的计算机软件程序,首次以"安全的非侵入、非接触"的数字方式"解封"阿蒙霍特普一世的木乃伊,并公布其面部特征、年龄以及被制作成木乃伊时的相关信息等(见图8-2-4)。有关研究结果发表在《医学前沿》杂志上。对木乃伊的数字化分析表明:阿蒙霍特普一世去世时约35岁,未发现任何受伤或患病导致死亡的迹象;其面部特征与其父雅赫摩斯一世相似;其大脑仍在头骨中,并未像图坦卡蒙和拉美西斯二世等法老那样在被制作成木乃伊时被移除大脑;木乃伊内部有30个护身符,身体下方有一条由34颗金珠组成的腰带。

阿蒙霍特普一世为古埃及第十八王朝法老,约公元前1525—前1504年在位。据埃及金字塔在线网站报道,阿蒙霍特普一世木乃伊于1881年在埃及卢克索的一处墓葬中被发现。

图8-2-4 法老阿蒙霍特普一世的木乃伊面罩在现代从未被打开过,科学家使用三维CT进行"数字化解封"并公布了其面部细节

资料来源:从地下到云端 现代科技让历史文物"赛博永生"[EB/OL]. https://baijiahao.baidu.com/s?id=1720431910189806499&wfr=spider&for=pc.[访问时间:2023-09-20]

(2) 共享数据库建设。共享数据库建设是将多个数据源整合到一个统一的平台上,通过标准化的数据格式和接口来实现数据的共享和交流。这样做可以避免数据的重复存储和冗余,提高数据的可访问性和利用效率。建设共享数据库需要进行数据的收集、整理、清洗和标准化,以确保数据的准确性和一致性。同时,还需要建立权限管理和数据安全机制,以保护数据的隐私和安全。共享数据库建设需要一个统一的数据管理系统和平台,可以提供数据的查询、检索和分析功能,以满足用户的需求。通过共享数据库,可以集中管理和保存埃及许多非遗的相关信息、资料和记录。这有助于防止文化遗产因时间的流逝、自然灾害或人为破坏而丧失,确保其得到有效的保护和保存。

可以和开罗的传统工艺人员合作,记录传统和现代手工艺所涉及的步骤、材料、工具和用品。通过采访手工艺者,对制作过程中的所有阶段按照顺序进行系统化分类。与当地团队的交流可以帮助形成准确的知识结构,进一步深入了解年轻一代和传统手工艺者的实践,并收集视听材料。

图 8-2-5 中的数据模型详细记录了伊斯兰镶嵌手工艺和各个阶段,以及工艺过程中使用的工具、用品和材料。这使得在镶嵌工艺中能够更好地组织各个阶段,如设计、预处理材料、精细化镶嵌产品,以及完成镶嵌产品,并进一步扩展和探索现有或其他工艺过程。

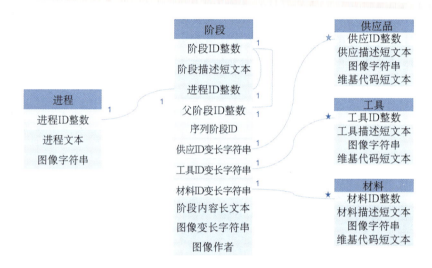

图 8-2-5　记录伊斯兰手工艺过程的数据模型

资料来源:Samaroudi M,Echavarria K R,Amis T, et al. Co-developing Knowledge Documentation for the Intangible Heritage of Egyptian Woodwork Craft[C]. In Proceedings of Eurographics Workshop on Graphics and Cultural Heritage,2022:1-4.

视觉文档主要使用数字摄影的方法,参与开发知识结构的工艺人员与当地电影制作人合作,在清晰全面的共同设计结构的基础上,为镶嵌工艺的每个过程和阶段制作了丰富的材料。图 8-2-6 为其中的一张照片。

一旦记录内容可用,就创建国际图像互操作框架(Internationl Image Interoperability Framework,IIIF)服务器来托管图像以供分发,并使用知识共享许可证授予许可,以允许该社区知识的广泛传播,实现数据的轻松发现、链接和注释,以及在广泛的在线资源中的互操作性。这些视频也通过维基媒体提供,并链接到维基数据中的其他可用的地方。为了丰富知识数据库,在数据库中的每个阶段都包含 IIIF 链接所对应的图像。

允许实验提供两种不同类型的信息和视觉内容访问:①通过表述性状态转移应用程序编程接口(representational state transfer application programming interface,REST API)驱动的网站,查询有关过程及其相关图像的信息;②从 IIIF 服务器嵌入具有过程摘要内容的 WordPress 网站。测试这两种方法,以允许各种类型的用户在未来轻松创建资源。构建一个网站原型,以使用 REST API 查询数据库。网站从流程中查询信息,一旦收

图 8-2-6　记录镶嵌木加工过程的视觉材料

资料来源：Samaroudi M，Echavarria K R，Amis T，et al. Co-developing knowledge documentation for the intangible heritage of Egyptian woodwork craft [C]. In Proceedings of Eurographics Workshop on Graphics and Cultural Heritage，2022：1-4.

到 JSON 格式的信息，就会将其呈现给用户。目前正在以更稳定的版本部署此原型，以改进接口设计并进行测试。

2. 埃及非遗的数字交互与传播

（1）声光电技术。声光电技术是一种综合应用了声音、光线和电子信号的交互作用，用于实现信息的传输、处理和展示的技术。通过将声音、光线和电子信号相互结合，声光电技术能够创造出多媒体的交互和展示效果，为观众提供更加丰富、生动和沉浸式的体验。

在声光电技术中，声音起到了重要的作用，声波传播的振动可被麦克风或其他声音传感器捕捉到，并转换为电子信号。这些电子信号经过处理后，扬声器或耳机等设备将其播放出来，使观众能够听到声音效果。声音环绕可以增强观众的感官体验，使他们更加身临其境地感受到音乐、对话、自然声音等。使用灯光和投影技术，可创造出各种各样的视觉效果，灯光可以通过调整亮度、颜色、方向等参数，营造出不同的氛围和情绪。投影技术可以将图像、视频、动画等内容投射到屏幕、墙壁或其他表面上，以实现图像的展示和影像的播放。光线的应用可以使观众在视觉上得到更加丰富和引人入胜的体验。

电子信号是声光电技术的重要媒介和控制手段。通过电子信号的传输和处理，可以实现声音和光线的控制、调节和同步。电子信号可以通过电缆、无线电波、光纤等方式进行传输，使声音和图像能够准确地同步播放。同时，电子信号可以通过计算机、控制器、传感器等设备进行处理和控制，以实现各种复杂的声光效果和互动功能。

技术的应用不仅增加了游客对文物的了解和兴趣，也赋予文物本身新的活力和意义。通过声光表演，文物"侃侃而谈"，不再是静态的展品，而是具有情感和生命的存在，并与观众进行沟通和互动。这种形式的文物活化不仅吸引了更多游客，增加了旅游业的收入，还提升了埃及作为文明古国的形象和知名度。同时，声光表演也促进了文化交流和教育发展,进一步推动非遗的保护和传承。基于数字化感知和集成衍生的声光电技术,可以让文物说话,尤其是在金字塔、拉美西斯二世神庙遗址等著名景点,通过声光表演等艺术形式,沉睡数千年的古迹文物开始以第一人称"讲述"与它们有关的历史故事。埃及《金字塔报》撰文称,让文物"说话"是一种创新的文物活化方式,这种形式的表演能够让游客更加身临其境地感受文物的历史和文化内涵,增强他们的参与感和体验感①。

案例材料

《环球时报》记者注意到,金字塔、狮身人面像以及卢克索神庙等著名景点,都举办过声光表演活动,通过音效、灯光和投影等技术手段,让这些古迹栩栩如生、声情并茂地对观众倾诉衷肠,讲述一个个与文物历史有关的故事和传说,为游客呈现独特的视听盛宴。这些表演常常会模拟古代场景,让文物"说话",向观众展示古代埃及的辉煌和神秘(见图 8-2-7)。

图 8-2-7 声光电技术助力法老说话

资料来源:看数字技术如何帮助文物从历史中醒来[EB/OL]. https://baijiahao.baidu.com/s?id=17684486546656048268.wfr=spider&for=pc.[访问时间:2023-09-27]

(2) 虚拟现实技术。虚拟现实作为当下技术领域的热门话题之一,正被越来越广泛地应用于文化遗产保护与传承领域。文化遗产作为人类文明的重要部分,是人们自身历史、文化和价值观的重要组成部分,而虚拟现实技术则可以为文化遗产的保护和传承带来全新的可能性。虚拟现实技术通过数字化、3D化、交互化等手段,可以在保护文化遗产的

---

① 看数字技术如何帮助文物从历史中醒来[EB/OL]. https://baijiahao.baidu.com/s?id=17684486546656048268.wfr=spider&for=pc.[访问时间:2023-09-27]

同时实现展示、再现与传承。例如,迪拜王妃发起的"迪拜博物馆未来计划"就利用虚拟现实技术还原了迪拜文化历史的多个篇章,包括 3D 模型和虚拟现实展厅等多种形式,为游客提供全新的参观体验。

虚拟现实技术要想还原真实的文化遗产,需要进行资料收集与数字化。资料收集阶段需要对文化遗产进行历史研究、文献、图片、音视频等多种数据的收集,通过数字化手段将这些资料转化为计算机可识别的数据。在这一过程中需要深入了解文化遗产的历史、文化、艺术内涵等多个方面,以确保数字化结果的真实性和准确性。

3. 埃及非遗的数字拓展与开发

数字平台是通过建立一个虚拟的在线空间,集成和呈现非遗的数字化内容,其过程包括收集、保存、整理和展示非遗项目的相关信息,如图片、音频、视频等。图 8-2-8 所示是埃及数字博物馆网站。通过数字平台,公众可以随时随地访问和学习非遗的内容,促进文化交流和认知。同时,数字平台也可以提供互动体验和社交媒体功能,让用户参与非遗的保护和传承。

图 8-2-8 埃及数字博物馆网站

资料来源:Museo Egizio[EB/OL]. www.museoegizio.it.[访问时间:2023-09-27]

未来,埃及政府可建立或发展一种名为"分散管理体系"的管理方式。这个体系将整合各种文化遗产的行政、立法、管理、财务、信息、人力和技术资源,以便政府和非政府组织参与保护非遗的工作。这种分散的管理体系将创造可持续的资金来源,形成一种由不同组织做出不同贡献的可持续性模式,这些贡献包括人力资源,博物馆网络的参与,文化教育机构对非遗元素的搜索、记录和修复,等等。通过加强社区参与并与社区共同研究来记录非遗,可以使非遗更为吸引人。对于已有的网页或数据库,可以进一步改进其可视化界面,以能够简便地在数据库中添加、编辑和删除知识,并与社区和其他成员一起评估项目结果。

二、古埃及美学文创

埃及文创中的非遗非常丰富,承载着古埃及人民智慧和创造力的精髓。特别的神话和宗教信仰以及传统的音乐和舞蹈,构成了他们独特的文化传统。神话和宗教信仰揭示了古埃及人对世界的理解和对生命的敬畏;音乐和舞蹈则是他们表达情感和庆祝的方式,通过优雅的动作和动感的旋律,展现出古埃及人的艺术才华。此外,古埃及的节日和庆典也是非遗的重要组成部分,如尼罗河的洪水季节和宗教节日,为人们提供了共同庆祝和团结的机会。古埃及的手工艺技术更是闪耀着古代人民的智慧和技艺,金属工艺、陶器制作、纺织品、木雕、石雕等精湛的艺术创作,展示了古埃及人对细节的关注和对美的追求。这些非遗不仅代表了古埃及人民的文化传统,也是世界文化宝库中独一无二的珍宝,令人们为之倾倒。如图8-2-9所示,古埃及主题的文创展在不同国家都有展示。

图8-2-9 遇见古埃及主题文创展

资料来源:北京坊.遇见古埃及主题文创展[EB/OL]. https://mp.weixin.qq.com/s/IxxXortB0hR_Zirekzkxdg?jump_from=1_05_37_01c.[访问时间:2023-09-28]

埃及工匠所遵循的美学规范贯穿了整个文明,时至今日也倍受人们喜爱,其最著名的雕像、建筑、绘画作品等都由同一套稳定、质朴且和谐的规则构成,这是艺术家约定俗成的,其中的规律在人与神秘力量间形成媒介,形成不可替代的魅力。随着时代的进步,把这些独特的魅力放在与时俱进的文创中,使现代文创产品线条流畅优美,颜色绚丽多彩,造型别具特色。这些文创产品既具有埃及特色,又兼备现代美学。

在古代埃及灿烂的工艺美术文明中,玻璃工艺的发明与创作可谓埃及人为人类世界缔造的一个奇迹,对人类的工艺文化产生了巨大影响。在埃及,釉被认为是玻璃的前身,在原始社会就已经出现。釉的发明最开始是为了将颜料以溶解状态覆盖在陶制品、石制品等其他物质的表面，使物品光滑耐磨、防止刮伤。随着工艺发展，古埃及人发现可以将釉工艺加以改进，单独用来制造物品，而不仅用于覆盖在其他物体表面，从而发生了由釉到玻璃的进化。大约5 000年前的王朝时代，玻璃浆的制作工艺就已产生；中王国时期，出现了烧制玻璃的技术；新王国时期，玻璃工艺进一步发展，创造了为玻璃着色的新技术，涌现了一批精美的彩色玻璃，掀起了人类历史上第一个以玻璃材质为载体的艺术创造浪潮。如图8-2-10所示是古埃及的红白蓝玻璃首饰，其工艺和审美在今天依旧很受欢迎。

图 8-2-10　古埃及的红白蓝玻璃首饰

资料来源：吴张倩. "玻璃艺术"——古埃及与现代的跨时空对话[J]. 美与时代：创意(上),2018(5):4.

古埃及工艺美术风格形成与发达的原因，是与其独特的自然环境及深厚的宗教信仰密不可分的。各种不同因素的影响与融合使得古埃及的艺术风格既有浓重的非洲部落艺术的原始性与宗教性，又带有东方艺术中独特的神秘感。

古埃及人赋予每种色彩不同的意义和象征，并通过有趣的色彩搭配组合来表达器物潜在的含义，其色彩搭配所传递出的艺术性与视觉美感令我们对这块独具异域风情的土地心驰神往。例如：金色似乎是古埃及的代名词，如金字塔、黄金王棺、狮身人面像等，古埃及人认为金色是太阳的颜色，代表了太阳、光明与生命力，实际上侧面表现了古埃及人对自然力量的崇拜与敬仰；白银是月亮的象征，月光是在夜晚出现的光芒，因此白银多用于制作神灵的骨骼；绿松石或孔雀石代表尼罗河的颜色，象征着天地万物、生命之源，因为尼罗河赋予了万物生命；碧玉色和红玉色分别象征着植物和鲜血。这些色彩几乎都来自自然，都代表着生命的颜色。古埃及语中"颜色"与"自然"是同一个词语，可见古埃及人对自然力量及自然美的崇敬、热爱与追求。古代埃及人用丰富且蕴藏文化内涵的色彩组织成了一种无声的语言，含蓄地传达着他们的精神世界。

三、埃及历史真体验

《消失的法老》是一项耗时三年的项目，由法国VR工作室Excurio与美国哈佛大学吉萨项目（Giza Project）团队共同完成①。展览通过对金字塔内部和周围环境的实地考察，以1∶1的高精度还原金字塔，借助哈佛大学吉萨项目团队的学术指导，为观众提供了身临其境的探索体验，让观众能够感受到4 500年前古埃及文明的奇妙之处。Excurio创

---

① 文汇报. 45分钟沉浸式金字塔体验，去看《消失的法老》吧[EB/OL]. https://baijiahao.baidu.com/s?id=1766695289489446051&wfr=spider&for=pcc.[访问时间：2023-10-01]

新性地引入了大空间虚拟现实体验模式,利用宏达电子公司(HTC)VR 游戏设备品牌 VIVE 领先的线下大空间娱乐(location based entertainment,LBE)技术,结合了 VIVE Focus 3 VR 头显和 HTC VIVE 大空间软件套装(见图 8-2-11)。这使得多名观众可以同时参与,沉浸式地探索展览内容,并获得更为深入的体验。

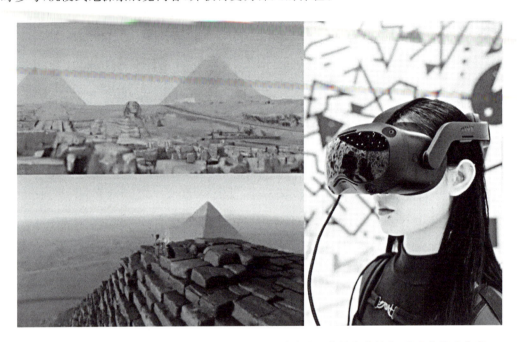

图 8-2-11　VIVE Focus 3 VR 头显和 HTC VIVE 的大空间软件套装结合,全方位体验古迹

资料来源:文汇报.45 分钟沉浸式金字塔体验,去看《消失的法老》吧[EB/OL].https://baijiahao.baidu.com/s?id=1766695289489446051&wfr=spider&for=pcc.[访问时间:2023-10-01]

其使用 VR 一体机,最大支持 5 K 分辨率,拥有 120°视场角和 90 Hz 刷新率,可上报用户相对精准的位置信息,实现多人位置同步。图像的渲染采用背包式电脑。电脑体积虽小,但配置极高,尤其是显卡。游览时,游客 4 人左右为一组进入,每过 3~4 分钟下一组游客入场,保证大家体验内容错开,同场最大人数 50 人。每组游客的体验空间路径通过软件算法做区分,可动态生成超过 10 条体验路线,尽量避免游客路线交叉碰撞。同时为了确保安全,不同组的游客距离若在 3 米以内,可以互相看见,3 米以外为防止干扰体验,互相看不见。这种在一个大空间同时供多名游客体验的模式被称作"线下大空间娱乐"。要在虚拟空间中实现距离感并实现多人虚实交互,就要对每一个人的位置进行精确定位、实时跟踪以及动态共享。定位追踪和校准使用一种叫作"基于标记的追踪"的技术。这种特殊的标记叫作"ArUco",跟二维码比较类似。在空间的墙壁和地面上,每一处的 ArUco 都是独一无二的。ArUco 在实际场景中的应用如图 8-2-12 所示。

Cloud VR 可以让人们在云端享受这一切,VR 头显负责画面的显示和运动跟踪,通过高清晰度多媒体接口(high-definition multimedia interface,HDMI)线缆,连接到背包电脑,由电脑里面的图形处理单元(graphics processing unit,GPU)进行画面的渲染。

图 8-2-12　基于标记的追踪技术的 ArUco

资料来源：通信深海.消失的法老，VR 觉醒的拂晓之光［EB/OL］. https://baijiahao.baidu.com/s?id=1778434957714255451&wfr=spider&for=pcc.［访问时间：2023-10-01］

头显通过无线网络和云端的渲染服务器连接，由渲染服务器进行集中的画面渲染并把最终图像发送到头显来解码并显示，相当于把所有人的背包电脑远程化集中在了一起。Cloud VR 的架构更复杂。其中的无线网络要负责多路超大带宽信号的传输，为达到较好的体验，分辨率需要达到 8K，速率 90～130 Mbps。时延要控制在 20 毫秒以下，否则会产生晕动病。此外，如果云端渲染服务器离 VR 头显过远的话，就需要通过多个网络节点来传输数据，这会导致带宽和时延难以保障。因此，当前阶段还是把渲染服务器统一放到体验馆内部更为保险一些。

通过 GPU 资源的切片共享，可以使用一套资源渲染多路 VR 视频。相较于背包电脑的一对一模式，统一的渲染服务器可实现节省成本的作用。

四、埃及新形式旅游

传说中 3 300 多年前的古埃及法老王图坦卡蒙，他的墓穴和王朝遗址被黄沙掩埋，1920 年被挖掘而出，因为其神秘的传说吸引了全世界的人们[①]。随着社会的进步，人们生活水平提高，大家已不满足于这些无声的文物，希望能沉浸式地感受王朝当年的辉煌。

如今，在这个世界上的另一个地方——西班牙马德里，出现了以独特的主视角进行互动体验的图坦卡蒙沉浸式主题展览，使用 VR、AR 和 3D 投影灯数字技术为媒介，真切地

---

① 搜狐网.你可曾幻想过那些古老而神秘的事物出现在眼前？如今它真的实现了！［EB/OL］. https://history.sohu.com/a/670530041_99984275.［访问时间：2023-10-07］

还原出了一个动态、全面和立体的图坦卡蒙王朝,让现代人了解那些鲜为人知的古老秘密。通过数字艺术的应用,赋予了这些古物全新的生命形式。如图 8-2-14 所示,图坦卡蒙主题沉浸展在各国均有展出。

图 8-2-14　图坦卡蒙主题沉浸展

资料来源:搜狐网.你可曾幻想过那些古老而神秘的事物出现在眼前?如今它真的实现了![EB/OL]. https://www.sohu.com/a/670530041-99984275.[访问时间:2023-10-07]

场馆设置了四个区域,即沉浸空间、虚拟现实展区、增强现实展区与实物展览室。

实物展览室以充满故事的实物给参观的人们带来最震撼的神奇感,通过文字介绍和陈列展示,人们可以在文物中感受灿烂。如图 8-2-15 所示,人们通过观看、触摸实物感受古埃及的文明。

图 8-2-15　图坦卡蒙主题展中的实物展馆

资料来源:搜狐网.你可曾幻想过那些古老而神秘的事物出现在眼前?如今它真的实现了![EB/OL]. https://history.sohu.com/a/670530041_99984275.[访问时间:2023-10-07]

沉浸式空间面积可达 1 200 m²，十几台摄影设备全方位覆盖整个场景，游客随着光影变幻置身于 3 300 多年前的王朝中，见证属于当时的辉煌与奇异场景。在狮身人面像睁眼后，人们与图坦卡蒙一同进入法老陵墓，感受陵墓的种种，看栩栩如生的壁画，一抬头，图坦卡蒙正在大步向他们而来。如图 8-2-16 所示，人们可以沉浸式感受图坦卡蒙时代，与图坦卡蒙虚拟互动。

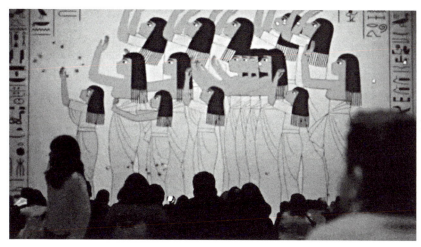

图 8-2-16　图坦卡蒙主题展中的沉浸式展馆

资料来源：搜狐网.你可曾幻想过那些古老而神秘的事物出现在眼前？如今它真的实现了！[EB/OL]. https://history.sohu.com/a/670530041_9998427.[访问时间：2023-10-07]

增强现实展区，人们可以通过深度互动，主动探索喜欢的区域，通过平板、手机或者其他电子设备，在墙壁上看到壁画和富有时代特色的符号。这些本没有联系的事物联系起来，使得整个过程趣味十足。人们通过参与互动类游戏，找寻所需线索与提示，参与竞争，体验互动游戏与远古文化的双重快乐。如图 8-2-17 所示，人们通过平板电脑进行增强现实互动。

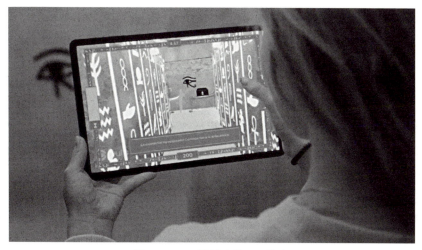

图 8-2-17　展馆中的 AR 技术

资料来源：搜狐网.你可曾幻想过那些古老而神秘的事物出现在眼前？如今它真的实现了！[EB/OL]. https://history.sohu.com/a/670530041_9998427.[访问时间：2023-10-07]

虚拟现实房间有很多可穿戴设备。游客可借助设备进入古埃及世界，以第一视角感受传说中的古埃及世界；还能体验虚拟世界中各个角色的变化，体验不同角色下的古埃及特色，感受不同的人生。

第三节 澳大利亚非遗数字传播

随着数字化技术的不断发展和互联网的普及，在澳大利亚，数字化传播已经成为非遗保护和传承的重要手段。通过数字化平台，澳大利亚的非遗可以被更广泛地传播和推广，让更多的人了解和认识这些文化遗产。数字化传播不仅可以促进澳大利亚文化的多样性和跨文化交流，也有助于保护和传承澳大利亚独特的文化遗产。

一、澳大利亚非遗数字传播概述

澳大利亚是一个拥有丰富非遗的国家，其独特的文化、历史和社会背景为非遗的保护和传承提供了良好的环境。近年来，澳大利亚采取了一系列政策和措施，加强非遗的数字化传播，使得更多人能够了解和接触这些珍贵的文化遗产。政府推出了许多非遗数字化保护计划；高校和研究机构积极开展数字化保护研究，探索数字化技术在非遗保护领域的应用。

（一）澳大利亚非遗保护现状

在澳大利亚，对非遗的用词和内涵存在很多争议，这些争议主要集中在两个方面。第一个争议是采用"民俗"（folklore）还是"民间生活"（folklife）的用词。第二个争议涉及这一概念的内涵，即非遗除了"传统"文化之外，是否还应包含"当代"文化；是限于一定社群的，还是"流行的"或"大众的"。澳大利亚的非遗有四个特色，即具有社群基础、为社群所共享、自然传承和具有无形性。

即使争议存在，为更好地促进非遗的传播和传承，澳大利亚各级政府高度重视非遗的数字化传播，采取了一系列积极措施。这些数字化资源和教育活动不仅有助于保护和传承非遗，同时也促进了澳大利亚社会的文化多样性和发展。

1. 澳大利亚非遗发展现状

在澳大利亚，非遗的数字传播主要通过政府进行。政府设立了专门的非遗保护机构，负责对本国的非遗进行调查、记录和整理。这些机构利用数字化技术，将非遗转化为数字影像、音频和文本等形式，使得人们可以在网上进行查询和浏览，最有澳大利亚非遗特色的有以下六类。

（1）手工艺类。澳大利亚以其丰富多样的手工艺而闻名，可以分为两类：生存性手工和装饰性手工。由于原住民和早期移民生活在严酷的环境中，他们创造出了许多令人惊叹的手工技艺。生存性手工技艺的核心在于解决实际问题,而不是追求艺术性和品质。例如,人们发明了"丛林木工",可以迅速制作出所需的家具和工具。还有一种非常有创意的麻地毯,它利用废弃的旧衣物制成,既环保,又实用。各个族群的移民在定居澳大利亚后,继续传承着自己独特的手工技艺。这些技艺丰富多样,充满了特色。此外,澳大利亚的不同地区拥有独特的自然环境,这也促使原住民和早期定居者发展出了不同的民间建筑风格。有木板房这种结构坚固耐用的房屋;有利用树枝交叉搭建的"抹灰的篱笆房";有利用铁皮建造的吉朗屋;还有那些维多利亚式建筑,它们以精美的雕花阳台而闻名。

（2）口头民间文学。作为移民国家的澳大利亚发展出具有澳大利亚特色的英语,具有澳大利亚特点的俚语、谚语等。同样,其他族群的澳大利亚移民也对其本民族的语言做了相应的发展,存在具有澳大利亚特点的特殊表达方式。此外,民间还流传着大量反映澳大利亚历史、文化的传说、笑话、打油诗等民间文学。

（3）音乐和舞蹈。传统的澳大利亚民间音乐和舞蹈主要是"丛林音乐"(bush music)和"丛林舞蹈"(bush dance)。此外,还有较为现代的澳大利亚特色民谣、殖民时期的特色舞蹈、原住民舞蹈等。

（4）习俗。日常生活中的习俗、节日和仪式等是非遗的重要组成部分。澳大利亚不同的移民继续传承各自族群的习俗、节日和仪式,这些习俗、节日、仪式涉及人们生、老、病、死等人生不同状态,大部分与信仰有关。也有很多不涉及信仰,而是有关世俗生活的,如与体育活动(墨尔本杯赛马,澳大利亚网球公开赛、板球、高尔夫球赛、赛艇、划船等)、园艺、健身有关的习俗、节日和仪式。

（5）职业生活。职业生活是人类活动的重要组成部分,不同的职业在发展过程中会涉及一些特定的技艺,也会产生很多习俗,而随着经济的发展和社会结构的变动,有些职业甚至会消失。因此,有些职业本身就是需要传承的非遗,如塔斯马尼亚岛的"扣鸟"(button birding,按照鸟类繁殖的自然规律,在不损害鸟类繁衍的情况下,捕捉海鸟幼鸟的一种职业)。

（6）儿童民间文艺。儿童的成长是社会生活的重要组成部分,也是文化传承的重要环节。相关的民间文艺也非常丰富,既有世代传承的儿歌、绕口令、童谣,也有儿童的游戏;此外,还有与儿童成长相关的谚语、俚语等。

从《澳大利亚非物质文化遗产调查报告》对澳大利亚非遗的特征的描述和主要分类可以看出,非遗保护强调非遗的共享和传承,其核心是为了尊重澳大利亚原住民及来自世界各地移民的创造力和文化的多样性,为澳大利亚多元化的社群提供持续的认同感。

2. 澳大利亚非遗保护与具体措施

澳大利亚作为一个移民较多的国家,存在多种利益冲突,如不同族群文明理念上的冲突、文化发展和经济发展之间的冲突、文化多样性和经济全球化之间的冲突等,故澳大利亚很早便通过法律保护文化遗产。联邦议会制定专门的文化遗产保护法律,并在艺术、体育、环境、旅游和国土部下设立澳大利亚民间生活中心专门负责文化遗产的保护和管理。

该机构与国家艺术馆、国家博物馆、国家海洋博物馆、国家公园和国家电影及声音档案馆等文化管理机构并列,专门负责文化遗产的登录、采集、存档、发展促进、保护传承及研究工作。

但是,至今澳大利亚联邦并未通过专门的非遗保护法,也没有设立专门的保护机构。因此,目前对非遗的保护,如果涉及有形的载体,如工具、实物、手工艺品、文化场所等,可以在澳大利亚联邦和州遗产保护管理架构下进行;而不是通过载体固定的社会实践、观念表述、表现形式、知识、技能等主要涉及文化、艺术的非遗,则主要由联邦的艺术、体育、环境、旅游和国土部或州的相应政府部门负责保护和管理。

因此,在规范模式上,对非遗的保护"硬法"缺位,注重"软法"规范的高效运行;对非遗自上而下的系统化、专门化管理缺位,注重提高现有有形文化遗产和文化发展管理机构的个案管理效率;侧重自下而上的社群和公众参与。

音乐和舞蹈是澳大利亚文化中不可或缺的一部分,为保护和传承这些非遗,澳大利亚使用虚拟现实技术,创造出身临其境的音乐和舞蹈体验。戴上 VR 头盔,人们可以身临其境地感受到澳大利亚原住民的传统音乐和舞蹈。对于儿童民间文艺,澳大利亚也积极推动数字化的发展。通过开发互动式的手机应用程序和在线资源,澳大利亚正在创造出更多有趣和富有教育意义的儿童民间文艺作品。这些数字化的儿童文艺作品不仅可以让孩子们更好地了解和体验澳大利亚的非遗,还可以促进他们的创造力和想象力的发展。

(二)澳大利亚非遗数字传播现状

澳大利亚非遗的数字留存与保护得到了政府的高度重视和支持,通过一系列政策和项目的实施,旨在确保非遗文化得到有效传承和保护。其中,澳大利亚非遗政策框架的发布为非遗保护提供了指导和规范,强调了数字技术在记录和传播非遗文化方面的重要作用。澳大利亚非遗项目和组织积极建立数字化档案和数据库,以收集和保存与非遗相关的多媒体资料,为研究者、学生和爱好者提供便捷的资源。澳大利亚非遗数字平台的建设为公众提供了在线资源库,展示了丰富多样的非遗内容。澳大利亚还通过制作电视剧和纪录片,深入挖掘和呈现非遗文化的内涵和价值。另外,数字游戏和应用程序的开发也为公众提供了一种互动参与的方式,使更多人能够了解和体验非遗技艺和传统知识。通过这些政策和项目的实施,澳大利亚积极利用数字技术来保护和传承非遗,为非遗的可持续发展和传承提供了坚实的基础。

1. 澳大利亚非遗的数字留存与保护

澳大利亚作为对非遗数字化比较重视的国家,在很多数字化领域已经展开了探索,运用新兴技术,在手工艺、口头民间文学、音乐和舞蹈、习俗、职业生活、儿童民间文艺等方面均有一定的发展。在手工艺领域,澳大利亚应用 3D 打印技术、社区教学、人机交互等,除了使传统的手工艺品被精确复制和保存,还能促进手工艺的教学。

在口头民间文学方面,使用语音识别和自然语言处理技术,将口述的故事和传统民间故事转化为数字的形式。这些珍贵的口头传统得以留存,供后代学习和研究。

语音与音乐所构建的文化是澳大利亚最有特色的非遗,这两者是以实地考察为基础的学科。随着演讲者和演奏者的减少,以及英语全球地位的不断提升,对这两类非遗的保护变得极其需要。如果模拟声音不尽快转移到数字领域,声音档案工作将陷入危机。

随着数字化进程的加快,建立数据库可以很好地保存这两样民俗。首先,澳大利亚研究委员会资助了一个名为"保护澳大利亚濒危遗产:穆林-帕萨(Murrinh-Patha)之歌"的项目研究团队,其中包括两名音乐学家和四名语言学家,于2004—2008年与当地韦迪(Wadeye)社区的相关成员和组织合作,旨在为澳大利亚最重要的原住民歌曲传统制作权威、彻底和档案化的声音文件。这些歌曲在不同的地区会有不同的风格,比如,Wadeye在澳大利亚北部、澳大利亚中部和金伯利有不同的风格。颂语一直是语言学中一个相对被忽视的领域。尽管许多研究人员已经描述了歌曲中使用的语言的特殊特征,包括其神秘的性质和频繁使用古老的单词或其他语言的单词的特点。

如图8-3-1所示,录入数据库的主要流程是在对歌曲与文本进行初步识别后,歌曲文件被加载到多个录音中,这些录音可能是同一首歌曲的不同版本或同一种语言的不同录音,选择质量最好的版本用于下一阶段:将歌曲播放给一群知识渊博的长辈。在播放过程中,与长辈讨论对这些录音进行文化上适当的分类和识别,并利用共享文档直接输入数据库。在这一阶段的最后,可收集与每首歌曲、语言文本相关的元数据,包括:作曲家及其创作时机;歌曲文本的转录、解释和翻译,并进行初步的语言注释;音乐风格、相关舞蹈[①]。

通过数字化记录濒危语言与音乐,澳大利亚的非遗文化可以得到更好的保护和传承,还可以促进文化交流和合作。通过数字平台,澳大利亚原住民文化可以与世界各地的其他文化进行交流和对话。这种跨文化交流有助于增进人们对原住民文化的理解和尊重,并且可以为原住民社区提供更多的合作和发展机会。

2. 澳大利亚非遗的数字交互与传播

澳大利亚非遗数字交互与传播主要包括以下两个方面。

(1)人机交互助力手工艺传承。如今,许多非遗手工艺都在老一辈手中,面临着失传的危险,当代的快节奏不适合手工艺的延续与发展,传统手工艺品的生存正受到威胁;但数字时代来临,可将信息扁平化为基于认知屏幕的互动主导的数据,通过人机交互技术传承和传播这些手工艺。

澳大利亚新南威尔士大学有国家人机交互设施,此设施嵌入了传感器和致动器。相机、麦克风、扬声器可以对表演者(人类和机器人)进行三维捕捉和测量。声音、手势位置和肢体位置等属性可以在实时反馈循环中发挥作用,根据工艺的回溯和解释手势,创作出

---

① Linda B, Allan M, Michael W, et al. Communities of interest: Issues in establishing a digital resource on Murrinh-Patha song at Wadeye (Port Keats), NT[J]. Literary & Linguistic Computing, 2005(4): 383-397.

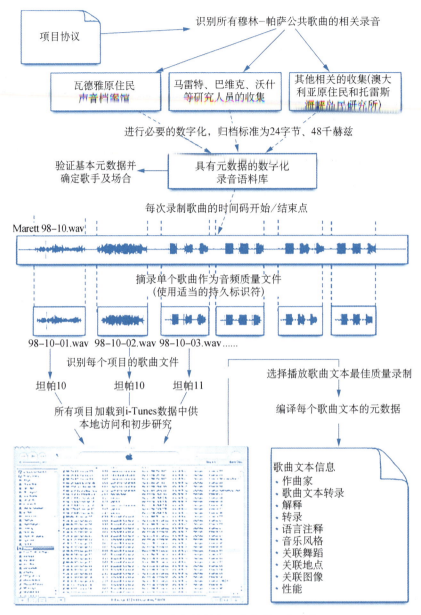

图 8-3-1 音频材料和元数据的工作流程

资料来源:Linda B, Allan M, Michael W, et al. Communities of interest: Issues in establishing a digital resource on Murrinh-Patha song at Wadeye (Port Keats), NT[J]. Literary & Linguistic Computing, 2005(4): 383-397.

具有普遍性和创造性的作品。通过计算机视觉技术,可以对这些数字化的手势数据进行分析和处理。这包括使用计算机算法和模型来识别和解释手势的意义和目的。例如,识别手的形状和运动模式,以及理解手势的符号含义和文化背景等(见图8-3-2)。

此外,本项工作还可以将难以看清楚的手工艺手势转换为三维机器人的灯光绘图。图 8-3-3 就是一个例子,可以通过光捕捉人的动作,精确地捕捉人的手势和动作。这涉及

图 8-3-2　通过机器人界面跟踪手势，转换为代码和解释的原型图像

资料来源：Flanagan P J. Needle work—Revealing relational agency aesthetics of craft through human/robot interaction[C]. In Proceedings of the 15th Conference on Creativity and Cognition，2023：235-238.

使用摄像头或传感器来捕捉人的动作，并将其转化为数字化的数据。这些数据可以包括手的位置、姿势、运动轨迹等信息。通过上述计算机视觉技术进行处理后，再通过与机器人的互动，可以将这些手势和动作转化为机器人的灯光绘图。这涉及将手势数据与机器人的控制系统进行连接，以实现实时的灯光绘图效果。例如，当手做出特定的手势时，机器人可以根据预设的规则和算法，控制灯光的亮度、颜色和位置等参数。

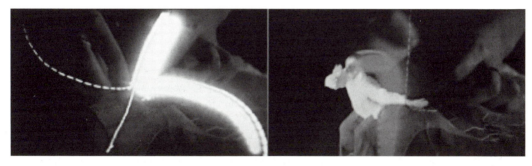

图 8-3-3　机器人灯光的原型图像通过编排进行绘制和解释

资料来源：Flanagan P J. Needle work—Revealing relational agency aesthetics of craft through human/robot interaction[C]. In Proceedings of the 15th Conference on Creativity and Cognition，2023：235-238.

以后，人机交互技术还可以结合虚拟现实和增强现实技术，提供更加沉浸式和具有真实感的体验。通过戴上虚拟现实头盔或使用增强现实眼镜，人们可以与虚拟的手工艺场景进行互动，并实时观察机器人灯光绘图的效果。

人机交互技术在澳大利亚数字非遗的保护和传承中具有巨大潜力。通过将难以看清楚的手工艺手势转换为三维机器人的灯光绘图，可以帮助人们更好地理解和学习手工艺的技巧和过程。这种技术的应用不仅丰富了文化遗产的传承方式，还提供了一种全新的创作和互动体验。

（2）基于"飞跃动作"（Leap Motion）的虚拟沙画手势识别系统。

① Leap Motion 关键技术。Leap Motion 是一种基于手势识别技术的人机交互设备，采用三角测量法作为测量物体空间位置的方法，通过双目摄像头模拟双目视觉的效

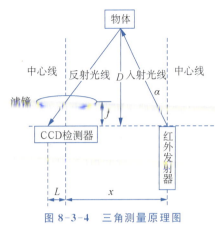

图 8-3-4 三角测量原理图

资料来源:代红林.一种基于三角测距的图像的去噪方法:CN202210387868.6[P].2022-05-10.

果,从而形成立体视觉。三角测量法通过红外发射器发射红外光束,当发射的红外光束接触到被测量的物体后,红外光束被测量物体反射回来,原理如图 8-3-4 所示。电荷耦合器件(charge-coupled device)CCD 检测器一直在检测是否有发射出的红外光束被反射回来,当检测到存在反射光线时,得到偏移值 L。由三角性质,根据中心线和发射光束之间的角度 α,偏移值 L,CCD 检测器和红外发射器中心线距离 x,滤镜的焦距 f,检测到的物体的距离 D 就可以得出。

②手部数据及特征的提取。手部数据及特征的提取是指从 Leap Motion 传感器获取的手部运动数据中提取出有用的信息和特征。这些信息和特征可以用于识别用户的手势动作,并将其映射到相应的虚拟沙画操作。手部数据提取的界面如图 8-3-5 所示。

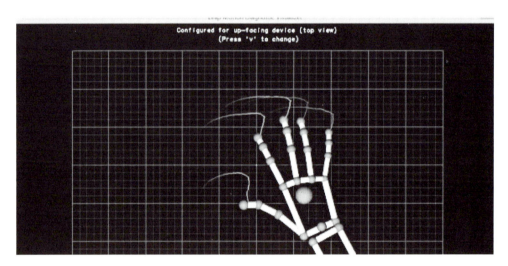

图 8-3-5 手部数据提取

资料来源:侯文君,雷雨,李铁萌,等.面向增强装配中手部特征检测的改进算法[J].计算机集成制造系统,2015(2):7.

手部数据的提取通常包括以下三个方面。

第一,手指关节位置和运动轨迹。通过 Leap Motion 传感器,可以获取每个手指关节的位置和运动轨迹。这些数据可以用来分析手指的运动状态和手势的形状。

第二,手掌位置和手掌方向。Leap Motion 传感器还可以提供手掌的位置和方向信息。这些数据可以用来分析手掌的姿态和手势的方向。

第三,手势的速度和加速度。通过分析手部运动数据的变化率,可以获取手势的速度和加速度信息。这些数据可以用来判断手势的快慢和力度。

手部提取的样本和结果如图 8-3-6、图 8-3-7 所示。手部特征的提取通常包括三个方面。

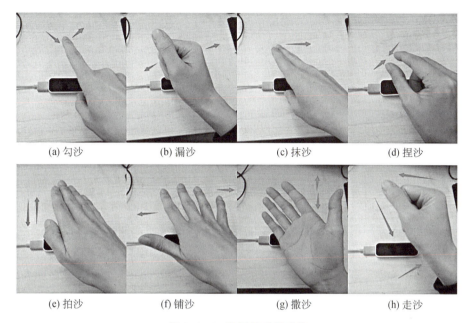

图 8-3-6　沙画的手部动作

资料来源：宁亚楠，杨晓文，韩燮.基于 Leap Motion 和 Unity3D 的虚拟沙画手势识别及交互[J].计算机工程与应用，2017，53(24)：202-206.

第一，手指的弯曲角度。通过计算手指关节之间的夹角，可以获取手指的弯曲程度。这些数据可以用来判断手势的形状和手指的动作。

第二，手指之间的距离和相对位置。通过计算手指关节之间的距离和相对位置，可以获取手指之间的相对关系。这些数据可以用来判断手势的手指配置和手势的类型。

第三，手掌的面积和形状。通过计算手掌的面积和形状，可以获取手掌的大小和形状特征。这些数据可以用来判断手势的手掌动作和手势的整体形态。

通过对手部数据和特征的提取，虚拟沙画手势识别系统可以对用户的手势进行分析和识别，从而实现人与虚拟沙画系统的交互操作，进而绘制虚拟沙画。

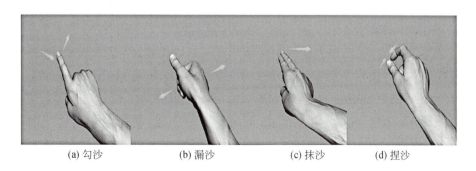

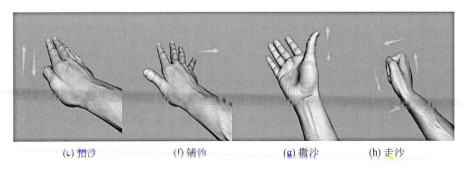

图 8-3-7　虚拟沙画制作手势动画过程

资料来源：宁亚楠,杨晓文,韩燮.基于 Leap Motion 和 Unity3D 的虚拟沙画手势识别及交互[J].计算机工程与应用,2017,53(24):202-206.

3. 澳大利亚非遗的数字拓展与开发

数字化遗产景观通过技术的应用,对非遗的传播起到重要作用。它可以帮助保存、传承和保护非遗的信息和内容,防止其因自然灾害、人为破坏或时间流逝而丧失。

数字化遗产景观是指利用计算机技术表达遗产景观的电子档案或文件,用以支持遗产景观的保护和管理。联合国教科文组织在 1992 年利用计算机辅助信息管理系统保护吴哥窟,被视为遗产景观数字化档案建设的开端。这种方法可突破遗产固有价值,坚持以地方群体价值为本,以遗产知识传播为目标,强调建档过程开放化,重视对非遗的创新性表达。

巴拉瑞特城市历史景观项目创新性地利用网络和数字化媒介,将原住民文化、城市事件、社会空间和节庆活动等非遗信息整合到数据库中,并利用新技术进行再现。其中许多创意性的表达,如叠加式数码照片、交互式地图、公共社交网络等手段,大大提升了公众对非遗的接受程度,使非遗信息融入地方社区生活。

如图 8-3-8 所示是一个巴拉瑞特时间轴。巴拉瑞特时间轴是一个基于超文本预处理器的开源脚本语言设计的交互式应用。它集成了 1830 年以来的数百条重大历史事件信息,并通过网页交互设计实现了以时间为叙事结构的历史信息可视化。这个应用的目标是为用户提供一个清晰、互动式的历史数据检索工具。在巴拉瑞特时间轴中,用户可以通过拖动、缩放或点击时间轴上的工具条来浏览不同历史阶段的事件信息。每个词条都包含历史事件的名称、日期、影像以及外部资源链接等详细信息。这样,用户可以通过浏览和点击词条来深入了解每个历史事件的背景和相关信息。

除了基本的浏览功能,巴拉瑞特时间轴还在不断优化升级中。未来,它将提供历史事件分类筛选功能,使用户能够按照特定的主题或类别来浏览相关事件。此外,该应用还计划与地理信息系统进行关联,以实现对非遗的地理空间分析。通过将历史事件与地理位置相关联,用户可以更好地了解不同地区的非遗,并探索它们之间的联系和影响。

"展示你的巴拉瑞特"模块是一个公众参与的平台,主要发布一些和城市历史景观相

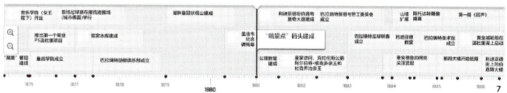

图 8-3-8 "巴拉瑞特时间轴"用户界面

资料来源：杨晨,韩晓蓉.巴拉瑞特2.0：城市历史景观数字化遗产信息服务系统研究[J].中国园林,2020,36(10):29.

关的公众活动成果，如摄影竞赛、网页设计、遗产线路开发、社区参与规划等。在该模块的建设过程中，公众被视为重要的遗产信息来源，他们手中的素材（包括照片、视频、故事等）都被当作记录城市景观变化的重要媒介进行收集和展示，用来表达遗产景观非物质层面的信息。同时，社区成员对遗产景观的认知被作为发展规划的重要依据，如"巴拉瑞特东区畅想"（Imagine Ballarat East）就是一个成功的社区参与规划项目，当地社区成员绘制的社区地图被发布到网站上，为他们提供了讨论、分享城市历史景观价值的机会和平台，这些地图展示了他们对该区域重要元素的认知（见图8-3-9）。

数字化记录还能够让后代更方便地学习和了解传统文化，促进文化交流与合作，增进人们对其他文化的理解和尊重。通过数字平台，非遗可以跨越地域和时间的限制，与全球观众分享，提供互动和参与的机会，为文化的保护和发展提供更多可能性。

目前，虽然澳大利亚还没有完整的法律保护非遗，但政府和相关机构已经开始重视非遗的保护和传承工作。随着数字化技术的发展和应用，公众对非遗的认知和关注度也在逐渐提高，这为非遗的保护和传承提供了更广泛的支持和参与。澳大利亚有望制定更完善的法律法规，以保护非遗的权益和价值。近些年，澳大利亚在非遗数据留存、手工艺创新教学等方面有了一些新的进步，但在新媒体方面做得不足，互联网上能查到的澳大利亚非遗信息极少。新媒体是非遗传播的重要渠道，澳大利亚可利用好这一方法，让本国的非遗被世界看到。

为了弥补这一不足，澳大利亚政府和相关机构应加大对非遗数字化的支持和投入：建立更多的非遗数字化项目，将更多的非遗资源转化为数字化形式，以便更好地在互联网上

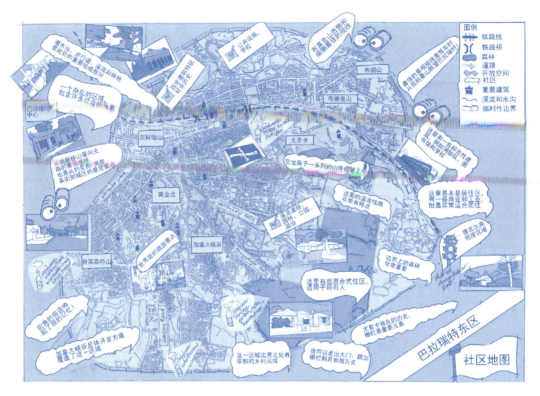

图 8-3-9　巴拉瑞特东区社区地图

资料来源:杨晨.数字化遗产景观——澳大利亚巴拉瑞特城市历史景观数字化实践及其创新性[J].中国园林,2017,33(6):83-88.

进行传播和共享,将非遗的信息和内容传播给更广泛的受众;加强对非遗数字化传播的培训和教育。通过组织培训班、研讨会和工作坊等活动,提高非遗从业人员和相关机构的数字化传播能力,与学校合作,将非遗的数字化传播纳入教育课程,培养年轻一代对非遗的认知和兴趣。

澳大利亚还可以与其他国家和地区合作,在非遗数字化传播方面进行交流和合作。通过与其他国家和地区的合作,可以借鉴其成功的经验和做法,推动非遗数字化传播的发展。同时,还可以通过国际合作,将澳大利亚的非遗推广到全球范围,增强其国际影响力和知名度。

二、澳大利亚视频教学俚语

澳大利亚国立大学最新研究表明,说俚语的人在澳大利亚会更受欢迎。实验的参与者们被安排和一个演员对话,后来问参与者的感受时,发现当演员说俚语时,参与者对演员的喜爱程度会更高。澳大利亚俚语比其他国家的英语俚语更短,并且应用的范围更广,可以在澳大利亚的任何地方看到俚语表达,新闻标题用它,播音员用它,政治家用它,俚语已经成为澳大利亚语言的一部分①。这为俚语这项澳大利亚的口头非遗提供了很好的传播条件(见图 8-3-10)。

图 8-3-10　澳大利亚常用俚语

资料来源:Wang T, Huang M. What is urban literary interdisciplinary studies? [J]. Journal of Northeastern University(Social Science),2023,25(3):143.

澳大利亚俚语的历史起源可以追溯到澳大利亚殖民地时期。在 18 世纪末和 19 世纪初,英国殖民者开始在澳大利亚建立定居点,并带来了英语语言和文化。然而,由于澳大利亚的地理和文化环境与英国有所不同,澳大利亚人逐渐发展出了自己独特的俚语和表达方式。随着时间的推移,澳大利亚吸引了来自世界各地的移民,他们带来了自己的语言和文化。这些移民的语言和文化与澳大利亚的本土文化相互融合,进一步丰富了澳大利亚俚语的内容和表达方式。澳大利亚俚语的故事通常与澳大利亚的历史、地理和文化紧密相关。例如,一些俚语可能与澳大利亚的野生动物、自然环境和生活方式有关。另外一些俚语可能源于澳大利亚的工业、农业、体育等特定领域。这些俚语的故事和起源反映了澳大利亚人民的生活和文化背景。

在学习俚语时,用户可访问词汇数据库。这些数据库由语言学家、文化专家和社区贡献者共同创建和维护,为每个俚语提供多媒体展示,包括音频发音示范、例句的音频或视频播放等。这样可以帮助用户更好地理解和掌握俚语的发音和用法。这些数据库也提供互动学习功能,包括选择题、填空题、闯关游戏等,帮助用户巩固所学的俚语知识。这样的互动学习功能可以提高用户的参与度和学习效果。

---

① 搜狐网.想要变成受欢迎的小公举吗? 快收下澳大利亚俚语技能包[EB/OL]. https://www.sohu.com/a/72505317_372525.[访问时间:2023-10-09]

三、澳大利亚大堡礁虚拟现实

大堡礁虚拟现实项目是澳大利亚政府与科技公司合作开展的一项创新保护措施。虚拟现实技术被应用于大堡礁的保护和传承工作,通过创造一个逼真的虚拟环境,游客可以在不破坏大堡礁的情况下,亲身体验珊瑚礁的美丽和多样性。

这个项目的目标是通过数字化技术,提供身临其境的体验,让更多的人了解大堡礁的独特之处,并提高人们对大堡礁的保护意识。通过虚拟现实技术,游客可以沉浸在大堡礁的奇妙世界中。在这个虚拟现实项目中,游客可以戴上专门设计的头盔,进入一个全息投影的虚拟环境。他们可以选择在不同的时间和地点探索大堡礁,观察各种珊瑚和鱼类的生态系统,甚至可以与虚拟的海洋生物进行互动。这种身临其境的体验使游客感觉自己置身于大堡礁的海洋世界,与之亲密接触。虚拟现实技术不仅提供了令人惊叹的体验,还具有教育和保护的功能①。

在虚拟现实环境中,游客可以通过观察和学习,了解大堡礁的生态系统、物种多样性、环境变化等方面的知识。这种互动式的学习方式可以帮助人们更好地理解和关注大堡礁的保护问题。此外,虚拟现实项目还提供了可持续的旅游模式,减少了对大堡礁的实际访问和人为干扰。大堡礁是一个脆弱的生态系统,过度的旅游活动可能对其造成破坏,而通过虚拟现实技术,游客可以在不实际前往大堡礁的情况下,享受到类似的体验,从而减轻对大堡礁的压力。虚拟现实项目不仅在旅游业中起到了重要作用,还在教育和研究领域有着广泛的应用。学生和科研人员可以通过虚拟现实技术,进行珊瑚礁的研究和模拟实验,以更好地理解和保护大堡礁的生态系统。如图8-3-11所示是澳大利亚大堡礁水下博物馆,世界各地的人们可以在其上看到水下博物馆真容,预约虚拟现实项目。

图8-3-11　澳大利亚大堡礁水下博物馆

资料来源:Tourism Australia[EB/OL]. https://www.tourism.australia.com/en.[访问时间:2023-10-10]

---

① 搜狐网.动动手指,你也能成为守护大堡礁的科学家[EB/OL]. https://it.sohu.com/a/677910164_568777.[访问时间:2023-10-10]

澳大利亚原住民与大堡礁的关系可以追溯到数千年前,他们通过口头传承的方式将关于大堡礁的知识和故事传递给后代。这些传统知识涵盖了大堡礁的生态系统、物种、气候变化等方面,对于保护和管理大堡礁具有重要意义。在澳大利亚大堡礁的浅水域,有一座独特的水下艺术博物馆。在这座水下艺术博物馆中展示了许多澳大利亚原住民留存的物品,保留澳大利亚非遗的韵味。大堡礁海洋公园内陈列的一系列展品和雕塑也承担着教育使命。在游客参观这些被联合国教科文组织列入世界遗产名录的珊瑚礁时,可以了解珊瑚礁保护和复育工作的重要性,以守护这一珍贵的生态系统。大堡礁海洋公园官方网站提供了一些虚拟旅游的视频和照片,向游客展示了这个海洋保护区的美丽及其保护工作。

四、澳大利亚原住民文创

澳大利亚原住民艺术文创产品的研发和创作一直是该国文化产业的重要组成部分。数十年来,澳大利亚原住民艺术家和文化从业者一直在为创新和开拓这个领域而努力。原住民艺术中心模式是一种在澳大利亚原住民社区中兴起的艺术品开发模式。这种模式在澳大利亚以及其他一些国家中发挥着积极的作用,成为了推动原住民艺术规范化、开发文化产业的一种成功经验[1]。

澳大利亚原住民艺术可以追溯到至少五万年前,被认为是世界上现存最古老的艺术形式之一[2]。原住民艺术在澳大利亚文化中扮演着重要的角色,具体是指澳大利亚原住民创作的艺术形式和作品。澳大利亚原住民艺术具有丰富多样的表现形式,包括绘画、雕塑、编织、岩画等(见图8-3-12)。这些艺术作品通常以原住民的文化、信仰、传统和生活方式为主题,展现了他们与自然环境的紧密联系和对祖先的敬仰,不仅是艺术创作的一种形式,也是传统文化的重要组成部分。这些艺术作品以独特的风格和意义吸引了全球的关注和赞赏,并成为澳大利亚文化的重要代表之一。原住民艺术最吸引人的特点之一是其独特的图案和符号系统。在创作艺术作品时,常常使用各种符号和图案来传达特定的意义和故事,这些符号和图案通常是代代相传的,具有深厚的文化和历史背景。

在澳大利亚博物馆内收藏了许多代表性的非遗文创(见图8-3-13),如澳大利亚博物馆、昆士兰博物馆、墨尔本博物馆及澳大利亚当代艺术博物馆。这些以非遗为主题的产品展示了非遗的独特魅力,同时结合了创新的设计和现代的生活方式。博物馆利用光学显微镜成像技术,将生物标本和陶瓷制品等艺术文物的图案应用于产品设计,使得这些文物能够以全新的方式展现出来。例如,将原住民文物上的文化特色运用于手工染色的羊毛靠垫,让人们在日常生活中感受到原住民文化的独特魅力。此外,融合热带雨林和珊瑚礁元素的烛台也为床头或餐桌增添了复古而浪漫的氛围。皮革和陶片的搭配运用了原住民文化中的色彩学,打造出造型各异、色彩丰富的耳环和手拿包,展现了澳大利亚原住民文

---

[1] 俞崧.土著艺术中心模式:澳大利亚土著艺术文创产品开发研究[J].装饰,2020(12):128-129.
[2] Malaspinas A S, Westaway M C, Muller C, et al. Genomic history of aboriginal Australia[J]. Nature, 2016, 538:207-214.

图8-3-12 澳大利亚原住民工艺品

资料来源:澳大利亚原住民工艺品[EB/OL]. https://www.0061.com.au/article/content/201405/434/1.html.[访问时间:2023-10-11]

(a) 原住民风钥匙扣

(b) 原住民风抱枕

(c) 原住民风烛台

(d) 原住民风钱包

(e) 原住民风T恤图案

(f) 原住民风袜子

图8-3-13 原住民风文创

资料来源:澳洲博物馆竟然还有这些好物[EB/OL]. https://mp.weixin.qq.com/s/11OEapdGZnS3eBCJdk3jOQ?jump_from=1_05_37_01.[访问时间:2023-10-11]

化的独特美感。澳大利亚当代艺术博物馆的原住民文化 T 恤和袜子则深受年轻人的喜爱,将非遗与时尚元素结合,展示了文化的多样性和时尚的融合。这些产品的推出不仅丰富了人们的生活,也为非遗的传播和保护做出了积极的贡献。

本章参考文献

[1] Keitumetse S. UNESCO 2003 convention on intangible heritage: Practical implications for heritage management approaches in Africa[J]. South African Archaeological Bulletin, 2006, 61(184): 166-171.

[2] Arokiasamy C. Embedding shared heritage: The cultural heritage rights of London's African and Asian diaspora communities[J]. International Journal of Heritage Studies, 2012, 18(3): 339-345.

[3] Twala C, Hlalele D. Contesting the African ritual of animal slaughtering as intangible cultural heritage: A case of Tony Yengeni in South Africa[J]. Acta Ethnographica Hungarica, 2012, 57(2): 383-396.

[4] Petrillo P L. The legal protection of the intangible cultural heritage: A comparative perspective [M]. Cham: Springer, 2019: 5-21.

[5] Stefano M L, Davis P, Corsane G. Safeguarding intangible cultural heritage[M]. Woodbridge: Boydell & Brewer Ltd, 2014: 28-44.

[6] Bwasiri E J. The challenge of managing intangible heritage: Problems in Tanzanian legislation and administration[J]. South African Archaeological Bulletin, 2011, 66(194): 129-135.

[7] Bredekamp H C J. Transforming representations of intangible heritage at Iziko (national) museums, South Africa[J]. International Journal of Intangible Heritage, 2006(1): 75-82.

[8] Snowball J D, Courtney S. Cultural heritage routes in South Africa: Effective tools for heritage conservation and local economic development? [J]. Development Southern Africa, 2010, 27(4): 563-576.

[9] Chocano R. Producing African-descent: Afro-Peruvian music, intangible heritage, authenticity and bureaucracy in a Latin American music compilation[J]. International Journal of Heritage Studies, 2019, 25(8): 763-779.

[10] Skovfoged M M, Viktor M, Sokolov M K, et al. The tales of the Tokoloshe: Safeguarding intangible cultural heritage using virtual reality[C]. In Proceedings of the Second African Conference for Human Computer Interaction: Thriving Communities, 2018: 1-4.

[11] Ndoro W, Chirikure S, Deacon J. Managing heritage in Africa: Who cares? [M]. London: Routledge, 2017: 77-102.

[12] Keitumetse S O, Keitumetse S O. African cultural heritage conservation and management: theory and practice[M]. Cham: Springer, 2016: 11-13.

[13] Ohinata F. UNESCO's activities for the safeguarding of the intangible cultural heritage in the horn of Africa[J]. African Study Monographs, 2010, 41(supplementary issue): 35-49.

[14] Loiacono V, Fallon J M. Intangible cultural heritage beyond borders: Egyptian Bellydance (Raqs Sharqi) as a form of transcultural heritage[J]. Journal of Intercultural Studies, 2018, 39(3): 286-304.

[15] El Gamil R. Storytelling as a tool for safeguarding and marketing the intangible cultural heritage (ICH): The case of Nubia City, Egypt[J]. International Journal of Tourism Research, 2017 (18): 165-185.

[16] Abouelmagd D, Elrawy S. Cultural heritage and sustainable urban development: The case of port said city in Egypt[J]. Cogent Social Sciences, 2022, 8(1): 2088460.

[17] Giglitto D, Lazem S, Preston A. In the eye of the student: An intangible cultural heritage experience, with a human-computer interaction twist[C]. In Proceedings of the 2018 CHI Conference on Human Factors in Computing Systems, 2018: 1-12.

[18] Pigliasco G C. Local voices, transnational echoes: Protecting intangible cultural heritage in Oceania[C]. In Proceedings of Sharing Cultures 2009: International Conference on Intangible Heritage, 2009: 121-127.

[19] Daly L. Catching shadows: The exhibition of intangible heritage of Moana Oceania in Lisa Reihana's *in Pursuit of Venus [infected]*[J]. Journal of Conservation & Museum Studies, 2022, 20(1): 1-17.

附录一

联合国非遗数字传播大事年表

国际非遗大事记

1960年11月14日—12月15日 联合国教科文组织大会在巴黎召开第十一届会议,进一步推动普及教育及传播文化。通过建立人民之间的合作促进不分种族、性别或任何经济、社会差别的教育机会均等之观念,在增进人民之间相互了解的事业中开展合作,并保存、增加和传播知识。

1962年12月5日 联合国教科文组织提出《关于保护景观和遗址的风貌与特性的建议》。景观和遗址是许多国家经济和社会生活中的重要因素,而且大大有助于保障其居民的健康,然而,也应适当考虑社会生活及其演变以及技术进步的迅速发展之需要,因此,为保护各地的景观和遗址的风貌与特征,急需考虑和采取必要的措施。

1966年11月4日 联合国教科文组织大会通过了《国际文化合作原则宣言》,该宣言为在联合国教科文组织框架范围内制定文化政策奠定了基础。

1968年11月19日 联合国教科文组织提出《关于保护受公共或私人工程危害的文化财产的建议》。当代文明及未来之发展有赖于全世界人民的文化传统、创造力以及社会与经济的发展,文化财产是昔日不同传统和精神成就的产物和见证,因此,文化财产是全世界人民民族特征的重要组成部分。

1970年7月26日—8月2日 联合国教科文组织召开了关于文化政策的体制、行政及财政问题政府间会议,开始提出与"文化的发展"和"发展的文化维度"相关的理念。

1972年11月16日 联合国教科文组织通过《保护世界文化和自然遗产公约》。一些成员开始关注保护"非物质遗产"(尽管当时并未形成此概念)的重要性。文化遗产和自然遗产越来越受到破坏的威胁,一方面是年久腐变所致,另一方面是变化中的社会和经济条件使情况恶化,造成更加难以对付的损害和破坏现象。任何文化或自然遗产的坏变或丢失都有使全世界遗产枯竭的有害影响。部分文化或自然遗产具有突出的重要性,因而需要作为全人类世界遗产的一部分加以保护。

1976年3月5—10日 世界知识产权组织与联合国教科文组织的专家制定了《适用于发展中国家的突尼斯示范版权法》,这是国际论坛第一次专门为民间文艺的保护制定条款。

1978年10月24日—11月28日 联合国教科文组织大会在巴黎举行其第二十届会议,出台了《关于保护可移动文化财产的建议》。对于文化财产的兴趣正在世界范围内表现为众多博物馆及类似机构的创建,展览数目日益增多,旅游者持续不断地日益涌向收藏品、纪念物和考古遗址,以及文化交流的加强,每一国家在保护这些文化财产上对国际社会整体都负有道义责任。

1982年6月1—7日 在民间文艺的传播可能引起对文化遗产的不适当利用,甚至滥用和歪曲,从而损害民族文化和经济利益的背景下,世界知识产权组织与联合国教科文组织共同颁布了意在指导各国国内关于民间文艺保护立法的《保护民间文学艺术的表达、禁止不正当利用和其他破坏性行为的国家法律示范条款》。将"民间文学艺术表现形式"(而不是"民间文学艺术作品")从著作权法中独立出来,以专门的法律对其进行保护是该示范条款最大的特点。

1989年10月25日 中华人民共和国国务院批复接受《关于禁止和防止非法进出口文化财产和非法转让其所有权的方法的公约》,该公约于1970年11月由联合国教科文组织在巴黎通过。

1996年12月20日 由世界知识产权组织主持的外交会议上,通过了《世界知识产权组织表演和录音制品条约》。

1998年10月17日 联合国教科文组织通过《宣布人类口头和非物质遗产代表作条例》。

2000年5月18日 联合国教科文组织展开了"人类口头和非物质遗产代表作"项目申报,每两年宣布一次"代表作"。

2000年7月25—27日 世界知识产权组织成立了知识产权与遗传资源、传统知识和民间文艺政府间委员会,明确了传统知识、遗传资源、民间文艺的国家主权原则、知情同意原则和利益分享原则。

2001年11月2日 联合国教科文组织颁布了《世界文化多样性宣言》。希望在承认文化多样性、认识到人类是一个统一的整体和发展文化间交流的基础上开展更广泛的团结互助;认为尽管受到新的信息和传播技术的迅速发展积极推动的全球化进程对文化多样性是一种挑战,但也为各种文化和文明之间进行新的对话创造了条件;认识到联合国教科文组织在联合国系统中担负着保护和促进丰富的文化多样性的特殊职责。

2003年10月17日 联合国教科文组织第三十二届大会通过了《保护非物质文化遗产公约》,中国积极参与《公约》制定工作的全部过程。

2005年10月20日 联合国教科文组织通过《保护和促进文化表现形式多样性公约》。

2006年6月9日 联合国教科文组织政府间委员会第一届会议举行。委员会接受了阿尔及利亚当局在阿尔及尔举办保护非物质文化遗产政府间委员会首次会议的提议,将委员会的成员国数量从18个增加到24个。在本次会议期间,委员会通过了其议事规则,并对以下内容进行了初步讨论:用于《公约》实施的操作指南(第7条);对政府间委员会的咨询援助(第8条和第9条);列入人类非物质文化遗产代表作名录的标准(第7条、第16条和第17条)。

2006年6月27—30日 联合国教科文组织《公约》缔约国大会第一次会议上,中国以高票当选首届保护非物质文化遗产政府间委员会成员。中国有权参与审议联合国教科文组织人类非物质文化遗产代表作名录和急需保护的非物质文化遗产名录和提名,制定遴选标准,并对国际援助进行审议。

2006年6月27日 《公约》缔约国大会第一届会议在巴黎联合国教科文组织总部举行。44个缔约国的代表参加了本届会议,73个会员方和6个非政府组织的代表也作为观察员参加会议。联合国教科文组织非物质遗产科为这次会议提供了秘书处服务。会议通过《公约》缔约国大会议事规则,决定以缔约国对联合国教科文组织正常预算纳款为基数确定一个统一的百分比来计算缔约国对保护非物质文化遗产基金的纳款。

2006年11月9日 在政府间委员会第一届会议上,《公约》缔约国大会选出了18名成员,加入保护非物质文化遗产政府间委员会。政府间委员会的成员数应在《公约》缔约国达到50个后增加到24个。考虑到2006年8月30日津巴布韦将成为《公约》的第50个缔约国,大会决定在6月份召集大会的特别会议,以选举政府间委员会的6个额外成员。

2007年3月18日 联合国教科文组织第三十三届大会通过的《保护和促进文化表现形式多样性公约》生效。

2007年5月23—27日 政府间委员会第一次特别会议在中国成都举行。保护非物质文化遗产政府间委员会接受了中国慷慨提出的主办政府间委员会特别会议的提议。第一次特别会议期间的委员会成员是阿尔及利亚、白俄罗斯、比利时、玻利维亚、巴西、保加利亚、中非、中国、爱沙尼亚、法国、加蓬、匈牙利、印度、日本、马里、墨西哥、尼日利亚、秘鲁、罗马尼亚、塞内加尔、叙利亚、土耳其、阿拉伯联合酋长国和越南。

2008年6月16—19日 《公约》缔约国大会第二届会议在联合国教科文组织总部举行。根据其议事规则和《公约》第6条的规定,缔约国大会在此次会议上进行了选举,以更新保护非物质文化遗产政府间委员会一半成员的任期。会议期间,保护非物质文化遗产政府间委员会接受了保加利亚共和国提出的主办政府间委员会第二次特别会议的提议。特别会议在保加利亚索菲亚举行,得到了保加利亚共和国总统格奥尔基·珀尔瓦诺夫的高度赞助。

2009年9月28日—10月2日 政府间委员会第四届会议在阿拉伯联合酋长国首都阿布扎比举行。保护非物质文化遗产政府间委员会接受了阿拉伯联合酋长国提出的主办政府间委员会第四届会议的提议。委员会在这次会议上首次将项目列入人类非物质文化遗产代表作名录和急需保护的非物质文化遗产名录,相关文件(提名文件、照片、视频)可在名录页面上线浏览。

2010年6月22—24日 《公约》缔约国大会第三届会议在联合国教科文组织总部举行。根据其规程和《公约》第6条的规定,缔约国大会进行了对非物质文化遗产保护政府间委员会成员一半席位的续选。缔约国大会还审议并批准了额外的操作指南草案,以指导《公约》的实施,修订了2008年6月第二届会议通过的部分指南,并继续为给委员会提供咨询服务的非政府组织进行认证。

2010年11月15—19日 政府间委员会第五届会议在肯尼亚内罗毕举行。基于特殊情况,委员会决定将些职权临时委托给委员会局,直至下次会议。这些授权包括指定急需保护的非物质文化遗产名录提名的审查人员,加快完成2009年列名工作的进程,以及处理超过25 000美元的国际援助申请。这些操作将依照会议中通过的特定决定来执行,同时要考虑到地区的特殊性质和需求,以及维持地理平衡的必要性。

2011年1月10日—4月14日 联合国教科文组织开展了一系列加强保护非物质文化遗产的国家能力建设的培训师资培训。《公约》反复强调了加强发展中国家有效实施相关条款的重要性。为此,联合国教科文组织将其2010—2011年度计划重点放在了全球能力建设战略上,并计划在未来年度继续采取相同的举措。联合国教科文组织正在建立一个全球专家网络,这些专家将接受课程和培训。这些培训于1—4月在不同地区举办,包括亚太地区、哈拉雷、利伯维尔、索非亚、拉丁美洲和加勒比地区,以及阿拉伯国家,旨在建立专家培训者网络。这些会议得到了各地主办单位的协办,如中国文化部、津巴布韦口头传统协会、非物质文化遗产基金、联合国教科文组织常规计划、联合国教科文组织/保加利亚政府信托基金、联合国教科文组织/阿布扎比文化遗产局信托基金等的支持和资助。

2012年6月4日—8月10日 加蓬启动非遗清点的一系列地方研讨会。培训地方社区采用清点方法来保护他们的非遗,这是从2012年6月4日开始在加蓬的九个省份启动的一系列研讨会的目标。联合国教科文组织利伯维尔集群办事处与社会学研究中心(Centre for Research and Sociological Studies,CRES)合作推动了这一倡议。该想法是2010年启动的能力建设活动的延续,为社区提供清点其非遗所需的方法论工具和技巧。联合国教科文组织网络的协调员之一、人类学家克劳丁·奥吉·昂古埃(Claudine-Augee Angoué)主持研讨会,采用联合国教科文组织为实施《公约》的能力建设战略开发的培训材料。这四个研讨会在兰巴雷内、库拉穆图、穆伊拉和奥耶姆等地举办,持续六周时间,并于2012年8月10日结束。

2012年5月14—18日 不丹国家内务和文化事务部下属的国家档案馆与图书馆合作,在不丹的帕罗举办了首次国家级《公约》实施培训研讨会。共有28名参与者,包括来自不丹12个地区的文化官员以及来自国家图书馆和档案馆、文化部门、民间文化遗产博物馆、语言和文化研究学院以及协助绘制非遗地图的非政府组织赫尔维塔斯(Helvetas)的代表。不丹于2005年批准了《公约》,同年,德拉迈茨的鼓乐面具舞被宣布为联合国口头和非物质文化遗产的杰作之一,并随后纳入《公约》的人类非物质文化遗产代表作名录。目前,不丹正在与亚太地区非遗国际信息和网络中心(ICHCAP),即韩国的第二类中心,合作进行初步调查和非遗清单的编制。

2012年5月21—27日 加强波斯尼亚和黑塞哥维那社区能力,进行非遗清点。联合国教科文组织与波斯尼亚和黑塞哥维那民政部和联合国教科文组织国家委员会密切合作,在萨拉热窝举办关于社区清点非遗的国家能力建设研讨会。该活动汇集专家、非政府组织、社区成员、地方政府当局、政府官员以及与《公约》密切相关的各方。其目标是提升所有利益相关者的能力,以社区为基础清点非遗。研讨会为参与者提供根据《公约》进行非遗有效文档编制和清点所需的知识、技能和工具,并在研讨会结束时提供实地实习。

2012年6月4—8日 《公约》缔约国大会第四届会议在联合国教科文组织总部举行。在本次会议期间,缔约国大会根据2008年以来政府间委员会在工作过程中所积累的经验,对部分业务指南进行了修订。修订提案涉及政府间委员会每年审议文件的方式和最大审议数量的上限。缔约国大会还为给委员会提供咨询服务的非政府组织进行了认证,并进行了非物质文化遗产保护政府间委员会成员一半席位的续选。

2012年6月8日 政府间委员会第六届会议。在第六届会议上,政府间委员会在选举局成员时决定,以特殊情况为基础,暂停议事规则13.1条的规定,并要求秘书处"采取必要措施,在缔约国大会期间召开委员会特别会议,以选举新的局成员"。

2012年11月7—10日 联合国教科文组织保护非物质文化遗产全球能力建设战略评估会议在中国北京召开。此会议由联合国教科文组织非物质文化遗产部门与联合国教科文组织亚太中心合作举办,并得到了中国政府的慷慨支持。在全球战略实施一年后,已有42个国家正在推行为其量身定制的为期两年的能力建设项目,至今已举办了76场培训研讨会,由75名来自联合国认证专家网络的引导者主持,这些专家来自各个地区。此次会议是帮助实现联合国教科文组织在文化领域的目标的绝佳机会,动员国际和国内专业知识资源来保护非遗。

2013年3月18—22日 洪都拉斯举办《公约》实施研讨会。一项为期五天的关于在国家层面实施《公约》的能力建设研讨会在洪都拉斯特古西加尔巴举行。这次会议开启了2013年由联合国教科文组织圣何塞和危地马拉办事处负责实施的中美洲能力建设项目,该项目得益于西班牙对非物质文化遗产基金的慷慨捐赠。这次活动得到了中美洲教育和文化协调机构的支持,汇集了洪都拉斯关键的利益相关者,特别是来自文化、艺术和体育部门以及尼加拉瓜文化研究所和萨尔瓦多总统府文化秘书处的代表,他们参与了非遗的保护工作。联合国教科文组织认证专家网络的两名成员,墨西哥的恩里克·佩雷斯·洛佩兹(Enrique Pérez López)先生和委内瑞拉的玛丽亚·伊斯梅尼亚·托莱多(Maria Ismenia Toled)女士,主持会议,旨在为每个受援国的项目重点人员提供《公约》的目标、关键概念、国际机制以及缔约国的国家义务概览。

2013年5月13—17日 关于在国家层面实施《公约》的能力建设研讨会在海地角(海地)举行。会议是在加勒比地区由非物质文化遗产基金资助的地区能力建设计划框架内组织的,得益于挪威的慷慨捐赠,并得到了海地文化部、海地与联合国教科文组织合作国家委员会和民族学国家局的支持。在为期五天的时间里,来自海地北部地区的约20名参与者接受了关于《公约》的目标、关键概念、国际机制以及缔约国的国家义务的密集培训。由联合国教科文组织培训专家网络的两名成员,秘鲁的索莱达·穆希卡(Soledad Mujica)女士和加蓬的克劳丁·奥吉·昂古埃(Claudine Augée Angoué)女士,主持,研讨会旨在通过强调,将非遗的保护作为发展的手段,可以找到合适的可持续发展途径,以激励不同利益相关者在这一领域进行更大协调,无论是在机构层面还是在民间社会层面。

2013年6月13日 第七届政府间委员会会议于阿塞拜疆巴库举行。在开幕会上,政府间委员会主席阿布尔法兹·加拉耶夫(Abulfas Garayev)正式宣布会议开始。加拉耶夫赞赏地提到,这次会议召开的时间恰好是《公约》成立十周年。他回顾到目前已有156个缔约国批准了《公约》,其中,阿塞拜疆在《公约》框架下,为众多非遗的认定做出了重要贡献。

2013年8月12—21日 莫桑比克举办了关于非遗社区清点的研讨会。在《公约》实施的全球能力建设战略框架内,在莫桑比克举办了一场旨在增强非遗保护国家能力的研讨会。通过这个研讨会,莫桑比克社会文化研究国家研究所、文化部的官员以及马尼卡省的地方政府代表、民间社会和社区领袖将熟悉有关社区清点活动的原则和方法。希望一些参与者能成为后续在莫桑比克和其他非洲葡萄牙语国家提供进一步培训的促进者。这个研讨会是在挪威向非物质文化遗产基金慷慨的自愿额外捐款的支持下组织的,是一个面向非洲葡萄牙语国家的项目的一部分。同一批参与者将首先接受有关在国家层面实施《公约》的培训。

2013年9月17—19日 保护非物质文化遗产全球国家能力建设战略拉丁美洲和加勒比地区回顾会议举办。继2012年11月在中国北京举办的首次评估会议之后,联合国教科文组织非物质文化遗产部门在秘鲁库斯科召开第二次评估会议。拉丁美洲非遗保护区域中心是联合国教科文组织主管的二级中心,将承办此次会议,旨在评估该战略在拉丁美洲和加勒比地区的实施情况。会议聚集来自全球网络的11名引导者,他们在两年前通过世界各地的培训师资培训研讨会建立了这个网络,在该地区进行了能力建设活动。

2014年1月27—31日 在突尼斯举办国家级《公约》实施研讨会。《公约》许多缔约国,包括摩洛哥、毛里塔尼亚和突尼斯在内,需要更好地理解《公约》各种机制。此外,它们常常缺乏有资质的人力资源和财政资源,以更好地管理和保护自己的文化遗产。挪威资助的"通过加强马格里布国家能力建设来保护非物质文化遗产"项目,由联合国教科文组织拉巴特办事处与三个国家合作实施,旨在加强这一领域的国家能力。

2014年2月11—14日 拉丁美洲和加勒比地区文化局在东古巴的圣地亚哥举办了一场关于在国家层面实施《公约》的能力建设研讨会。这个研讨会汇集来自东部省份和卡马圭的约20名参与者。该地区的非遗传承人,以及省级委员会和国家机构的成员,如非遗保护国家委员会或古巴文化研究所的代表,接受了有关《公约》的目标和关键概念,批准该公约的国家所承担的义务,以及相关国际合作机制的密集培训。这个研讨会是惠及古巴、多米尼加和海地的地区能力建设计划的一部分,并通过挪威慷慨捐赠给非物质文化遗产基金的资金而得到资助。

2014年5月5—9日 举办区域研讨会,讨论阿拉伯地区非遗保护的概念和法律框架。来自阿拉伯地区不同国家文化部和受过联合国教科文组织培训的专家代表约30人与联合国教科文组织和阿拉伯国家教科文组织(ALECSO)共同讨论制定非遗保护概念和机构框架的需求和挑战。这两个国际组织与科威特国家文化、艺术和文学委员会合作，在科威特市举办此次会议，审查实施联合国教科文组织保护非遗能力建设计划的进展和挑战，并提出在阿拉伯地区推进的建议。

2014年6月13日 举行政府间委员会第八届会议。柬埔寨提名斗狮拳（Kun Lbokkator，编号00980）列入急需保护的非物质文化遗产名录。"Kun"一词用来描述古代高棉帝国的武士所发展的战斗、跳跃和对抗对手的武术，而"Lbokkator"一词指所有涉及半跪姿势的格斗技术。Kun Lbokkator基于12种姿势，各种姿势的组合形成了特定的战斗技巧。随着时间的推移，这种技术逐渐发展成表演艺术或传统休闲游戏，常在传统庆典（如亡灵节、佛教团结节和高棉新年）期间练习。大量Lbokkator格斗技术已成为古典和民间舞蹈以及剧院中的一些战斗场景的基础。这门艺术传统上通过由大师自愿提供的培训来传承。

2014年9月23—26日 召开欧洲和中亚非物质文化遗产保护全球能力建设战略回顾会议。在经过三年的实施后，是时候对联合国教科文组织在欧洲和中亚加强保护非物质文化遗产的全球能力建设战略进行总结了。因此，位于东南欧的非遗保护区域中心在保加利亚索非亚举办了一次回顾会议，由联合国教科文组织非物质文化遗产部门共同组织。这是继亚太地区（北京，2012年11月）、拉丁美洲和加勒比地区（库斯科，2013年9月）以及阿拉伯地区（科威特市，2014年5月）之后的第四次此类回顾会议。

2015年4月27—28日 举办《公约》培训研讨会：朝着果阿邦非遗清单迈进。联合国教科文组织新德里办事处受果阿邦政府艺术与文化总局之邀，举办了为期两天的关于《公约》的培训研讨会，重点是清单制作。在印度，文化遗产的保护责任由联邦政府和邦政府共同承担。在印度这样一个拥有多样文化传统的广阔国家，如果每个邦政府承担起编制清单和实施保护计划的责任，可能会更有效，而不是依赖中央政府的主动性。因此，联合国教科文组织新德里办事处与桑吉特·纳塔克学院（Sangeet Natak Academi）合作，开始对邦政府官员进行关于《公约》的介绍工作。

2015年5月1日—6月30日 开展"增强阿鲁巴（荷）、博奈尔岛（荷）、库拉索（荷）、萨巴岛（荷）、圣尤斯特歇斯岛（荷）、圣马丁岛和苏里南的实施《公约》的能力"项目清点实地演练。萨巴的现场演练由非物质文化遗产委员会组织，活动以一次会议开始，通知了所有1月份参加库拉索社区清点培训的从业者，并安排了此次现场演练的相关事宜。此外，参与者确定了在现场演练中关注的不同形式的非遗，包括五月柱舞蹈、家庭中传统菜肴的制备以及与农业和食品生产相关的非遗。最终，五月柱舞蹈被认为最合适，因为它广为人知，迄今尚未记录，并且从业者寥寥无几。参与者（七名女性和三名男性）接受了培训，学习如何使用联合国教科文组织的样本框架，并制作了一部关于五月柱舞蹈的短纪录片，重点介绍了清点过程。从业者还接受了培训，学习了在清点研讨会中应用的各种方法和音视频设备的使用技巧。

2015年5月14日 召开强化尼日利亚非遗保护政策和法律框架研讨会。尼日利亚官员、政策制定者、民间社会代表以及联合国国家团队成员在阿布贾举行会议，讨论修订尼日利亚 1988 年"国家文化政策"和其他国家法律的事宜。这一天的研讨会汇集了各个领域的参与者,包括文化领域以外的人,如农业、教育和卫生从业者等,重点关注尼日利亚现行非遗保护政策和相关法律框架中存在的不足之处,以便进行修订。这一倡议是 2014 年联合国教科文组织与日本信托基金合作项目支持尼日利亚有效实施《公约》的一部分。

2015 年 11 月 30 日—12 月 4 日 政府间委员会第十届会议在纳米比亚温得和克乡村俱乐部和度假村举行。在此次会议前夕,举行了一个非政府组织论坛,之后由东道国举办的开幕式包括现场表演(视频)和讲话。葡萄牙提名牛铃制作(manufacture of cowbells,编号 01065)列入急需保护的非物质文化遗产名录。葡萄牙的阿尔卡索瓦斯(Alcáçovas)是制造牛铃的主要中心,该地的居民以这一文化遗产为傲。然而,由于近期的社会经济变化,这种传统做法逐渐变得不可持续。新的放牧方法在很大程度上减少了牧羊人的需求,牛铃越来越多地采用更便宜的工业技术制造。

2016 年 5 月 16—19 日 在洛哈研讨会之后,厄瓜多尔文化和遗产部、厄瓜多尔国家文化遗产研究所(National Institute of Cutural Heritage of Ecuador,INPC)和联合国教科文组织基多办事处在里奥班巴举办了第二场研讨会,旨在制定用于保护非遗的公共政策工具。这次研讨会汇集了来自文化和遗产部及 INPC 地区办事处、国家规划和发展秘书处的代表,以及社区成员,共 25 名参与者。面对保护非遗的挑战,参与者将就修订和调整发展计划的机制进行工作,这些计划的执行由厄瓜多尔的地方政府负责。这次研讨会是由日本政府支持的为期两年的项目的一部分,旨在增强厄瓜多尔保护非遗的人力和机构能力。

2016 年 5 月 17—20 日 举办荷兰加勒比岛屿保护计划制定联合研讨会。代表阿鲁巴(荷)、博奈尔岛(荷)、库拉索(荷)、萨巴岛(荷)、圣尤斯特歇斯岛(荷)、圣马丁岛和苏里南的 20 多名参与者聚集在库拉索,参加一个关于制定保护非遗计划的研讨会。参与者代表了多元化的社群和从业者,以及参与亚洲地区非遗保护的政府和非政府组织,他们是首批受益于新开发的培训的参与者,该培训结合了交互式场景和角色扮演游戏,由受过联合国教科文组织培训的专家提供。此活动建立在荷兰加勒比地区进行的基于社区的清点培训和实地演练基础之上。由联合国教科文组织加勒比地区金斯顿集群办事处与岛屿上的国家或地区合作组织,它是一个加强荷兰加勒比岛屿和苏里南非遗保护能力的项目的一部分,得益于荷兰政府对非物质文化遗产基金的慷慨捐助。

2016 年 8 月 12 日 召开政府间委员会第十一届会议。乌干达提名马迪碗琴音乐与舞蹈(Ma'di bowl lyre music and dance,编号 01187)列入急需保护的非物质文化遗产名录:马迪碗琴音乐与舞蹈是乌干达马迪人的一种文化实践。这种传统的歌曲和舞蹈由社区的祖先传承下来,用于多种目的,包括婚礼、政治集会、庆祝丰收、教育儿童、解决冲突或悼念亲人的离世。这一传统实践有助于加强家庭纽带和家族团结,以及教育年轻一代有关社区历史、价值观和文化的知识。与该实践相关的知识和技能从资深传承人传递给年轻人。然而,由于新一代认为这是过时的,以及用于制作乐器的植物和动物材料如今被视为濒危,这一传统的延续性受到威胁。

2017年4月3—7日 召开关于在危地马拉国家层面实施《公约》的能力建设研讨会。得益于阿塞拜疆政府的慷慨捐助,一个新的能力建设项目已经启动。该项目旨在在危地马拉的机构结构和当地社会组织中继续实施《公约》的主要原则。危地马拉市举办了一个关于在国家层面实施《公约》的能力建设研讨会。这次研讨会涉及来自危地马拉多个地方的市政人员、文化部门的工作人员,以及担任非遗传承者的民间社会和社区代表。这次活动旨在提高当地和国家行为者对《公约》的原则、范围和目标的认识,以突显其作为确保非遗持续性的工具的有效性。

2017年6月11—13日 在中国成都市召开无限期政府间委员会会议,以就《公约》的总体结果框架达成共识。在文化部和成都非物质文化遗产保护中心的慷慨支持下,这次为期三天的会议旨在推进政府间委员会在多次会议中的工作,并以2016年9月在北京举行的专家会议为基础。其主要目标是就相关指标达成一致,这些指标将与提交给政府间委员会的结果图一起构成总体结果框架。会议报告将在2017年12月于韩国举行的政府间委员会第十二届会议上提交。

2017年10月18日 亚太中心2012—2017工作成果展在巴黎中国文化中心古典楼镜厅开幕。联合国教科文组织文化助理总干事弗朗西斯科·班德林(Francesco Bandarin),《公约》秘书长蒂姆·柯蒂斯(Tim Curtis),中国驻法使馆文化处公参李少平,巴黎中国文化中心主任严振全,以及来自联合国教科文组织总部,中国驻法使馆,中国、泰国等十余国常驻联合国教科文组织代表团等的代表共60余人出席开幕式。展览开幕之际,正值联合国教科文组织召开202次执行局会议,会议通过了就设立亚太中心与中国政府续约的决定。正是为了向有关各界介绍亚太中心的工作,感谢有关各方对于中心发展给予的大力支持,亚太中心在联合国教科文组织总部所在地巴黎举办亚太中心2012—2017工作成果展,回顾亚太中心以往的工作,展望亚太中心今后的发展。

2017年12月4—9日 政府间委员会第十二届会议在韩国济州岛举行,共有800多名与会者参加。此次会议由韩国驻联合国教科文组织大使兼常驻代表李秉贤主持。在为期六天的会议期间,委员会的24名成员讨论了执行《公约》的关键问题。重要成果包括对《公约》的整体结果框架的认可,以及与之相关的定期报告机制的修订建议。鉴于实施国际援助机制面临的挑战,委员会还决定向大会提出具体措施,以使该机制得以运作。委员会还讨论了未来四年的两个资金优先事项的采纳问题,以及社区在紧急情况下保护濒危非遗中所扮演的复杂角色,这些都是会议的重要议题。

2018年4月25—27日 在"加强危地马拉非物质文化遗产的当地保护能力"项目框架下,在危地马拉城举行六场非遗保护计划研讨会中的最后一场。培训侧重根据《公约》的原则制定保护计划。2017年,共培训了89名关键参与者,他们接受了《公约》的基本原则培训,并学习了基于社区的清点和保护计划的设计方法。除了理论培训外,还进行了两项试点清点,分别是圣塔阿波洛尼亚(Santa Apolonia)陶器技术和埃斯基普拉斯(Esquipulas)的"黑基督朝圣"活动。这些活动旨在增强在国家和地方层面有效实施《公约》的机构、技术和人力能力。它们还有助于促进社区参与其非遗保护机制。

2018年6月4—6日 第七届《公约》缔约国大会在联合国教科文组织总部巴黎举行。在为期三天的会议中,177个缔约国讨论了一系列对全球非遗保护至关重要的议题。在大会期间,秘书处组织了一系列以"讲述您的#生活遗产故事"为主题的全球次会活动。这些活动展示了当今生活遗产的丰富多彩,为各方共同讨论和分享经验提供了平台。

2018年6月18—21日 吉布提举行了一场关于吉布提实施《公约》的国家研讨会。吉布提的穆斯林事务、文化和瓦克夫(Waqf)资产部在联合国教科文组织东非地区办事处的支持下,召集了40名国家和地方政府官员、专家、非政府组织代表、社区代表和媒体代表。研讨会的议程包括关于保护非遗以及将其代代相传的一般介绍。在研讨会之后,吉布提计划向《公约》的非物质文化遗产基金提出国际援助请求,以开始清点工作并制定国家法律和政策,保护该国的非遗。

2018年7月2日 由联合国教科文组织总部、亚太中心主办,浙江省文化厅支持,浙江省非物质文化遗产保护中心、杭州市文化广电新闻出版局承办的联合国教科文组织亚太地区非遗师资培训班在浙江杭州开班。该培训班旨在充实亚太地区非遗能力建设师资力量,为学员提供练习教授《公约》基本概念、要求、机制以及政策支持等内容的机会,促进学员之间、学员与经验丰富的培训师之间的交流和沟通,加强亚太地区师资专家网络的建设、维护与更新。此次培训班围绕联合国教科文组织能力建设、国家层面的非遗政策支持、非遗国际援助、非遗纳入发展政策和方案、非遗纳入教育等课题进行系统性的培训。

2018年8月8日 由上海市文化广播影视管理局和上海市人民政府外事办公室主办,上海艺术品博物馆、上海工艺美术职业学院、上海市文化艺术档案馆和亚历山大图书馆承办的"文化越古今——生活中的上海非物质文化遗产展"在埃及亚历山大图书馆精彩亮相。

2018年10月15—19日 举办关于非遗概念的广泛社区培训。赛内加尔文化遗产总局和联合国教科文组织西非(撒哈拉)区域办事处在达喀尔举办了一场关于非遗社区清点的培训研讨会。为此,选定了20名参与者,包括地区文化中心主任、文化遗产专家和国家联系点代表,他们将负责在地方层面提供类似的培训。这个研讨会是"加强塞内加尔非物质文化遗产保护的国家能力"项目的一部分,由非物质文化遗产基金资助,主要旨在支持制定国家清点战略和生活遗产保护计划的实施。

2018年11月26日—12月1日 来自120多个国家的800名代表聚集在毛里求斯的路易港,参加了政府间委员会第十三届会议。该委员会由大会选举产生的24名成员组成,就全球各地社区的活态遗产保护做出了重要决定。此次会议由毛里求斯艺术与文化部部长普里特维拉杰辛格·鲁普恩(Prithvirajsing Roopum)主持。委员会将7个项目列入急需保护的非物质文化遗产名录,将31个项目列入人类非物质文化遗产代表作名录,并将一个项目选入保护非物质文化遗产优秀实践名册。

2019年3月3—12日 召开基于《公约》的社区非遗清点研讨会。这个研讨会是埃及非遗可持续发展能力建设持续24个月的项目的一部分。该项目的目标是加强埃及保护非遗的能力,以促进可持续发展。该项目得益于阿布扎比旅游与文化局的财政支持,是基于在非遗领域进行的需求评估的结果,旨在支持埃及按照《公约》的规定,努力保护其文化遗产。在埃及文化部的合作下,联合国教科文组织开罗办事处已经提供了政策咨询服务和能力建设活动,这些活动是根据之前与国家合作伙伴通过2015年4—8月进行的部门评估中预先确定的需求进行的。

2019年3月26—28日 联合国教科文组织亚太中心中外嘉宾一行25人到河北省丰宁满族自治县开展非遗交流考察活动。考察团成员包括联合国教科文组织驻华代表处文化事务负责人希玛瑶珠莉·古榕(Himalchuli Gurung),亚太中心主任梁斌,巴黎中国文化中心原副主任、亚太中心咨委会委员苏旭等,河北省文化和旅游厅副厅长赵学锋,承德市人民政府副市长苏铁成及丰宁县有关领导陪同考察交流。

2019年6月3—7日 所罗门群岛文化和旅游部在霍尼亚拉举办了一场关于《公约》实施的能力建设研讨会。研讨会汇集约40名参与者,包括政府官员、非遗持有人和从业者、社区领袖、非政府组织代表以及妇女和青年委员会的代表,以便在国家层面提升《公约》的实施能力。所罗门群岛有大约70种当地语言,其非遗反映了多样性。其非遗正受到发展压力以及城市化、自然灾害和气候变化的威胁。研讨会旨在探讨所罗门群岛非遗保护面临的特定挑战和机遇。研讨会还提供了讨论所罗门群岛东伦内尔岛世界遗产地的社区非遗清点的作用和意义的机会。

2019年9月9日 联合国教科文组织总部举办的"创建开放的传统游戏数字图书馆"全球项目协商会议上,来自项目试点国家的教科文组织代表,非遗、传统游戏和体育、数字保存和创新等领域的专家,青年代表,以及私营部门合作伙伴出席了会议。信息和传播助理总干事莫兹·查楚克(Moez Chakchouk)在欢迎辞中强调了传统游戏和体育在促进可持续发展方面的重要性。对应联合国教科文组织保护、分享以及增加信息和知识的获取,以建立包容性知识社会和赋能当地社区这一使命,他强调"运用跨学科的方法保护传承传统游戏及体育,是至关重要的"。教科文组织驻华代表欧敏行(Marielza Oliveira)提到朝韩两国联合申请将朝鲜族摔跤"希日木"(Ssirum/Ssireum)列入人类非物质文化遗产代表作名录这一堪称史无前例的举措。她表示,这是传统游戏和体育对构建和平与文化和睦做出贡献的绝佳见证。

2019年10月17日 亚太中心非遗保护能力建设培训在成都开班。亚太中心紧紧围绕《公约》精神持续有效地开展非遗培训活动,结合联合国教科文组织在非遗保护方面的新动向,系统推进非遗保护。在培训班上,文化和旅游部非物质文化遗产司一级巡视员王晨阳做了题为"中国的非物质文化遗产保护能力建设"的报告。他提出,目前,中国非遗保护的主要任务已经进入到提高非物质文化遗产传承实践水平的新阶段,要让非物质文化遗产回归社区、回归生活。"我们应从非物质文化遗产保护的传承能力、传承实践以及传承环境着手,科学保护非物质文化遗产,切实让非物质文化遗产在人们的日常生活中发挥社会功能,弘扬非物质文化遗产的当代价值,从而促进社会可持续发展。"

2019年11月20日 第十三届泉州国际南音大会唱在福建泉州举办,来自菲律宾、印度尼西亚、马来西亚、新加坡等国家和地区的33个南音社团参与此次活动。

2019年12月9—14日 政府间委员会第十四届会议在哥伦比亚的波哥大召开，地点位于离星星更近的2 600米高处。波哥大市文化、休闲和体育部部长玛丽亚·克劳迪娅·洛佩兹·索尔萨诺（María Claudia López Sorzano）担任委员会主席。委员会以美丽的巴兰基亚嘉年华仪式开幕，由哥伦比亚共和国总统伊力·杜克（Ivan Duque）和联合国教科文组织总干事奥德蕾·阿祖莱（Audrey Azoulay）亲自主持。在为期六天的会议中，波哥大中心会议厅迎来了来自134个国家的1 400多名代表。除了全体会议外，与会代表还有机会参加许多令人兴奋的特别的次会议，如展示原住民语言的声音展览。来自世界各地的专家还就在危机中保护非遗的经验进行了讨论。

2020年1月14日 联合国教科文组织亚太中心在京召开管理委员会第九次会议。亚太中心管理委员会主席、中国文化和旅游部党组成员、副部长张旭主持会议。亚太中心管理委员会委员，中心咨询委员会委员，以及中国文化和旅游部、中国联合国教科文组织全国委员会、联合国教科文组织驻华代表处、联合国教科文组织非物质文化遗产国际研究中心与国际信息和网络中心等机构的代表共60余人列席会议。会议审议并批准了亚太中心2019年度工作报告和2020年度工作计划等事项。

2020年2月27日—3月1日 联合国教科文组织-欧盟项目"吸引青年参与一个包容和可持续的欧洲"提出了一种创新的教育方法，邀请教师和学生探索他们的非遗，不仅了解非遗，还通过非遗学习。来自欧洲联盟10所联合国关联学校的教师和学生已经在自己的学校中开展并实施了试点项目。在联合国教科文组织培训的引导下，每个学校团队都进行了活动，以识别学校社区中存在的非遗，并将其融入数学、物理、语言等各种科目的课程计划以及课外活动。在此背景下，联合国教科文组织与联合国教科文组织委员会荷兰国家委员会密切合作，汇集了10个联合国关联学校团队，分享了他们的经验，分析了所采用的方法，并为欧洲教师资源材料的开发提供了资料，该资源材料将于项目结束前制作完成。

2020年6月26日 由于COVID-19紧急情况引发的旅行限制，第十四届东南欧非物质文化遗产专家网络年会以线上方式举行。2020年的研讨会旨在为参与者提供机会：①分享关于COVID-19危机对非遗保护的影响以及该地区相关行动者的应对经验和知识；②在COVID-19时代激发批判性思维，鼓励即使在非紧急时期也采取非遗保护的行动。本次会议由联合国教科文组织通过联合国教科文组织欧洲科学与文化区域局组织，与联合国教科文组织文化部下属的活态遗产机构合作，得到位于保加利亚索非亚的东南欧非物质文化遗产保护区域中心的支持。

2020年7月 世界遗产地可持续生计项目带头人传播能力建设线上系列培训顺利举办。两期培训班分别于7月15日和7月29日晚于线上举行。第一期为基础培训，主要内容包括短视频平台的基本操作、拍摄技巧及设备的使用、视频剪辑类App的使用等实操性内容。第二期为进阶培训，在点评学员作业的基础之上，主要包括拍摄叙事手法、故事讲述方法、账号运营推广等技巧性内容。其中，头部内容创作者、绍兴评话传承人方天与学员分享了故事讲述、内容创意等心得体会,非遗短视频多频道网络公司(multi-channel network,MCN)匠林风华负责人何聪从多个角度讲解了如何利用新媒体平台吸引观众、做好非遗。

2020年9月8—10日 《公约》缔约国大会第八届会议召开。由于全球范围的COVID-19大流行,采取了所有必要的卫生措施后,代表140多个国家的250名代表参加了会议。大会就《公约》的实施做出了重要决定。在整个会议期间,代表们讨论了COVID-19大流行对生活遗产的影响,并批准了在紧急情况下保护非遗的操作原则和方式。代表们还强烈重申,对《公约》的名录机制需要进行全球性反思。

2020年9月10日 东亚共享非物质文化遗产探索与保护会议顺利举办。在《公约》的框架下,联合国教科文组织北京代表处和联合国教科文组织蒙古国全国委员会,与ICHCAP合作,组织了本次线上会议。联合国教科文组织北京代表处驻华代表沙巴兹·汗(Shahbaz Khan)教授致开幕词,ICHCAP总干事金基亨(Keum Gi Hyung)和联合国教科文组织蒙古国全国委员会秘书长宝尔德赛汗·桑布(Boldsaikhan Sambuu)致开幕词。

2020年11月2日 "物以载道——中国非遗数字展"在中国和摩洛哥的数字媒体平台上线,该展览由中国文化和旅游部国际交流与合作局主办,中国文化传媒集团有限公司下属中传创展(北京)文化发展有限公司承办,同名线下展于11月2日—12月2日在摩洛哥拉巴特中国文化中心举行。

2020年12月14—18日 政府间委员会第十五届会议召开,委员会首次采用完全在线模式召开。牙买加文化、性别、娱乐和体育部部长奥利维亚·格兰奇(Olivia Grange)担任会议主席,该会议采用创新方法连接金斯敦和巴黎的虚拟讲台。尽管面临2020年新冠疫情带来的许多挑战,这次前所未有的会议仍然做出了一系列重要决定。参与者广泛,有142个不同国家的代表注册。会议期间,多达2500人关注了全部或部分的讨论,其中超过800人是注册参与者。

2021年5月10日 克雷莫纳市是世界上受第一波COVID-19大流行影响最严重的地区之一,该市"克雷莫纳传统小提琴制作"项目被列入人类非物质文化遗产代表作名录。由于疫情遏制措施,传统小提琴制造商不被允许进入其工作坊,从而影响了传统技艺的传承和传播。对此,克雷莫纳市号召当地整个遗产社区协助确定最佳策略,以保护传统小提琴制作。在与联合国教科文组织、意大利文化部和伦巴第大区的密切合作下,该市制定了一系列能力建设活动,于网络研讨会上推出发展克雷莫纳传统小提琴制作的保护计划。

2021年7月5日—8月30日 联合国教科文组织驻华代表处和联合国教科文组织亚太中心联合举办了名为"跟我看非遗"的青年非遗保护能力建设第一期培训班。该培训采用了线上授课与学员线下拍摄实践相结合的方式。开班式于7月5日举行,联合国教科文组织驻华代表处代表夏泽翰,中国艺术研究院副院长、中国非物质文化遗产保护中心主任王福州,以及联合国教科文组织亚太中心主任梁斌均出席了此次活动。在培训期间,学员们共拍摄完成了66部非遗短片,涵盖了传统技艺、传统美术、传统表演、民俗等共计62个不同主题的非遗项目、非遗事件及非遗人群。

2021年7月8—10日 《公约》的缔约国和观察员被邀请参加在全球反思《公约》列名机制框架下的开放式政府间工作组的第一部分和第二部分会议。第一部分会议中,工作组讨论了第六类专家会议的建议,以决定《公约》列名系统改革的总体方向。第二部分会议中,在第一部分会议的基础上,工作组同意推荐与第一部分选择的总体方向一致的具体变更,并采纳了提交给委员会第十六届会议的建议。同时,委员会决定通过在2022年4月召开第三部分会议来继续工作组的任务,以讨论和总结在第一部分和第二部分会议以及委员会第十六届会议期间提出的其他问题。它进一步决定召开委员会的特别会议,以审查工作组的任何进一步提案,以便有可能在2022年中期提交给大会第九届会议。

2021年8月12—18日 巴黎中国文化中心同云南省文化和旅游厅合作策划了云南省文化旅游推介活动第二期——"七彩云南·魅力非遗"短视频展播活动。此次短视频展播活动重点推介云南剪纸、普洱茶、腾冲皮影、竹编、民族服饰等当地代表性非遗项目。该活动在中心官网、微信公众号、脸书、推特、领英、油管等海内外主流新媒体平台同步推出。

2021年10月15日 由联合国教科文组织亚太中心与联合国教科文组织曼谷办事处联合举办的老挝"青年领袖计划"保护非物质文化遗产促进可持续发展培训班在线开班。参训的40名学员均为来自老挝琅勃拉邦省、占巴塞省及川圹省的社区青年领袖。联合国教科文组织非遗培训师帕瑞塔·查勒姆鲍·科亚南塔库(Parita Chalermbow Kohansamut)及其他六名来自泰国和老挝的专家应邀授课。

2021年12月13—18日 政府间委员会第十六届会议以全面在线形式举行。联合国教科文组织斯里兰卡国家委员会秘书长潘奇·尼拉梅·米加斯瓦特(Punchi Nilame Meegaswatte)担任主席。这次年度聚会汇集了来自全球各地的数百名与会者,包括各国缔约方代表、非政府组织代表、文化机构代表和其他利益相关者。为支持国家保护活态遗产的努力,委员会向乌干达和赞比亚提供了财务援助。委员会还首次决定将一个越南音乐传统项目从急需保护的非物质文化遗产名录转移到人类非物质文化遗产代表作名录中。

2022年3月21—25日 阿拉伯地区在沙迦文化遗产研究所启动了有关定期报告的培训。阿拉伯国家是第三个根据改革后的定期报告机制制定有关《公约》实施情况的国别报告的地区。基于在拉丁美洲和加勒比地区以及欧洲成功实施的定期报告能力建设,联合国教科文组织进一步创新了这一培训课程,并首次以混合模式在阿拉伯联合酋长国沙迦举行。这得益于沙迦文化遗产研究所的慷慨支持。沙迦文化遗产研究所主席阿卜杜勒阿齐兹·阿尔穆萨拉姆(Abdulaziz Almusallam)博士主持了来自18个阿拉伯国家的定期焦点汇报。这些焦点汇报将讨论了《公约》的定期报告机制,增强他们设计和实施基于结果的参与性报告的知识和技能,并熟悉新的在线定期报告工具。培训班将为参与者提供同行学习、建立网络和战略讨论的机会,并在联合国教科文组织文化领域的区域项目专家的参与下进行。由于采用混合模式,每个重点团队的成员都可以在线参加,从而进一步丰富了讨论。该课程由联合国教科文组织《公约》主管机构的高级成员领导。

2022年7月1日 政府间委员会第五次特别会议以全面在线形式举行。该委员会的这次特别会议是根据委员会第十六届会议的请求，作为对《公约》上报机制进行全球性反思的一部分而召开的。在委员会决定在上述全球性反思框架下延长不特定政府工作组的授权，进行第三阶段会议后，这次特别会议进一步审查了有关修改实施《公约》的业务指南的提案，以便在第九届缔约国大会上提交给《公约》的缔约国。此外，委员会还将乌克兰红菜汤文化列入了急需保护的非物质文化遗产名录，作为一种极度紧急情况的例子。

2022 年 7 月 5—7 日　《公约》缔约国大会第九届会议在联合国教科文组织总部巴黎举行。在为期三天的会议中，180 个缔约国聚集在一起，讨论了对全球生活遗产保护和《公约》未来至关重要的问题。其中包括关于《公约》的名录机制的全球性反思，非物质文化遗产基金资源使用计划以及非政府组织的认证。此外，还选举产生了 12 名新的委员会成员。

2022 年 8 月 1 日　由福建省文化和旅游厅主办，省美术馆、福建日报社东南网海外部承办的"格物致道——福建非遗传统美术、传统技艺类作品展"以"云展览"形式正式在海外线上平台展出，为期一个月的展览向海外侨胞、国际友人展现 40 件涵盖白瓷、建盏、福州脱胎漆器等福建传统美术、传统技艺类古今佳作。

2022 年 8 月 1 日—9 月 5 日　联合国教科文组织驻华代表处与联合国教科文组织亚太中心举办了第二届青年非物质文化遗产保护能力建设研讨会。来自中国、日本、蒙古国和韩国 32 所大学的近 150 名 18~28 岁的青年和观察员参加了这次研讨会。在迪尔德丽·普林斯-索拉尼（Deirdre Prins-Solani）女士（南非）和林妮娜·普提塔恩（Linina Phuttitarn）女士（泰国）两位联合国教科文组织《公约》认证协调员的引领下，学员们参与在线课程，并根据线上课堂学习的内容开展为期两周的线下非遗视频拍摄实践。

2022 年 10 月 17—26 日　举行非遗社区清单编制的培训与活动。在冈比亚班珠尔举行的活动包括三个部分。第一部分的培训针对冈比亚专门从事文化的媒体，介绍《公约》及其在保护非遗方面的作用。第二部分的培训面向冈比亚的文化遗产专家、社区代表和关键政府技术人员，提供关于基于社区的清单编制的培训，包括其伦理考虑、方法和技巧。第三部分在班珠尔地区与社区进行试点清单编制工作。此活动是在法国政府向基金提供的专项捐款资助下，作为"增强保护非物质文化遗产和促进可持续发展的能力建设"计划的一部分进行的。

2022 年 11 月 28 日—12 月 3 日　政府间委员会第十七届会议由摩洛哥王国主办。摩洛哥王国常驻联合国教科文组织代表团大使兼常驻代表萨米尔·阿达赫（Samir Addahre）担任主席，该年度会议汇集了来自全球 129 个缔约国、111 个非政府组织、文化机构以及其他利益相关方的代表。在会议期间，推出了一个创新的基于网络的平台"沉浸在非物质文化遗产中"，展示了活态遗产丰富的文化多样性以及列表上列出的元素之间的内在联系。

2023 年 7 月 4—5 日　在联合国教科文组织总部，《公约》的缔约国和观察员参加了旨在推动更广泛实施《公约》第 18 条的开放性政府间工作组会议。基于政府间委员会第十七届会议通过的 17.COM 10 号决议以及 2023 年 4 月 19—21 日在瑞典斯德哥尔摩召开的第六类专家会议的成果,讨论了以下主题:主题1,改善对优秀实践名册的访问和提升其可见度;主题2,朝着建立共享优秀保护经验的在线平台迈进;主题3,关于其他任何问题的工作组的建议预计将提交给政府间委员会第十八届会议(2023年12月4—9日,博茨瓦纳卡萨内)。

2023年8月10日 来自乐业国家的近100名教师和利益相关方参加了东亚国家"非遗进校园"网络研讨会。本次会议介绍了非遗的关键概念、保护原则,以及将其有效融入学校生活的具体步骤。本次网络研讨会由联合国教科文组织东亚多部门地区办事处(联合国教科文组织北京办事处)和联合国教科文组织ICHCAP共同主办。联合国教科文组织亚太文化中心、联合国教科文组织蒙古国国家委员会和联合国教科文组织国际创意和可持续发展中心也提供了支持。

2023年8月19日 联合国教科文组织亚太中心以线上形式参加了蒙古国举办的"共塑活态遗产的未来:庆祝2003年《公约》通过20周年及合作展望"非物质文化遗产保护国际咨询会。来自联合国教科文组织驻华代表处,中、日、韩三家亚太地区非物质文化遗产领域二类中心,以及国际游牧文明研究院等组织机构的10余名代表受邀出席了会议。蒙古国文化部副部长巴特巴雅尔出席会议并致开幕词。

2023年8月28日 由联合国教科文组织东亚多部门地区办事处与亚太中心联合举办的"跟我看非遗"青年保护非遗能力建设三年期培训计划第三期培训班在线顺利结班。本次培训的成功举办也标志着该计划圆满完成。这一计划三年来吸引了近340名18~28岁的学员,来自中国和亚太地区其他九个国家的大学和非遗机构。

2023年9月11—13日 中亚地区非物质文化遗产保护与可持续旅游培训班成功在线举办,由联合国教科文组织亚太中心与阿拉木图办事处合作举办。哈萨克斯坦、乌兹别克斯坦、塔吉克斯坦和吉尔吉斯斯坦四国共计19名学员参训。联合国教科文组织培训师塔玛拉·妮科力克·德里克(Tamara Nikolic Derrick)指出,旅游业的飞速发展给各类非遗项目的存续力带来风险,但同时也是宝贵的机遇。培训师从世界各地的非遗与旅游最新研究及相关政策入手,通过案例分析的方式,从社会、经济与环境的角度讲授了非遗与可持续旅游的联系,并提出应将自然和文化遗产与非遗的保护工作视作促进旅游业可持续发展的重要组成部分。

2023年12月4—9日 政府间委员会第十八届会议在博茨瓦纳卡萨内举行。该届会议由博茨瓦纳驻联合国教科文组织代表团大使兼常驻代表穆斯塔克·穆拉德(Mustaqeen Murad)担任主席。在联合国教科文组织总部巴黎举行了信息交流会,介绍委员会的工作方法以及有关本届会议的实际信息。

国际中心设立

1925年10月28日 国际教育局(International Bureau of Education, IBE) IBE成立

于 1925 年，是由瑞士杰出的教育家创建的私立非政府组织，旨在提供智力领导并促进国际教育合作。1929 年，IBE 向其他国家开放了会员资格，成为教育领域的第一个政府间组织。自 1934 年以来，IBE 一直组织国际公共教育大会（现称为国际教育大会）。从 1946 年开始，该大会与 1945 年成立的联合国教科文组织合作举办。1969 年，IBE 成为联合国教科文组织的一个组成部分，同时保留了智力和功能上的自主权。1999 年，IBE 成为联合国教科文组织负责教育内容、方法和课程开发的机构。多年来，IBE 的核心任务发生了变化。2011 年，联合国教科文组织大会第三十六届会议宣布 IBE 成为课程和相关事务的全球卓越中心。今天，IBE 的任务是加强会员的能力，设计、开发和实施确保教育和学习体系的公平性、质量以及资源效率的课程，以满足发展需求。这一任务使其能够支持会员的努力，实现可持续发展目标四（SDG4）：确保所有人都能获得包容、公平、高质量的教育并促进终身学习机会。

1952 年 7 月 3 日 联合国教科文组织终身学习研究所（UNESCO Institute for Lifelong Learning，UIL） UIL 于 1952 年在汉堡成立，最初名为联合国教育研究所。这一举措既表明了联合国对二战后德国的承诺，又表达了通过教育促进人权和国际理解的愿望。在 1951 年 6 月 UIL 的理事会首次会议上，包括玛丽亚·蒙特梭利（Maria Montessori）和让·皮亚杰（Jean Piaget）在内的成员选举了汉堡大学比较教育主任沃尔特·默克（Walter Mück）教授为该研究所的首任主任。它旨在加强联合国教科文组织成员在终身学习领域的能力，重点关注学习生态系统、终身学习所需的生活和职业技能以及包容性学习。UIL 通过政策支持、研究和前瞻性研究、监测、能力建设、网络和倡导来实现这一目标。其出版物是传播知识和制定政策的重要工具。

1963 年 7 月 3 日 联合国教科文组织国际教育规划研究所（International Institute for Educational Planning，IIEP） IIEP 成立于 1963 年 7 月，当时正值教育迅速扩展和变革的时期。科学、技术、经济发展、政治和文化也都正在发生重大变革，这些变革都以不同的方式影响着教育。与此同时，二战后的欧洲正在进行重建。1960 年，随着 17 个国家获得独立，一股脱离殖民统治的浪潮席卷撒哈拉以南非洲。所有这些因素一起开启了一个新时代，催生了一个蓬勃发展的领域——教育规划，旨在指导各国设计适应变革时代的教育体系。IIEP 在巴黎成立，由联合国教科文组织倡议，并得到了世界银行、法国政府和福特基金会的支持，它们是重要的创始合作伙伴。法国政府还提供了托管该研究所的机会。从一开始，IIEP 就被构想为一个自治的、多学科的组织，旨在支持发展中国家的教育规划能力，搭建国际行动者之间的桥梁，并在战略教育问题上提供专业知识。

1964 年 10 月 5 日 国际理论物理中心（The Abdus Salam International Centre for Theoretical Physics，ICTP） 诺贝尔奖获得者阿卜杜斯·萨拉姆（Abdus Salam）在意大利的里雅斯特（Trieste）创建了 ICTP。受到他的信念（科学是人类的共同遗产）的启发，萨拉姆获得了意大利政府、联合国和国际原子能机构的支持，它们成为该中心的创始赞助商。从那时起，ICTP 已经成为卓越的国际科学中心，将发展中国家的科学家与世界各地的同行联系起来，克服了知识孤立，帮助全球建立了坚实的科学基础，以使所有国家都能在全球科学界和国际社会中发挥其正当作用。选择的里雅斯特作为创建地点,是因为这座位于意大利的战略位置城市,其历史被不断变化的政治边界所定义,象征着 ICTP 通过科学进行国际合作的承诺。这一承诺在联合国教科文组织将 ICTP 指定为建立发展中国家科学能力的一类机构时得到了加强。

1997 年 11 月 12 日 联合国教科文组织信息技术教育研究所(Institute for Information Technologies in Education,IITE) IITE 成立于 1997 年 11 月的联合国教科文组织第二十九届大会,作为联合国教科文组织的一个组成部分,总部位于俄罗斯的莫斯科。IITE 是唯一一个在教育信息技术领域拥有全球任务的联合国教科文组织一级研究所。根据新的教育 2030 议程,IITE 已经确定了其战略重点领域,以满足未来的需求和任务。在新时代,IITE 的使命是通过信息技术支持的解决方案和最佳实践,促进信息技术的创新应用,作为实现可持续发展目标四(SDG 4)的推动者和促进者。成立 20 年以来,IITE 在促进教育信息技术方面积累了丰富的专业知识和经验,得到了联合国教科文组织总部、联合国教科文组织 IITE 理事会和东道国俄罗斯的大力支持和指导。

1997 年 12 月 15 日 联合国教科文组织拉丁美洲和加勒比地区国际高等教育研究所(UNESCO International Institute for Higher Education in Latin America and the Caribbean,IESALC) IESALC 成立于 1997 年,取代了于 1974 年建立的拉丁美洲和加勒比地区高等教育中心(CRESALC)。它是联合国系统中唯一的专门研究机构,其使命是为成员的高等教育做出贡献。其两年一度的工作计划和预算由联合国教科文组织大会批准。该研究所由一个理事会管理,理事会的成员由联合国教科文组织总干事根据各国以及高等教育网络和组织的提议任命。该研究所的主任负责其日常运营。研究所的核心使命是通过确保其持续的相关性、质量、效率和公平,以及促进区域和国际合作以及所有涉及的各方参与,为成员的国家高等教育系统和机构的发展做出贡献。

1999 年 11 月 18 日 非洲国际能力培养研究所(International Institute for Capacity Building in Africa,IICBA) 位于亚的斯亚贝巴的 IICBA 是一所联合国教科文组织一级研究机构。成立于 1999 年,旨在为教育政策提供信息,加强教师专业发展,并增强教育机构的能力建设,包括教育部。为了提供创新解决方案并扩大在非洲改善教育结果的工作,IICBA 与多种合作伙伴合作,包括非洲联盟、联合国机构、其他国际组织、发展银行、双边捐助机构、基金会、教师组织、学校网络和非营利组织。

2007 年 10 月 28 日 圣雄甘地和平与可持续发展教育研究所(Mahatma Gandhi Institute of Education for Peace and Sustainable Development,MGIEP) 位于印度新德里的 MGIEP 是在印度政府的支持下建立的,是联合国教科文组织的一个组成部分。它是亚太地区第一个也是唯一一个一级研究机构,专注于实现可持续发展目标四和七,以促进和平与可持续发展社会的教育。在 MGIEP,我们认识到将社会情感学习(Social emotional learning,SEL)纳入教育体系是改变教育以塑造和平和人类繁荣的未来的迫切需求。SEL 可以被描述为一种学习方式允许所有学习者识别和引导情感、进行正念、参与并展示亲社会行为,以实现人类繁荣,推动我们迈向和平和可持续的未来。

2008 年 11 月 12 日 拉丁美洲非物质文化遗产保护地区中心（Regional Centre for the Safeguarding of the Intangible Cultural Heritage of Latin America，CRESPIAL） CRESPIAL 成立于秘鲁，该中心的职能包括：①创建讨论和交流论坛；②收集、整理和传播非遗领域的信息；③建立信息、专家和文化工作者交流网络；④促进机构间的合作；⑤与政府间委员会保持联系；⑥根据参与国家的要求促进地区培训和能力建设活动；⑦通过媒体促进提高非遗保护意识的地区活动。

2010 年 12 月 10 日 联合国教科文组织统计研究所（UNESCO Institute for Statistics，UIS） 联合国教科文组织向全球社区提供教育、科学、文化、通信和信息领域的可靠数据、统计和研究。该机构网页定期更新，提供来自联合国教科文组织报告和监测工具的资源。UIS 被授权"与合作伙伴一起开发新的指标、统计方法和监测工具，以更好地评估与联合国教科文组织任务相关的各项目标的进展，并与 2030 年教育高级别指导委员会协调合作"。

2011 年 12 月 8 日 东南欧非物质文化遗产保护区域中心（Regional Centre for the Safeguarding of the Intangible Cultural Heritage in South-Eastern Europe） 成立于保加利亚，该中心的职能包括：

（1）发起和协调对存在于东南欧国家的非遗元素的保护实践的研究，如《公约》第 11、12、13 和 14 条所规定；

（2）组织以下主题的培训课程：①《公约》及其操作指南；②不同类型的政策示例，包括法律、行政、技术和财政措施，促进非遗保护；③介绍联合国教科文组织关于非遗鉴定和文档编制的出版物及其在该领域的应用；④通过正式和非正式教育保护非遗；

（3）通过与在非遗领域活跃的机构建立网络，尤其是那些在联合国教科文组织的主持下建立的机构（第二类中心），以协调活动、交流有关非遗保护的信息和知识，促进良好实践。该中心的活动和项目应符合《公约》，特别是其宗旨、目标以及定义。

2011 年 11 月 15 日 亚太地区非物质文化遗产国际研究中心（International Research Centre for Intangible Cultural Heritage in the Asia-Pacific Region，IRCI） IRCI 成立于日本，该中心的职能包括：①激发并协调对亚太地区濒危非遗保护实践和方法的研究；②协助亚太地区国家实施其他研究活动，特别关注发展中国家；③组织关于非遗保护措施、保护实践和方法研究的地区研讨会；④鼓励并协助从事旨在保护非遗的研究活动的亚太地区年轻研究人员；⑤与在亚太地区和其他地方从事非遗保护的第二类中心合作；⑥在进一步向亚太地区的发展中国家提供技术援助的同时，发起相关机构之间的合作。

2011 年 5 月 25 日 亚太地区非物质文化遗产国际信息和网络中心（International Information and Networking Centre for Intangible Cultural Heritage in the Asia-Pacific Region，ICHCAP） ICHCAP 成立于韩国，该中心的具体职能包括：①建立信息系统，支持非遗的识别和文档化，保存和数字化档案材料，并支持元数据标准的制定；②在信息和宣传材料中传播积累的非遗数据，并促进包括在此类信息材料中的非遗从业者和创作者知识产权保护；③建立有关社区、团体和个人的网络，以加强非遗的传承和传播，组织地区和国际层面的公共活动和会议；④加强国际和地区网络，以交流有关非遗保护的信息和知识。该中心的活动和计划应符合《公约》的规定，特别是其宗旨、目标以及定义。

2012 年 6 月 27 日 亚太地区非物质文化遗产国际培训中心（International Training Centre for Intangible Cultural Heritage in the Asia-Pacific Region，CRIHAP） CRIHAP 成立于中国，该中心的职能包括：①组织有关非遗保护的长期和短期培训课程，包括课堂培训和实地培训，并向需要帮助的培训生提供财政支持；②动员国际和中国非遗不同领域的非政府组织的专家，担任讲师和顾问；③加强与在非遗领域活跃的机构的国际和区域合作，特别是那些在联合国教科文组织的主持下建立的机构（第二类中心）。该中心的活动和项目应符合《公约》，特别是其宗旨、目标以及定义。

2012 年 5 月 6 日 中西亚保护非物质文化遗产地区研究中心（Regional Research Centre for Safeguarding Intangible Cultural Heritage in West and Central Asia） 成立于伊朗，该中心的职能包括：①创建并更新一个自动信息系统，登记和连接参与该地区非遗保护的机构、社区组织和个人专家；②收集和传播有关该地区各国为保护其领土内的非遗所采取的法律、行政、财政和其他措施的信息；③收集和传播有关该地区国家保护活动信息；④组织开展有关非遗保护的研究方法和研究的活动，包括有关发展尊重非遗的旅游的研究；⑤组织活动，以确定和推广良好的保护实践，并协助《公约》缔约国增强其能力，为根据《公约》第 18 条向政府间委员会提出此类实践建议的文件进行准备；⑥协调旨在提高非遗权利人和从业者意识和能力建设的活动，以使他们能够积极参与非遗的识别、清单编制和管理；⑦促进编制申请入选《公约》两个清单的候选文件的能力建设，以及编制提交给政府间委员会的请求和报告，特别是有关共享非遗元素的；⑧在联合国教科文组织主持下，与亚洲境内和境外的其他第二类中心在非遗保护领域合作并交流信息；⑨向政府间委员会和公约秘书处通报该地区的相关活动，并协助《公约》。

2014 年 12 月 3 日 非洲非物质文化遗产地区保护中心（Regional Centre for the Safeguarding of Intangible Cultural Heritage in Africa Resources） 成立于阿尔及利亚，根据第三十七届联合国教科文组织大会的批准，该中心的职能包括：①鼓励该地区的国家采取政策措施以及根据《公约》第 13 条规定的立法和行政措施；②组织活动，旨在加强该地区国家在鉴定、文档编制、制定清单以及按照《公约》及其操作准则在其领土上保存非遗方面的国家能力，协助这些国家保护和数字化多媒体数据；③刺激和组织该地区国家之间在经验、专门知识和信息交流方面的合作，特别是涉及存在于两个或更多国家的非遗的时候；④促进从业者、社区、专家、官员、专门机构、研究机构、博物馆、档案馆以及在该地区、次区域和国家层面积极参与非遗保护的其他组织和机构之间的网络建立；⑤有助于更好地理解当地、国家、次区域和地区层面的非遗，并提高公众尤其是年轻一代对非遗重要性的认识，包括通过出版物等手段。实现其目标和职能所需的活动将在与联合国教科文组织协商的基础上计划和实施。

2021 年 6 月 15 日 阿拉伯国家非物质文化遗产能力建设国际中心（International Centre for Capacity Building in Intangible Cultural Heritage in the Arab States） 成立于阿

拉伯联合酋长国,该中心的具体职能包括:①根据联合国教科文组织制定的《公约》有效实施计划,实施非遗保护的长期和短期能力建设项目和活动;②使联合国教科文组织制定的能力建设材料适应地区背景,并确保将其翻译成阿拉伯语;③在有关社区、团体和个人之间建立网络,以加强非遗的传承和传播,组织地区和国际层面的公共活动和会议;④加强国际和地区网络,以在《公约》和定期报告的总体结果框架内交流关于非遗保护的信息和知识。

附录二

联合国非遗数字传播相关政策、法律规范汇总

1. 1960年12月14日 《关于博物馆向公众开放最有效方法的建议》

联合国教育、科学及文化组织大会于1960年11月14日至12月15日在巴黎召开第十一届会议,考虑到该组织职能之一正如其组织法所规定是为了:进一步推动普及教育及传播文化;通过建立人民之间的合作促进不分种族、性别或任何经济、社会差别的教育机会均等之观念,在增进人民之间相互了解的事业中开展合作,并保存、增加和传播知识;考虑到博物馆可以有效地协助完成这些任务;考虑到各类博物馆均是欣赏与教育的根源;亦考虑到博物馆通过保护艺术品和科学资料并将其展示于众,有助于传播各种文化知识,并以此促进各国之间的了解;考虑到因此应尽一切努力鼓励各阶层公众,特别是劳动阶级参观博物馆;考虑到随着世界工业体制的发展,人们享有更多的闲暇,这些闲暇应用于全民利益及其文化发展;认识到博物馆为执行其长期的教育使命,并满足劳动者的文化需要,必须考虑新的社会条件及需要,收到关于使博物馆向所有人开放最有效方法的议案。

2. 1962年12月11日 《关于保护景观和遗址的风貌与特性的建议》

考虑到人类在各个时期不时使构成其自然环境的组成部分的景观和遗址的风貌与特征遭到损坏,从而使得全世界各个地区的文化、艺术甚至极重要的遗产濒于枯竭;考虑到因原始土地的开发,城市中心盲目的发展以及工商业与装备的巨大工程和庞大规划的实施,使现代文明加速了这种趋势,尽管其进程到上个世纪已相对减弱;考虑到这种现象影响到不论其为自然的或人工的景观和遗址的艺术价值以及野生生物的文化和科学价值;考虑到由于景观和遗址的风貌与特征,保护景观和遗址正如本建议所述,对人类生活必不可少,对人类而言,它们代表了一种有力的物质、道德和精神的再生影响,同时正如无数众所周知的事例所证明的也有利于人类文化和艺术生活;进一步考虑到景观和遗址是许多国家经济和社会生活中的一个重要因素,而且大大有助于保障其居民的健康;然而,也认识到应适当考虑社会生活及其演变以及技术进步的迅速发展之需要;因此,考虑到只要尚有可能这样做,为保护各地的景观和遗址的风貌与特征,亟需紧急考虑和采取必要的措施。

3. 1968年11月19日 《关于保护受公共或私人工程危害的文化财产的建议》

考虑到当代文明及未来之发展除了有赖于其他因素外,还有赖于全世界人民的文化传统、创造力以及社会与经济的发展;考虑到文化财产是昔日不同传统和精神成就的产物和见证,因此,它是全世界人民民族特征的重要组成部分;考虑到根据文化财产的历史和

艺术价值尽量予以保护的必要性,以使有关文化财产的意义和信息成为人们据此可以了解自己本身的价值的精神生活的一部分;考虑到根据联合国教育、科学及文化组织1966年11月4日第十四次会议通过的《国际文化合作原则宣言》的精神保护文化遗产并对人们开放,构成鼓励各国人民互相了解的方法,从而有利于和平事业;考虑到各国人民的兴盛特别有赖于一个有利的、起促进作用的环境,而对历史上各个时期的文化财产的保护则直接有利于这一环境;另一方面,认识到世界文明的趋向——工业化在人类发展及其精神的和民族的完善方面发挥作用;但也考虑到由于工业的发展和城市化的趋势,那些远古的、史前的及历史的古迹遗址以及诸多具有艺术、历史或科学价值的现代建筑正日益受到公共和私人工程的威胁;考虑到各国政府有责任像促进社会和经济发展那样,尽力确保人类文化遗产的保护和保存;考虑到协调文化遗产的保护和社会经济的发展所带来的变化刻不容缓,因此,应努力以宽厚的理解精神并根据可靠的规划来满足这两方面的要求;同样也考虑到适当保护并对人们开放文化财产非常有利于拥有这些人类宝藏的国家和地区通过发展民族和国际旅游业促进其社会和经济的发展;最后考虑到保护文化财产的最可靠的保障在于人类本身对它们的尊重和感情,并且相信通过各成员国采取适当的措施可极大地加强这种感情。

4. 1970年11月17日 《关于禁止和防止非法进出口文化财产和非法转让其所有权的方法的公约》

考虑到各国间为科学、文化及教育目的而进行的文化财产交流增进了对人类文明的认识、丰富了各国人民的文化生活并激发了各国之间的相互尊重和了解,考虑到文化财产实为构成文明和民族文化的一大基本要素,只有尽可能充分掌握有关其起源、历史和传统背景的知识,才能理解其真正价值。考虑到各国有责任保护其领土上的文化财产免受偷盗、秘密发掘和非法出口的危险,考虑到为避免这些危险,各国必须日益认识到其尊重本国及其他所有国家的文化遗产的道义责任。考虑到博物馆、图书馆和档案馆作为文化机构应保证根据普遍公认的道义原则汇集其收藏品,考虑到非法进出口文化财产和非法转让其所有权阻碍了各国之间的谅解,教科文组织的一部分职责就是通过向有关国家推荐这方面的各项国际公约以促进这一谅解,考虑到只有各国在国家和国际范围上进行组织,密切合作,才能有效保护文化遗产,考虑到教科文组织大会在1964年就此通过了一项建议,已收到关于禁止和防止非法进出口文化财产和非法转让其所有权的方法的各项进一步建议,这一问题业已作为第十九项议程项目列入本届会议议程。

5. 1972年11月16日 《关于在国家一级保护文化和自然遗产的建议》

考虑到在一个生活条件加速变化的社会里,就人类平衡和发展而言至关重要的是为人类保存一个合适的生活环境,以便人类在此环境中与自然及其前辈留下的文明痕迹保持联系,为此,应该使文化和自然遗产在社会生活中发挥积极的作用,并把当代成就、昔日价值和自然之美纳入一个整体政策;考虑到这种与社会和经济生活的结合必定是地区发展和国家各级规划的一个基本方面;考虑到我们这个时代特有的新现象所带来的异常严重的危险正威胁着文化和自然遗产,而这些遗产构成了人类遗产的一个基本特征,以及丰富和协调发展当代与未来文明的一种源泉;考虑到每一项文化和自然遗产都是独一无二的,任何一项文化和自然遗产的消失都构成绝对的损失,并造成该遗产的不可逆转的枯竭;考虑到在其领土上有文化和自然遗产组成部分的任何一个国家,有责任保护这一部分人类遗产并确保将它传给后代;考虑到研究、认识及保护世界各国的文化遗产和自然遗产有利于人民之间的相互理解;考虑到文化和自然遗产构成一个和谐的整体,其组成部分是不可分割;考虑到经共同考虑和制定的保护文化和自然遗产的政策可能使成员国之间继续产生相互影响,并对联合国教科文组织在这一领域的活动产生决定性的影响;考虑到大会已经通过了保护文化和自然遗产的国际文件,如:《关于适用于考古发掘的国际原则的建议》(1956)、《关于保护景观和遗址的风貌与特征的建议》(1962)以及《关于保护受到公共或私人工程危害的文化财产的建议》(1968);希望补充并扩大这类建议中所规定的标准和原则的适用范围。

6. 1972 年 11 月 16 日 《保护世界文化和自然遗产公约》

联合国教育、科学及文化组织大会于 1972 年 10 月 17 日至 11 月 21 日在巴黎举行的第十七届会议,注意到文化遗产和自然遗产越来越受到破坏的威胁,一方面因年久腐变所致,同时变化中的社会和经济条件使情况恶化,造成更加难以对付的损害和破坏现象;考虑到任何文化或自然遗产的坏变或丢失都有使全世界遗产枯竭的有害影响;考虑到国家一级保护这类遗产的工作往往不很完善,原因在于这项工作需要大量手段而列为保护对象的财产的所在国却不具备充足的经济、科学和技术力量;回顾本组织《组织法》规定,本组织将通过保存和维护世界遗产和建议有关国家订立必要的国际公约来维护、增进和传播知识;考虑到现有关于文化和自然遗产的国际公约;建议和决议表明,保护不论属于哪国人民的这类罕见且无法替代的财产,对全世界人民都很重要;考虑到部分文化或自然遗产具有突出的重要性,因而需作为全人类世界遗产的一部分加以保护;考虑到鉴于威胁这类遗产的新危险的规模和严重性,整个国际社会有责任通过提供集体性援助来参与保护具有突出的普遍价值的文化和自然遗产,这种援助尽管不能代替有关国家采取的行动,但将成为它的有效补充;考虑到为此有必要通过采用公约形式的新规定,以便为集体保护具有突出的普遍价值的文化和自然遗产建立一个根据现代科学方法制定的永久性的有效制度;在大会第十六届会议上,曾决定应就此问题制订一项国际公约;于 1972 年 11 月 16 日通过本公约。

7. 1976 年 11 月 26 日 《关于文化财产国际交流的建议》

忆及文化财产构成文明和民族文化的基本要素,考虑到扩大并促进旨在对各文化领域内成就更全面的相互了解的文化交流将有助于丰富有关的文化,同时对每一文化的特点及对组成全人类文化遗产的其他民族文化的价值予以应有的认识;考虑到文化财产的流通,如在防止对这些财产的非法贸易和损害的法律、科学及技术条件的管理下,成为促进各国间相互了解和认识的强有力手段;考虑到文化财产的国际流通在很大程度上仍依赖于追求私利各方的活动,并因而易引向投机,使这些财产的价格上涨,使其不能为较穷的国家和机构所取得,反而鼓励非法贸易的扩散;考虑到即使该等财产国际流通的动机是公正不私的,而所采取行动通常归为单向的提供,如短期的出借、根据中期或长期安排的存放或捐赠;考虑到这些单向活动由于其费用及由于有关规章和惯例的复杂多样而在数量上和范围上仍为有限;考虑到急通过减少或消除扩展的各种障碍以鼓励这类活动,同时促进基于相互信任的活动使所有机构能平等相待,亦至为重要;考虑到许多文化机构,不论其资金力量如何,均拥有数件相同或相似、其特质及出处无可怀疑并经大量文献证明的文化物品,而这其中一些物品虽由于其数量多而对上述机构仅有较小或次要意义,却被其他国家的机构作为有价值的添置而受欢迎;考虑到各文化机构间进行交流的系统政策不仅将丰富各方,而且将有助于更好地利用作为各民族遗产总体的国际社会文化遗产,通过该政策各方将出让其多余的物品以换回其所缺少的物品;忆及该项交流政策已为作为联合国教育、科学及文化组织的工作成果而缔结的各项国际协议所推荐。

8. 1976 年 11 月 26 日 《关于历史地区的保护及其当代作用的建议》

考虑到历史地区是各地人类日常环境的组成部分,它们代表着形成其过去的生动见证,提供了与社会多样化相对应所需的生活背景的多样化,并且基于以上各点,它们获得了自身的价值,又得到了人性的一面;考虑到自古以来,历史地区为文化、宗教及社会活动的多样化和财富提供了最确切的见证,保护历史地区并使它们与现代社会生活相结合是城市规划和土地开发的基本因素;考虑到面对因循守旧和非个性化的危险,这些昔日的生动见证对于人类和对那些从中找到其生活方式缩影及其某一基本特征的民族,是至关重要的;注意到整个世界在扩展或现代化的借口之下,拆毁(却不知道拆毁的是什么)和不合理不适当重建工程正给这一历史遗产带来严重的损害;考虑到历史地区是不可移动的遗产,其损坏即使不会导致经济损失,也常常会带来社会动乱;考虑到这种情况使每个公民承担责任,并赋予公共当局只有他们才能履行的义务;考虑到为了使这些不可替代的财产免受它们所面临的退化甚至全部毁坏的危险,各成员国当务之急是采取全面而有力的政策,把保护和复原历史地区及其周围环境作为国家、地区或地方规划的组成部分;注意到在许多情况下缺乏一套有关建筑遗产及其与城市规划、领土、地区或地方规划相互联系的相当有效而灵活的立法;注意到大会已通过了保护文化和自然遗产的国际文件,如:《关于适用于考古发掘的国际原则的建议》(1956)、《关于保护景观和遗址的风貌与特征的建议》(1962)、《关于保护受到公共或私人工程威胁的文化财产的建议》(1972)。

9. 1978 年 11 月 28 日 《关于保护可移动文化财产的建议》

联合国教育、科学及文化组织大会,于 1978 年 10 月 24 日至 11 月 28 日在巴黎举行其第二十届会议。注意到对于文化财产的兴趣正在世界范围内表现为众多博物馆及类似机构的创建、展览数目日益增多、旅游者持续不断地日益涌向收藏品、纪念物和考古遗址以及文化交流的加强;考虑到此为非常积极的发展,应受到鼓励,特别是通过适用 1976 年大会于其第十九届会议上通过的关于文化财产国际交流的建议中所提出的各项措施;考虑到公众要求了解、欣赏任何源地文化遗产财富的日益增长的愿望,却加剧了文化财产由于特别易于接触或保护不当,运输中的风险及在一些国家重新兴起的私自发掘、盗窃、非法贩运及野蛮破坏行为所正经受的各种风险;注意到因为风险的这种加剧,而且由于市场上文化物品价值的增长,在没有适当政府担保制度的国家,综合保险费用超出大多数博物馆能力所及,并且是组织国际展览及不同国家间其他交流的明确障碍;考虑到代表不同文化的可移动文化财产构成人类共同遗产的一部分,因而每一国家在保护这些文化财产上对国际社会整体负有道义责任;考虑到各国应相应地加强并普遍实施确保对可移动文化财产有效保护的风险预防和控制措施,并与此同时降低对财产在国际进行保险的费用。

10. 1989年11月15日 《保护传统文化和民俗的建议》

考虑到民俗是构成人类遗产的一部分,是将不同人和社会团体聚到一起并标明其文化身份的一个强有力的手段,注意到其社会、经济、文化和政治重要性,在人类历史中的角色,及其在当代文化中的地位;强调民俗作为文化遗产和生活文化的一个主要部分的特性和重要性;认识到民俗的传统形式,特别是那些与口头传统有关的方面具有的极度脆弱性和可能遗失的危险;着重强调在所有国家认识民俗地位的需要和面临来自多种因素的危险;认为政府在保护民俗中应扮演一个决定性的角色,并尽快采取行动;在第24届会议上决定,根据章程第四条第四款的内涵,应就民俗保护向成员国提出建议,于1989年11月15日通过本建议。大会建议成员国应依照各国宪法实际采取法律措施或其他方法来应用以下民俗保护规定,使本建议中规定的原则和标准在本国内发挥效力。

11. 1998年10月 《宣布人类口头和非物质遗产代表作条例》

(a) 宣布的目的在于奖励口头和非物质遗产的优秀代表作品。这一口头和非物质遗产(文化场所或民间和传统表现形式)将被宣布为人类口头和非物质遗产代表作。

(b) 此项目旨在鼓励各国政府、各非政府组织和各地方社区开展鉴别、保护和利用其口头和非物质遗产的活动,因为这种遗产是各国人民集体记忆的保管者,只有它能够确保文化特性永存,宣布的目的还在于鼓励个人、团体、机构或组织根据教科文组织的各项目标,并配合教科文组织在这方面的计划,尤其是配合《保护民间创作建议案》(1989年)的后续活动,为管理、保护、保存或利用有关的口头和非物质遗产做出卓越贡献。

(c) 在进行这种宣布的范围内,"文化场所"的人类学概念被确定为一个集中了民间和传统文化活动的地点,但也被确定为一般以某一周期(周期、季节、日程表等)或是一事件为特点的一段时间。这段时间和这一地点的存在取决于按传统方式进行的文化活动本身的存在。

(d) 根据上述《建议案》,"口头和非物质遗产"一词的定义是指"来自某一文化社区的全部创作,这些创作以传统为依据、由某一群体或一些个体所表达并被认为是符合社区期望的作为其文化和社会特性的表达形式;其准则和价值通过模仿或其他方式口头相传,它的形式包括:语言、文学、音乐、舞蹈、游戏、神话、礼仪、习惯、手工艺、建筑术及其他艺术"。除了这些例子以外,还将考虑传播与信息的传统形式。

(e) 教科文组织将努力保留预算拨款和寻求预算外资金,用来援助会员国建立候选档案,负担评审委员会评估候选材料的费用。宣布之后,提供的奖金或捐款将使教科文组织能够鼓励开展有关文化场所或文化表现形式的保护、保存和复兴的活动。本组织也可提供人力资源和专门知识方面的援助。

(f) 总干事将根据他们的要求,定期向会员国以及第1条(b)款所涉其他任何一方寄发已被宣布为"人类口头和非物质遗产代表作"清单,并标明其来自哪些社区。

12. 2001年11月2日　《世界文化多样性宣言》

重视充分实现《世界人权宣言》和1966年关于公民权利和政治权利及关于经济、社会与文化权利的两项国际公约等其他普遍认同的法律文件中宣布的人权与基本自由;忆及教科文组织《组织法》序言确认"……文化之广泛传播以及为争取正义、自由与和平对人类进行之教育为维护人类尊严不可缺少的举措,亦为一切国家关切互助之精神,必须履行之神圣义务";还忆及《组织法》第一条特别规定教科文组织的宗旨之一是,建议"订立必要之国际协定,以便于运用文字与图像促进思想之自由交流";参照教科文组织颁布的国际文件中涉及文化多样性和行使文化权利的各项条款;重申应把文化视为某个社会或某个社会群体特有的精神与物质,智力与情感方面的不同特点之总和;除了文学和艺术外,文化还包括生活方式、共处的方式、价值观体系,传统和信仰;注意到文化是当代就特性、社会凝聚力和以知识为基础的经济发展问题展开的辩论的焦点;确认在相互信任和理解氛围下,尊重文化多样性、宽容、对话及合作是国际和平与安全的最佳保障之一;希望在承认文化多样性、认识到人类是一个统一的整体和发展文化间交流的基础上开展更广泛的团结互助;认为尽管受到新的信息和传播技术的迅速发展积极推动的全球化进程对文化多样性是一种挑战,但也为各种文化和文明之间进行新的对话创造了条件;认识到教科文组织在联合国系统中担负着保护和促进丰富多彩的文化多样性的特殊职责。

13. 2003年10月17日　《保护非物质文化遗产公约》

联合国教育、科学及文化组织大会于2003年9月29日至10月17日在巴黎举行的第32届会议,参照现有的国际人权文书,尤其是1948年的《世界人权宣言》以及1966年的《经济、社会及文化权利国际公约》和《公民权利和政治权利国际公约》,考虑到1989年的《保护民间创作建议书》、2001年的《教科文组织世界文化多样性宣言》和2002年第三次文化部长圆桌会议通过的《伊斯坦布尔宣言》强调非物质文化遗产的重要性,它是文化多样性的熔炉,又是可持续发展的保证,考虑到非物质文化遗产与物质文化遗产和自然遗产之间的内在相互依存关系,承认全球化和社会转型进程在为各群体之间开展新的对话创造条件的同时,也与不容忍现象一样,使非物质文化遗产面临损坏、消失和破坏的严重威胁,在缺乏保护资源的情况下,这种威胁尤为严重,意识到保护人类非物质文化遗产是普遍的意愿和共同关心的事项,承认各社区,尤其是原住民、各群体,有时是个人,在非物质文化遗产的生产、保护、延续和再创造方面发挥着重要作用,从而为丰富文化多样性和人类的创造性做出贡献,注意到教科文组织在制定保护文化遗产的准则性文件,尤其是1972年的《保护世界文化和自然遗产公约》方面所做的具有深远意义的工作,还注意到迄今尚无有约束力的保护非物质文化遗产的多边文件,考虑到国际上现有的关于文化遗产和自然遗产的协定、建议书和决议需要有非物质文化遗产方面的新规定有效地予以充实和补充,考虑到必须提高人们,尤其是年轻一代对非物质文化遗产及其保护的重要意义的认识,考虑到国际社会应当本着互助合作的精神与本公约缔约国一起为保护此类遗产做出贡献,忆及教科文组织有关非物质文化遗产的各项计划,尤其是"宣布人类口头遗产和非物质遗产代表作"计划,认为非物质文化遗产是密切人与人之间的关系以及他们之间进行交流和了解的要素,它的作用是不可估量的,于2003年10月17日通过本公约。

14. 2003年10月17日　《建立"活的人类财富"国家体系指南》

非物质文化遗产及其保护工作的重要性已经受到国际社会的广泛认同。2003年10月17日,联合国教育、科学及文化组织大会举行的第三十二届会议上通过了《保护非物质文化遗产公约》,该公约第二条指出,非物质文化遗产使各个团体、群体和个体具有一种认同感和历史感,而非物质文化遗产的保护可以确保并促进创造力和文化多样性的延续。然而,由于从业者的减少、资金的匮乏以及全球化的负面影响等原因,许多与文化表现形式相关的知识和技能正面临消失的危险。这些知识和技能具体存在于音乐、舞蹈、戏剧和手工艺等文化表现形式中。

实现非物质文化遗产可持续性保护的最有效的方法之一就是保证非物质文化遗产的传承人进一步发扬这些知识和技能,并将这些知识和技能传给下一代。同时应注意,遗产的持有者必须得到认定并获得官方认同。因此联合国教科文组织建议各成员国建立"活的人类财富"国家体系。在1993年联合国教科文组织执行委员会的第142次会议上,韩国建议确立联合国教科文组织"活的人类财富"计划,委员会通过了一项决议,鼓励成员国在各自的国家中建立这样的体系。其后,为了促进了解和鼓励建立国家体系,国际上举办了多次会议和研讨会。第一个"活的人类财富体系"是由在日本在1950年创立的(即"人间国宝"的认定制度)。韩国于1964年建立了这个体系。其它六国——菲律宾、泰国、罗马尼亚、法国、捷克和保加利亚,都已建立了内容各不相同的国家体系。

15. 2005年10月20日　《保护和促进文化表现形式多样性公约》

联合国教育、科学及文化组织大会于2005年10月3日至21日在巴黎举行第三十三届会议,确认文化多样性是人类的一项基本特性,认识到文化多样性是人类的共同遗产,应当为了全人类的利益对其加以珍爱和维护,意识到文化多样性创造了一个多姿多彩的世界,它使人类有了更多的选择,得以提高自己的能力和形成价值观,并因此成为各社区、各民族和各国可持续发展的一股主要推动力,以及在民主、宽容、社会公正、各民族和各文化间相互尊重的环境中繁荣发展起来的文化多样性对于地方、国家和国际层面的和平与安全是不可或缺的,颂扬文化多样性对充分实现《世界人权宣言》和其他公认的文书主张的人权和基本自由所具有的重要意义,强调需要把文化作为一个战略要素纳入国家和国际发展政策,以及国际发展合作之中,同时也要考虑特别强调消除贫困的《联合国千年宣言》(2000年),考虑到文化在不同时间和空间具有多样形式,这种多样性体现为人类各民族和各社会文化特征和文化表现形式的独特性和多元性,承认作为非物质和物质财富来源的传统知识的重要性,特别是原住民知识体系的重要性,其对可持续发展的积极贡献,及其得到充分保护和促进的需要,认识到需要采取措施保护文化表现形式连同其内容的多样性,特别是当文化表现形式有可能遭到灭绝或受到严重损害时,强调文化对社会凝聚力的重要性,尤其是对提高妇女的社会地位、发挥其社会作用所具有的潜在影响力,意识到文化多样性通过思想的自由交流得到加强,通过文化间的不断交流和互动得到滋养,重申思想、表达和信息自由以及媒体多样性使各种文化表现形式得以在社会中繁荣发展,认识到文化表现形式,包括传统文化表现形式的多样性,是个人和各民族能够表达并同他人分享自己的思想和价值观的重要因素,以及语言多样性是文化多样性的基本要素之一,并重申教育在保护和促进文化表现形式中发挥着重要作用,考虑到文化活力的重要性,包括对少数民族和原住民人群中的个体的重要性,这种重要的活力体现为创造、传播、销售及获取其传统文化表现形式的自由,以有益于他们自身的发展,强调文化互动和文化创造力对滋养和革新文化表现形式所发挥的关键作用,它们也会增强那些为社会整体进步而参与文化发展的人们所发挥的作用,认识到知识产权对支持文化创造的参与者具有重要意义。

16. 2015 年 11 月 30 日—12 月 4 日 《保护非物质文化遗产的伦理原则》

根据 2003 年《公约》及现有保护人权和土著人民权利的国际准则性文件的精神,制定本保护非物质文化遗产伦理原则。该等伦理原则代表了一系列范围广泛的理想原则,被广泛地认为构成直接或间接影响非物质文化遗产的政府、组织和个人的优秀实践,以确保其存续力,由此确认其对和平和可持续发展的贡献。该等伦理原则是对 2003 年《公约》、实施《公约》业务指南和各国立法框架的补充,旨在作为制定适合当地和部门情况的具体伦理准则和工具的基础。

图书在版编目(CIP)数据

全球非物质文化遗产数字传播研究报告/郭斌,薛可主编. —上海：复旦大学出版社，2024.5
ISBN 978-7-309-17406-9

Ⅰ.①全… Ⅱ.①郭…②薛… Ⅲ.①数字技术-应用-非物质文化遗产-文化传播-研究报告-世界 Ⅳ.①G112-39

中国国家版本馆 CIP 数据核字(2024)第 088102 号

全球非物质文化遗产数字传播研究报告
QUANQIU FEIWUZHI WENHUA YICHAN SHUZI CHUANBO YANJIU BAOGAO
郭 斌 薛 可 主编
责任编辑/李 荃

复旦大学出版社有限公司出版发行
上海市国权路 579 号 邮编：200433
网址：fupnet@fudanpress.com   http://www.fudanpress.com
门市零售：86-21-65102580   团体订购：86-21-65104505
出版部电话：86-21-65642845
上海四维数字图文有限公司

开本 787 毫米×1092 毫米 1/16 印张 23.25 字数 509 千字
2024 年 5 月第 1 版
2024 年 5 月第 1 版第 1 次印刷

ISBN 978-7-309-17406-9/G·2593
定价：78.00 元

如有印装质量问题,请向复旦大学出版社有限公司出版部调换。
版权所有　　侵权必究